U0524666

本书为2003年国家社科基金项目（项目编号：03BZS011）成果

天水师范学院省级重点学科专门史学术研究丛书

秦早期历史研究

雍际春 ◎ 著

中国社会科学出版社

图书在版编目（CIP）数据

秦早期历史研究/雍际春著.—北京：中国社会科学出版社，2017.8（2019.2重印）
ISBN 978-7-5203-0473-3

Ⅰ.①秦… Ⅱ.①雍… Ⅲ.①中国历史—研究—秦代 Ⅳ.①K233.07

中国版本图书馆CIP数据核字（2017）第123267号

出 版 人	赵剑英
责任编辑	李炳青
责任校对	朱妍洁
责任印制	李寡寡
出　　版	中国社会科学出版社
社　　址	北京鼓楼西大街甲158号
邮　　编	100720
网　　址	http://www.csspw.cn
发 行 部	010-84083685
门 市 部	010-84029450
经　　销	新华书店及其他书店
印　　刷	北京明恒达印务有限公司
装　　订	廊坊市广阳区广增装订厂
版　　次	2017年8月第1版
印　　次	2019年2月第2次印刷
开　　本	710×1000 1/16
印　　张	19
插　　页	2
字　　数	325千字
定　　价	78.00元

凡购买中国社会科学出版社图书，如有质量问题请与本社营销中心联系调换
电话：010-84083683
版权所有　侵权必究

总　序

史学是人类知识体系中最为古老而又年轻的学问，从口耳相传的远古传说历史，到今天信息时代的多元书写，历史之于人类的人文价值和社会意义，始终占据重要的地位。而且，随着社会进步和文化普及，其作用与价值则更为显著。重视历史、研究历史、借鉴历史，可以给人类带来很多了解昨天、把握今天、开创明天的智慧。因此，习近平总书记说："历史研究是一切社会科学的基础。""究天人之际，通古今之变"既是史家的追求，也是时代与社会赋予史家的使命。

中华民族自古以来就有浓厚的历史意识和优良的修史传统；中华民族悠久的历史，灿烂的文化，又为史学的发展提供了得天独厚的条件。在中华民族、中华文化波澜壮阔的成长和发展历程中，历史对于自我认同、民族认同和文化认同，对于提升民族自信和文化自信，培育家国情怀，开发民族智慧，塑造国民性格，熔铸民族精神，其所发挥的纽带作用和规范功能无可替代。在当今史学教育大众化的时代条件下，如何更好地认识历史、研究历史和书写历史、普及历史，凸显其聚力铸魂的作用，是历史科学和史学工作者共同需要面对的重大问题。我国高校"双一流"建设的启动，为历史学学科建设提供了新的路径和机遇。天水师范学院省级重点学科出版专门史学术研究丛书即由此缘起。

学科建设涉及方向凝练、科学研究、知识传授和人才培养等方方面面；也与每个学科的自身基础和环境氛围密切相关。我校专门史学科从起步到现在，已经有大约15年的建设发展。学科名称从最初的陇右文化到现在的专门史，正体现了学科及其团队由草创到规范，由弱小到壮大的发展历程。作为地方院校，立足地域优势开展学术研究，始终是我们努力的方向和追求。十多年来，学科团队在陇右文化体系构建、科学研究、校本课程开发和服务社会的过程中，不仅取得了一系列成果，得到社会认可并产生了一定影响；而且，也围绕陇右文化资源申报国家项目和开展科学研究，进一步整合了学科团队，形成相对固定的研究方向，促进史学研究和学科建设的共同提高。在此基础上组建的专门史学科，以生态环境史、区域文化史和开发史为主攻方向，包括中国政治史、民族史、文化史、社会史和中外文化交流史等领域。近年来，专门史先后入选甘肃省重点学科和"飞天学者"设岗学科，依托该学科陇右文化研究中心入选省级人文社科重点研究基地。通过省、校两级立项共建和经费资助，在团队的共同努力下，专门史学科进步明显。团队成员立足各自特长，结合学科方向，开展联合攻关和重点突破，学术研究成果陆续产出。为了展示学科建设新成果，发挥科研成果在繁荣学术和服务社会的双重作用，我们决定资助出版"天水师范学院专门史学术研究丛书"。

我们的初步设想和计划是：根据专门史学科建设目标，围绕学科方向，结合团队实际，以发挥学科优势，彰显学科特色，深化史学研究为导向，为团队成员高质量完成项目任务和立足特长开展特色化创新研究提供服务。所以，本套丛书将在学科建设期内，依据团队成员各自研究和自由探索进度陆续出版，即完成一部、成熟一部、出版一部，坚持数年，必有收获。期待并预祝这套丛书在促进学科建设和繁荣史学研究上双获成功！

雍际春

2017 年 6 月 8 日

序　言

秦人、秦族、秦国、秦朝、秦文化、秦始皇，似乎在近十多年来，越来越受到人们的关注与言说。一则是媒体专题和影视作品有关秦人的题材越来越多，如《复活的军团》等专题片和《大秦帝国》《芈月传》等影视作品的播出，引起社会和大众对秦人历史的热议与关注。二则是学术文化界对秦人历史的追寻探究不断升温，成果迭出，许多以前不为人知的秦人历史被一一揭示出来。

在我手头，就有近年来搜集的学术类、非学术类的与秦相关的书籍不下数十种，如《秦史稿》（林剑鸣）、《秦史》（王蘧常）、《秦人秘史》（杨东晨）、《秦赵源流史》（何光岳）、《秦制研究》（张金光）、《秦文化》（王学理、梁云）、《秦文化：从封国到帝国的考古学观察》（滕铭予）、《关陇文化与嬴秦文明》（陈平）、《秦始皇帝陵与中国古代文明》（刘九生）、《早期秦史》（祝中熹）、《日出西山：秦人历史新探》（史党社）、《秦朝兴亡的文化探讨》（王绍东）、《嬴姓溯源》（柳明瑞）、《帝国军团——秦军秘史》（金铁木）、《秦俑密码：一位西方作家最具想象力的惊人发现》（［英］摩利斯·科特罗）、《大秦七百年王道盛衰》（陈文德）、《秦始皇的秘密》（李开元）、《秦战争述略》（张卫星）、《寻找大秦帝国》（王若斌）、《秦始皇是说蒙古话的女真人》（朱学渊）……这些信手罗列的著作，既有著名历史学家的学术力作，考古专家的严谨论著，也有青年学者的创新之作，还有一些学者从"实用历史"、历史推理角度的另类研究，以及一些作家、新闻工作者的通俗讲述。从书名以"秘史""新探""溯源""密码""秘密""发现"等相称，即可知道有关秦人，有着太多的秘密、疑团和问题需要探究、揭示和澄清。正因为如此，对于秦史的研究，的确是一个饶有趣味和引人入胜的课题。

秦史研究这种可喜的局面的出现，得益于20世纪70年代以来有关秦人考古的三次重大发现。第一次是70年代的秦始皇帝陵兵马俑坑的考古发现；第二次是80年代的秦公大墓的发现；第三次是90年代以来在天水地区渭河、西汉水流域秦早期文化遗址的系列发现。这三次重大发现，加上其他大量秦文化遗址遗物如墓葬、古城、秦简、青铜器、木板地图等的发现，这在客观上为秦史研究的升温，提供了重要条件。

如果说近几十年来一系列重大考古发现使探索秦人历史成为可能的话，则秦人独特的历史发展道路，其在中国历史发展的长河中承上启下的独特作用，才是引发人们探幽发隐、窥斑知豹的内在动力所在。秦王朝虽然短暂，但它却结束了春秋战国长期动荡纷争的局面，开创了长达两千年之久的大一统封建帝制。这是一笔丰厚的历史遗产和文化财富。秦祚虽短，但其兴起发展的历史却非常悠久，可以追溯到三代之前。秦人在国家起源上经历了古国、方国、帝国三个完整的发展阶段和原生型的发展模式，其文化也是原生态文化。可见，其发展过程与三代相始终。

春秋战国时期是一个列国大争霸、民族大融合、思想大交锋、文化大交汇、文明大交融的时代，古典文明、文化和制度走向解体，新的文明、文化和制度在生成。在这一文明转型和文化勃发的进程中，胜出者秦人、秦国后来居上无疑成为主导者。它以自己的文化为基本，兼收并蓄，多元荟萃，集三代文化之大成，撮六国文化精华于一体，汇华夏戎狄文化于一炉，整合集成、创新升华、开基立制，实现了文化、民族、地域由多元到一体的整合，传统意义上的大一统的文化、民族和国家由此形成。秦人历史之独特和秦文化之价值，盖在于此。

秦人、秦国何以在列国之中由弱小而崛起强大，由后起而一统华夏，由边缘而走向历史舞台的中央？这是千百年来人们一直在探寻答案的一个重要问题，可惜自战国以来，非秦之声便不绝于耳，以至于将秦人摒弃于华夏之外，以戎狄相称。及至秦朝二世而亡，暴秦、暴君便与秦人、秦朝、秦始皇画上了等号，于是，无论是历代君臣谈论家国兴衰，还是古今学人探究历史得失，以秦朝、秦始皇为反面典型已是约定俗成的定例。这种似是而非的惯性思维和传统观念，长期遮蔽和束缚了人们对秦人、秦国、秦文化深层内容、丰富内涵和重要地位的科学判断与理性思考。因此，要建立科学的秦人历史的逻辑体系和内容体系，就必须打破非秦倾向的束缚，告别教条和定向思维的窠臼，从先秦史发展的具体趋向和中国历史发展的整体视野出发，立足文献和考古资料，透过历史的表象，探寻其深层结构和内在机理，才有可能触摸到历史的真相。本书作为国家社科基金项目申报立项的初衷即在于此。

在秦史研究中，相对而言，其早期历史由于资料缺乏而长期处于薄弱环节。而论及秦人、秦族、秦文化，特别是涉及秦人的历史特点、文化性格和价值追求，无不要追根溯源，从秦人早期隐秘的历史和复杂的发展过程中寻求答案。在秦人早期历史中，有一系列争论已久而又无法回避的基本问题，如秦人源自何方，是东来还是西来，属于华族抑或戎狄，有无西迁，西迁路线与过程，秦戎关系与秦的兴起，社会面貌与国家性质，秦与夏商周关系，嬴姓源流与秦之本义，秦公世系与何时称公，秦文化的来源、内涵与特征，等等。这些问题，既为秦史研究所必需，也为先秦史研究不可或缺，其重要性不言而喻。但是，这些环环相扣、互为因果的问题犹如一个个谜团，既引发人们无穷的探索兴趣，又若明若暗疑难重重令人望而却步，故至今许多问题尚未取得大家公认的结论。

随着20世纪90年代以来第三次秦文化考古在天水地区西汉水、渭河上游的一系列重要发现，使长期苦于资料稀少而无法深入的秦早期历史研究，有了突破和揭开谜底的可能。先是甘肃省考古研究所对甘肃礼县大堡子山秦公墓葬、圆顶山秦贵族墓地和清水县刘坪遗址的抢救性发掘，证实这里是秦人早期活动的重要区域。继之从2004年开始，由甘肃省文物考古研究所、陕西省考古研究院、中国国家博物馆、北京大学考古文博学院、西北大学考古系共5家单位组建联合考古队，并成立早期秦文化研究课题组，又对秦人早期活动地域的西汉水流域、渭河上游及其支流进行较大规模的田野调查和考古发掘，初步摸清了秦早期文化在天水地区的分布概况，并对重要遗址进行了发掘，如甘肃礼县的大堡子山墓葬与城址、西山遗址、鸾亭山遗址等，甘谷县毛家坪遗址，清水县李崖遗址，张家川马家塬和秦安县王家洼戎族墓葬遗址的发掘。这些调查和考古发掘可以说收获巨大、文物众多、线索丰富，为探究秦人早期在天水地区活动、兴起和建国的历史乃至战国时期的西戎文化提供了珍贵的第一手资料。

有鉴于此，将文献资料和秦早期文化遗址考古新资料相结合，就上述有关秦人早期的相关问题做一番探究和讨论，提出个人的看法和认识，抛砖引玉，庶几有助于秦人历史与秦文化的研究。

雍际春

2016年4月16日

目 录

第一章 秦早期历史及其研究意义 ……………………………… (1)
  第一节 秦早期历史研究的意义 ………………………………… (2)
  第二节 主要研究资料与方法 …………………………………… (6)
    一 主要研究资料 ………………………………………………… (6)
    二 学术研究基础 ………………………………………………… (10)
    三 基本研究方法与手段 ………………………………………… (11)
  第三节 秦早期历史研究述评 …………………………………… (14)
    一 秦早期历史研究的百年嬗变 ………………………………… (14)
    二 秦早期历史研究概述 ………………………………………… (22)
    三 秦早期历史研究的主要收获及存在问题 …………………… (26)

第二章 嬴秦的起源与族属 …………………………………… (32)
  第一节 嬴姓的来历 ……………………………………………… (32)
    一 我国上古姓氏的本质含义 …………………………………… (32)
    二 嬴姓溯源 ……………………………………………………… (35)
    三 嬴邑地望 ……………………………………………………… (39)
  第二节 嬴秦起源问题的东、西之争 …………………………… (41)
    一 传统的东来说与西来说 ……………………………………… (41)
    二 新东来说与西来说 …………………………………………… (44)
    三 诸说平议 ……………………………………………………… (52)
  第三节 嬴秦为华族考 …………………………………………… (56)
    一 嬴秦华化的基本线索 ………………………………………… (57)
    二 秦非戎族辩证 ………………………………………………… (57)

三　嬴秦为华族的人类学观察 …………………………………………（63）

第三章　嬴秦始祖探微 …………………………………………（67）
第一节　女脩及其生活的时代 …………………………………（67）
一　女脩与中国上古感生传说 …………………………………（68）
二　女脩生活时代蠡测 …………………………………………（70）
三　少昊族与嬴秦先祖 …………………………………………（71）
第二节　大业及其事迹 …………………………………………（73）
一　皋陶与大业非一人 …………………………………………（73）
二　大业的主要事迹 ……………………………………………（74）
第三节　伯益本事考 ……………………………………………（75）
一　伯益名号的来历 ……………………………………………（75）
二　伯益的主要事迹 ……………………………………………（77）
三　伯益受封考略 ………………………………………………（80）

第四章　夏商时代的嬴秦历史 …………………………………（83）
第一节　夏商时代嬴姓诸国的分布 ……………………………（83）
一　嬴姓重要封国概说 …………………………………………（83）
二　嬴姓国的分衍 ………………………………………………（85）
三　嬴姓主要封国举要 …………………………………………（86）
第二节　费邑通考 ………………………………………………（91）
一　费邑之争的由来 ……………………………………………（91）
二　费氏费邑辨正 ………………………………………………（95）
三　季氏费邑地望的确定 ………………………………………（101）
第三节　䣄族寻踪 ………………………………………………（104）
一　䣄之音义及演变 ……………………………………………（104）
二　亚䣄之职掌与事功 …………………………………………（108）
三　䣄氏活动地域考察 …………………………………………（114）
四　䣄氏为商代重要方国部族 …………………………………（120）
五　毕与京——早期秦人在关中的活动考察 …………………（121）

第五章　嬴秦西迁历史探微 …………………………………… (129)
第一节　嬴秦西迁问题的回顾 …………………………………… (129)
　　一　关于嬴秦西迁的次数与路线 ……………………………… (130)
　　二　重新认识嬴秦的西迁问题 ………………………………… (133)
第二节　重黎之后与嬴秦西迁 …………………………………… (134)
　　一　东夷部族的天文学成就 …………………………………… (134)
　　二　和仲西测日落与嬴秦西迁 ………………………………… (136)
第三节　夏朝建立与嬴秦西迁 …………………………………… (137)
　　一　伯益与夏启的王位之争 …………………………………… (137)
　　二　嬴秦的失势与西迁 ………………………………………… (139)
第四节　畎夷西进与嬴秦西迁 …………………………………… (140)
　　一　嬴秦叛夏归商 ……………………………………………… (140)
　　二　商夷联军入陕 ……………………………………………… (142)
　　三　畎夷与犬丘 ………………………………………………… (145)
第五节　周人灭商与嬴秦西迁 …………………………………… (147)
　　一　商末中潏归周与嬴秦西迁 ………………………………… (147)
　　二　周初周公东征与嬴秦西迁"朱圉" ………………………… (152)
　　三　关中"淮水"与嬴秦西迁 ………………………………… (157)

第六章　天水"两河流域"秦早期文化的考古发现 …………… (160)
第一节　天水"两河流域"秦早期文化遗址发现概说 ………… (160)
　　一　秦文化文物的早期发现 …………………………………… (161)
　　二　近二十年来西汉水上游秦早期文化遗址的发现 ………… (162)
　　三　近二十年来渭河流域秦早期文化遗址与文物的发现 …… (163)
第二节　西汉水上游流域秦文化遗址的考古发掘 ……………… (165)
　　一　西汉水流域秦早期文化遗址分布概况 …………………… (165)
　　二　大堡子山秦公墓地与城址遗址 …………………………… (166)
　　三　圆顶山秦贵族墓地的发掘 ………………………………… (168)
　　四　西山大型聚落遗址的发掘 ………………………………… (171)
　　五　鸾亭山祭天遗址的发掘 …………………………………… (173)
第三节　天水境内渭河流域秦文化遗址的考古发掘 …………… (176)

一　甘谷县毛家坪、天水董家坪秦人墓葬遗址 …………………（176）
　　二　天水市秦人青铜器的发现 ……………………………………（177）
　　三　清水刘坪春秋战国时期戎族墓葬文物的发现 ………………（178）
　　四　清水县李崖遗址的发掘 ………………………………………（179）
　第四节　天水地区其他秦文化遗址的考古发现 ……………………（181）
　　一　张家川马家塬战国西戎墓地的发现 …………………………（181）
　　二　甘肃秦安王家洼战国西戎贵族墓地的发现 …………………（186）
　　三　天水放马滩战国木板地图的发现 ……………………………（187）

第七章　秦人的兴起 ………………………………………………………（190）
　第一节　初居西垂的嬴秦 ……………………………………………（190）
　　一　戎胥轩及其周初的嬴秦 ……………………………………（190）
　　二　西垂与犬丘名实考辨 ………………………………………（194）
　第二节　非子牧马与附庸秦邑 ………………………………………（209）
　　一　非子牧马与汧邑地望 ………………………………………（209）
　　二　非子邑秦与李崖遗址 ………………………………………（219）
　　三　秦之溯源 ……………………………………………………（223）
　第三节　秦人的崛起——秦邑时期的秦人 …………………………（233）
　　一　秦仲伐戎 ……………………………………………………（233）
　　二　庄公晋封西垂大夫 …………………………………………（234）
　　三　不其簋与秦庄公 ……………………………………………（235）

第八章　秦的建国与东进关中 ……………………………………………（238）
　第一节　秦国的建立 …………………………………………………（238）
　　一　西周灭亡与秦襄公救周 ……………………………………（238）
　　二　秦襄公始国 …………………………………………………（241）
　　三　秦公簋及"十又二公"考 …………………………………（244）
　第二节　秦文公东猎与入关 …………………………………………（258）
　　一　秦文公东猎 …………………………………………………（258）
　　二　建都汧渭之会 ………………………………………………（261）
　　三　文公时期秦国的发展 ………………………………………（264）

第三节　宪公至武公时期秦国的发展 …………………………（268）
　一　宪公徙居平阳 …………………………………………（268）
　二　武公的伐戎事业 ………………………………………（270）
　三　由平阳到雍城——秦人早期历史的终结 ………………（272）

参考文献 ……………………………………………………（275）

后记 …………………………………………………………（287）

第一章

秦早期历史及其研究意义

秦王朝是中国历史上第一个大统一的中央集权的封建王朝，其在中国历史上具有极为独特的地位和重要作用。之所以如此，"并非仅因为由秦作了战国的终结，并开启了汉代文明；更重要的是，秦具有划时代的历史意义，即由之开辟了中国古代历史的新纪元，其后其前的历代王（皇）朝皆无可与之比拟者，二千年来的帝国制度正反两方面都可以从秦找到它的历史缩影，都可以从秦的制度中寻到它的根基和因子"[①]。所以，恽敬在《三代因革论》中就有"自秦以后，朝野上下，所行者皆秦之制也"的感慨。[②] 谭嗣同《仁学》一书亦有"二千年之政，秦政也"的结论。这说明，对秦史及秦文化的研究和探讨，远远超出了秦史本身。

秦史研究的魅力和价值还在于秦之完成大统一和其政权的迅速瓦解，这对立统一的两个问题，给后人留下了无尽的思考和启迪。它犹如魔方般长期困扰和吸引着历代统治者与学人，去探究其奥秘。因而，自秦亡后不久，即有汉初陆贾著《新语》和贾谊撰《过秦论》，研究总结秦亡的教训，由此开始了对秦史的研究。接着，从司马迁《史记》、班固《汉书》等正史，到历代政论文，研究秦史者代不乏人。人们从不同的角度试图对这两个无法回避的问题和疑案进行研究和破解。这种探索和研究极大地推动了秦史的研究工作。

在秦史研究中，还有一个饶有兴味而无法回避的问题，就是秦人由统一到灭亡，虽然历时很短，但其由兴起到发展、建国进而一统天下，却经历了漫长而曲折的过程。在秦人漫长的发展历程中，它是如何由小

[①] 张金光：《秦制研究》，上海古籍出版社2004年版，第11—12页。
[②] 恽敬：《三代因革论》，《大云山房文稿》卷一。

到大、由弱到强，最后扫灭六合完成统一的？它是如何由边鄙小族而逐步走向历史舞台的中央？它是如何在艰苦险恶、险象环生，经常危机四伏的环境中惨淡经营、致力发展从而实现崛起的？它是如何在列国争霸和七雄兼并中后来居上的？秦与六国的发展路径和历史结局缘何完全不同？秦文化与周文化、六国文化、戎狄文化的关系及异同究竟如何？秦文化的内涵、面貌、特征、优势何在？……这一个个耐人寻味的问题，长期困扰着人们，也吸引着无数先贤时俊的探研激情。然而，这些问题时至今日也没有得到理想的答案。历史研究和文化探索的魅力也正在于此。

历史的发展具有连续性，文化的演进也具有传承性。无论是秦的统一与速亡，还是秦人历史与文化的独特性，其正解实际上只能从考察秦人发展历史和文化演进的历历足迹中去探寻，尤其是究本溯源对秦人源头和早期历史的探究更为必要。当然，这种探求，并非单纯的一族一国历史的线性考察，而是将秦人历史置于先秦历史的发展阶段和中国古代历史发展的整体进程中，加以宏观把握和具体探讨。只有这样，才有可能获取历史的真相和科学的答案。

纵观两千年来的秦史研究，人们的注意力主要集中于春秋以来特别是战国以来的秦人历史，而于秦人早期历史的研究，成果寥寥，甚至空白。造成这种局面的一个最主要原因，是由于秦史资料尤其是关于秦早期历史资料的极度匮乏，还有传统观念认识的限制。近年来，随着考古发掘和新资料的发现，对秦人早期历史与文化的研究，其长期冷寂的局面业已打破，一些新的研究成果也在不断问世，但是，秦早期历史与文化研究相对薄弱和滞后的格局并未完全改观，许多问题仍未能取得令人满意的成果。而秦早期历史对于秦史研究和先秦史研究又是无法绕过的一环，这既是我们今天无法回避的课题，也为我们留下了一个可以有所作为的学术空间。

第一节　秦早期历史研究的意义

张金光在《秦制研究》一书中，对秦王朝在开辟中国古代封建专制体制和制度方面的意义，有过比较全面的评价。指出：

关于秦，至少可以总结为九个根本方面在中国古代历史中具有长期的作用和几乎永久性的意义，也可以说是秦在中国古代历史上造就的九个开创性的"第一"，以为后世长期效法。(1)秦开创了行用二千余年的皇帝制度；(2)开创了国家大一统的政治传统。自此后，统一为常态，分裂为变局，分久而必合；(3)开创了行用二千余年的专制主义中央集权制，在中央和全国地方推行官僚政治；(4)奠定耕、战、防相结合的边防战略，创立了完整的长城边防体系，并开创了别具特色的长城文化带；(5)秦的统一标识着我华夏民族共同体自形成而又发展到了一个新的阶段，既标识着汉民族的形成，同时又是以华夏（汉）民族为主体的大中华民族的开端；(6)"车同轨"，"书同文字"，度量衡的统一，以及"行同轮"，为大一统国家的管理提供了数字化基础和共同的文化心理基因；(7)秦统一奠定政治边疆所表现出来的外向精神，对一个以农立国的民族来说，是最为可贵的，同时在世界历史范围内第一次留下了不可磨灭的永久性影响，国际社会至今仍相沿以"秦"作为对中华的代称；(8)恢宏博大的气度，尚法制精神；(9)秦不仅对中国古代土地国有制做了普遍的高度的发展，而且也由其第一次使土地私有制合法化，开启了土地私有制发展的历史长河。由上述看来，研究秦史或者说秦文化便具有了很高的学术价值与现实意义。①

这段论述，其观点也许还有一些可商榷之处，但其对秦史及秦文化研究的价值与意义的论述，倒是比较全面而到位。在秦史及其文化的发展中，早期阶段既是其重要组成部分，又是秦人族体形成和文化导源发祥的关键阶段，因而，秦早期历史与文化的发展，对秦史、秦文化的发展以及研究而言，除上述之外，它还具有其独特的价值和历史意义。

第一，秦王朝作为第一个大一统王朝，其兴起的漫长过程和曲折的成长历史，在先秦史乃至中国古代史上具有不可替代的独特地位。秦王朝追溯其建立国家的历史，只有五百多年的时间，若要计算其部族起源和发展的历史，虽若明若暗、不绝如缕，但其漫长进程则与夏、商、周三代相始终，这在上古史上是罕见的。秦人先祖从舜禹时代的显贵到夏

---

① 张金光：《秦制研究》，上海古籍出版社2004年版，第11—12页。

代的沉沦，由叛夏归商、"以佐殷国""遂为诸侯"的再次崛起到商末周初的屡遭征伐和失姓断祀；秦人由周初的"在西戎，保西垂"到附庸小国再到西方霸主和一统天下，其兴起和发展的历程可谓一波三折、几经起伏。时而被推到历史的前台，时而又退居边缘甚至遭杀戮流放，其部族命运可谓悲惨异常。这样一个部族和国家的早期发展，是在危机四伏、险象环生的环境中进行的，其由衰到兴、由小到大、由弱到强的曲折发展与它后来居上、扫灭六合，是一个完整的部族、国家兴起和发展的进程，无论是研究秦国、秦朝的历史，还是探讨秦文化的面貌、特点和优势，都不能忽视或割断对其早期历史及其文化的追寻，其开创统一王朝建立帝国的历史奥秘和文化基因，无不深藏于秦人早期的历史进程之中。就此而言，对秦人早期历史及其文化的研究，甚至比对夏、商、周三代任何一个政权历史的研究更具重要价值和典型意义。

第二，秦早期历史的研究，可以为探讨夏、商、周三代历史提供独特的视角。三代时期可以说是中华民族、传统国家和传统文化的奠基阶段，这在很大程度上对其后民族、国家和文化的发展乃至走向具有规定性。而这一进程是在三代整合积累的基础上由秦王朝所完成的。在三代时期的大部分阶段，秦人始终处在历史边缘或下层而全程参与其中。因此，探究秦人早期历史的发展，揭示秦早期文化的本来面目，复原其部族命运的种种变故，既可以为研究三代历史提供一个独特的视角和侧面，有助于对三代历史的深层研究；又可以从这一边缘、下层或者说从深层去触摸和审视华夏民族的文化生态。用苏秉琦在中国文明起源与国家形成上提出的文明起源"三历程"和国家形成"三部曲"与"三模式"理论，考察秦人发展与建国的历史，则秦人既经历了其文明起源的古文化、古城、古国进程，又经历了由方国、古国到帝国的国家形成的完整阶段和发展模式的"原生型"形态，[①]其完整性和典型性是其他部族及其国家的历史所无可比拟的。所以，对秦人早期历史的关注和探索，不仅为三代历史的研究提供了新的视角，而且，它为从源头与深层揭示和管窥中华民族、传统国家和传统文化的原初构成开辟了通道。

第三，对秦人起源与族属的追寻，是先秦时期民族发展与融合的一个活标本。秦人就其艰辛漫长的部族起源历史而言，可以说扑朔迷离、

---

① 苏秉琦：《中国文明起源新探》，生活·读书·新知三联书店1999年版，第130页。

神秘莫测，至今还有不少缺环和谜团尚未解开。但就基本的线索而论，它由地据东方的东夷大族到"子孙或在中国，或在夷狄"的流动，由周人的杀戮征伐到避居西垂与西方戎狄为伍，复由建国陇右再到东进关中，这一流动迁徙历时漫长，路途遥远，无异于是一次民族融合再造，文化交融重铸的浴火重生。这一过程又与夏、商、周三代历史相交织，与戎狄部族相杂处，是三代时期部族大流动、文化大交流的重要一页。越来越多的考古发现和文化人类学研究表明，上古人类的迁徙流动、文化交流，其范围、距离和深广度，远较我们的传统认知和想象更为广泛、频繁和密切，简直是无远弗届。所以，以秦人早期历史和文化创造活动为对象，搜其线索，抉其幽隐，剔其虚妄，补缀缺环，探其足迹，还原历史，其意义和价值就绝不仅限于对秦人早期历史和文化原生面貌的重建，而更在于透过秦人部族这一活标本，纵以观察其民族童年历史演化聚合的历历足迹，横以截取一个个部族融合、文化交融的节点和剖面，透视其民族与文化的结构特征与形态面貌。以此为支点和突破口，举一反三、见微知著，一幅我国民族童年的历史面貌和文化地图，就有可能重现。

第四，对秦人西迁动因、过程以及路线的考察，可以揭开先秦历史许多未解的谜团。在秦人、秦文化起源问题上，一直存在着"东来说"和"西来说"的争论，纷纭至今。近年来，又有一些学者提出秦人是信仰熊图腾崇拜的中原通古斯人命题，"秦始皇是说蒙古话的女真人"；秦人是源于东夷、西迁过程中与斯基泰人联姻的半游牧民族等新观点。[1] 这些看法，既大胆新奇又振聋发聩，令人耳目一新，无疑在秦人、秦文化起源的争论中再掀波澜。这也启示我们要在中国上古历史更为广阔的时空范围，多角度、多层面、综合性地探索揭示秦人历史的源头和发展进程。秦人初兴何处，族属何在，因何流动迁徙，如何迁徙，迁徙过程中又发生过哪些民族融合与文化交流活动，这迁徙与交流在多大程度上影响和改变了秦人部族构成和文化发展原貌。这一个个问题和谜团，既为研究秦早期历史和整个秦人历史无法回避，又与三代历史进程和中华民

---

[1] 参见叶舒宪《熊图腾：中华祖先神话探源》，上海锦绣文章出版社2007年版，第155—200页；朱学渊《秦始皇是说蒙古话的女真人》，华东师范大学出版社2008年版，第59—61页；孙新周《岩画·鹿石·嬴秦民族寻根》，《天津师范大学学报》2007年第4期。

族的早期形成息息相关。

第五，秦早期文化的形成与发展，既是秦文化的原初形态和活水源头，也是秦民族再造和秦文化创始过程相交织的产物，它对于追溯中华民族文化源头具有重要意义。从夏禹到秦始皇近两千年的时间，秦人、秦国、秦王朝的历史一以贯之。秦人如何历经磨难和起伏而崛起，秦人在三代时期的地位和作用，秦人对三代历史发展的影响，秦与三代的关系与互动状况，秦早期文化在三代错综复杂的环境中如何兴起和发展，秦早期文化兴起的民族和历史文化背景，秦早期文化与三代文化相互影响和融通的具体过程，秦早期文化如何吸纳、整合夏商周文化和戎狄文化而升华为统一中国的秦文化。这一个个问题不仅与秦人历史的发展相互交织，而且都与中华民族的早期形成、中华传统文化的最初构成密切关联。因此，对秦早期历史及其文化的探索和研究，既是一个秦史研究的课题，也是一个对中华民族、中华文化源头追寻探源不可或缺的重要一环。

因此，在前人研究的基础上，充分利用考古新发现和新材料，在中国古史和先秦历史的宏观视野下，以科学求实的态度和客观理性的精神，重新审视和全面考察秦人早期历史，系统构建秦早期历史与文化发展的框架和体系，揭示其发展线索、历史面貌、文化内涵及其形态特征，以推动秦早期历史乃至整个秦史研究的深化和新的突破，既是非常必要的，也是完全可能的。本课题的立项和研究旨趣正在于此。

第二节　主要研究资料与方法

尽管我国古籍中关于秦早期历史及其文化的记载和史料比较少，但是，这些传世史料仍然是研究秦早期历史与文化最基本和最主要的资料。近年来，随着大量考古资料的发现和地下文物的出土，使结合文献记载系统研究和全面揭示秦早期历史成为可能。这也正是近年来秦早期历史与文化研究渐成高潮的一大主因。而已有的研究与成果，又为进一步探索秦早期历史与文化奠定了良好的基础。

一　主要研究资料

秦早期历史与文化的研究资料主要有传世文献资料、考古资料和民俗与考察资料三个方面。其中，传世文献资料是基本，考古资料是核心，民俗与考察资料可作为补充。

1. 传世文献资料

首先，秦早期历史在时间上属于我国春秋早期及其以前的阶段，因而先秦文献无疑是传世资料中最为重要的史料。《尚书》《诗经》《礼记》《春秋》《左传》《战国策》《国语》《世本》《竹书纪年》以及诸子著作，包括《管子》《商君书》和《吕氏春秋》等，都多多少少保留了有关秦早期历史的直接或间接史料。它们构成秦早期历史与文化研究的基本史实依据、大量背景资料和各种文化信息。

其次，正史资料。司马迁《史记》集先秦以来秦史史料之大成，通过《秦本纪》《秦始皇本纪》不仅揭示了秦人从起源到帝国灭亡的基本线索；而且复经其他相关本纪、列传、世家以及八书对秦人历史与文化史料的保存，完整构建了秦人历史的框架和基本内容。自汉代以来直至现代，人们对秦史的研究与把握，均以此为基本依据。即使在近一个世纪以来，我们通过考古发掘掌握了许多古人未知的秦早期历史文化资料，但这些新资料也只能是在《史记》秦史体系的基础上，对一些历史细节和具体内容的补充和丰富。其他像《汉书》等正史资料也有一些资料存留可资利用。

再次，后人辑录的秦史资料和典志类史料。前者如《秦会要》《七国考》以及马非百《秦集史》和王蘧常《秦史》等。这些资料经作者整理考订和分门别类，为治秦史者提供了不少方便。后者如"三通"等，由于秦王朝开创了中国两千年的封建专制统治制度，而这些制度的形成与确立，无不与秦人早期历史息息相关。因此，典志类资料对我们了解有关制度的起源演变以及文化信息，具有重要的参考价值。此外，如谯周《古史考》、皇甫谧《帝王世纪》、罗泌《路史》、马骕《绎史》等历代所编古史资料，也可选择性地采择参考。

最后，历代思想家、政论家及有关学者对秦史的研究和论述，如贾谊《过秦论》一类总结秦亡教训的论述，代不乏人。其作品大多散见于子书和个人文集与文论之中。虽然这些资料系后人著述，且涉及秦早期历史与文化的内容不多，但这些资料基本反映了历代学者对秦史研究的状况和内容。这对于秦人早期历史，特别是了解历代学人探讨秦史的特点与趋向，大有助益。

2. 考古资料

自 20 世纪特别是 20 世纪后半期以来，关于秦早期历史及其文化遗址多有发现，这些发现包括墓葬、城址、建筑、青铜器、陶器、石刻、工具、武器等各类遗址与文物，从而构成了数量繁多、内容丰富的秦早期历史与文化的考古学资料。新中国成立以来，在山东地区大量史前聚落、古城遗址的发现和发掘，为揭示嬴秦起源与东夷文化的关系提供了重要资料；关中地区大量春秋以来秦墓及重要文化遗址的发现和发掘，为探讨秦人早期历史文化起源提供了重要的间接资料和背景资料；尤其是近二十年来在天水地区及陇南西汉水上游礼县一带，接连发现秦人早期墓葬、建筑基址、城池等遗址及数量可观的青铜器等文物，为探讨和构建秦早期历史及其文化提供了弥足珍贵的实物资料。

由于秦早期历史的传世史料稀少，先秦史料及《史记》对秦早期历史的记载非常简略，且多有缺环和模糊之处，致使人们长期对秦早期历史的真实面貌和具体内容不甚了了。因此，以文献记载为线索，借助考古资料对秦早期历史进行复原、对接、描述和整理，就显得尤其重要。所以，运用考古资料进行秦早期历史及其文化的研究，既非常重要，又必不可少。甚至可以说，没有秦早期历史的考古发现，就无法深入进行这段历史的研究和基本面貌的揭示。具体而言，考古资料对于秦早期历史与文化研究的独特价值与意义大约有以下数端：

第一，通过对文化遗址中墓葬、城址、建筑的分布及其位置的考察，可以了解和揭示秦人早期的活动地域与中心聚落位置及其早期的生活状态、文化面貌和社会发展水平。

第二，通过对墓葬形制、葬式、葬具及随葬品形态、葬品组合、葬品数量的考察，可以研究和揭示墓主人身份、墓葬制度、丧葬习俗，并由此据以分析判断其文化面貌、特征和结构以及文化追求等。

第三，通过对同期墓葬批量人骨与其他考古学文化中墓葬人骨的体质异同比较研究和文化人类学研究，可以为秦人起源、族属提供较为可信的根据。

第四，综合分析其遗址遗物，可以探索和掌握秦早期社会状况、经济形态和发展水平。如生产工具的种类与形制、金属冶炼与铸造加工技术等。

第五，通过对青铜器等器物形制、种类、纹饰图案与风格、题材特点和乐器种类与形制等方面的考察与分析，可以对秦早期文化的面貌和自身特点作出判断，进而可以将其与周文化、西戎文化进行比较，揭示其相互关系。

第六，通过对墓葬、宗教遗址及其特征的考察与判断，可以揭示和掌握秦人早期的宗教观念、信仰习俗和图腾崇拜等。

第七，通过对青铜器铭文、石刻资料的研究和分析，既可以从中掌握许多历史细节和文化信息，又可以分析判断秦系文字演化发展的轨迹和与周人、东方六国文字的异同。

总之，秦早期历史考古资料对于秦早期历史与文化的研究，可以补正史之不足，可以补史实之缺环，可以使其历史线索完整清晰，可以使其早期历史与文化血肉丰满。

3. 民俗与考察资料

从民俗考察角度就秦早期历史与文化研究而言，资料主要有三类：一是文献中保留的神话传说资料；二是流传的传说故事与风俗习尚；三是与前两者相关而见之于考古文物和民间器具所残存的信息。

秦人起源及其早期文化，可以追溯到尧舜禹时代甚至更早，其发展线索及其具体内容，交织散见于三皇五帝和古史传说之中，无论是在有文字记载之前的漫长时期还是商周时代，神话和古史传说都是探讨秦早期历史不可或缺的一环。这些长期口耳相传又复经先秦文献记载保留下来的神话传说资料，不论是系统的还是片断的，对于秦人起源都是非常珍贵的线索。除了像《山海经》《穆天子传》《淮南子》等集中记载传说资料的著作之外，大量片段性资料则散见于各类先秦文献及诸子作品之中，与相关史料等相伴共存。在总体把握我国上古神话传说线索和框架的基础上，经过一番剥茧抽丝和去伪存真的鉴别清洗，就有可能从中发掘出秦人早期历史的真相，既可证文献记载之真伪，亦可补文献记载之缺失。

自古至今，没有进入史料和文献记载的民间传说、故事，特别是上古神话传说数量不少，这些为各地民间百姓所喜闻乐见的传说故事，逆流溯源，往往可以从中找到与人类早期历史文化相关的种种信息。如鸟图腾崇拜、熊图腾崇拜，上古英雄传说与故事，神灵祭祀与宗教、民间信仰、礼仪习俗与禁忌等，其表象背后或文化深层或多或少积淀和埋藏着秦人历史及文化的重要信息。如果对秦人流播和分布地域如鲁、豫、晋、陕、甘等地有关上述资料进行收集、调查和比较梳理，无疑会有不少有用而文献未见记载的资料被挖掘出来。

考古遗址与文物，其造型、纹饰、图案、组合的特点与风格，是其主人及族群文化心理、审美情趣和习俗风尚的标志和反映；至今残存于民间器具的一些直接或间接的文化习俗印记，也同样是其先祖古老文化信息的残留和孑遗。通过特定手段和方法，透过现象揭示其内在联系与文化意蕴，对我们破解族源信息和文化基因同样非常重要。

当然，在研究中使用民俗考察资料，必须采取非常审慎的态度，而且必须与文献资料、考古资料相结合，作为前两种资料的有机补充和辅助材料。否则，就容易发生以偏概全或本末倒置的弊端。

二 学术研究基础

近百年来的秦史研究与巨大进步，为秦早期历史与文化的探索奠定了良好基础，使我们具备了古人甚至20世纪前半叶的研究者都无法比拟的优势条件。就秦早期历史研究的学术基础而言，主要有以下几个方面：

一是近几十年来有关秦早期文化的考古遗址、遗存先后发现，如天水董家坪、毛家坪墓葬遗址、礼县大堡子和圆顶山墓葬遗址、清水刘家坪、张家川马家塬西戎墓的发现以及考古发掘报告和相关研究等，特别是五方联合考古队在西汉水上游礼县等地、渭河上游甘谷毛家坪和清水县牛头河流域系统的考古调查与发掘成果，为秦早期历史与文化研究提供了直接的新材料，奠定了秦早期历史文化研究的物质基础。

二是新中国成立以来在关中、陇右、山东等地大量秦人史前至战国时期墓葬、城址、青铜器等遗存和文物的发现，以及历史学界、考古学界就此而展开的开拓性的研究，包括建立起秦早期文化的考古类型学体系、墓葬发展序列和编年，对秦人起源与秦早期文化起源的资料的积累，对青铜器铭文的研究考释等，为开展秦早期历史与文化研究奠定了学术基础。

三是以马非百《秦集史》和王蘧常《秦史》为代表的现代集大成的秦史史料著作；王辉有关秦青铜器铭文整理和考释研究，如《秦铜器铭文编年集释》《秦文字集证》《秦出土文献编年》等；还有其他学者有关秦早期历史的史料发掘与整理工作，为秦早期历史文化研究奠定了史料基础。

四是以李学勤、林剑鸣、杨东晨、黄留珠、祝中熹、徐卫民、田静、史党社、藤铭予、陈平等为代表的学者,其关于秦文化或秦早期文化的专著或主要著作,初步构建了秦早期历史与文化研究的逻辑体系和内容体系,为秦早期文化研究奠定了综合研究的基础。

五是以俞伟超、刘庆柱、段连勤、韩伟、李江浙、赵化成、张天恩、牛世山、刘军社、梁云、叶舒宪为代表的一批学者,将考古学、历史学、民族学、文字学、民俗学有机结合,综合运用多学科方法,在秦人、秦文化起源诸问题上,进行了多角度、多层面的深入研究,内容涉及秦早期文化的各个方面,不仅所获甚多,而且视野开阔、方法更为科学与灵活。这些研究将秦早期文化的研究推向新的高度,标志着对秦早期文化的研究进入了开放的多层次多结构研究的新阶段。因而,他们的成果和研究,为秦早期历史文化研究奠定了多维度开展研究的方法论基础。

由此可知,近几十年来的秦早期文化研究,不仅涉及秦早期历史文化的各个方面,而且成果颇丰,这就为进一步开展秦早期历史与文化的研究奠定了良好的学术基础。

三 基本研究方法与手段

由于秦早期历史及其文化发展在时间上的漫长性和阶段性、空间上的流动性和扩展性,还有秦文化的创造者"秦人"含义的模糊性与延展性,以及秦文化来源的多元性与复杂性,也就决定了对秦早期历史与文化的研究,在方法上和手段上也需要大视野、多角度、多层面和多种方法的综合运用。唯有如此,我们才能尽可能准确地全面把握秦人早期历史发展的基本线索,厘清秦早期文化的来源、结构和特点及其演变,也才能更好地在中华早期民族与文化形成期的大背景下,揭示秦人及其秦文化在中华民族与文化承上启下和整合一统中的历史地位与时代价值。"工欲善其事,必先利其器"。本书在具体研究中,将在方法、手段上主要把握以下五点。

1. 坚持理论与实践相结合

人文社会科学研究不能没有先进理论的指导和支撑。秦早期历史与文化的研究,重点在于把握其历史演进的基本线索和文化生成演变的运动轨迹。马克思主义辩证唯物主义和历史唯物主义所倡导的认识论和方法论,是我们从事秦早期历史与文化研究应该遵循和坚持的科学理论和方法。用辩证的观点、发展的观点和联系的观点发现问题、分析问题和解决问题，是我们在研究中最基本的和常用的方法。历史研究切忌以偏概全，只有在具体研究中坚持辩证、发展和联系的观点，才能在零散纷乱的线索和模糊不全的史实中，经过由表及里和去伪存真而有所发现、有所创新、有所收获。以此为出发点，在充分挖掘史料和广泛吸收考古新发现、新资料以及学术界新的研究成果的基础上，通过梳理、鉴别、借鉴、概括、提炼，进而推陈出新，创新研究范式，升华观念认识，形成自己的新观点和新结论，构建本项研究的独有结构和逻辑体系，才有可能达到预期的研究目标。

2. 坚持宏观与微观相结合

探索秦人早期历史与文化的发展，既要从三代历史进程的趋向中和历史的深层及边缘去披沙拣金，也要在考察中原农耕文化、西北草原畜牧文化交流融通，秦人与周人、西戎，秦国与六国的互动关系中探其奥秘。这就要求我们在研究中既要从广阔的视野出发，整体把握和正确处理三代历史与秦人早期历史相互关系，不能只见森林不见树木，更不能只见树木而不见森林；又要从若明若暗、真假混杂的史料中洞察秋毫，进而剥茧抽丝、还原真相。所以，只有将宏观研究和微观探讨有机结合，才有可能在秦人早期历史与文化的研究中作出科学的结论和创新的见解。

秦人早期历史和文化的发展，正处于我国古典时期民族大融合、文化大整合和政治大一统时代趋向的节点。秦人如何上承三代之大成，中会多元文化之精华，完成中华文化的整合而下开一统政制的文化基础？如何在完成自身华夏化的同时，又在华戎交会的实践中既大大拓展了中华民族形成的基础，又加速了民族认同和一体化进程？秦文化如何产生、形成、发展、转型进而一统华夏成为统治文化和主流文化？它在秦人的崛起和实现统一以及建立统一国家的实践中的地位、价值意义何在？对这一系列问题的探究，就必须在先秦时代和华夏戎狄的时空大背景下一一挖掘。所以，立足夏商周与春秋战国长时段和华、戎、夷、狄等多部族和大地域进行先秦历史与文化的梳理与揭示，是我们从微观层面具体突破秦早期历史与文化一个个谜团的前提和重要基础；而微观破解具体问题又是对宏观历史体系与文化路径建构的史实依据和立论支撑，两者缺一不可。

3. 历史考据与文化比较相结合

秦人早期历史既涉及族源长时段、远距离的迁徙，也存在文化来源的多元化、文化结构的复合性和文化特征的独特性。秦人远祖的追寻与确认，其先祖迁徙的时间、路线、地点，秦人国家的形成与发展，秦文化的来源、产生、结构、转型、特点、评价等，这一系列问题，需要我们在有限的文献资料和越来越多的考古发现中一一探隐抉幽、纠谬补正、还原提纯和梳理整合，才有可能使秦早期历史的面貌得以呈现。因此，对文字、器物、年代、地名、事件、人物、民族等问题不做一番整理鉴别的考证工作，秦人早期历史发展线索与文化面貌也就无从揭示。

任何文化它的形成与发展、来源与构成、特点与价值，都与这一文化的创造者的历史命运和精神风貌密不可分，也与这一文化生成的人文、自然环境息息相关。由此而产生文化的地域性和人文特征。但是，文化以及文化的创造者又会在与其他文化及其主人的相互联系与交往中彼此影响、渗透与融合，因而也就具有共同性和均质性。故而一种文化经历演变发展之后，对其起源、产生、发展、转型进行考察和总结，就必须运用文化比较的方法，通过多层面、多角度的深层分析和特征比较，才能更好地抓住这一文化的内在特征和形态表现。秦文化作为一种既非农耕又非草原文化的新型复合文化，其形成与演变，既与三代文化相连，又与东夷文化有关，而且与戎狄文化深度接触与融合，我们只有在与上述各种文化的解构和比较中，才能更为准确地认识和把握其内涵与特征。

4. 文献资料与考古材料相结合

对秦人早期历史与文化的研究，在资料使用上有两个基本的特点：一是文献资料相对零散缺乏，二是考古资料不可缺少。所以，对这一特定对象的研究，就必须在充分利用文献资料的前提下，必须广泛利用一切有用的直接或间接的考古材料。在一定程度上说，没有新的地下考古资料的不断发现和重大突破，在秦史研究中就没有秦人早期历史这一领域的出现。因此，以《史记》为代表的秦汉、先秦史料，无疑是我们据以建构秦人早期历史与文化体系的基本线索；而长期以来传世的秦早期文物资料，特别是近几十年来大量秦文化遗址的不断发现和考古发掘，尤其是近十多年以来在天水两河流域秦早期文化的考古调查以及甘谷毛家坪、天水董家坪、清水刘坪和李崖、张家川马家塬、秦安王家洼、礼县大堡子山、圆顶山、西山、鸾亭山等秦早期文化、西戎文化遗址的发掘与重要文物的出土，为秦早期历史与文化的研究提供了大量第一手资料，使文献史料与考古资料相结合，将秦人早期历史与文化由此前的片段和线索进而形成完整丰满的鲜活历史成为可能。所以，运用二重证据法进行研究和探讨，对于秦早期历史与文化的复原与评述，至关重要。

5. 多学科研究方法的有机结合

不难看出，秦人早期历史的发展，秦早期文化的形成，不仅具有特殊性和久远性，而且具有复杂性、综合性和变异性。因此，运用单一的历史学方法或文化史方法，不足以驾驭和支撑对这一问题研究的深化和创新。它涉及民族学、考古学、地理学、历史地理学、经济学、文化形态学、生态学、民俗学等多学科知识和理论、方法。其多学科性又决定了研究手段的多样性，如文字学、甲骨学、器物学、地名学、训诂学、宗教学和文明比较、文化区、文化分类等方法和手段，也就不可或缺。所以，从研究实际和资料需要出发，将多学科方法和多种手段有机结合，灵活运用，既可以防止在研究和论述中避免常识性错误，也可以使研究趋向深入和全面。只有将多学科方法和手段有机结合，围绕课题和研究对象进行多角度探赜、多层面论析、多尺度判断和多维解构，开展综合研究和系统构建，秦早期历史与文化的完整面貌庶几得到重现。这既是我们力图践行的目标所系，也是我们孜孜以求的理想和愿望所在。

第三节　秦早期历史研究述评

传统意义上的秦史研究自秦亡之后即已开始，如汉初陆贾《新语》和贾谊《过秦论》等总结秦亡汉兴原因的著述就是代表，而《史记》等著作乃集大成之作。现代意义上的秦史研究起自20世纪初，至今约有百年。秦早期历史及文化的研究，也是伴随秦史研究的深入和考古资料的发现而开始起步。其研究情况大致可分为三个阶段，即新中国成立以前的起步阶段，20世纪90年代以前的缓慢发展阶段和此后全面展开研究阶段。

一　秦早期历史研究的百年嬗变

1. 秦早期历史研究的基本进程

20世纪在中国史学发生变革的诸多条件中，新材料的大量发现无疑是非常重要的一个方面。虽然运用出土材料研究历史古已有之，但真正引发史学研究革命性变化的则始于现代考古学诞生的 20 世纪初。因而，它不仅促进了史学研究的深化和发展，而且开拓了不少新的研究领域，如甲骨学、敦煌学、简牍学的出现即是如此。

20 世纪的秦史研究，正是随着地下考古材料的大量出土而取得突破性进展的。从王国维对秦都城和秦公簋器铭的研究和考释，到蒙文通、卫聚贤关于秦民族源流的探赜，标志着现代学人不仅将秦人早期历史纳入视野，而且进行了拓荒性研究。与此同时，考古学家也涉足秦早期历史的探索。1933 年，前国立北平研究院为探究先周和先秦的历史文化遗址，组成陕西考古调查队，对西安、咸阳一带的秦城址如阿房宫、犬丘、雍城等遗址进行了勘察。接着，1934—1937 年，苏秉琦先生等三次发掘了宝鸡斗鸡台沟东区周、秦、汉墓葬，获得一批珍贵的资料。特别是经过对器物形态学和工艺学的研究，对墓葬葬俗制度的考察，第一次将秦文化从周文化和汉文化中单独区分出来。虽然其时并未指明这就是秦文化，但毕竟是从周文化和汉文化中划分出一种新的文化形态，这无疑是一个创举。这些研究和探索虽然尚处在初期状态，但现代意义上的秦早期历史研究，正是由此起步的。

新中国成立后，1950—1951 年，中国科学院考古研究所在陕西长安县客省庄发掘了 71 座东周墓，1954 年在西安半坡发掘 112 座战国墓葬，后又在宝鸡发掘了李家崖等墓葬。至 20 世纪 50 年代，人们已基本上将屈肢葬式、西向墓和随葬品中的铲型袋足鬲看作秦文化的墓葬特征。此后的发掘简报或报告则进一步将这类墓葬确定为秦国墓葬。20 世纪 60 年代以来，秦文化考古进入丰收期，如对秦都雍城、咸阳、栎阳以及阿房宫遗址、郑国渠渠首遗址、都江堰遗址、灵渠遗址和一大批秦代中小型墓葬的发掘，特别是秦始皇陵兵马俑的出土，湖北云梦睡虎地秦简、四川青川秦木牍、陕西凤翔秦公大墓的发掘等一系列重大考古发现，为人们提供了十分丰富而弥足珍贵的第一手实物资料，大大拓展和深化了秦史研究的领域与内容，推动秦史研究进入新的更高境界。进入 20 世纪 80 年代，人们在多年研究和积累的基础上，开始了对秦文化整体面貌的系统研究和探讨，逐步建立起秦文化的标尺系列，并在许多的分支和专门研究方面取得卓有成效的突破。

在秦史研究领域，对秦早期历史的研究和探讨，既十分重要，又不可或缺，但因资料限制而长期徘徊不前。这种状况终于在20世纪八九十年代出现了转机，一方面，林剑鸣、熊铁基、黄灼耀、伍士兼、何汉文、段连勤、高福洪、刘庆柱等学者在80年代初先后发表了一系列论文，对秦早期历史和秦人族源进行了深入探讨，引发了新中国成立以来秦早期历史研究的高潮；另一方面，甘肃甘谷县毛家坪和天水董家坪西周至春秋秦墓葬遗址的发掘，以及天水放马滩战国秦墓木板地图与竹简《日书》的出土，特别是礼县大堡子山秦公墓、西垂陵区和赵坪秦贵族墓、清水县刘坪春秋墓葬的发现，为秦早期历史与文化的研究提供了新材料、新内容和新视野，推动秦早期历史及其文化研究迈上新的台阶。秦早期历史及其文化的研究由此日益受到重视，也吸引越来越多的学者加入研究中来，人们依据不断发现的新考古材料，对秦早期历史及其文化进行了多层面、多角度的研究，提出并探讨了许多前人未曾涉足的新课题和新问题，获得一批高质量的学术成果，推动了秦早期历史研究不断深入。尤其是随着秦早期历史与文化的神秘面纱被揭开，学术界对其重要价值和特殊地位的判断也随之更加切合实际，这就为秦早期历史与文化研究有望获得突破性进展奠定了良好的基础。

2004年以来，甘肃省文物考古研究所、中国国家博物馆考古部、北京大学考古文博学院、陕西省考古研究院、西北大学文博学院五方联合考古队在礼县境内西汉水流域和清水、张家川牛头河流域系统开展的秦文化考古调查，又取得一系列重大考古发现，在礼县西山、大堡子山、鸾亭山又有秦墓和青铜器、古城遗址及祭祀遗址的发现，在张家川县木河乡马家塬新发现战国时期西戎的大型墓葬，出土了一批精美的青铜及金银器，还有车马坑与车马器等。目前，考古发掘还正在进行当中，其丰富的内涵和文化面貌以及新遗址的揭示指日可待。在甘肃天水境内陆续发现的这批遗址和文物，为我们系统探索秦人早期历史发展线索、秦人西迁、秦人居地、秦早期都城和秦人西陵区以及秦早期文化的起源与面貌，提供了前所未有的第一手资料，也使秦建国前一段几呈空白的历史得以复原成为可能；而秦人在西周以来发展和崛起于天水地区这一史实长期以来多不为学界认可的局面，由于大量秦早期文化遗址与文物的不断发现而成为铁定的事实，这对于学界重新审视和判断秦早期历史与文化，无疑具有里程碑意义。因此，近二十年来，秦早期历史及其文化的研究渐成高潮，不仅成果较多，而且研究视野和范围也更为开阔，并在广度和深度上远远超越了此前的研究。

近二十年来，在甘肃天水地区已经发现和正在发现的秦早期文化遗址，以及学术界已经取得的研究成果，为全面探索和系统揭示秦早期历史及其文化面貌奠定了坚实的基础。但是，在秦早期历史及文化的研究中，也存在一些问题和迷茫，至今制约和影响着研究的深入和突破。一方面，在与秦人早期历史相联系的秦人族源、迁徙时间与地域等问题上，人们的认识和看法有明显分歧；另一方面，受史料记载、传统流行观点和地域本位意识的限制与束缚，在对秦人早期历史面貌、文明水平和文化发展程度的认识和看法上，也是分歧较大。这种现象，既是对秦早期历史与文化研究初始阶段必经的过程，也为在更深层面和更高层次开展研究奠定了必要的基础。

2. 20 世纪前半期的秦早期历史研究

在秦早期历史与文化研究中，第一阶段主要提出了秦文化这一命题并将其纳入学术视野。这期间，一是王国维、蒙文通、卫聚贤、黄文弼、陈秀云等学者在其撰述的专篇论文中，对秦都邑、秦人起源及其族源进行了探讨，从而将秦早期历史作为学术问题纳入视野。其中，陈秀云1946年发表于《文理学报》的《秦族考》一文，首次提出了"秦文化"这一概念，认为秦文化原是承袭中原的夏、殷、周文化而来的"中原本位"文化，并对秦文化的特色与戎化问题也作了探讨。二是一些学者在其最早撰著的通论性专著中也对秦早期历史有所论述，如章嵚的《秦史通徵》、吕思勉的《先秦史》、马元材的《秦史纲要》、翦伯赞的《中国史纲》（第二卷）、黄灼耀的《秦史概论》等作品中，均对秦早期历史有所涉猎。三是以王国维、马叙伦、商承祚、胡受谦、刘文炳、郭沫若、冯国瑞等为代表的学者对秦早期青铜器秦公簋铭文的研究；以及苏秉琦在20世纪30年代主持对宝鸡斗鸡台屈肢葬墓的考古发掘工作，拉开了关注秦早期文化的序幕。这些工作虽然是初步的，而且研究内容仅涉及秦人族源等个别问题，但其开创奠基之功非常重要。

3. 新中国成立以来至1990年前的秦早期历史研究

新中国成立以来的第二阶段，由于"文化大革命"前后我国史学研究的重点集中于政治史、经济史和农民战争史等领域，而关于民族史、文化史的研究异常薄弱，除了像范文澜《中国通史》等通论性著作少量涉及秦早期历史，还有一些考古发掘的成果之外，鲜有高质量的成果问世。"文化大革命"之后，秦史研究异军突起，秦早期历史的研究也随之受到学术界的青睐。一是由于云梦秦简、秦陵兵马俑等一些重要遗址与文物被发现，加之学术环境的好转，直接推动了史学界对秦史研究的关注，也带动了对秦早期史的探索。二是一批学者推出一系列有关秦早期历史与文化研究的学术论文，如以林剑鸣、熊铁基、黄灼耀、伍仕谦、何汉文、段连勤、高福洪、刘庆柱、何光岳、韩伟、严宾、赵化成、李江浙、常青等学者为代表，撰写了一篇或多篇论文，就秦人族出东夷或是西戎、秦人活动范围与疆域、秦人西迁及路线与次数、秦早期都邑、原始宗教观念与鸟崇拜、秦与嬴姓诸国关系、"嬴"与"秦"之本义探讨、嬴秦姓氏分衍与秦人始祖、嬴秦起源地、秦人固有的文化传统、文化继承关系与文化特点、秦赵同源等问题，以文献史料为基础，结合考古资料、古文字资料和民俗传说研究资料，进行了广泛探讨。这些专门探讨秦早期历史与文化的成果，才真正开辟了这一研究领域的广阔天地。三是以林剑鸣《秦史稿》和马非百《秦集史》的出版为标志，首次构建了秦史研究的完整体系。林剑鸣《秦史稿》出版于1981年，书中用两章的篇幅论述了秦早期历史，代表了当时对秦早期历史最为详尽的研究；并推动了史学界对秦早期历史的更加关注和深入探讨。马非百《秦集史》一书是作者为补二十四史中独缺《秦史》之憾而穷毕生之力的作品，书"略仿记传体史书成例"，分纪、专、志、表四部分。记述上起非子邑秦下至二世胡亥，完整记述了秦国发展的历史。书中采用"编者按"的形式，表示作者的观点和意见。《秦集史》虽系未完成之作，但全书资料翔实，考证多有创见，并吸收了云梦秦简、秦陵兵马俑等新的考古资料，因而该书是一部极具参考价值的秦史专著。

尽管从20世纪80年代前后开始，对秦早期历史文化的研究步伐大为加快，但就整体而言，仍处于缓慢发展和奠定基础阶段。

4. 秦早期历史研究的新阶段

从20世纪90年代开始，秦文化研究不仅成果迭出，而且渐成秦史研究的热点。就成果数量而言，不到二十年时间的成果超过了前八十年的总和；就研究内容而言，几乎涉及秦早期历史与文化的各个方面；就研究领域而言，扩展到风俗、鬼神信仰、音乐、文学、价值观念等以前无人涉及的方面；就研究方法和手段而言，除了传统的文献考据法之外，考古学方法、文化类型学方法、历史地理学方法、民俗学方法等被广泛运用于研究之中。

第一,一批重要的秦早期文化遗址与文物被发现,主要有陕西秦公大墓、边家庄、塔儿坡等遗址的发现;甘肃天水地区毛家坪和董家坪遗址、放马滩秦墓、清水县刘坪遗址、张家川马家塬遗址等的发现;西汉水上游礼县大堡子山秦公陵园遗址、圆顶山贵族墓地以及西山、鸾顶山遗址的发现。这些重要的考古发现和大量文物的出土,不仅提供了前所未有的秦早期历史与文化的实物资料,而且秦早期文化遗址集中在秦人早期活动的核心地域天水一带的发现,这本身就是一个重大突破。所有这些客观上为秦早期历史与文化研究的深入和新突破提供了良好的条件。

第二,成立专门的学术组织,形成固定的研究阵地。陕西作为秦人长期活动、崛起和建都之地,研究秦史具有得天独厚的条件。1990 年,由陕西从事秦文化研究的史学、艺术、文博、考古工作者联合成立了秦文化研究会,这一学术团体以组织秦文化的研究和学术交流活动,加强与省际、国际的交流合作,以及出版秦文化研究的书刊、资料为主要任务。与此同时,研究会又编印出版了连续性书刊《秦文化论丛》,至 2006 年已出版 13 辑。《考古与文物》《文博》《西北大学学报》《陕西师范大学学报》等学术期刊,都辟有秦文化研究的专栏,从而使秦史研究和秦早期历史文化的研究有了阵地与平台。2005 年,秦文化研究会与西北大学、天水师范学院在秦人故里天水联合举办秦文化研讨会,主要对秦早期历史与文化进行了探讨,并将研讨会论文结集为《早期秦文化研究》一书出版。此外,还有中国秦汉史学会、先秦史学会等学术团体一直关注秦史研究,并有大量成果问世,其所编印的《秦汉史论丛》连续性书刊,也比较多地开展了对秦早期历史的研究。这些团体与书刊的出现,再加上全国各地的其他学术组织与个人以及相关的学术刊物的加盟,使秦史研究包括秦早期历史与文化的研究,进入了一个有组织、有计划、研究力量趋向整合的发展阶段。

第三,综合研究成果迭出。对秦早期历史与文化的研究,考古资料具有举足轻重的地位,也正是借助考古学资料才有了秦早期历史与文化这一研究领域。本阶段研究工作的快速发展主要得益于一批新的考古资料的发现。因此,本阶段研究的一个显著特点就是综合研究既推出了一批优秀学术成果,也促进了研究向纵深发展。一是学者们将文献史料与考古资料、民俗资料、古文字研究相结合,在一些秦早期历史的基本问题上，如对秦人、秦文化东来说与西来说的研究在资料和考证方面更加充实，特别是在二元对立之外，黄留珠又提出了"源于东而兴于西"的秦文化二源说，这无疑为打开这一问题争论的僵局和新的突破带来希望。二是考古学界经过长期不遗余力的田野调查和认真研究，取得一大批考古成果和学术成果，并通过秦早期墓葬、青铜器、秦系文字等方面的研究，初步构建起了秦早期史的历史编年，为早期历史与文化的研究奠定了坚实的资料基础和年代基础。三是许多领域取得新的成果和突破，如在秦人西迁、秦与嬴姓诸国的关系、秦人与秦文化起源的关系与异同、秦文化形成的时间、秦文化渊源与邻近地区考古学文化的关系、秦文化与周文化及西戎文化的关系、嬴秦称谓本义及"秦""秦夷""成秦人"问题、秦早期都城等方面的探讨，或对老问题有了新的认识和看法，或发掘了新材料，或提出了新见解，或填补了空白，或开拓了新的领域。

第四，出版了一批高质量的学术专著。随着对秦早期历史与文化关注的升温和研究的不断深入，近十多年来一些研究秦史或秦早期历史的学术专著相继问世。杨东晨《秦人秘史》一书虽然是秦史著作，但用四个章节的篇幅从东西方两大部落集团的融合与嬴姓族的发展入手，对秦之先祖、嬴姓诸国的兴亡与复立、秦政权的草创等问题，通过大量考古与民俗材料进行了深入探讨。何光岳《秦赵源流史》从民族源流的角度对秦早期历史作了别开生面的深入研究。王学理、尚志儒、呼林贵《秦物质文化史》则从考古文化的角度，全面论述了秦人在物质文化方面取得的成就，不少内容涉及秦早期历史与文化。樊志民《秦农业历史研究》则从农业史专题的角度，探讨了秦人从西垂立国前后到秦统一的农业发展，对秦早期农业的发展也进行了深入研究，并有专章进行论述。① 徐卫民《秦都城研究》对秦早期都城有专门论述。陈平《关陇文化与嬴秦文明》是"早期中国文明丛书"中的一种，对从关陇远古文化到有秦一代的文明多有详尽的论述。书中以先西垂的嬴秦文明和西垂前期、西垂后期的陇上秦文化为题，对秦早期文化进行了探讨。王学理、梁云《秦文化》一书从考古学文化角度，对秦文化考古工作进展和秦文化研究进行了论述和研究。腾铭予《秦文化：从封国到帝国的考古学观察》一书，主要依据考古资料，对秦人从起源到统一的历史与文化进行了深入研究，

---

① 樊志民：《秦农业历史研究》，三秦出版社1997年版。

其中，有专章论及秦早期文化的起源与发展，所论令人耳目一新。以这些著作为代表，秦史秦文化研究显示出勃兴的势头。

值得一提的是继马非百《秦集史》之后，王蘧常老先生积50年之功所撰《秦史》一书于2000年出版。作者以补正史独缺秦史之志，按古史体例，分"纪""表""考""传"全面记述了秦人从起源至秦朝灭亡的历史。其中"纪"又分为"世纪"和"本纪"；"考"类似正史的"志"。全书共53卷，"表"与"考"共13卷，有8卷仅有目而无文，其中，"表"缺3卷，"考"缺5卷，又残1卷。该书虽为未完成之作，但老先生广搜博引，探微发幽，尤重史证，详注文献出处，是一部资料和学术价值兼备的专著。①

第五，秦人故里高度重视早期秦史与秦文化研究，研究成果相继问世。甘肃天水、礼县一带秦早期文化遗址陆续发现，引起了地方政府对秦文化研究的关注，也吸引当地高校学者和文博工作者立足区位优势对秦早期文化的探索。天水市作为中国历史文化名城，提出以"五大文化"为其古代文化的代表，其中就有秦早期文化。天水学者雒江生《秦国名考》一文对"秦"之本义为禾（即谷子）和作为秦国名的来历作了翔实考证。② 雍际春：《嬴秦故园——天水秦文化寻踪》一书，③ 作为专门探讨秦早期历史文化的著作，通俗而概要地对秦人早期历史、天水一带秦早期文化遗址与文物作了论述与介绍，并从礼制、建筑、金属铸造、丧葬、信仰宗教、音乐、文学、民俗等方面对秦早期文化及其特点进行了概括和论述。徐日辉《秦早期发展史》系统而全面地对秦早期历史进行了探讨，内容涉及秦人族源与西迁、秦嬴的确立与都邑、秦的扩张与建国、秦与西戎的关系和秦早期的军事、政治、经济与文化等。④

秦西垂所在地礼县也非常重视秦早期文化的研究，也成立秦西垂文化研究会，编印《秦西垂文化论集》和《秦西垂陵区》两书。⑤ 前者为

---

① 王蘧常：《秦史》，上海古籍出版社2000年版。
② 雒江生：《秦国名考》，《文史》第三十八辑，中华书局1994年版。
③ 雍际春：《嬴秦故园——秦早期文化寻踪》，甘肃人民出版社2000年版。
④ 徐日辉：《秦早期发展史》，中国科学文化出版社2003年版。
⑤ 礼县秦西垂文化研究会、礼县博物馆：《秦西垂文化论集》，文物出版社2005年版；《秦西垂陵区》，文物出版社2004年版。

资料汇编，将近百年来我国学术界有关秦早期历史与文化研究的主要论文、核心文献史料汇集于一书，并按族源争鸣、西垂发祥、都陵研究、器铭考释、发掘纪实分类排列。后者为秦西垂陵区出土秦早期主要器物的彩印图录，收录了大堡子山、圆顶山和礼县境内所出秦文化相关器物的照片，并标明器物尺寸。书前收有曾长期在礼县工作过的学者祝中熹为图版所写的介绍——《秦西垂陵区》一文，对大堡子山秦公陵园和圆顶山秦贵族墓地出土器物进行了详细介绍，并将自己对嬴秦与西垂的学术研究与见解融入其中。这两本资料性的图书，为人们了解和进一步研究秦早期文化提供了极大方便。祝中熹还撰写了《早期秦史》一书，[①] 分族源、西迁、都邑、邻交、崛起、遗存六篇，对鸟图腾与阳鸟部族的形成，部族迁徙与嬴秦西迁，早期都邑与西垂地望，秦嬴与殷商、西周、西北诸戎的关系，西垂创业与部族崛起，西垂陵区与重要器物等问题，都进行了深入研究。天水学者丁楠《秦公簋铭文考释》[②] 和陇南学者陈泽《西垂文化研究》两书，[③] 主要对秦公簋铭文及器主与时代、秦早期都邑与庙畤陵墓、秦人西垂文化进行了研究。后一书还旁及秦公钟、秦子钟、格伯簋铭文考订和秦金石文字序列的研究。其对秦公簋铭文的重新考释和定器主为秦襄公的考订，独树一帜，该成果得到有关学者的认可，曾先期刊于北京大学《古代文明研究通讯》。

上述研究和成果，标志着对秦早期历史与文化进行全面系统的梳理与研究，进而构建其解释体系和总结式著述的条件已初步具备。

二 秦早期历史研究概述

在已有的秦早期历史与文化研究中，大家关注和争论的问题主要有秦人的起源与族源问题、秦人西迁问题、秦早期文化的形成及特点问题、秦人的早期都邑问题等。20世纪90年代，甘肃礼县大堡子山秦公陵园及其他遗址发现后，又有对秦西垂陵区及其墓主的讨论。这些问题，也都是秦早期历史及其文化最基本和最重要的问题，下面对学术界研究的代表性观点作一简要回顾。

---

① 祝中熹：《早期秦史》，敦煌文艺出版社2004年版。
② 丁楠：《秦公簋铭文考释》，中国时代出版社2007年版。
③ 陈泽：《西垂文化研究》，五洲文明出版社2005年版。

1. 关于秦人族源问题的讨论

对秦人族源问题的讨论，是由秦人起源于东夷还是西戎的争论而出现的。所谓东来说即秦人"源自东夷"说，西来说即秦人"源自西戎"说。从20世纪初王国维主张秦人源自西戎之后，关于秦人族源问题的讨论随之展开。人们主要根据文献资料和民俗资料探讨秦人的族源，力图揭示秦人来历及早期历史的真貌。其中，持西来说的学者主要有王国维、蒙文通、周谷城等。东来说本为司马迁在《史记》中所持，东来说的学者以傅斯年、卫聚贤、黄文弼、陈秀云、顾颉刚、郭沫若、范文澜、丁山、徐旭生、马非百、王玉哲等为代表。

从20世纪70年代以来，随着考古新材料和一些重大考古遗址的发现，在秦人族源问题的讨论中，不少学者开始利用考古资料以及民俗资料、甲骨文、金文资料开展研究，使传统东来说与西来说观点在新材料的支撑下，又有了新的证据，在研究方法和手段上都取得了不少的突破。其中，主张西来说的学者主要有熊铁基、俞伟超、叶小燕、刘庆柱、刘雨涛等。而更多的学者则主张东来说观点，顾颉刚、林剑鸣、邹衡、伍士谦、何汉文、黄灼耀、段连勤、尚志儒、何清谷、杨东晨、何光岳、李江浙、常青、王玉哲、汪勃、尹夏清、牛世山、赵化成、祝中熹、高洪福、韩伟、严宾、史党社等学者都有专文或专著探讨这一问题。

2. 关于秦人西迁问题的探讨

秦人西迁问题，不仅是一个秦人先祖何时西迁、如何西迁和西迁几次的问题，也是一个与秦人起源相联系的问题。所以，学术界讨论异常激烈，观点也有明显的分歧。

在秦人西迁起始时间上，有夏初说、夏末说、商末说、周公东征说等。在西迁次数上，存在一次、二次、三次和四次等不同认识。在西迁地点上，分歧更大。如果以秦人离开东夷故地为西迁的起点，而迁入甘肃天水、礼县一带为终点的话，有一迁至陕西或一迁至甘肃说，代表人物是陈秀云与李学勤。持两次西迁观点的学者有黄文弼、伍士谦、何汉文等，认为一迁至山西，二迁入陕西。高福洪、尚志儒、何清谷、王玉哲都主张秦人分三次迁入甘肃，但在具体西迁地点上又有不同，一种意见认为一迁至中原或山西，二迁至陕西，三迁至天水；另一种意见主张一迁至山西或陕西，二迁是从陕西入天水，三迁为周公东征后将嬴姓直接迁至天水。持四次西迁的学者有杨东晨、郭向东、黄留珠等，他们主张秦人第一次西迁发生于夏末,前三次西迁地点与三迁说基本相同,唯第四次都认为是周穆王时大骆、非子一支从山西赵城直接迁往天水。

除了以上代表性观点,史党社又提出秦人不存在西迁,秦人称秦时他们就在西方,意即秦人先祖并非秦人,两者不能混为一谈。另外,祝中熹又提出早在帝尧时有羲和四叔中的和仲曾至"西"昧谷观测日落,其地就是今甘肃礼县一带,在这支测日队伍中就有嬴姓人。这一看法非常新颖,也颇具启发意义。

3. 关于秦人早期都邑的研究

都城或中心居地,不仅是一国或某一政权的核心所在,而且与其政权建立者的历史、命运乃至统治地域、迁移等都有密切关系。这种情况,在上古早期国家的发展中尤其如此。自中潏西迁陇右至德公都雍,在秦人早期历史中,与其中心居邑和都邑相关的城邑主要涉及西垂、犬丘、西犬丘、西垂宫和秦、汧邑与汧渭之会等。学术界对这些秦人早期都邑地望的所在,也存在不同的认识和争论。礼县秦公陵园发现后,关于墓主的认定也有不少的争论。

关于中潏归周"在西戎,保西垂"之西垂,学界既有西垂为广义地名之说,也有狭义地名的看法。持广义地名者中,又有商之西垂和周之西垂之别,在周之西垂说中,还有地域在关中或天水的差异。在狭义地名论者中,大多认为西垂就在今天水地区,但也有个别学者认为西垂在关中,也即关中槐里犬丘。

犬丘一名有四地,分别为山东曹县、河南永城、陕西兴平和甘肃礼县。按时间迟早而论,曹县犬丘出现最早,这里乃是东夷之一支畎夷曾经的居邑或都城,畎夷在夏末进入关中之前,曾先后活动于今山东曹县和河南永城等地,故两地也都有犬丘地名,并且犬丘亦可称为"垂",故西垂与犬丘为一地两名。夏末商夷联军追讨夏人残余势力时畎夷进入关中,后居于今陕西兴平犬丘。段连勤由此揭示了畎夷由曹县到永城再到关中,最后到天水的西迁路线,而嬴秦也正是随畎夷而西迁的。①

从《史记》等文献记载可知,嬴秦归周后的西垂,在司马迁笔下,是将西垂、犬丘、西犬丘经常互用或并论,故一般认为它们是一地异名,

---

① 段连勤:《关于夷族的西迁和嬴秦的起源地、族属问题》,《人文杂志》1982年增刊《先秦史论文集》。

西垂也就是后来秦汉时西县的治所西城所在。至于西城的地望则有礼县红河岳费家庄说、盐官镇东说、永兴与长道镇说、赵坪说,这几种观点都承认西垂在今天水西南之礼县一带,只是在具体地点的确认上互有不同。还有人认为西垂不在天水,而在关中犬丘亦即汉代槐里,也就是今陕西兴平境内。这是与对秦人西迁地的认识相互关联的结论。

关于非子封邑秦邑地望,也有清水县说、张家川县说、秦安郑川说、汧邑说与汧渭之会说等异见。随着近几年清水县李崖遗址的发掘和秦文化文物的出土,学界逐步将其地望的认定向清水县说靠拢。

关于汧邑问题的讨论主要是是否为秦人早期都城的问题,有人主张在西垂和汧渭之会这两个都城之间,秦人还有一个都城即是汧邑。郭沫若、林剑鸣最早提出此说,但未论证。1979年陇县边家庄春秋秦墓和磨儿原春秋古城发现后,张天恩、王学理、徐卫民、刘明科、李自智等学者均持此说。但是,由于文献记载的模糊,以及汧邑为秦都仅见于《帝王世纪》记载而不见于其他文献,有不少学者并不承认汧邑曾为秦都,李零、祝中熹即持这一看法。雍际春认为汧邑不是秦都,而是周孝王委任非子在汧渭之间养马时的驻地,后筑为城。①

秦人入关后定都汧渭之会,接着迁都平阳。对这两个都城,学界的讨论主要集中在前一都城的具体位置上。其中,关于汧渭之会,有今眉县扶风一带说、陈仓城说、魏家崖说和陇县说四种观点。

4. 关于西垂陵区的讨论

长期以来,由于《史记》对秦早期秦君葬地记载简略,致使人们对早期秦公墓地所在只能做一些推断而已。随着礼县大堡子山秦公墓地的发现,终于使这一问题有了可靠的考古文物资料据以判断,可惜的是该墓地曾被严重盗掘,大批文物流失,又对墓主的讨论带来了不便,故在该墓地两座墓主的具体认定上,还是存在不同的看法。

概括起来,对西垂陵区墓主的认识上,主要有四种看法:一是李零、韩伟提出的秦仲、庄公说;二是戴春阳主张的襄公夫妇说;三是王辉、陈昭容的襄公、文公说;四是陈平、李朝远的文公、宪公说。2006年,五方联合考古队在大堡子山发现并发掘了一座乐器坑,出土整套钟镈与

---

① 雍际春:《汧邑非秦都考》,徐卫民、雍际春主编《早期秦文化研究》,三秦出版社2006年版。

石磬，其中一件镈上有"秦子"等28字铭文，据此，人们对墓主又有新的认识，梁云认为墓主为宪公和出子；田亚岐、张文江认为是文公、静公；杨惠福、侯红伟认为是襄公与出子。

秦子镈的出土以及此前流传于社会上的秦子簋、戈、矛、盉等文物，又带出秦子为何位秦君的讨论。由于各器铭文比较接近，大家公认这些以子相称的诸器主均为一人。吴镇烽认为秦子为文公之子未即位而亡的静公；李学勤主张秦子为襄公称公之前的称呼，后又认为是静公；陈泽认为是非子，还有不少人认为是出子。

秦公墓墓主与秦子都是互有关联的问题，目前的争论，皆因对墓主判断或因对秦子确认有异所致。这些问题的解决，有赖于对礼县各秦文化遗址的整体分析和综合判断，拘泥于一处一地，往往很难在疑难问题上有所突破。

三 秦早期历史研究的主要收获及存在问题

1. 秦早期历史研究的主要收获

我们今天从事秦早期历史与文化的研究，拥有比古人甚至20世纪前半期学者优越得多的条件和优势，这一方面是因为大批考古资料与文物的发现与出土，使秦早期历史与文化的研究成为可能；另一方面是因为近二十多年来学术界一大批研究成果的问世，也为秦早期历史与文化的研究奠定了坚实的学术基础。纵观自20世纪以来的秦早期历史与文化研究，其主要收获有以下几个方面：

（1）秦早期历史的考古研究取得突破性进展

在历史研究中，对秦早期历史研究的特殊之处就在于其基本内容与面貌特征，主要依赖考古发现与出土文物。在很大程度上可以说是考古重大发现和研究催生和开辟了秦早期历史与文化研究这一学术领域。因而，秦早期历史及文化的研究与深入，是与考古学的重大发现及研究相同步的。如在关中宝鸡斗鸡台、郑家坡、壹家堡、边家庄等商周秦文化遗址与文化类型的发现；雍城秦公大墓、众多中小型秦墓的发现；甘肃天水一带渭河上游地区一批周代遗址和毛家坪、董家坪早期秦文化遗址、清水刘坪遗址、张家川马家塬、秦安王家洼遗址的发现、发掘及文物的出土；天水市城区、西汉水上游礼县等地秦墓及重要文物的出土，所有这些秦早期文化遗址与文物的问世，使备受人们怀疑与争论的《史记》

所载秦人早期历史有了坚实的考古学依据和实物资料支撑；也使扑朔迷离的秦人早期发展历史的客观存在得到落实；秦早期历史及其文化研究也在秦史研究中拥有了自己应有的一席之地。这标志着一个全面而系统、综合而科学地开展秦早期历史与文化研究的时代业已到来。

（2）秦早期历史的基本线索和年代序列初步建立

长期以来，学术界对于秦早期历史特别是对中潏以前的秦人历史的研究与论述，仅停留在伯益之后真伪的辨别和争论上。近二十多年来的重要考古发现和学术研究，初步建立了秦早期历史与文化的年代序列，秦早期历史的发展线索已基本清晰。如关于秦人族源尽管还存在东来说与西来说等这样那样的争论，关于秦早期文化也有源于商周文化、周文化与西戎文化的不同认识，但是，关于这些问题的基本资料和内容线索已大致搜罗毕集。如关于秦人西迁与进入陇右的时间，尽管存在迁移次数多少的争论，但商末周初秦人已到陇右的认识已基本成为共识。如关于秦人商周以来的早期活动及其线索，从关中到陇右无论是文献记载还是考古资料大都已得以揭示。于是，将上述资料与文献史料相结合，秦早期历史与文化的年代序列与发展线索便比较完整地显现出来。

（3）秦早期文化的研究受到高度关注

秦人历史从商末中潏算起至秦朝灭亡，前后至少800多年，这一时期，正是中华上古文明快速发展，思想文化领域由百花齐放的轴心时代向整合一统过渡的时代。在这一进程中，秦人及秦文化无疑发挥了关键作用。因而，不论是就秦人自身文化的发展而言，还是从中华文化的整合再造而论，探讨和揭示秦文化的来源、形成、内涵和特点，都是至关重要又饶有兴味的课题。所以，伴随秦人早期历史资料的不断发现和研究的深入，学术界对秦早期文化的研究和关注就成为必然。近二十多年来，在秦早期文化的研究中，学者们通过考古材料和史料的结合，在文化来源、形成时间，文化成分、基本面貌和文化特征等方面，进行了广泛深入的研究和争鸣。虽然对这些问题的认识目前还不一致，但是，涉及秦早期文化的基本材料和线索都已被整理和挖掘出来，秦早期文化在秦文化和中华文化发展中的重要性也普遍受到人们的高度重视。秦文化与东夷文化、秦文化与商周文化、秦文化与西戎文化的关系，秦文化与中国传统文化的关系，秦文化在宗教信仰、价值观念、丧葬习俗、文学艺术、秦系文字等方面的研究也都取得不少的进展。

（4）研究内容和领域空前拓展，研究方法趋向多元

秦早期历史与文化的研究有赖于考古发掘与研究，而考古发掘与研究不仅推动了秦早期历史与文化的研究，而且也极大地为多学科开展综合研究和拓展研究领域提供了方便。在研究方法上，除了传统的文献考据法之外，考古学的文化类型学方法、考古学文化的方法、年代学和编年的方法、器物组合的方法等已广泛地运用于研究之中；还有文字学方法、器形学方法、民族学方法、历史地理学方法、历史比较法、民俗学方法等多方法的运用与综合研究，开创了秦早期历史与文化研究方法多元化的新局面。从研究内容与领域来看，一方面，借助考古资料和民俗资料，对秦人早期历史的研究从一般由商周开始而上溯到夏初甚至更早；对许多问题的探讨已突破线性的粗线条论述，而进入微观的多角度深入研究。另一方面，以前较少涉及或没有触及的一些内容和领域，如秦早期科技与金属铸造、秦早期艺术、秦早期物质文化的发展、葬俗葬仪、建筑、都城、音乐等内容与领域的拓展和深化，将秦早期历史与文化的研究推向新的高度。

2. 秦早期历史与文化研究存在的主要问题

纵观近百年来的秦早期历史研究，一方面，可以说对与秦早期历史的研究不仅从无到有，而且成绩斐然；但另一方面，学术界关于秦早期历史与文化的研究也还存在不少的问题与不足，归纳起来，主要有以下四个方面的问题：

（1）对秦人族源问题的二元对立影响了对秦人早期历史本身的探讨

在我国历史上，夏、商、周、秦四代政权，正处在我国早期民族的形成期，其政权的建立，都是在其部族经过漫长的起源和发展壮大而建立的。因此，追溯各部族的起源和族属，就是一个认识、探究其历史不可回避的重要问题和逻辑起点。夏人起自北狄，商人来自东夷，周人兴起羌戎，已是学界的共识。而夏、商、周政权人们习称三代，并认为是前后相继的中国早期的正统王朝。可是，继周而兴的秦人，虽然曾一统天下，在中华民族、中华文化形成和中国历史的发展中取得了较三代更为辉煌的成就，却因在族源上由于存在"东来说"和"西来说"之争，长期被视为戎狄之族而排除于华夏之外，常常被置于"例外"和"异数"的地位和语境下进行论说，这种对于秦人族源问题的长期二元对立和双重标准，已成为深化秦人早期历史研究的一个障碍。

近年来，在天水地区乃至关中地区一系列秦人早期重要文化遗址的发现、西戎文化遗址的发掘，包括像《清华简》等重要文物的出土，为突破秦人族源问题二元对立这一瓶颈带来了契机，也为科学认识秦人族源与族属提供了可信的资料。因此，超越二元对立，重新认识秦人的族源与族属，就成为深化秦人早期历史乃至整个秦史研究的重要基础。

(2) 长期的"非秦"倾向干扰了对秦人早期历史的科学评价

秦国经历漫长的崛起发展，进而"卒并诸侯"一匡天下而又迅速灭亡，这成为2000年来上至统治阶层、下至学界民间长期热议的永久话题。历代王朝君臣举凡讨论治乱兴衰和统治得失，秦亡和"暴政"几成一种固定的模式和教条。于是，"暴秦""暴政""暴君""虎狼之师""戎狄""秦夷"等名词，几乎与秦人、秦国、秦王朝、秦始皇画上等号，并充斥于典籍史册。但是，秦人真正的历史发展，崛起强大和治乱速亡之因的探究和客观评价，反而被忽略了。因此，随着时代的推移，"非秦"之声不仅不绝于耳，而且有越演越烈之势。时至今日，此类言论仍常常再起。秦之暴政与速亡固然是需要讨论的一个重要问题，但这种标签式、教条化和模式化的秦史认知，显然既不科学，也欠公允。秦人特殊的历史和发展道路，以及独具魅力与特色的文化，在特定的历史时空下完成国家一统和文化整合的历史大任，必有其历史合理性和逻辑必然性。由于"非秦"的盛行和长此以往的遮蔽之故，基于秦人早期的历史起步、族体形成、崛起过程、文化形成、文化特点、社会转型等历史进程和深处探讨其成功之因和速亡之果的理性分析反而不多。这必然造成对秦人早期历史包括整个秦史的非理性认识和非科学评价。所以，摒弃"非秦"思潮的干扰，从三代至秦汉历史发展的长河中审视秦人历史的发展，通过早期历史线索的梳理和历史细节的挖掘，复原其完整的崛起过程，再现其兴起建国的历历足迹，我们才有可能对秦人历史及其价值地位做出客观科学的评价。

(3) 对秦与西戎关系重要性的认识不足

在秦人兴起、发展和崛起的过程中，西戎是一个非常重要而不可忽视的因素。嬴秦西迁与定居西垂，是其崛起的历史起点，而秦与西戎的通婚联姻，不仅使西戎在其势力范围接纳了嬴秦的迁入，而且和睦共处、互相学习，推动了彼此的发展和进步。与此同时，又经由西戎的周旋和姻亲关系，促成了秦之归周以及与周人关系的缓和。更为关键的是，嬴秦在与西戎的交往和共处中，深受西戎文化与习俗的影响，其勇猛彪悍的民族性格和长于养马、善于骑射的风俗习尚，既与西北高原的自然环境有关，更与西戎的文化影响和习俗熏染密不可分，以致当时和后世曾长期视秦人为戎狄。从嬴秦到秦人，其兴起和族体的形成以及文化的生成，西戎俱在其中发挥了重要作用。

另外，迨至西戎与西周交恶之后，秦戎关系亦由和睦而转向战争、和平与征服相交替的新阶段。在整个春秋战国时期，秦戎双方的实力经历了一个从戎强秦弱到实力相当再到秦人强大进而征服西戎的转换过程。最终，伴随秦人立足、兴起、强大的西戎则随秦人的崛起而渐次衰落进而融入华夏。可见，秦与西戎的相争相伐，不断激发和砥砺秦人在金戈铁马的考验与洗礼中，秦人由小到大，由弱到强，由败到胜，并塑造和形成了典型的尚武精神，以此支撑秦人奋发进取，百折不挠，一路走向强大，进而一统天下。秦与西戎长期的攻伐与交往，共处与交融，使彼此成为一个相依互补、命运攸关的特殊共同体。及至秦人征服西戎，则文化与民族融合已是水到渠成。这一融合，可谓在民族、文化认同和国力上，为秦人一匡天下奠定了基础。所以，要了解秦人历史，秦戎关系至关重要。然而由于习惯思维、文化偏见，也因为史料缺乏，学界对秦戎关系的认识和探究，还没有达到应有的高度。近年来，天水地区秦人早期文化遗址的发现和西戎文化遗址的发掘，则使深化秦戎互动关系研究和揭示其神秘面纱成为可能。这是准确把握秦人早期历史不可或缺的重要视角。

（4）固有观念和习惯意识尚需打破

长期以来，由于上述问题的存在，在秦人早期历史的研究中，必然出现一些似是而非的固有观念和习惯认识，这已成为深化秦人历史研究的障碍。在秦早期历史与文化的研究中，曾长期流行着一种观点，就是秦人在东入关中之前，尚处于非常落后的状态，其社会进步和文化的形成与发展主要是在东入关中以后。这一占统治地位的流行观点，亟须改变并作出科学的解释。再如历史上的"非秦"倾向、秦人族源、族属问题，无疑是历史狭隘主义的产物，必须摒弃。诸如此类的问题，若不打破固有的观念束缚和习惯意识，我们就难以构建科学可信的秦人早期历史。

所以，要深化和进一步推动秦早期历史与文化的研究，一个非常急迫和核心的问题，就是必须提高和统一对秦人早期历史与文化的基本认识，进一步解放思想，排除传统观念与思维模式的干扰与束缚。我们对秦早期历史的研究，既要从秦人崛起发展的整体进程中去把握和研究，又要将秦早期历史置于其所处的历史长河中进行考察与探索，还应该以科学的理论与方法为指导，科学地、辩证地从多角度、多层面和全方位地开展研究。唯有如此，才能开创秦早期历史与文化研究的新局面。只有不断加强理论研究与创新，改变思维模式与固有观念，构建秦早期历史与文化研究的解释体系与逻辑体系，采用多学科研究的科学方法，开展多角度、全方位的综合研究，是深化秦早期历史研究的突破口所在。

第二章

嬴秦的起源与族属

嬴秦的起源与族属，曾是一个长期争论和聚讼纷纭的难题，故而有关嬴秦族源的"东来说"与"西来说"之争，由来已久。然而，嬴姓为东夷一支，则有充足的文献根据；大量嬴姓国亦主要分布在东方，却是不争的史实。我们在考察嬴姓来历、嬴邑地望的基础上，对学界关于嬴秦族源的争论进行回顾、平议和判断，进而对其族属做一番正本清源的考察和探究，这对于我们认识和揭示秦人早期历史至关重要。

第一节 嬴姓的来历

嬴姓作为我国远古的一个古老部族和庞大的姓氏，经历了漫长而复杂的形成过程和演变历史。由于时间的久远和资料的欠缺，嬴姓及其历史还有许多扑朔迷离的问题尚待破解和补充，有必要做一番深入的探究，这对揭示嬴秦的产生及其背景至关重要。为此，我们首先对中国上古姓氏及其功能作一概要了解。

一 我国上古姓氏的本质含义

一般认为，姓氏是母系氏族社会的产物。在这个以女性为中心的氏族社会，姓氏由母系而出，故《说文》："姓，人所生也。古之神圣人，母感天而生子。故称天子，因生以为姓。从女从生，生亦声。《春秋传》曰：'天子因生以赐姓'。"这说明姓氏的起源与氏族血缘密不可分。所以，命姓受氏或赐姓命氏有着重要的历史学、民族学和社会学意义。然而，古代文献关于姓氏的说法却比较含糊混乱。《左传》隐公八年："天子建德，因生以赐姓，胙之土而命之氏。诸侯以字为谥，因以为族。官有世功，则有官族，邑亦如之。"可知姓是以生地而命，氏则有以字相命、以官而命、以地（封邑、封国）而命三种情况。《国语·周语下》："唯有嘉功，以命姓受氏，迄于天下。及其失之矣，必有慆慆之心间之，故失其氏姓，踣毙不振，绝后无主，湮替隶圉。"这是说有嘉功懿德的人或氏族，即可命姓受氏，拥有天下，否则，没有功德或失去天下，就会失姓断祀。郑樵《通志·氏族略》对远古姓氏有比较完整的论述：

> 三代之前，姓氏分而为二，男子称姓，妇人称氏。氏所以别贵贱，贵者有氏，贱者有名无氏。今南方诸蛮，此道犹存。古之诸侯，诅辞多曰"坠命亡氏，踣其国家"，以明亡氏与夺爵失国同，可知其为贱也。故姓可呼为氏，氏不可呼为姓。姓所以别婚姻，故有同姓、异姓、庶姓之别。氏同姓不同者，婚姻可通。姓同氏不同者，婚姻不可通。三代之后，姓氏合二为一，皆所以别婚姻，而以地望别贵贱。

这段关于我国远古姓氏的文字历来作为权威性论述而被反复引用，但是，这段话有许多问题并没有作明确的交代，还有一些问题尚须探究，如姓与氏的关系问题等。一般而言，"秦汉以前，姓从母，氏从父，姓氏之界甚严"[①]。也就是说远古姓氏有别，各有其义。据柳明瑞研究，郑氏上述论述也有与史实不合之处，他认为姓是标志家族系统的符号。氏，一是指氏族名称；二是指氏族首领；三是指氏族领地。三代之前，氏、姓并存，而且姓、氏有别，一是先有氏，后有姓；二是姓在贵贱，不分男女；三是"男子称氏"，而不称姓。自三代开始，出现氏、姓重合和姓名连署，在春秋战国时代姓名连署大量出现，秦统一中国前后，彻底完成了这一转折。[②] 这些观点对姓氏的区别以及三代前后姓氏的演变做了有益的分析。对于姓氏的性质，王玉哲认为"中国的姓实即氏族制的具体而微"。"姓的特征有六：一是姓是出自同一祖先的团体；二是姓有母系的形迹（如多从女）；三是姓为不能自相通婚的团体；四是姓有图腾的形迹（如凤姓即凤，卜辞尚假凤为风；姜姓乃以羊为图腾）；五是姓可能有部

---

① 王献唐：《炎黄氏族文化考》，齐鲁书社1985年版，第56页。
② 柳明瑞：《嬴姓溯源——兼论嬴秦祖根在东方》，文史出版社2003年版，第20—30页。

分的共同墓地和祭典；六是同姓相互支持。"① 这一结论比较全面地概括了姓氏的作用与功能。然而，从氏族社会到三代前后，随着社会进步和人口繁衍，姓氏的派生与增益，姓氏制度也在不断变化，上述见解仍然并不能完全揭示姓氏的最初本义。

陈絜对古文献中关于氏的论述持审慎态度，指出从理论上讲应该有类似姓氏体系下的"氏"的名号，但却很难识别。认为从先秦比较可靠的文献资料看，"我们只知道同姓之人必定被认为是出自同一个远祖，不管此远祖是神是人"。他指出，由于史前时代的氏族是一种纯血缘的社会团体，到了等级社会则演变成了姓族组织。就本质而言，姓族组织依然带着浓厚的氏族组织的烙印，血缘性依然是其最基本的特征。所以，作为姓族组织的标识符号的"姓"，其最为基本的特征也是血缘性的，它是血缘组织的标识符号。"《左传》襄公十二年'同姓于宗庙'一语确道出了'姓'是血缘组织标识符号的本质。"何谓氏？郑玄就说："族者，氏之别名也。""作为一种社会组织，氏就是族，也就是宗族组织；而作为一种名号，它就是一种血缘组织的标识符号。"那么，姓与氏的关系及区别是什么呢？如果把姓看作姓族组织的名号的话，则氏就是姓族组织的分支宗族的名号，即"氏"是"姓"的分支。人们通常所说的"姓者，统其族考之所自出；氏者，别其子孙所自分"②，正是这个道理。所以，正如程德祺所说："我国古代有姓有氏。姓是氏族名称……一个人姓什么就表示他属于什么氏族。氏是家族或宗族的名称，它来源于男性始祖的名字、居地、官号以及职业等级等。一个人属于什么族、什么宗就以什么为氏。"③ 至此，我们对远古时代姓氏的产生和形成及其作用就有了一个比较准确的认识。如果从最基本和最本质的角度把握姓氏的功能，可以概括为"明出生，辨宗族，别婚姻，分贵贱"。

由于上古对于命姓别氏既有严格的界限和制度，又有丰富的内涵和作用，所以从民族学上，我们根据姓氏的共同性和内在联系性，就可借以鉴别和寻找出许多已经分散的氏族、部落在氏族和血缘上的联系，从而成为我们鉴别他们原来是否属于一个民族或氏族的重要辅助手段。循

---

① 王玉哲：《中华远古史》，上海人民出版社 2003 年版，第 80 页。
② 陈絜：《商周姓氏制度研究》，商务印书馆 2007 年版，第 32—36 页。
③ 程德祺：《父系宗族公社》，《中央民族学院学报》1981 年第 1 期。

此路径，我们就可以对嬴姓的形成以及嬴姓国的分布演变、嬴秦的来历和渊源作出比较恰当的分析。

二　嬴姓溯源

《史记·秦本纪》云："秦之先，帝颛顼之苗裔，孙曰女脩。""秦之先为嬴姓。其后分封，以国为姓，有徐氏、郯氏、莒氏、终黎氏、运奄氏、菟裘氏、将梁氏、黄氏、江氏、脩鱼氏、白冥氏、蜚廉氏、秦氏。然秦以其先造父封赵城，为赵氏。"又说秦之先祖伯益被"舜赐姓嬴氏"。《史记·封禅书》又说：秦襄公"自以为主少昊之神"。以上诸氏以及秦人当都为嬴姓族。

嬴姓之祖为伯益，史有明文记载。伯益，又名大费、伯翳、柏翳。《史记·秦本纪》："大业娶少典之子，曰女华。女华生大费。……佐舜调驯鸟兽，鸟兽多驯服，是为柏翳。舜赐姓嬴氏。"《索隐》云："秦赵之祖，嬴姓之先，一名柏翳，《尚书》谓之伯益，《世本》《汉书》谓之伯益是也。寻检《史记》上、下诸文，伯（柏）翳与伯益是一人不疑。"又说："秦、赵以母族而祖颛顼，非生人之义也。按：《左传》郯国，少昊之后，而嬴姓盖其族也，则秦、赵亦祖少昊氏。"《国语·郑语》说："嬴，伯翳之后也。"韦昭注："伯翳，虞舜官，少昊之后伯益也。"《汉书·叙传》《文选·幽通赋》亦云："嬴，秦始也，伯益之后也。"《路史》也说："吾尝考之，伯益者，嬴姓之祖也。"这就清楚地表明，大业之子本名大费，因辅佐舜调驯鸟兽而称柏翳，又被舜赐以嬴姓。"柏翳""伯翳"即"伯益"，是一人而非两人。伯益乃秦、赵先祖，少昊之后；秦、赵母族为颛顼。据此可知，伯益为嬴姓之祖，获"嬴"姓系帝舜赐封而来。而所赐"嬴"姓，又源自少昊，因为伯益为少昊之后，"而嬴姓盖其族也"。所以，追溯嬴姓起源，又当自伯益上推至少昊。

根据文献记载，少昊之姓有嬴、姬、巳、己、纪等诸说。《国语·晋语》载黄帝有25子，得姓者14人，有12姓，其中就有姬和己姓，《路史·后纪五·黄帝纪》和《路史·后纪七·小昊》等诸篇均谓少昊为纪姓，《舆地志》则谓少昊巳姓。《国语·郑语》史伯说："姜、嬴、荆、芈，实与诸姬代相干也。姜，伯夷之后也；嬴，伯翳之后也。伯夷能礼于神以佐尧者也，伯翳能仪百物以佐舜者也。"这虽然是将"伯益"与"伯翳"视作两人，但明确指出伯翳嬴姓，与姬姓无关。按前考少昊属东夷集团，并非黄帝之子，故其姓当与黄帝及其子孙姬、己无涉。柳明瑞认为姬、纪、己、巳或音相近，或形相近，实乃音形相近而相混所致，不足为据。① 郯氏祖少昊而为嬴姓，杜预《春秋左氏传集解》却说："少昊金天氏，己姓之祖也。"段连勤认为"己""嬴"古音同，"己"应为"嬴"音之传。② 据此，可以肯定少昊为嬴姓无疑。

《说文》："嬴，少昊之姓。从女，嬴省声。"谯周《古史考》："少昊氏，嬴姓。"罗泌引《古史考》谓："穷桑氏，嬴姓。"穷桑氏即少昊氏，据《太平御览》卷七九：少昊"降居江水，有圣德，邑于穷桑，以登帝位，都曲阜，故或谓之穷桑帝"。这些记载虽然晚出，但都明确提出少昊为嬴姓。若从少昊后裔的建国情况分析，仍以嬴姓数量为最多。据《路史·国名纪》所载，少昊后裔先后有103国，其中嬴姓有57国，有人认为少昊后裔偃姓实际也是嬴姓，偃姓有22国，两项合计共有79国，这就占我们所知少昊后裔103国的2/3以上。这似乎昭示着在少昊诸后裔中，嬴姓属于直系主干，故实力最强，势力也最大，所获封国众多。嬴姓既为少昊后裔中直系子孙之姓，亦当为少昊之姓。

少昊既为古老部族，又以嬴为姓，则其得姓必有所据。按《说文》："嬴，少昊之姓。从女，嬴省声。"又曰："羸，或曰兽名，象形，阙。郎果切。"段注羸云："盖羸为嬴之古字，驴、骡皆可畜于家，谓之畜，宜也。"陈秀文据《左传》宣公八年经文"夫人嬴氏薨"，"葬我小君敬嬴"，而《公羊传》《谷梁传》经文均作"熊氏""顷熊"的记载，以为"熊嬴族即嬴姓。这是读音的关系，单音为嬴，复音为熊嬴"，与奄即运奄，梁即将梁同理。③ 黄灼耀则以为"熊盈"是"熊"或"盈"的复音字。④ 何汉文据此认为嬴姓这个氏族在原始氏族社会时期，是一个以女性为中心的部落氏族，是以羸为其氏族的图腾。"羸起初是一种野兽，是他们的狩猎物；后来被他们驯养成为一种有用的家畜，亦即马的前身，并以其为主要的生活资料，因此，大家很珍视它，把它作为氏族的图腾；

---

① 柳明瑞：《嬴姓溯源——兼论嬴秦祖根在东方》，文史出版社2003年版，第51页。
② 段连勤：《关于夷族的西迁和秦嬴的起源地、族属问题》，《人文杂志》1982年增刊《先秦史论文集》。
③ 陈秀文：《秦族考》，《文理学报》1946年第1卷第2期。
④ 黄灼耀：《秦人早期史迹初探》，《学术研究》1980年第6期。

嬴姓氏族也因此逐渐成长为牧马、用马的一个游牧部落氏族。"①

陈平以为《说文》与段注均不妥，"嬴"字当释为"从女，从㶣，㶣亦声"。"㶣"实为螺蚌之"螺"的古字，而非段氏所谓的嬴之古字。在上古音中，"㶣"与"嬴"之音相近而可直接为其声。"嬴姓之字的构成，与姬、姜必相仿佛，也应是一从女、从㶣、㶣亦声的字，而㶣在嬴字中应兼有音、义的双重作用。"那么，㶣究为何物？从最古老的金文中"嬴"字字形分析，去掉其中心的"贝"字即为㶣，它是一个密切相连不可肢分的完整动物形。其字形与能、熊、龙三物都很接近，故㶣就是动物"能"（非熊罴之熊）的象形文。"能上古音属之部泥母，泥母为舌音，与同属舌音的喻四定母字㶣例可相通，故上古能、㶣为一字。楚、秦同出的熊盈族之熊字，乃能字之讹，原本应书作能盈族，亦即能㶣族，其实就是一个嬴族。""㶣""能""嬴""嬴"四字写法形体虽各异，而所指物则相同，实为一字。它不是指草虫类的"蜾嬴"，而是指古籍中属于海介类的"蒲嬴"，"蒲嬴"古书中又写作"蒲卢""仆累""蓬累"诸形，实际就是今天的蚌螺。② 韦昭注《国语》"蒲卢"："嬴，蚌蛤之属。"嬴又为蜗，《说文》："蜗嬴，蒲卢也。"刘节指出，嬴之为物即蜗牛。㶣是蜗牛、蚌螺、三足鳖"能"的总称。而秦人之嬴姓，实是指以蚌螺等海介类动物为图腾或族称的母系氏族。③

上述代表性观点尽管对嬴为何物解释不同，但是有一点却是共同的，那就是嬴是一种动物，只是在具体所指上出现了以马、蚌螺、蜗牛为图腾的不同。这就启示我们，可以进一步循此思路探讨究竟"嬴"之本字"㶣"代表的是什么动物。

有人认为秦、赵、楚本为一族，除了他们共祖颛顼之外，也均以熊为图腾。按《史记·楚世家》记载，楚国之君以"熊"为名者有三十余人，且祖孙父子之名不受父名之讳的限制，亦均以"熊"为名，则知其以熊为图腾。《史记·赵本纪》："夫熊与罴，皆其祖也。"正义："范氏中行氏祖也。"可知，范氏之祖为熊，中行氏之祖为罴。"嬴"与"熊"本为一字，据《春秋》宣公八年所载"夫人嬴氏"，《公羊传》与《谷梁

---

① 何汉文：《嬴秦人起源于东方和西迁情况初探》，《求索》1981年第4期。
② 陈平：《关陇文化与嬴秦文明》，江苏教育出版社2005年版，第159—161页。
③ 刘节：《中国古代宗族移植史论》，正中书店1948年版。

传》均作"夫人熊氏";又载"葬我小君敬嬴",两传又均作"顷熊",是知"熊"与"嬴"古时相通。据卫聚贤考证,"嬴"与"熊"不仅字音相同,而且两字字形亦相同。宗周钟、熊狄钟、师酉簋、虢叔编钟等诸铜器之金文"熊"字,与熊子簠、毛公鼎之"嬴"字,字形全同。①从《史记·赵本纪》所载"夫熊与罴,皆其祖也"一语可知,陈平以为"能"与"熊"非"非熊罴之熊"的训释不足为据,所以,以嬴为海介类蚌螺、蜗牛之属也就失之准确。那么,"嬴"就非马莫属了。何以为据,理由有三:

其一,按《说文》明言嬴为兽名,段注进一步训其为驴、骡,可知嬴作为兽名、动物,就是可家畜的驴、骡之类,也就是马的前身。所以,少昊部族不仅是马的最早驯化者,而且就以嬴即马为族姓。

其二,伯益及其子孙,世代以懂鸟语、善养马著称。《史记·秦本纪》载伯益本名大费,因其"佐禹调驯鸟兽,鸟兽多驯服,是为柏翳。舜赐姓嬴氏"。《史记·五帝本纪》:"舜曰:'谁能驯予上下草木鸟兽?'皆曰益可。于是以益为朕虞。"《集解》马融曰:"虞,掌山泽之官名。"这两段记载,既说明了大费的特长、官职,亦点明了其得姓的由来:掌山泽、驯鸟兽,因鸟兽多驯服而称柏翳,舜因之赐以嬴姓。这驯服的鸟兽中,马应该是其中最主要的被驯化者。嬴秦先祖伯益既是少昊后裔中驯养马的集大成者,又为舜驯养鸟兽,始获嬴姓,当是舜对以伯益为代表的嬴姓部族驯化马匹贡献的一种认可和肯定,又是对伯益作为朕虞辅佐舜驯养鸟兽成绩的一种褒奖和赏赐。也由此其后裔成为素以养马著称的一族,按《秦本纪》所载,秦人中为商汤驾驭的费昌、为帝太戊驾驭的孟戏和中衍、为周穆王驾驭的造父、为周宣王执御的奄父、为周孝王养马的非子,还有秦孝公时公子伯乐也以善相马闻名于世,这就一再昭示着秦人向以养马见长,是一个善于养马的部族,其部族发展与马有着不解之缘。不仅如此,就是秦的强大与统一,也与秦人擅长养马、善于用马息息相关。秦人与马有如此特殊而亲密的关系,不正是其先祖驯化马匹并因以为姓的最好注解吗?

其三,秦人祭祀用马,为其他诸国所未有。《秦本纪》载秦襄公受封建立诸侯国,"与诸侯通使聘享之礼,乃用骝驹、黄牛、羝羊各三,祠上

---

① 卫聚贤:《赵秦楚民族的来源》,《古史研究》第三集,上海商务印书馆1934年版。

帝西畤"。《集解》徐广曰："赤马黑髦曰駵。"上古祭祀之礼一般以牛、羊、豕为祭品，唯秦人以马为祭品。宗教祭祀与葬俗是最具保守性和继承性的文化因素，秦人以马为牺牲，当有其深刻的文化背景和历史根据，绝非率性而为。人们公认秦文化曾先后受到商文化和周文化的影响，在宗教、葬俗和祭祀方面也明显有商周文化影响的痕迹，但祭祀用马并非商周之俗，而为秦人所独有。这一独特习俗也许正是嬴姓得名于马，嬴秦与马具有亲缘关系的反映和流露。

既然嬴姓来源于马，则有一个问题尚需考证，即马在中国何时被驯化？目前比较一致的意见是马最早由乌克兰东部到哈萨克斯坦北部之间的森林草原地带，也就是黑海到里海之间的草原地带的印欧人所驯化，时间为公元前5000—前4500年。① 然后传往各地。但是，也有一部分学者认为中国也是家马驯化地之一，美国学者奥尔森，② 日本学者末崎真澄，中国学者周本雄、谢成侠、王宜涛、王志俊、袁靖等持这种观点，③ 只是在驯化时间上尚有新石器时代中期、龙山文化时期、商代的不同看法。另据安丽萍等对马线粒体Cytp基因全序列遗传变异的分析，得出"中国家马具有多个起源或经过多次驯化"的结论。④ 据《周易·系辞下》载，黄帝、尧、舜时已经"服牛乘马，引重致远"。仰韶文化典型遗址西安半坡遗址，属龙山文化的山东历城城子崖、河南汤阴白营等新石器时代遗址出土过马骨，天水大地湾遗址和西山坪、师赵村新石器时代马家窑文化层出土过马骨，甘肃永靖大何庄齐家早期文化遗址出土过马下臼齿。以上事实说明，在新石器时代中晚期马在黄河流域已被驯化和使用是完全可能的。所以，秦人先祖有可能就是那个为马的驯化发挥过重要作用的部族。

三 嬴邑地望

既然嬴之为姓得名马，那么，它又在何地，亦即嬴姓的起源地何

---

① 水涛：《驯马、马车与骑马民族文化》，《中国文物报》1997年6月15日。
② ［美］斯坦利·J. 奥尔森：《中国北方早期的驯养马》，《考古与文物》1986年第6期。
③ 袁靖：《中国古代家马的研究》，陕西省文物局编《中国史前考古学研究》，三秦出版社2003年版，第436—443页。
④ 王艳萍等：《马线粒体DNA多态性与起源进化的研究进展》，《黑龙江畜牧兽医》（科技版）2009年第9期。

在呢？嬴作为地名首先出现于春秋时的齐国嬴邑。《春秋》桓公三年："公会齐侯于嬴。"《左传》哀公十一年："公会吴子伐齐。五月，克博。壬寅，至嬴。"《孟子·公孙丑下》："孟子自齐葬于鲁；反于齐，止于嬴。"《史记·田儋列传》："汉将灌婴追得齐守相田光，至博，而横闻齐王死，自立为齐王，还击婴，婴败横之军于嬴下，田横亡走梁。"《集解》："晋灼曰：'泰山，嬴县也'"。《正义》："故嬴城在兖州博城县东北百里。"正因为这里曾是嬴邑所在，故秦汉时在其故地设置嬴县。当然，这显然是嬴后来作为具体地名出现的记载，嬴邑是否就是嬴姓的最早起源地，尚须再作探讨。据《通志·氏族略·氏族序》说：

> 姓之为氏，与地之为氏，其初一也，皆因所居而命，得赐者为姓，不得赐者为地。居于姚墟者赐以姚，居于嬴滨者赐以嬴。姬之得赐，居于姬水故也；姜之得姓，居于姜水故也。故曰因生以赐姓。

这是说嬴姓部族因居于嬴滨而为嬴姓。柳明瑞据此认为少昊是以嬴水成而姓嬴。"嬴水，又称嬴汶河，乃山东汶河上游三大支流（嬴、牟、柴）之一，发源于章丘池凉泉，中途流经莱芜城子县村'嬴城遗址'，从西杨庄进入泰安境，全长八十六公里。"① 据《路史·后纪七》载：嬴姓的祖先"伯翳、大费能驯鸟兽，知其话言以服事虞夏，始食于嬴，为嬴氏"。这又是说伯益被虞夏封于嬴而为嬴姓。《山海经·海内经》又载："有嬴民，鸟足"，郭璞注："音盈。"《山海经·大荒东经》载王亥"有嬴民，鸟足"。刘节《释嬴》一文认为"燕、嬴，实为同类双声"②。何光岳也认为嬴氏乃燕氏之同音异字，燕族最早起源于燕山一带，后因族类繁衍不断分化并且逐渐南迁，嬴姓的发源与燕、偃所在的冀中相近。而王亥为商之先祖，曾在河北的易水流域活动过。"那么，嬴民，鸟足，说明是鸟夷的一支，与王亥相邻，地点在今河内河间县一带。"嬴人后来南迁到山东莱芜县西北四十里的嬴城，即春秋时齐之嬴邑，汉在此置嬴县，附近有嬴汶水，皆因嬴人定居于此而得名。③ 又嬴地当近姚墟，因

---

① 柳明瑞：《嬴姓溯源——兼论嬴秦祖根在东方》，文史出版社2003年版，第55页。
② 刘节：《国立中山大学文学院研究集刊》第一册。
③ 何光岳：《嬴姓诸国的源流与分布》，《信阳师范学院学报》1984年第3期。

为舜曾赐伯益娶姚姓玉女为妻。舜生于姚墟而姓姚,① 《孟子·离娄》谓舜"东夷人也",则姚墟必在东方,姚姓之女亦当在姚墟。《括地志》云:"姚墟在濮州雷泽县东十三里",此地即在今山东巨野县西,与嬴地相距不远。

以上诸说,郑氏以为嬴姓因居地而得姓,按《山海经》所载,则是因虞夏封地而得姓,何光岳认为嬴姓起源于其早期活动区域冀中河间县一带。嬴姓部族既以其所驯化之马为姓,则其得姓既不源于居地,也不源于封地,也就是说先有姓之称嬴,后有地之称嬴,亦即是以姓而名地,而非因地而命姓。所以,以居地、封地为嬴姓的起源,实则本末倒置。因此,何光岳主张的嬴姓起源于冀中河间一带的观点就值得重视。如前所考,少昊族活动区域虽主要在今山东地区,但其足迹亦广及今河北一带,故少昊部族在今冀中因驯马成功并自以为姓,后南迁至今山东莱芜,其地因嬴姓部族所居而称为嬴地,进而其城、水、县皆以嬴而名之。

第二节 嬴秦起源问题的东、西之争

秦人族出东夷,后经长期流动迁徙,最终入居陇右天水而兴起建国,然后再东进关中进而统一中国。这是司马迁《史记》中关于秦人历史的基本论述。近代以来,关于秦人族源的讨论始自王国维,其《秦都邑考》发表后,争论纷起,至今不休。主要观点有西来说、东来说和北来说三种,而争论焦点主要在东、西之争。纵观近百年来争论在内容和方法上的演变历程,可以以20世纪70年代为界,分前后两个阶段。前一阶段的研究主要是依据文献资料和民俗资料展开的研究和争论,可称之为传统的东来说与西来说之争;后一阶段则在文献和民俗资料的基础上,又广泛运用考古学资料展开综合研究,可称之为新东来说与西来说之争。

一 传统的东来说与西来说

所谓东来说即秦人"源自东夷"说,西来说即秦人"源自西戎"

---

① 《史记》卷一《五帝本纪》正义引《风土记》《孝经援神契》。

说。本阶段学者们主要根据文献资料和民俗资料探讨秦人的族源，力图揭示秦人来历及早期历史的真貌。持西来说的学者主要有王国维、蒙文通、周谷城等；持东来说的学者以傅斯年、卫聚贤、黄文弼、陈秀云、顾颉刚、郭沫若、范文澜、丁山、徐旭生、马非百、王玉哲等为代表。

1. 西来说

王国维《秦都邑考》开篇即说："秦之祖先，起自戎狄。"① 但未作详论。蒙文通在《秦为戎族考》一文中力证秦为戎族，其主要观点一是秦祖中衍曾孙胥轩被称为"戎胥轩"，则知秦之父系为戎而非夏族，郦山之女为戎胥轩妻，此秦之母系亦为戎也。二是据《史记·赵世家》记载，中潏后代造父幸于周穆王。"造父取骥之乘匹，与桃林盗骊、骅骝、绿耳，献之穆王，穆王使造父御，西巡狩，乃赐造父以赵城。"《竹书纪年》："北唐之君来见，以一骊马，是生绿耳。"则造父即此北唐之君。《周书·王会》云："北唐戎以闾。"孔晁注："北唐，戎之在西北者。"可知中潏至造父以来，秦之同族赵为西周之北唐戎，则秦之为戎"固自不疑"。三是春秋三传以"秦者夷也""狄秦"称秦；春秋时楚人灭嬴姓江国，秦伯不曰同姓而曰同盟，故秦非皋陶之胤。又商君说："始秦戎狄之教"，《管子·小匡篇》有"秦戎"之说。故关东诸国公认秦为戎族。四是秦即犬戎的一支。郦山女在殷周间为天子，西戎之强者，前有鬼方，后则犬戎。《秦本纪》："西戎犬戎与申侯伐周，杀幽王郦山下。"《周本纪》："申侯怒，与缯西夷犬戎攻幽王，遂杀幽王郦山下。"杀幽王之犬戎，即郦山女之族，亦即郦山女与秦皆犬戎之证也。② 蒙文通在其《秦之社会》和《周秦少数民族研究》等论著中，对所持观点亦有详论。③ 丁山在《古代神话与民族》一书中指出："史前神话人物世系多出商周祭典"，夏、商、周、秦"四代开国前世系皆宗祝伪托"。所以，《秦本纪》所传襄公以前之人物，"若大费、大廉、费昌、孟戏、仲衍、蜚廉、造父等，非天空之神御，即速御之风神；其反映之史实，则秦襄公为攻戎救周列为诸侯时，故一游牧为生之西戎民族也"。"秦以风神为宗神疑亦长

---

① 王国维：《秦都邑考》，《观堂集林》卷十二，中华书局2006年版。
② 蒙文通：《秦为戎族考》，《禹贡》1936年第6卷第7期。
③ 蒙文通：《秦之社会》，《史学季刊》1940年第1卷第1期。

狄之类。"① 此外，周谷城在《中国通史》一书也采用西来说观点。②

2. 东来说

东来说原本为《史记》所持观点，但作为一种学术观点明确提出来，则是20世纪三四十年代才出现的。

1933年，傅斯年发表《夷夏东西说》，首倡嬴姓之秦为东方民族："据《史记》，伯益为秦赵之祖，嬴姓之所宗。秦赵以西方之国，而用东方之姓者，盖商代西向拓土，嬴姓东夷在商人旗帜下入于西戎，《秦本记》说此事本甚明白。少昊在月令系统中为西方之帝者，当由于秦赵先祖移其创说于西土，久而成土著，后世作系统论者。遂忘其非本土所生。"又说嬴姓一支为少昊后世，"分配在今山东南境，河南东端，南及徐州一带。殷代有奄，为大国。有费，鲁公灭之。盖鲁地本嬴姓本土，所谓'奄有龟蒙，遂荒徐宅，至于海邦，淮夷蛮貊'，是指周人略嬴族之故事。因周人建国于奄土，嬴姓乃南退保淮水，今徐州一带。及周人势力稍衰，又起反抗，西伐济河。周人只能压迫之，却不能灭之，故曰：'徐方不回，王曰旋归'，可见是灭不了的。入春秋徐始式微，而殷人所置嬴姓在西土者，转而强大，其一卒并天下"③。卫聚贤在《赵秦楚民族的来源》一文中，认为赵秦楚"三者均夏民族熊氏族之分化"。秦祖中潏未在西戎前，嬴姓多诸侯，即奄、郯、徐、江、黄、葛、谷等国。"是秦民族发源于山东，至山西、陕西、甘肃，然后再向东发展。"《春秋》庄公三十二年"秋，筑台于秦"，说明鲁古有秦，而秦发源于山东；又《楚辞·九歌》有"东皇太一"，《史记·秦始皇本纪》言李斯上秦王号以"泰皇最贵"，亦有秦有东来之迹。④ 黄文弼针对蒙文通"秦为戎族说"撰《嬴秦为东方民族考》一文，力主"秦为东方民族说"。认为秦人在西戎只发生在中潏之后，中衍之后、中潏之前秦之先佐殷周为诸侯，其嬴姓居地在东方。皋陶与伯益虽不同姓，然同为帝颛顼后裔，皋陶之后封地在淮水以北及湖北东北部；伯益之后嬴姓诸国皆在今山东南部、江苏北部、安徽

---

① 丁山：《句芒、高禖、防风、飞廉考——风神篇》，该文写于1939年，发表于《中华文史论丛》第六十辑；丁山：《古代神话与民族》，商务印书馆2005年版，第317、337页。

② 周谷城：《中国通史》，开明书店1939年版，第174页。

③ 傅斯年：《夷夏东西说》，国立中央研究院历史语言研究所集刊外编第一种《庆祝蔡元培先生六十五岁论文集》，1933年3月。

④ 卫聚贤：《赵秦楚民族的来源》，《古史研究》第三集，上海商务印书馆1934年版。

东北部，自徐州以东至于海滨。皋陶与伯益后裔之封地，东西相接，而嬴姓诸国最在中国东南部，滨海。"故与其谓秦为西戎，不如谓秦为东夷较合事实也。""嬴姓在殷时，与殷共存亡者，皆以其同为东方民族之故也。"又指出，秦人始祖传说取材与殷相同，同以吞鸟卵为传说中心，且叙述诞生方式又完全相同，故必同出一源。① 陈秀云《秦族考》一文，从秦人先世的神话传说和殷人传说相同、秦人与殷商有密切的关系、嬴姓诸国多在东方和"秦"与"嬴"原为东方地名四个方面揭示秦人为东方民族。② 徐旭生《中国古史的传说时代》一书也主张秦之祖先为东夷民族。③

持秦人东来说的学者人数较多，如顾颉刚、郭沫若、范文澜、马非百、王玉哲等皆主此说，其观点大体与上述相类。

二 新东来说与西来说

从20世纪70年代后期开始，一方面随着学术环境的改善，另一方面由于一批重要的秦文化遗址的相继发现，为更加深入和全面地探索秦人历史提供了前所未有的机遇与条件。于是，关于秦人族源的研究不仅呈现勃兴势头，而且取得一系列新的成果和突破。无论是东来说还是西来说，都在进一步挖掘文献资料和民俗资料的基础上，又依据大量的考古资料、甲骨文和金文资料，多学科开展深入或综合的探讨。时至今日，虽然两种观点的争论仍在继续，但在论辩中提出的不少新观点、新视角、新材料、新理论或新思路、新方法，确为秦人族源问题研究的深化和最终解决奠定了坚实的基础。为便于后面的讨论，兹将赵化成先生关于20世纪以来两种观点的概括性论述列之于下，然后再分别讨论。

关于东来说，主要观点有四个方面：

(1) 秦人与东方的殷人、夷人都有起源于"玄鸟陨卵"的神话传说，即有着共同的鸟图腾崇拜。

(2) 秦为嬴姓，而嬴姓族多居于东方，如西周、春秋时期的徐、郯、江、黄、奄等国。

---

① 黄文弼：《嬴秦为东方民族考》，《史学杂志》1945年创刊号。
② 陈秀云：《秦族考》，《文理学报》1946年第1卷第1期。
③ 徐旭生：《中国古史的传说时代》(1943年)，文物出版社1985年版。

(3) 秦人祀少昊之神，传说少昊嬴姓祖，居于东方。

(4) 秦的祖先与殷王朝关系密切，如费昌、孟戏、仲衍、蜚廉、恶来都曾为殷臣。

关于西来说，主要观点也有四个方面：

(1) 秦之祖先世系较连贯，可信程度较大是自中潏以后，已"在西戎，保西垂"。

(2) 秦为西戎族，其远祖戎胥轩已称戎，并与申戎通婚，在西方。春秋之时东方诸国多称秦为戎。

(3) 秦人祭祀用马，与中原诸国不同。秦人杂祀，崇拜草木、山川、禽兽，秦之风俗与戎狄同。

(4) 秦人由东方而西迁的可能性不大，中潏时已在西戎，周公东征迁之于理不合。[19]

上述概括反映了两种观点的主要根据和基本理由，本阶段两种观点的讨论也是围绕上述论点而提出了一系列新论据而展开的。

1. 西来说

此说在这一阶段经过一些学者引入考古资料和民族学资料，而提出了不少新的论据和材料，使研究和论说进一步深化。持这一观点的学者主要有熊铁基、俞伟超、叶小燕、刘庆柱、刘雨涛等。

熊铁基《秦人早期历史的两个问题》一文，利用文献资料对秦人西来说进行了有力的申论，他认为"夏、商、周、秦的早期历史，神话多于史实，秦尤其如此，它本身非华族，在强大起来之后，就要为自己的祖宗世系伪造一批英雄故事，后世的北魏、元朝、清朝都是如此"。因此，他主张西来说，理由为：一是商、周时代，秦的祖先都是活动在西方；二是秦人自己讲自己祖先的活动，可靠的都是讲在西方的活动；三是春秋到战国初年，华夏族的诸侯国（包括华化较早的），一直把秦国当戎狄看待，这不单是地理形势上的限阻，更重要的是夷夏之别传统观念的影响。所以，秦是西方民族，华化较晚，而且与中原文化的关系不深。①

---

① 熊铁基：《秦人早期历史的两个问题》，《社会科学战线》1980 年第 2 期。

利用考古资料来充实西来说是本阶段的一大特点。俞伟超《古代"西戎"和"羌"、"胡"考古学文化归属问题的探讨》一文提出,秦墓中出现的屈肢葬、铲型袋足鬲、洞室墓和围墓沟等文化特征,源于羌戎文化,故秦人是西戎的一支。他认为,能够清楚地说明辛店文化是西戎文化之一的根据,在于它跟秦人文化有很大的相似之处,至少有三点很突出:一是甚行蹉曲特甚的屈肢葬,最迟从春秋时起,秦人之墓主要是这种屈肢葬,一直到秦始皇时期。这几乎成为区别秦人墓与其他各春秋战国墓的重要特征。二是秦人在其根据地,即汧、渭之间的宝鸡和甘肃东部一带,直到战国时代还使用一种双耳高领的铲形袋足鬲,这是辛店文化陶鬲中所特有的。三是洞室墓,它初见于马厂,最迟到卡约时就很流行。在陕西地区东周的秦墓也流行洞室墓。这显然同羌戎系统文化有联系,说明秦人的文化传统同羌人是有特殊关系的。这种洞室墓,在河南等地则要到战国中期以后才逐渐出现并流行,显然是从秦人那里传去的。① 后来他又在《关于"卡约文化"和唐汪文化的新认识》一文中进一步指出:铲形袋足鬲是甘青地区古代文化带给秦文化的影响,秦墓文化特征与西部半山文化、马厂文化和卡约文化的因素具有内在的联系。② 叶小燕《秦墓初探》一文将秦墓资料与甘青地区民俗习惯相结合,提出秦人流行西向墓,"可能暗示了秦人是渊于西方的"③。刘庆柱《试论秦之渊源》一文,通过对殷周时期关东、关中与甘肃地区的考古学文化对比,发现秦文化与甘肃地区的古文化明显属于同一文化的早晚关系,而与关东、关中地区的古文化属不同地区的不同文化,进而他从秦的葬俗、鸟图腾崇拜和陶器组合及其纹饰特点三个方面探析了秦之渊源。认为"屈肢葬俗无疑应属于秦的自身文化传统"。指出:"春秋战国秦墓中屈肢西首的秦人头向可能表示其祖籍所在的意义。"又说:"值得注意的是,辛店文化的屈肢葬与春秋秦的屈肢葬惊人相似,如辛店文化姬家川遗址M2,有一屈肢葬,其足跟已靠近臀部,屈度特甚。显然辛店文化的屈肢葬是我们寻找春秋秦屈肢葬源流的重要线索。"而"以鸟为图腾的秦文化

---

① 俞伟超:《古代"西戎"和"羌"、"胡"考古学文化归属问题的探讨》,《青海考古学会会刊》1980 年第 1 期。
② 俞伟超:《关于"卡约文化"和唐汪文化的新认识》,《青海考古学会会刊》1982 年第 3 期。
③ 叶小燕:《秦墓初探》,《考古》1982 年第 1 期。

可能为马家窑文化的后裔"。①

主张西来说的学者，还从民族、民俗和宗教学等角度，就秦人葬俗、祭祀仪式与对象、"万物有灵"的原始宗教特征与戎狄相同而有别于中原等方面，对西来说进行了补充。特别引起注意的是，持此观点的学者从秦墓等发掘资料所揭示的考古学意义上的秦文化特征，与甘青地区的西戎文化因素存在着有机的密切联系，且在很大程度上与之融合在一起。这是一个无法否认的历史真实。当然，经过本阶段学者们的努力，西来说的观点虽更为完备，但由于其对传说时代秦人历史的记载，即中潏以前的秦人历史，仍缺乏令人信服的解释；其所证明秦人来自西方的材料又多为春秋以来，且直接印证的材料也不多，故仍然不为大多数学者所接受。

2. 东来说

在一批学者进一步完善发展西来说的同时，则有更多的学者支持东来说，从而使东来说在文献资料印证的基础上，又得到从考古、民族、文字、民俗、宗教、历史地理等多学科、大视野、全方位的方面综合论证，并取得一系列新的突破，大有使东来说几成定论之势。

顾颉刚先生作为史学巨擘曾对秦人东来说进行了深入研究，在《从古籍中探索我国的西部民族——羌族》一文中，其结论指出："秦本东夷，在周公东征后西迁。"② 2000 年，其撰写于 20 世纪 60 年代，经 5 次修改堪称鸿篇巨制的《鸟夷族的图腾崇拜及其氏族集团的兴亡》一文发表，系统而全面地对"秦本东夷"等诸问题，通过完整搜集传世文献、甲骨文和金文资料进行了细致入微的论证。指出："殷祖契是由他母亲简狄吞了玄鸟卵而生的，秦祖大业也是由他的母亲女修吞了玄鸟的卵而生的。他们为什么会有这样雷同的神话？那就因为殷秦两族都出于鸟夷，鸟是他们的图腾，他们全族人民的生命都是从鸟图腾里来的，只是第一位祖先的代表性特别强，所以把鸟生的神话集中在它的身上而已。"③

林剑鸣《秦人早期历史探索》一文，从秦人早期传说与信仰崇拜、

---

① 刘庆柱：《试论秦之渊源》，《人文杂志》1982 年增刊《先秦史论文集》。
② 顾颉刚：《从古籍中探索我国的西部民族——羌族》，《社会科学战线》1980 年第 1 期。
③ 顾颉刚：《鸟夷族的图腾崇拜及其氏族集团的兴亡》，《史前研究》，三秦出版社 2000 年版，第 151 页。

经济生产、政治关系、早期活动地域四个方面，揭示秦人与殷人有共同的玄鸟崇拜，都以牧畜、狩猎为主要经济生活，政治关系密切，早期都生活在以山东半岛为中心的地区。因而，秦认同殷人祖先原系东方之氏族，共同起源于一个东方的氏族部落。① 接着，他又在《秦史稿》一书中，又从墓葬材料中证明，在陕西凤翔秦公陵园的22座秦公大墓，虽然规模很大，但只有属于诸侯级的中字和甲字形墓，而无亚字形的天子墓。"这表明秦国陵墓形式仍遵循着殷制"，说明秦与殷人祖先关系十分密切。② 段连勤《关于夷族的西迁和秦嬴的起源地、族属问题》一文，从传世文献中另辟蹊径，提出了夷族西迁和秦人起源的新线索。认为夏初东夷族分为九部，史称九夷，分布于今曲阜周围之地，即今山东西南部和河南东部。畎夷即九夷中的一部，夏末，在黄河下游崛起的商族与造反的九夷人联合，灭夏后西进泾渭流域扫除夏朝残余势力。于是，此前一直未见有东夷活动的关中地区，夏亡后，突然出现了东夷人的活动，即《竹书纪年》所载："桀三年，畎夷入于岐以叛。"此当为畎夷迁至关中时的最初居地。他指出："西周春秋时期，今陕西兴平东南有犬丘，亦曰废丘；甘肃天水西南亦有犬丘，史称西犬丘或西垂。此两犬丘当为畎夷入居泾渭流域后的居地。这一点可以从春秋经传对春秋时期卫国境内的犬丘的解释看出来。《春秋》隐公八年云：'八年春，宋公卫侯遇于垂。'左氏传曰：'八年春，齐侯将平宋卫，有会期。宋公以币请于卫，请先相见。卫侯许之，故遇于犬丘。'显然，《春秋经》所说的垂即《左传》所说犬丘，所以杜预《集解》注曰：'犬丘，垂也，地有两名。'可见犬丘即垂，垂即犬丘，都是指的同一地方。"因此，"由山东曹县、河南永城县的犬丘，到陕西兴平、甘肃的犬丘，这正是畎夷由我国东方移至我国西方所走过的足迹"。秦的祖先，正是在这次夷人向我国西部的迁徙浪潮中，作为这个迁徙队伍的一支来到陕西关中地区的，中潏时秦人已至天水的犬丘。从嬴秦同犬丘（西垂）的关系、嬴姓氏族与古国的关系、秦的原始宗教观念三个方面，都可以证明秦嬴起源于东方的夷族。③

---

① 林剑鸣：《秦人早期历史探索》，《西北大学学报》1978年第1期。
② 林剑鸣：《秦史稿》，上海人民出版社1981年版，第19—20页。
③ 段连勤：《关于夷族的西迁和秦嬴的起源地、族属问题》，《人文杂志》1982年增刊《先秦史论文集》。

日本学者御手洗胜在《颛顼与乾荒、昌意、清阳、夷鼓、黄帝——关于嬴姓族的祖神系谱》一文中，① 对杨宽在《中国上古史导论》一书中主张的颛顼即是上帝，也是帝尧的观点进行了批评。认为嬴姓的祖先神是允格，亦即伯益，颛顼、乾荒、昌意、清阳、夷鼓、黄帝与沇水之神允格在起源上实是一神。其主要观点一是认为《左传》昭公十七年关于"颛顼之虚"和昭公九年颛顼之族"陈，水族也"的记载，可知颛顼是与水有密切关系的神，即水神而非火神。二是"颛顼"之语实际上是《左传》昭公元年所见的水神允格的转音，进一步则是与允格的倒转音伯益有其声转关系。《尔雅》所载河济之间兖（沇）州即以卫为中心的地域，有清冽的地下水浸出，汇集成菏泽、巨野泽、雷夏泽以及更南的孟豬泽，与诸泽连接的是清冽的沇水（济水），沇水的沼泽地带是适合农耕和鸟兽繁殖的好地方，于是当地有以允格作为沇水之神而加以崇拜的现象。三是《山海经》有黄帝生昌意，昌意生韩流，韩流生颛顼之说，《竹书纪年》还有昌意生乾荒一说。乾荒即是韩流，乾荒二音由嬴姓族神允格的转音而来，故乾荒与颛顼在起源上是为一神。四是清阳、昌意都是少昊的别名。五是清阳又是黄帝之子玄嚣的别名，黄帝25个儿子中，同姓的只有清阳和夷鼓二人。夷鼓之"夷"与伯益之"益"义相同，夷郭（伯）正是伯益的倒转音，故黄帝与伯益在起源上同为一神。清阳、夷鼓为巳姓，少昊姓有嬴、己、巳之说，实际巳与嬴两族都以少昊为祖先神，巳姓清阳（少昊）之父是巳姓之神的黄帝，黄帝称"有熊氏"，而敬嬴又作熊嬴，可知有熊氏即是有嬴氏。因此，黄帝源于伯益（允格），允格是嬴姓氏族神少昊（金天子）的祖父，黄帝之子的夷鼓、清阳，与其父黄帝同是嬴姓氏族之神。

在支持东来说的学者中，从传世文献、文字学、民族学和民俗学等视角多侧面论证，得出了与顾颉刚、林剑鸣先生大致相同的结论，兹不赘述。从文献角度支持秦人起源于东夷的学者中，尚有李江浙、牛世山对秦人起源地提出了更为具体的范围。李江浙先后发表《越为大费支族考》《大费育稻考》和《秦人起源范县说》诸文，认为"秦之先皋陶和大费的初居之地，在今日山东省曲阜县与费县地区为中心的鲁中南及附

---

① 该文由王孝廉翻译，收入王孝廉《中国的神话与传说》，台湾联经出版事业公司1983年版，第239—272页。

近地带"。在古史传说中,大费的封地不止一处,而与秦联系在一起的,则独有"秦",其地即后来的鲁国之"秦",在今河南范县。① 牛世山《秦文化渊源与秦人起源探索》一文,主张秦人族属和最早起源地,可在晚商和西周时期与秦人有关的地名中找到线索。认为"西垂与犬丘之间、两地与商代晚期和西周时期的秦人之间似乎都有某种有机联系,这可能暗示两地与秦人的起源地有关。《春秋》隐公八年即有垂地:'八年春,宋公、卫侯遇于垂。'而《左传》隐公八年则作犬丘:'八年春……遇于犬丘。'垂与犬丘为一地,这与秦人在西方的居地同名。杨伯峻先生认为其地在今山东曹县之北,在商代以前,这里为东方夷人的势力范围,或许这一带正为秦人的起源地"②。

对东来说更为有力的探讨来自考古学界。1980 年邹衡发表《论先周文化》一文,为东来说提供了新证据:"《亚隻罐》的族徽,其所代表的可能是一个善于捕鸟(或从丁山广其义为捕鸟兽)的氏族。古者以官职为氏,那么,此氏族中必定会有一个善于捕鸟(或鸟兽)的祖先,曾经充任过商朝或其以前的鸟(或鸟兽)官,而他的子孙又住在今陕西、甘肃一带的先周文化地域内。说到此,人们将不难把这个氏族和秦的祖先联系起来。"所以,甲骨卜辞中的皋氏族和金文中的隻氏族很可能就是秦的祖先费、蜚、非之类了。武丁以后,商王经常派皋族到(今陕西的"京"地)"裒田"(开拓疆土)。"皋族到了该地,免不了入境从俗,年代经久,自然也就逐渐被当地同化,成为当地的居民了,因而在商末,陕西的皋族使用先周文化也就不足为奇了。秦的祖先本来起源于东方,后来为什么又到了西方,在这里似乎已得到了说明。联系到以上族徽中有加'西'字的,也许正是因为该族已经住在西方的缘故。"③

韩伟先后发表《关于"秦文化是西戎文化"质疑》和《关于秦人族属及文化渊源管见》等文章,对刘庆柱等学者主张将屈肢葬、铲形袋足鬲、洞室墓看作"既是戎人或羌人的文化特征,又是秦人自身的文化传统的观点"表示异议。他结合自己多年在陕西地区的考古实践与研究,

---

① 李江浙:《越为大费支族考》,《民族研究》1986 年第 3 期;《大费育稻考》,《农业考古》1986 年第 2 期;《秦人起源范县说》,《民族研究》1988 年第 4 期。
② 牛世山:《秦文化渊源与秦人起源探索》,《考古》1996 年第 3 期。
③ 邹衡:《夏商周考古学论文集》,科学出版社 2001 年版,第 299—301 页。

认为屈肢葬虽然在春秋秦墓中已经出现，但嬴秦的统治阶级尤其是宗室贵族，并不采用屈肢葬式。因此，"屈肢葬俗无疑应属于秦的自身文化传统"的看法，应予否定；而且，用孤例推断辛店文化是春秋秦屈肢葬源流的重要线索，恐失偏颇。铲形袋足鬲在秦墓中的出现，不会早于战国时代，它不是从春秋到战国期间秦墓中始终存在、延绵不绝的典型器物。"因而，把铲形袋足鬲当作秦文化的特征之一，并断定这种东西就是戎人文化的表征，或者说由此得到了齐家文化、辛店文化与春秋战国秦文化之间'渊源关系的重要线索'，似乎缺乏坚实的基础。"关于洞室墓，在陕、甘两省可能属于春秋的秦墓中均未见到。出现于战国中晚期的秦代洞室墓，与殷周时期的卡约文化中间横隔着春秋这一段时间未见洞室墓。说卡约文化与秦两者文化有共同性，是同出一源的，似缺乏说服力。① 赵化成《寻找秦文化渊源的新线索》一文，根据其在甘肃天水市甘谷县毛家坪和北道区董家坪新发现的西周时期秦文化遗存材料，通过分析比较，认为"辛店文化不会是秦文化的渊源"。屈肢葬应当是秦人特有的葬俗，是秦文化的一个重要特点。秦的西首墓可能与屈肢葬一样也与甘青地区古代文化有一定关系。春秋战国时期秦墓中出现的铲形袋足鬲和战国中期出现的洞室墓，在毛家坪西周时期秦墓中均未发现，故均与秦文化渊源无关。②

祝中熹在《早期秦史》一书中，对秦人东来提出新的观点，认为《山海经·大荒南经》所载羲和"生十日"轮番运照的传说和《尚书·尧典》所载尧命主管祭日、测日的"羲和"四人的宾日、饯日活动，实际反映的是史前盛行的阳鸟崇拜习俗。阳鸟图腾部族的首领"羲和"当为虞夏时代东方"九夷"中的凤夷和阳夷的结合群体，尧命"羲和"四人中的和仲"宅西，曰昧谷。寅饯纳日，平秩西成"。就是让和仲一支追寻太阳的归宿而西行，确定日落的"西极标位"点，一直到西方的"西"定居下来，和仲所宅之"西"就是秦汉时陇西郡的西县。羲、和历来被认为是重、黎的后裔，重、黎又是少昊、颛顼的后代。而秦人也以少昊、颛顼为始祖，则羲、和与秦人皆属阳鸟图腾的同一血缘祖系。夏末商初，

---

① 韩伟：《关于"秦文化是西戎文化"质疑》，《青海考古学会会刊》1981年第2期；《关于秦人族属及文化渊源管见》，《文物》1986年第4期。
② 赵化成：《寻找秦文化渊源的新线索》，《文博》1987年第1期。

畎夷西迁，初至关中的犬丘（即汉代槐里，今陕西兴平），后至西邑所在的西汉水上游，后来的犬夷就是畎夷的后裔。畎夷赶走了最早开发西邑的秦人先祖和仲一族，商末周初，嬴秦人首领中潏"在西戎，保西垂"。与犬戎展开了长期争夺西垂控制权的斗争，这里又成为秦人的根据地。①

不难看出，东来说相较于西来说有更为充足的史料基础，其所主张的玄鸟崇拜、秦与殷的文化相似性、嬴姓与"秦"地名在东方的存在、中潏以前秦人在东方的历史线索等，揭示了传说时代秦人与东方夷族之间的密切关系，也构建了秦人族源的基本轮廓。但东来说并非无懈可击，如中潏以前的秦人在东方历史活动的确切考古证据仍稍显薄弱，尚需进一步强化。

三 诸说平议

在秦人族源的讨论中，东来说与西来说似乎成为论辩的主流，而且，两种观点各执一端，长期驳难，水火不容。其实，在这两种观点之外，也有第三种观点存在，同时，不少学者也已尝试超越非此即彼的模式，另辟蹊径，以打破僵局，求得问题的正解。这方面也已经取得一些可喜的收获。

在东来说与西来说之外，还有北来说，只是主张北来说的学者比较少，因而关注度低一些。翦伯赞、吕振羽、吴泽等学者都认为秦人起源于北方的夏族。如翦伯赞即主张："秦代王朝的创立者——秦族，本是夏族的一支，即羌族的后裔。"认为："《史记·秦本纪》云：'秦之先，帝颛顼之苗裔。孙曰女修。女修织，玄鸟陨卵，女修吞之，生子大业。'大业是为秦之始祖。按《国语·鲁语》上谓'夏后氏禘黄帝而祖颛顼'，《秦本纪》亦谓'秦之先，帝颛顼之苗裔。孙曰女修'，是传说中谓夏与秦同祖也。又《管子·小匡篇》云：'（齐桓公）乘桴济河……逾太行，与卑耳之貉拘秦夏。'是春秋时，秦族尚称秦夏也。又《左传》襄公二十九年传载吴公子季札聘鲁，鲁使工为之歌，歌至秦，公子札曰：'此之为夏声。'是春秋时，秦之声，尚称夏声也。根据以上各种传说，吾故曰，秦为夏族之一支。夏族居住鄂尔多斯，故秦族始祖，亦当流浪于此。"②

---

① 祝中熹：《早期秦史》，敦煌文艺出版社2004年版，第13—40页。
② 翦伯赞：《秦汉史》，北京大学出版社1984年版。

吕振羽在《中国原始社会史》一书中认为"商族自东来","夏族自西来",而后来夏族"向东南者使发展为后来的周族,留在关中一带者,使又形成后来的秦国"①。吴泽亦云:"自夏亡殷,夏族被迫西迁,辗转戎狄之间,分散各地,分化为周、鬼方、大夏及秦诸族。"② 相对于前两说,北来说在秦人族源上又提出了一些新的思路和视角,对于深入探索秦人族源,无疑具有一定的启迪意义。

黄留珠较早注意到超越西来说与东来说的对立,从而在秦人、秦文化渊源上提出了涵盖东、西二说的"二源说"。其在《秦文化概说》一文中曾提出:

> 应当承认,各派观点均抓住了早期秦人的某些特征,作了极为有益的探讨,但亦不能不看到,彼此也都存在一些明显的不足之处。目前来看,在这一问题上要有所突破,必须依靠考古工作新的重大发现。也许东来说与西来说都只看到了问题的一个方面,二者结合起来才能更好地反映事物的全貌。③

在《秦文化二源说》一文中,黄留珠先生进一步指出:西来说与东来说"就前者而言,它敏锐地捕捉到了秦文化与西戎文化融合的历史真实;就后者而论,它成功地揭开了中潏以前秦人活动于东方的秘密。二者对于深化秦文化的研究,均有重要意义。而这一点,恰恰也正是二说相统一相结合的基础之所在"。所以,在二说均对秦文化的历史真貌有所揭示的共同点基础上,"综合各自的合理部分,撷取其精华,从而形成认识秦文化渊源问题的新思路。如果用一句话来概括这一思路,那就是'源于东而兴于西'"。并指出:

> 所谓"源于东"者,是讲秦人、秦文化的原始发祥地在东方;而"兴于西"者,是说秦人、秦文化的复兴之地在西方。易言之,

---

① 吕振羽:《中国原始社会史》,耕耘出版社1949年版。
② 吴泽:《中国历代大系:古代史》,棠棣出版社1953年版。
③ 黄留珠:《秦文化概说》,秦始皇兵马俑博物馆《论丛》编委会编《秦文化论丛》第一辑,西北大学出版社1993年版。

就是说秦文化有两个"源"：一曰"始发之源"，一曰"复兴之源"。依据通例，始发源与复兴源是不同的，二者不可混为一谈。然而由于秦人经历了一个漫长的由东而西的迁居过程，在迁居之后，深受西方戎人文化的影响，乃至被戎化，这样其复兴就不是以原有文化为基础，而是在"戎化"这一全新的起点上开始的。这种几乎从零开始的复兴，使秦文化成为一个特殊的变例——即它在西方的复兴具有某种始发或曰再次起源的性质。唯其如此，所以才出现了东来说与西来说长期互相对峙的局面。其实，两说都探索到了真理。只是人们受习惯思维模式的制约，总以为世上之事，不是你吃掉我便是我吃掉你，从来没有考虑还会有你我共存的现象。结果遂使两种事实上都已触及到真理的观点，不仅没有缩小距离，反而强化了其间的抗争性。①

黄留珠的这一见解，为秦人族源与秦文化渊源的破解，在理论和方法上都具有重要意义，也启发和推动秦史学界对这一问题作更加深入和透彻的探讨。于是，近几年又出现了不少关于秦人起源的新解释和新思路，这种探讨值得关注，也为秦人起源的讨论突破东西之争奠定了基础。

其一，孙新周在《岩画·鹿石·嬴秦民族寻根》一文中，②依据岩画、鹿石资料，语言学知识与文献史料相结合，以颛顼、戎胥轩、飞廉等秦先祖为主线，用新的视角揭示了秦人是与斯基泰（塞种）有姻亲关系的东夷人。认为"嬴秦民族源于东夷部族，在向西方迁徙的过程中与斯基泰人联姻，成为骁勇善战的半游牧民族，为商王朝保西垂；飞廉是其著名人物，死于周武王灭周的事变中，后化为风神；鹿石是飞廉族秦人的纪念碑和保护神；逃往晋的秦人后为赵，徙往陇东犬丘的秦人后为秦。秦人源于东夷，兴于西戎，盛于中原"。

其二，朱学渊在《秦始皇——是说蒙古语的女真人》一书中，主要以比较语言学的方法对中国北方诸民族及其渊源进行了别开生面的研究，其中，该书的第七篇即书名篇，专论秦人族源。他的研究将语言学与秦人早期史料结合，通过比较研究，认为秦人是月氏的同类，具有通古斯

---

① 黄留珠：《秦文化二源说》，《西北大学学报》1995年第3期。
② 孙新周：《岩画·鹿石·嬴秦民族寻根》，《天津师范大学学报》2007年第4期。

民族的血缘，属于鸟夷部落，嬴姓是"安姓"或"金姓"，秦部落的语言像是蒙古语。①

其三，叶舒宪新著《熊图腾：中华祖先神话探源》，② 有专篇《秦人崇拜熊吗——中原通古斯人假说与秦文化源流》，认为秦人是具有通古斯血缘和熊图腾与鸟图腾合一的东夷族。从甘肃礼县圆顶山秦公贵族墓出土的"兽流扁体盉"和四轮车形器均有熊和虎、玄鸟造型装饰物，证明秦族信奉的神话动物虽有多样性，但以熊虎和玄鸟为主，因而，秦人也盛行对熊的崇拜。由此可能殷商、秦、赵、楚的熊图腾与夏代的鲧禹启化熊神话一脉相承，共同来自黄帝族的熊图腾。嬴秦一族长期处在华夏与戎狄之间，从其先祖大费佐禹治水、驯鸟兽又给出另外一个与熊图腾有关的姓氏线索，即费姓与嬴姓同出一源，费姓的源流清楚地显示出同北方通古斯人——今天仍然崇拜熊图腾的北方游猎民族的关系。俄罗斯学者史禄国、费孝通和朱学渊都认为以长城为界与汉族政权长期对峙的戎狄—匈奴—靺鞨—女真—满族一线贯穿下来的北方游牧族群即通古斯人，在 6000 年前活跃于中原，可能就是河南濮阳西水坡蚌塑龙虎墓的主人，公元前 1000 年时离开中原到达塞外。匈奴有费氏，党项有费听氏，满族也有费氏，这正说明了费氏子孙"或在中国，或在夷狄"之说，实际就是通古斯人在中原与夷狄之间迁徙变化的轨迹。秦先祖大费与通古斯族群联系起来的姓氏符号，为秦人种族文化渊源提供了清楚的线索。兴起于西北的秦人与通古斯人的关系，由东北红山文化和甘肃、宁夏齐家文化中的玉文化可以看出，以内蒙古草原为通道两者连接成一个玉文化传播带，说明两者关系也极为密切。

综上所述，可以清楚地看到，长期以来拘泥于非此即彼的秦人起源的东、西之争，实际上都只看到秦人起源这一问题的不同方面，或者说是只触及秦人起源的不同阶段。其实，这两种观点及其大量成果都为揭示秦人起源的真貌做出了贡献，使秦人"源于东而兴于西"的基本线索和轮廓渐趋清晰。而秦人是与斯基泰（塞种）有姻亲关系的东夷人、秦

---

① 朱学渊：《秦始皇——是说蒙古语的女真人》，华东师范大学出版社 2008 年版，第 59—66 页。

② 叶舒宪：《熊图腾：中华祖先神话探源》，上海锦绣文章出版社 2007 年版，第 165—200 页。

人是月氏的同类并具有通古斯民族的血缘、秦人是具有通古斯血缘和熊图腾与鸟图腾合一的东夷族等一系列新见解的提出，既超越了单纯的东、西之争，又进一步证实秦人最初兴起于东夷；同时，更重要的是，这些研究为我们更加深入地探讨秦人起源提供了许多新的线索、新的视角和新的话题，启示我们探讨秦人起源不仅要关注东夷和西戎，还需要将北方和西北草原民族纳入视野；必须在更为广阔的空间和更为复杂的部族关系中，在上起尧舜下至春秋的长时段内，通过综合研究和全息判断去审视秦人起源问题。

因此，要求得秦人起源问题的突破和正解，尚需另辟蹊径，在整合已有成果与综合研究的基础上，力求宏观建构和微观突破。一方面，需要广纳博采现有研究取得的成果，抽取其中合理的成分和有用的线索，剔除门户之见，进行整合研究，为进一步研究奠定基础。另一方面，除了要继续进行文献、民俗、文字、神话传说资料的挖掘和探幽索隐之外，尤其要借助考古学、文化人类学的新成果并与历史学有机结合，对新石器时代以来中原地区、陕甘地区乃至北方草原地区与秦文化有关的文化遗存进行系统研究和类型分析，寻找与之相关的直接和间接的新资料、新证据，以揭示秦人起源、秦人西迁、秦人兴起的具体线索、路线和过程，使若明若暗并有断裂和缺环的秦人起源历史逐步丰满起来。近几十年来，上述地区大量与秦人起源相关的考古遗址、文化遗存的陆续发现，特别是秦人兴起之地陇右天水地区一批秦人墓葬与青铜器等文物的发现和出土，为我们揭开长期困扰史学界的秦人起源之谜提供了前所未有的良好条件，只要我们本着科学的态度、求实的精神和开放的视野，继续深入研究下去，秦人起源的历史真貌终将得以完整复原。

第三节　嬴秦为华族考

秦人族出东夷，已为越来越多的史料所证实，也为越来越多的学者所揭示。但是，认为秦人源自西戎者仍不乏其人。实际上，秦人先祖早已是华夏化的东夷族，或者说是华夏族的一部分。我们知道，商族也是东方部族，其代夏而立，被公认是华夏正统，并没有人因其族出东夷而否认之。奇怪的是，早自夏初以来就已经活动于中原地区，与夏、商、周一直保持密切关系并广泛参与其文化创造活动的嬴秦，却长期被视为戎狄而排斥于华夏之外，实为一大谬误。

一　嬴秦华化的基本线索

东夷嬴姓与华夏族联系紧密，很早就有交往，伯益辅佐尧舜禹即是明证。而且，从血缘而论，大费伯益之母即是少典之子女华。而伯益亦以佐禹平治水土有功，被帝舜赐以姚姓玉女为妻。可见，伯益之母与妻子，皆为华夏族。伯益之子大廉，其玄孙为孟戏、中衍，商王太戊"闻而卜之使御，吉，遂致使御而妻之"。这实际就是赐婚，所妻者当为商族女子，亦为华夏族。史称"自太戊以下，中衍之后，遂世有功，以佐殷国，故嬴姓多显，遂为诸侯"。由此可见，自舜禹之际开始，嬴秦与华夏族不仅通过通婚从血缘上不断接近或融入华夏族，而且作为诸侯显贵，在商代已经广泛地融入中原，与华族共同进行文化创造活动。这样说来，至迟在商代，秦文化已经华夏化。

李伯谦曾指出："考古学文化与族的共同体是既有联系又有区别的两个不同的概念。一个考古学文化可以是一个部族创造和使用的文化，也可以是两个或两个以上部族创造和使用的文化，甚至不排除在一定条件下，一个部族也可以使用两种不同的考古学文化。"① 嬴秦先祖在中潏归周西迁天水之前，已经成为华夏族的一部分，而其入居天水，自然就是华夏文化的代表者。所以，学界一直争论的秦人在天水一带所具有的西首墓、洞室墓、屈肢葬等所谓戎化习俗，不仅不是秦人族出西戎的证据，反而正是秦人以华夏族及其的文化一分子来到陇右，深受西戎文化影响而出现"戎化"的反映，而这一点，恰恰又反证了嬴秦为华夏族的身份。

二　秦非戎族辩证

在秦人族源与秦文化的讨论中，一直存在着东来说（亦即东夷说）和西来说（亦即西戎说）两种对立的观点。虽然目前越来越多的证据和史实证明秦人族出东夷，但西来说的观点仍然有人认可，故有必要对秦人并非戎族作一辩证。有关秦人及其先祖来自东方以及西迁的问题，前文已有论述，这里仅就其他方面再作探讨。

---

① 李伯谦：《论夏家店下层文化》，《纪念北京大学考古专业三十周年论文集》，文物出版社1980年版。

史籍中有所谓"秦者夷也""狄秦也""秦戎"的记载，金文中也有"秦夷""戍秦人"等说法，故一些学者据此以为秦为戎族且深信不疑。就字面而论，秦人之族属就有夷、狄、戎三种，按一般东夷、南蛮、西戎、北狄的说法，则秦人族出涉及东、西、北三个方位或地域，足见文献记载之混乱。因此，每一种称呼，尚需细加区别辩证，方可明白其具体所指及其含义。

1. 秦杂戎俗但非戎族

《春秋公羊传》曰："秦者夷也，匿嫡之名也。其名何？嫡得之也。"何休说："嫡子生不以名，今于四境择勇猛者而立之。"《春秋谷梁传》曰："狄秦也，乱人子女之教，无男女之别。"《商君书》亦言："始秦戎狄之教，父子无别，同室而居，今我为其男女之别。"《管子》言："桓公西征，攘白狄之地，至于西河，而秦戎始服。"蒙文通据以上记载，以为秦人为戎族。① 黄文弼对此有明确的反驳，他认为：秦为戎族，抑秦俗杂戎，二者不可混为一谈。据《商君书》所言，乃指秦俗杂戎，《史记》之商君本传云："始秦戎狄之教，父子无别，同室而居。""商君之言与谷梁义同，据此，是秦汉间人比秦与戎狄者，皆指其风俗杂戎耳，非谓其种族也。"按《秦本纪》云："大费之玄孙曰费昌，子孙或在中国，或在戎狄。"又云："中潏在西戎，保西垂。"则居于戎狄者，其俗杂戎，此为势理之必至者。《公羊》《谷梁》，径以戎狄称之，盖本"中国而夷狄者则夷狄之"之教条而云也。② 此论甚当。以上将秦人以戎狄相称者，俱非族称，而是言其有浓厚的"戎狄"之俗。可见，这些说法并非族源之别，而是习俗不同。

在司马迁笔下，秦人并非戎族："秦、楚、吴、越，夷狄也"，又说诸族"皆戎夷之地，故言戎狄也"。③ 由此而论，所谓秦人"戎狄之教""与戎狄同俗"，是说秦与戎狄风俗习惯相近或相同。还有如下记载更能说明问题：

> 秦僻在雍州，不与中国诸侯之会盟，夷狄遇之。（《秦本纪》）

---

① 蒙文通：《周秦少数民族研究》，《禹贡》1958 年第 6 卷第 7 期。
② 黄文弼：《嬴秦为东方民族考》，《史学杂志》1945 年创刊号。
③ 《史记》卷二五《天官书》，中华书局 1982 年版。

秦始小国僻远，诸夏宾之，比于戎狄。（《六国年表》）

夫秦，虎狼之国也，有吞天下之心。秦，天下之仇雠也。（《苏秦列传》）

这似乎已经很清楚地表明秦非戎族，只是秦国"僻远"，不参加中原盟会，又侵凌东方诸国，有一统天下之心，因而被中原各国以夷狄对待，或被视作类似戎狄而已，并非秦为戎狄。

又据《谷梁传》僖公三十三年："晋人及姜戎败秦师于殽。不言战而言败，何也？狄秦也。其狄之何也？秦越千里之险，入虚国，进不能守，退败其师徒，乱人子女之教，无男女之别。秦之为狄，自殽之战始也。"以殽之战成为秦人为"狄"的标志，显然这就不是民族学意义上的族别，乃是对秦人侵暴他国行为而给予的一种称谓或蔑称。

金文中的"秦夷"与"戍秦人"，前者同样不是族称，而后者则指秦人，但与戎狄无关。作于周孝王元年（前891年）的师酉簋和厉王十七年（前862年）的询簋，都有与"秦"相关的记载。师酉簋在记载赏赐师酉时，在所赐的人中曾有"秦夷"：

嗣乃且（祖）啻官邑人、虎臣、西门夷、㚖夷、秦夷、京夷、畀身夷、新。

询簋中除上述记载外，又有：

□毕夷、由□夷、匠人、成周走亚、戍秦人、降人、服夷。

这样，秦夷与戍秦人就同在询簋铭文中出现，但显系两者不同。史党社认为诸"夷"字之前的"西门""秦""京""畀"等皆为地名，则"秦夷"也就是"秦地之夷"，而非秦人为戎。这就如同文献中莱夷、徐夷、淮夷、大荔戎、邽冀戎皆指居于某地之夷、戎是完全一致的。[①] 关于"戍秦人"，"戍"为职官名，其与"成周走亚"并列，则为武官。周厉

[①] 史党社：《秦人早期历史的相关问题》，秦始皇兵马俑博物馆《论丛》编委会编《秦文化论丛》第六辑，西北大学出版社1998年版。

王十七年时，秦人已经以"秦"相称数十年了，故"成秦人"即成边之秦人。这样说来，文献中并无一处明言秦人为戎、狄，而均以习俗、文化方面相近将之与戎、狄并论，但是，不论秦人在习俗、文化上有多么浓厚的"戎狄之俗"，但毕竟不能在民族学意义上将其与戎狄混为一谈。

2. 秦人自称华夏族

秦人虽与西戎杂居而息，但却与戎狄有严格的区分，称戎狄为"蛮方"，认为自己生活的区域是"鼎宅禹迹"，是"夏"之区域，并称自己为夏子。秦人自认为华夏族，在秦穆公与由余的对话中，就俨然以"中国"自称，是典型的以自己为华夏正宗自居。又据《睡虎地秦简》一书《法律问答》篇："'臣邦人不安其主长欲去夏者，勿许。'何谓'夏'？欲去秦属是谓'夏'。"又云："真臣邦君公有罪，致耐罪以上，令赎。何谓'真'？臣邦父母产子及产它邦而是谓'真'。何谓'夏子'？臣邦父、秦母谓也。"① 可见，秦人自以华夏族自居，离开秦国，就是离开华夏；只要母亲是秦国人，哪怕其父是少数民族，其子女也都是华夏的后代。睡虎地竹简虽然是战国末期的产物，但它所记录的秦人的"诸夏"意识却由来已久。

《左传》襄公二十九年："为之歌秦，曰此之谓夏声。"《管子·小匡篇》有齐桓公西征渡河"拘秦夏"的记载。这些文献，严宾以为是秦土、秦族、秦人、秦声俱称"夏"之证据。所以，"安知史称秦为戎狄者，必为戎狄？又安知史称秦为夏者，必非诸夏？当初居夏后来迁夷者，虽或称夷而实应属夏"②。这一见解是很有道理的。

再从秦人与西戎的关系也可看出秦人自以为夏。自秦仲伐戎起，秦人与西戎战事不断，先后灭丰、亳、彭戏诸戎，秦武公灭邽冀戎，秦穆公霸西戎，孝公西斩獂王，惠文君伐取义渠戎王25城，宣太后诈杀义渠王，等等，秦人既以华夏自居，西戎也将嬴秦看作王室的代表。所以，秦人伐戎，拱卫周室与扩大自己的生存空间，实际上与东方各国"尊王攘夷"具有同样的功效，自然也是华夏认同观念的实际反映。

3. 周与六国认同秦为华族

不仅秦人自认为华夏族，周人亦将秦人视为华夏族。按《史记·周本

---

① 睡虎地秦墓竹简整理小组：《睡虎地秦墓竹简·释文注释》，文物出版社1978年版，第135页。

② 严宾：《秦人发祥地刍论》，《河北学科》1986年第6期。

纪》记载："烈王二年，周太史儋见秦献公曰：'始周与秦国合而别，别五百载复合，合十七岁而霸王者出焉。'"这种周秦关系的"合别"之论，正义以为是因"周秦俱黄帝之后"的缘故。在当时"非我族类，其心必异"观念盛行的时代，它所表达的正好是周人不以秦人为异族的族属观念。还有一个例子，周平王封秦襄公为诸侯时曾说："戎无道，侵夺我岐、丰之地，秦能攻逐戎，即有其地。"周平王将"戎"与秦人并列对举，两者显然非同族关系，这同样体现了周人不以秦人为异族的族属认知。

在春秋时期的东方诸侯国，也不以秦人为戎狄相视。如吴国公子季札出使鲁国，襄公"请观于周乐"，并让季札点评。当"为之歌秦"即表演《秦风》时，季札评说："此之谓夏声，夫能夏则大，大之至也。其周之旧乎？"唐人孔颖达在给这段文字作疏证时说："《左传》季札见歌秦曰：'美哉，此之谓夏声。'服虔云：'秦仲始有车马礼乐之好、侍御之臣、戎车四牡田狩之事。其孙襄公列为秦伯，故有"蒹葭苍苍"之歌，《终南》之诗，追录先人。《车邻》《驷驖》《小戎》之歌，与诸夏同风，故曰夏声。'……言夏声者，杜预云：'秦本在西戎汧陇之西，秦仲始有车马礼乐，去戎狄之音，而有诸夏之声。故谓之夏声耳，不由在诸夏追录故称夏也。'及襄公佐周平王东迁，而受其故地，故曰周之旧。"秦地之歌为"夏声"，显见以鲁、吴为代表的东方国家并未视秦为戎狄，而是将之作为华夏的一员。卫聚贤指出："秦称平民为'黔首'（《史记·秦本纪》'更名曰黔首'），周称平民为'黎民'（《诗·大雅·云汉》'周余黎民。靡有孑遗'），古以平民为奴隶，奴隶由俘虏而来，《史记·秦本纪》有伐亳灭荡社，是殷汤伐桀其族至陕西，遗民为'黎民'。《逸周书·作雒解》'俘殷献民，迁于九毕'，其民为'黔首'，是殷人黑发，周秦人'红而髦''赤鬓'，'黄耇'，故称殷人为黎为黔，由是可知周秦均系夏民族。"① 臧知非曾明确指出，前述《公羊传》《谷梁传》等文献所谓秦为戎狄、虎狼之国等说法，俱为商鞅变法、秦国强大之后，东方各国因惧怕、敌视而加以歧视、贬低之蔑称。② 实与秦人族属无关。

---

① 卫聚贤：《秦赵楚民族的来源》，《中国民族的来源》，《古史研究》第三册，商务印书馆1931年版。
② 臧知非：《周秦风俗的认同与冲突——秦始皇"匡饬异俗"探论》，秦始皇兵马俑博物馆《论丛》编委会编《秦文化论丛》第十辑，三秦出版社2003年版。

春秋战国时期，正是华夏文化圈的成熟期，其时，并无将秦国与秦人排除于华夏文化圈之外。春秋时期曾有东方诸国的尊王攘夷之举，其口号和行动所指均与秦无涉，则秦不在"夷"而在华夏文化圈当可肯定。《荀子·儒效》篇曾谓："居楚而楚，居越而越，居夏而夏，是非天性也，积靡使然也。故人知谨注错慎习俗大积靡则为君子矣。"楚、越居南，夏在北，秦没有与楚、越一样单独列出，则显然同在"夏"文化区。可见，楚、越、夏为当时三大文化区域，且因文化的长久熏陶与风俗的习染，这样的文化区不断得以扩展和巩固。荀子在三大文化区的划分中，将秦同列于华夏一方，是与周人认同秦人一致的，这当是西周至春秋战国时期的社会共识。

4. 秦非戎族的考古学观察

再从考古学证据而论，史党社对毛家坪遗址材料的研究指出，西周时期秦文化的分布地域在今渭河上游的天水地区，西汉水流域的西和、礼县一带。其东是西周文化的分布区，而南、北、西则主要处于寺洼文化的包围中。① 在这一区域之内，渭水上游呈秦文化与西周遗存、寺洼文化交错分布状。② 而西汉水流域周代遗存的陶器从形制来看，与渭水上游的周代遗存大致一样，属于一个系统。③ 由于渭水上游地区的西周遗存中有秦文化遗存，则与其一样的西汉水上游也必有秦文化遗存。西汉水流域的周代遗存，多处叠压于齐家文化之上，故周代遗址既晚于齐家文化，也代替了齐家文化。④ 在甘青地区，齐家文化早于寺洼文化，寺洼文化约在商末乙、辛时期到西周时期，这正是秦人活动于西方的时间。"由此，不难看出，在晚商—西周时期，甘肃地区的秦文化，并不是以寺洼文化发展而来，其与寺洼文化是并行的两种文化。这样，其与寺洼文化就存在着相互影响的可能；同时，又因为其替代的是齐家文化，因而就难免继承了齐家文化的一些特征。秦人'在西戎'，'西戎'就是指属于氐羌

---

① 史党社：《甘宁地区秦相关文物考察报告》，秦始皇兵马俑博物馆《论丛》编委会编《秦文化论丛》第八辑，陕西人民出版社2001年版。
② 南玉泉：《辛店文化序列及其与卡约、寺洼文化的关系》，俞伟超主编《考古类型学的理论与实践》，文物出版社1989年版，第73页。
③ 甘肃省博物馆：《甘肃西汉水流域考古调查报告》，《考古》1959年第3期。
④ 同上。

系统的这些齐家—寺洼文化的主人。"① 据此,秦人与西戎是不同源的。秦、戎并不同源,两者非同族,也就毫无疑义了。

《荀子·强国篇》云:"应侯问孙卿子曰:入秦何见?孙卿子曰:……入境观其风俗,其百姓朴,其声乐不流汙,其服不挑。其畏有司而顺,古之民也。及都邑官府,百吏肃然,莫不恭俭敦敬忠信而不楛,古之吏也。入其国观其士大夫,出于其门,入于公门,归于其家,无有私事也。不比周,不朋党,倜然莫不明通而公也,古之士大夫也。观其朝廷,其闲听决百事不留,恬然如无治者,古之朝也。故四世有胜,非幸也,数也,是所见也。故曰:佚而治,约而详,不烦而功,治之至也,秦类之矣。"这段记述,也许有夸大成分,但它反映了中原人士对秦国政治、制度、文化、习俗的基本认识。显而易见,秦国之简约、古朴,与周室及中原各国多繁文缛节和礼仪规范形成鲜明的对比。正是这种明显不同和差异的存在,加之秦人曾长期地居西北偏远之地,与东方诸国交往联系较少,而地近戎狄,不免染其习俗。而随其崛起强大,又对东方各国形成极大威胁,且不断征伐相向。故不为中原文化系统中东方各国所认同,并以戎狄视之,也就不足为奇。

三 嬴秦为华族的人类学观察

在考古学和人类学研究中,利用墓葬主人颅骨特征与人骨成分的比较分析,对于确认墓主及其人群的族属与民族特性具有重要价值。因而,这一方法已经比较多地被运用于相关研究中。周婧峰、周春茂通过对陕西临潼零口村战国中期秦墓遗址中墓主颅骨与其他 11 组的比较研究,陈靓、田亚岐通过对春秋时期孙家南头春秋秦人墓葬人骨与相关之 17 个人骨组的形态比较和测量数据分析,都得出秦人乃是东方人种的结论,这对于我们确认秦人族属至关重要,兹据其研究成果作一介绍,以为佐证。

1. 陕西临潼零口村战国秦墓人骨的人类学观察

陕西临潼零口村战国中期秦墓曾出土墓葬 10 座,其中,男性 7 例,年龄为 18—30 岁;女性 3 例,年龄为 12—18 岁,1 例为未成年人。该墓

---

① 史党社:《甘宁地区秦相关文物考察报告》,秦始皇兵马俑博物馆《论丛》编委会编《秦文化论丛》第八辑,陕西人民出版社 2001 年版。

的葬俗特点是屈肢特甚的屈肢葬，时代大约为战国中期。①

据介绍，零口秦墓中发现的颅骨，颅形基本上呈卵圆形，颅顶缝普遍简单，鼻根不深凹，鼻棘和犬齿窝不发达，鼻前窝多见，颧骨、上颌骨下缘转角处欠圆钝，铲形门齿出现率极高，中颅—高颅—中颅相结合，中等偏大的面部扁平度，中眶形，中颌—平颌，齿槽突颌，润腭，等等，属于蒙古人种，比较接近于东亚蒙古人种。②

周婧峰、周春茂将陕西临潼零口村战国中期秦墓作为"秦组"与青铜时代黄河流域其他 11 组作为参照进行人类学分析，这 11 组分别为凤翔南指挥西村墓即西村周组、安阳殷墟中小墓的②组和③组、辽宁彰武县平安堡遗址为平安堡组、内蒙古赤峰市夏家店上层合并为夏家店组、吉林省吉林市西团山遗址合并为西团山组、河北蔚县夏家店下层文化合并为蔚县组、河北藁城台西遗址为台西组、青海柳湾齐家文化为齐家组、山西陶寺遗址为陶寺组、宁夏彭堡于家庄墓为彭堡组。通过对零口秦组与 11 个颅骨组在颅、额、面、眶、鼻的长、宽、高以及指数等 18 项指标的比较，求其形状距离函数值（dik）并据以进行聚类分析，dik 值越小，意味着两组之间的关系越接近。结果表明，零口秦组与殷墟中小墓②组之间的 dik 值最小（2.20 毫米）；与蔚县组 dik 值次之（2.25 毫米）；与夏家店（上层）组、陶寺组的 dik 值稍远但未超过 3.50 毫米；与殷墟中小墓③组、彭堡组、西团山组的 dik 值为 3—4 毫米；与柳湾齐家组、台西组、平安堡组 dik 值超过 4 毫米，距离最大。又经颅骨形状距离聚类，殷墟中小墓②组、零口秦组、蔚县组、陶寺组、西村组、夏家店组相聚类成一个集群；平安堡组与殷墟中小墓③组、台西组相聚类称一个集群；彭堡组与柳湾齐家组、西团山组相聚类成一个集群。这三个集群分别代表了青铜时代黄河上游的青甘地区、中游的秦豫地区、华北北部辽西地区这三个不同地区的居民。这说明在青铜时代中国北方地区存在着三个不同的人群，黄河中游地区以东亚蒙古人种居多；华北、辽西地区分布着具有北方蒙古人群和东亚蒙古人种相混合的人群；黄河上游的青甘地区分布着接近北方蒙古人种及其与东亚蒙古人种混合的人群。零口秦组与黄河中游地区各组相聚类，其中又与殷墟②组的聚类最为紧密，这两

---

① 陕西省考古所：《陕西临潼零口战国墓发掘简报》，《考古与文物》1998 年第 3 期。
② 周春茂：《零口战国墓颅骨的人类学特征》，《人类学学报》2002 年第 3 期。

者均为平民阶层的中小型墓葬。所以,"零口秦组与甘青地区各比较组差异明显,说明他们之间关系疏远,可能没有很深的渊源;相反,零口村秦组位于黄河中游地区,且与殷墟中小墓②组有着密切的渊源关系,这说明零口村秦组的居民可能来自东方,这个结论与'东来说'相符"①。

2. 陕西凤翔孙家南头秦墓人骨的人类学观察

2003年10月,陕西省考古研究所和宝鸡市考古工作队联合对凤翔县西南汧河南岸孙家南头村秦墓进行了发掘,共清理周、秦时期的墓葬137座。陈靓、田亚岐对其中春秋时期秦墓中的6例男性、3例女性人骨进行了观察和测量。测量数据和形态观察表明,孙家南头秦墓秦人的颅面形态特征具有较强的一致性:"卵圆形颅形,虽然圆颅形占所观察标本的2/3,但是其颅长高指数和宽高指数显示仍属于高颅与中—狭颅相结合,这与圆颅、低颅结合阔颅的颅形差异很大。他们普遍具有简单的颅顶缝、中眶型、较狭窄的面部、偏阔的中鼻型,发育弱的鼻根突度,犬齿窝和鼻棘,在水平方向上中等突出的上面部扁平度等,这些特征应该归亚洲蒙古人种。"

他们将孙家南头组人骨的颅长、宽、高、额宽、额角、面宽等17个项目与亚洲蒙古人种及其北亚、东北亚、东亚、南亚类型四个支系进行比较,结果显示,孙家南头组与蒙古人种的东亚类型最为接近,同时在低眶、阔鼻、中等偏小的面部扁平度等特征上与南亚类型也较为接近。而且,通过绘制折线图也同样反映出孙家南头组与东亚类型之间共性较多,差异最小,并且与南亚类型的波折幅度也相对小于北亚类型和东北亚类型。

他们还选择与孙家南头组在时间、空间上存在一定联系的福建闽侯的昙石山组、青海柳湾合并组、关中仰韶合并组、河南陕县庙底沟组、陕西澄城良辅组、青海大通上孙家寨汉代组、陕西铜川瓦窑沟组、陕西凤翔西村周组、河南安阳殷墟中小墓I组、陕西宝鸡建河组、宁夏固原彭堡组、陕西神木大保当组以及蒙古组、因纽特组、藏族A组、藏族B组、华北组17个古代、近代颅骨组,通过对颅、面、额、颧、眶、鼻的长、宽、高和相关指数等19项指标与之进行比较分析,根据树状聚类图,在两大类群中,孙家南头组在第二类群与瓦窑堡组、殷墟中小墓I组、仰韶

---

① 周婧峰、周春茂:《秦人族源之人类学信息》,《考古与文物》2007年第6期。

合并组、庙底沟组、良辅组、西村周组、建河组聚为一个小类群。

又通过因子分析法对孙家南头组与17个组上述14项指标进行三大因子的比较分析。显示这18个组按因子载荷量可分为三大群，孙家南头组与建河组、昙石山组、仰韶合并组、庙底沟组、良辅组、瓦窑沟组、西村周组、殷墟中小墓Ⅰ组、藏族A组为一个组群，其中孙家南头组与建河组位置接近，显示宝鸡地区的秦人在第一、第三因子载荷量上的一致性较强。

从聚类和因子分析的结果看，孙家南头组与分布于黄河中游中原地区的仰韶合并组、庙底沟组、良辅组、瓦窑沟组、西村周组、殷墟中小墓Ⅰ组以及建河组具有较为接近的颅面形态特征，这些特征可概括为中颅、高颅、中—狭颅型，中等略高的上面部，中等的面宽，中等偏小的上面部扁平度，偏低的眶型和普通的阔鼻倾向。按先秦时期中国居民分为古中原、古华北、古华南、古西北和古东北五个类型的体系划分，其结论是"孙家南头秦人可归入'古中原类型'中，与典型的'古中原类型'比较，孙家南头秦人上面部偏高、颧宽绝对值偏大，这些特征或许受到了来自甘青地区'古西北类型'因素的影响"[①]。

这一秦人人骨种系研究也表明秦人主要来源于中原地区，又存在甘青地区"古西北类型"因素的影响。孙家南头秦墓遗址作为春秋时期的秦墓，也就是秦人从天水东迁关中后的墓葬，其所具有的上述信息，与秦人此前与西戎杂居并与之联姻通婚，或秦人族群中包含西戎成分的实际是完全一致的。

---

① 陈靓、田亚岐：《陕西凤翔孙家南头秦墓人骨的种系研究》，《西部考古》第三辑，三秦出版社2008年版。

第三章

嬴秦始祖探微

我们目前所知的秦人先祖乃是女脩及其子孙大业和大费伯益，但是，据实而论，嬴秦始祖女脩与大业绝非母子，而是时代相差很远的两人，只是两人之间的世系传承因年代久远和史料缺乏而无从复原。由女脩到大费，大约代表了从五帝时代颛顼之后至夏禹时期嬴秦的部族历史。这是我们据以探讨秦人早期历史的重要依据。

第一节 女脩及其生活的时代

《史记·秦本纪》开篇即说："秦之先，帝颛顼之苗裔，孙曰女脩。玄鸟孕卵，女脩吞之，生子大业。"《史记·封禅书》又说："秦襄公自以为主少昊之神。"这些记载都涉及秦人起源问题，我们有必要一一加以分析。

秦人母系先祖为"帝颛顼之苗裔"，这应该是可信的，也为陕西凤翔南指挥秦公一号大墓出土的石磬铭文"高阳有灵，四方以鼏"所证实。[①] 至于女脩吞玄鸟卵而生子大业，则有着深刻的象征意义和丰富的文化内涵。

秦人最早见于记载的历史，就源自"玄鸟孕卵"这样一个神秘而动人的神话传说故事。一个姑娘仅仅是因为吞吃了燕子的蛋，就生了孩子，这在今天看来，未免荒诞离奇，也绝无可能。但是，这种离奇的传说故事，往往是一个民族原始文化的活水源头，是人类童年时代对社会生活历程心理体验的自然流露和曲折反映。因为在那遥远的洪荒时代，人们

---

① 王辉：《论秦景公》，《史学月刊》1989年第3期。

还不会使用文字记事述史,人类自身那些完整、真实的历史情节,大部分都伴随悠久的岁月流逝,在人们的记忆中渐次泯灭,而流传下来的只是一些神秘离奇的传说或故事。这些传说往往隐含着一个民族成长和文化命运的种种积淀,透过神话怪诞不经的表象,剥去传说的神秘外衣,从中多少可以捕捉到一些反映历史事实的真实影子。

一 女脩与中国上古感生传说

在中国上古神话传说中,类似女脩吞燕卵而生子的部族首领"感生"的传说,是比较普遍的现象,仅在华夏民族中就有许多这样的材料,例如:

《太平御览》卷七八引《诗·含神雾》:

> 大迹出雷泽,华胥履之,生宓牺。

《路史·后记三》注引《春秋·元命苞》:

> 少典妃安登游于华阳,有神童感之于常羊生神子,人面龙颜好耕,是为神农。

《帝王世纪》:

> 付宝见大电绕北斗,巨星明郊野,感附宝,孕二十四月,生黄帝于寿丘。

《宋书·符瑞志》:

> 女节感流星生少昊。

《今本竹书纪年》《山海经》《诗·含神雾》:

> (女枢)"见摇光之星",生颛顼。

《诗·含神雾》《太平御览》《初学记》：

庆都与赤龙相配而生尧。

《今本竹书纪年》《尚书·帝命验》：

枞华见大虹而生舜。

《吴越春秋》：

女嬉吞薏苡而生高密（禹）。

《诗·玄鸟》《史记·殷本纪》：

简狄吞玄鸟卵生契。

《史记·周本纪》：

姜嫄践大人迹生弃。

可见，在上古时代，伏羲、神农、黄帝、少昊、颛顼、尧、禹、契、弃都是感而生之。说明在人类历史的童年，都有过一个特殊的始祖感生的时代。这些类似的传说有一个共同点，就是各位英雄始祖的出生，都"知其母，不知其父"。这似乎是将各族的历史都上推到母系氏族社会。然而，就秦人始祖而言，女脩乃颛顼的苗裔孙，女脩生子大业，大业生子大费，大费即伯夷则与舜、禹是同时代人，而舜禹时代早已告别了母系氏族社会时代，已进入父系氏族社会的末晚阶段——奴隶制社会即将产生的前夜。况且我们习知的三皇五帝均为父系世系，亦即在舜禹之前，父系氏族社会已经经历了一个漫长的发展阶段。那么，颛顼以及秦人先族始祖女脩和大业究竟生活在什么时代，女脩和大业两人是真正的母子关系吗？这就是我们解开秦人起源和时代背景的关键所在。

二　女脩生活时代蠡测

一般认为，颛顼出自以太昊为初祖的东夷族，由太昊集团中的颛臾和须句两个胞族结合而成的新部落，故称颛顼。其强大以后，颛顼继少昊而成为东夷部落联盟的首领，后又继黄帝而立，成为夷夏大联盟首领而位居"五帝"次席。女脩为颛顼之苗裔，其必在颛顼部族形成之后，而颛顼族早在太昊时代即已出现，那么，女脩生活的时代必早于颛顼继黄帝而立之时。杨东晨指出，"东夷太昊时代，已存在少昊、蚩尤部族；少昊时代，已有颛顼部族；颛顼时代，仍有众多氏族部落方国的存在。只不过是在某一历史阶段，某个部族居于统领地位罢了"①。此论很有道理。远古部族的兴衰演化，都有一个历时漫长、若明若暗、起伏不居的过程，包括商、周、秦族的兴起，无不如此。《左传》昭公二十九年：

> 少昊氏有四叔，曰重、曰该、曰修、曰熙，实能金木及水，使重为句芒，该为蓐收，修及熙为玄冥，世不失职，遂济穷桑。

在《礼记·月令》中，以句芒神配木德青帝太昊，以蓐收神配金德白帝少昊，以玄冥神配水德黑帝颛顼，则少昊氏四叔中的句芒神——重应为木正，蓐收神——该应为金正，玄冥神——修和熙二人应同为水正。少昊氏四叔中有一位"修"，陈平认为，这位"修"就是秦人始祖母女脩："少昊氏四叔中，特别值得注意的是那位与'熙'同作水正的'修'。颛顼是北方水德黑帝，也是一位水神，古黑与玄同意。因此，颛顼族应当就是少昊氏五鸟氏的玄鸟氏部族，玄鸟氏又简称玄或玄夷。而水正'修'与'熙'又合称水神'玄冥'，其中'修'恰为'玄'，而'熙'恰为'冥'。是知少昊氏四叔中的水正'修'，当为少昊五鸟氏玄鸟氏部族酋长，也就是颛顼氏部族的酋长。"② 这一论述富有启发，也很有见地。玄鸟氏族部落酋长修，陈平认为就是那位吞玄鸟卵而生子大业的颛顼苗裔孙女脩，也就是"颛顼修"。修乃女脩，顺理成章，但认为她也曾是颛顼部族的酋长，则未必恰当可信，史称女脩为颛顼之苗裔孙，而非颛顼族

---

① 杨东晨：《秦人秘史》，陕西人民教育出版社1991年版，第30页。
② 陈平：《关陇文化与嬴秦文明》，江苏教育出版社2006年版，第155页。

首领，其义甚明。如果少昊四叔中的水正"修"就是颛顼苗裔孙女脩，则女脩生活的时代，当为与黄帝、少昊约为同一时代。其时，黄帝、少昊部族均以男性为首领，而玄鸟氏部族仍以女性为首领，说明当时是一个由母系向父系过渡的时代，故而才有以父系与母系计算世系并存的现象发生。

女脩生子大业，大业生子大费，父子曾辅佐舜和禹，则上距黄帝时代的女脩至少相差"五帝"中的颛顼、帝喾、尧三帝，时间跨度约有数百年乃至上千年。由此可以肯定，《史记·秦本纪》所谓女脩生子大业，绝非两代之间的母子关系，而是相差数十代的始祖母与后裔子孙的关系。实际上，在他们两位之间，应当还有许多个女性先祖和男性首领，只是由于时代久远，口耳相传，人们已经无法确知女脩至大业之间的世系传承和各代酋长的名字，故而在后起的祖先始生传说中，就以所知的最后一位女族长和第一位男性族长浓缩和简化为母子关系。刘宝才指出，英雄祖先神话的发生，以英雄祖先做出显赫业绩为前提，大费时该部族已经十分强大，而至孟戏、中衍之后，中潏之后已不见其与鸟类的关系。所以，女脩吞鸟卵生子大业的传说，其发生的时代最早不会早于大费一辈，最晚不应迟于孟戏、中衍一辈。①

据此我们可以肯定，秦人先祖母族源自颛顼族，所知其最早的祖先即是女脩，时代约与少昊、黄帝时代相当。

三 少昊族与嬴秦先祖

既然秦人先祖母族出颛顼部族，则"秦襄公自以为主少昊之神"的少昊部族必为其父系始祖所在部族。

据《国语·晋语四》记载，"惟青阳（即少昊）与夷鼓为己姓"。又云："惟青阳与苍林氏同于黄帝，故皆为姬姓。"《左传》记载嬴姓郯子称少昊为其"高祖"。《说文》："嬴，帝少昊之姓也"。司马迁据此认为少昊之后郯、莒二国俱为嬴姓。这种一人三姓之说，似乎让人无所适存。其实，这可能正是上古时代伴随部族发展和繁衍，部族和姓氏不断派生和分蘖的一种真实反映。《拾遗记》即谓"少昊嬴姓，皋陶偃姓"。段玉

---

① 刘宝才：《关于女脩吞鸟卵生大业的讨论》，秦始皇兵马俑博物馆《论丛》编委会编《秦文化论丛》第二辑，西北大学出版社1993年版。

裁说"偃、嬴，语之转耳"。刘节就认为偃姓出于己姓，嬴姓出于偃姓。①段连勤以为"己""嬴"古音同，"己"为"嬴"音之转。② 据此则偃、嬴俱出于己姓，或者说，此三姓俱与少昊部族及其部族分化有关，则秦人必与少昊族有关，即秦人父系先祖乃族出少昊部族或者支族。

如前所论，少昊族与其后的颛顼族一样，也是从太昊部族分化进而兴起的一个部族。其在东夷集团的分布和居地主要位于今山东地区的西部。东夷集团最初的五方、五行、五色与五帝相配的系统由少昊氏"四正"发其端，复经少昊氏凤鸟、玄鸟、伯赵、青鸟、丹鸟之"五鸟氏"与黄、黑、白、青、赤五色相应，进而配五方帝而形成。③ 在这一系统中，少昊部族居于东夷的西部，故以少昊为西帝，即为西方金德白帝，又以蓐收神该相配。该为少昊四叔即"四正"之一，该所在部族当为少昊部族，而在五鸟氏中，其所对应的当为伯赵氏。杜预注"伯赵"云："伯赵，伯劳也。"段连勤指出，与秦同族的赵国是周穆王封造父于赵城而为赵氏，在少昊氏五鸟氏族中就有一个伯赵氏，伯赵亦是一种鸟名，"造父以鸟名族及国，不也是以鸟为图腾吗？"④ 伯赵氏也就是白鸟氏，商周金文中"伯"与"白"两字可通用，常以"白"字代"伯"字。由此可知，所谓"秦襄公自以为主少昊之神"，就是因为少昊即是秦人先祖所在部族之故。陈平进一步指出，《左传》僖公二十一年风姓四国"实司太昊与有济之祀"。杜预注："司，主也；太昊，伏羲；四国，伏羲之后，故主其祀。"可知"司"为"主"的同义语，则秦襄公"主少昊之神"就等于"司少昊之祀"。风姓四国主太昊之祀，是因为他们都是太昊之后，同理，秦襄公"主少昊之神"，也就是秦襄公自认为是少昊之后的缘故。

由此可知，秦人既出于颛顼族，又主少昊之神，正好是其先祖母族和父族分别来自少昊五鸟氏中的玄鸟颛顼族和伯赵少昊氏族，这两个氏族可能就是上古相互世代通婚的对偶部族。所以，秦人母系源出玄鸟氏颛顼族，父系源出伯赵氏少昊族，这两个部族共同孕育了秦人先祖。

---

① 刘节：《中国古代宗族移殖史论》，正中书局1948年版。
② 段连勤：《关于夷族的西迁和秦嬴的起源地、族属问题》，《人文杂志》1982年增刊《先秦史论文集》。
③ 陈平：《关陇文化与嬴秦文明》，江苏教育出版社2005年版，第153—155页。
④ 段连勤：《关于夷族的西迁和秦嬴的起源地、族属问题》，《人文杂志》1982年增刊《先秦史论文集》。

第二节　大业及其事迹

《史记·秦本纪》明载女脩吞玄鸟卵而生子大业，《索隐》云："女脩，颛顼之裔女，吞鳦子而生大业。其父不著。而秦、赵以母族而祖颛顼，非生人之义也。按：《左传》郯国，少昊之后，而嬴姓盖其族也，则秦、赵宜祖少昊氏。"《正义》又云："《列女传》云：'陶子生五岁而佐禹。'曹大家注云：'陶子者，皋陶之子伯益也。'按此即知大业是皋陶。"

一　皋陶与大业非一人

前已述及，女脩与大业并非母子，而是秦人始祖中分别能够追溯到的最早女始祖和男始祖，两人时间相差甚远。大业是否为皋陶，亦即大业、皋陶为一人还是两人，历来都有争论。但细究起来，大业与皋陶应为两人而非一人。史载大业娶少典之子女华为妻，生子大费，大费即伯益。皋陶与伯益同朝辅佐舜、禹，《荀子·成相》云："禹得益、皋陶、横革、直成为辅。"《吕氏春秋·求人》云："得陶、化益、直窥、横革、之交五人佐禹。"直窥即是直成。"把益与皋陶并列，且把益置于皋陶之上，说明他们之间非父子关系。"① 一方面，大业与皋陶居地有别，《史记·五帝本纪》《索隐》引《帝王世纪》云：皋陶"生于曲阜，偃地，故帝（舜）因之而赐姓曰偃"。曲阜，系少昊之墟。而伯益族地居嬴，即今山东莱芜嬴水流域一带。另一方面，两族姓氏由来亦不同，皋陶以生地而姓偃，伯益承袭少昊嬴姓。帝舜重封伯益为嬴姓部落长时，只封伯益，而不封皋陶，说明皋陶并非伯益之父。清人梁玉绳《史记志疑》云："舜赐伯益嬴姓，不赐陶。秦谓嬴姓始自伯益，故以伯益为首。皋陶乃偃姓，当为英、六诸国之祖。秦与皋陶无涉。"大业与伯益为父子关系，史有明文记载，向无争议，既然皋陶与伯益非父子，则皋陶与大业是两人而非一人无疑。

皋陶与大业虽非一人，皋陶与大费亦非父子关系，但两者当为少昊部族中相亲近的支系或胞族。皋陶族以皋鸡为图腾，伯益族以玄鸟为图腾，其实都是鸟图腾。杨向奎先生云："嬴、偃音同，或即一姓"，"徐之

---

① 何光岳：《秦赵源流史》，江西教育出版社1994年版，第4页。

嬴姓，舒为偃姓，今知徐、舒为一，偃、嬴自非二矣"①。郭沫若也说："皋陶是偃姓，伯益是嬴姓。偃、嬴，一音之转，当是从两个近亲部族发展下来的。"②可见，他们一为偃姓之祖，一为嬴姓之祖，同为少昊后裔，关系确是十分密切。

二 大业的主要事迹

大业之名，《说文》云："业，大版也，所以饰县钟鼓。"《诗经·有鼓》，"设业设簴"。传云："大版也，所以饰枸为县也。"《尔雅·释器》："大版谓之业，绳之谓之缩。"《尔雅·释诂》："业，事也。业，叙也。业，绪也。业，大也。"高鸿缙《字例》云：《诗》曰：簨业为栒。按：业为加于栒上之大版，从木，业声。业上有锯齿，略象镞岳并出，故取业为声。古之悬钟鼓之架，直桎曰簴，横梁为栒。加栒上之大版曰业，每栒业上悬钟磬八曰肆，二肆为堵。钟曰编钟，磬曰编磬。朱骏声《说文通训定声》认为"业"者，皆象形非会意，其版如锯齿，令其相衔不脱，工致坚实也。何光岳据此认为业乃编钟和编磬架上的直木，刻有锯齿和人字形花纹，以悬挂乐器。大业或因创作这种乐器架而得名。③其说当信。

大业作为秦人最早的男性始祖，其事迹于史无证。大业之子大费为嬴姓之祖，并封于嬴，则大业必有自己的居地，何光岳、陈平都认为其地在邺，即古邺城。④其城址在今河北临漳县西南17.5公里的三台村及其以东流域，南距河南安阳市约20公里。古邺城始建于春秋齐桓公时代，后地属晋。战国初年邺为魏地，魏文侯七年开始曾一度为魏都。秦灭六国，邺县属邯郸郡，汉为魏郡治所，东汉末年邺县为冀州治地。三国时，曹操先置丞相府于此，后曹丕以邺为五都之一，邺城成为当时北中国的实际政治中心。⑤其后，后赵、冉魏、前燕、东魏、北齐均以邺城为都，隋初邺城毁废于战火。前已述及，在河北龙山文化涧沟型（发现

---

① 杨向奎：《夏民族起源东方考》，《禹贡》1937年第6—7期。
② 郭沫若：《中国史稿》第一册，人民出版社1979年版。
③ 何光岳：《秦赵源流史》，江西教育出版社1994年版，第3页。
④ 何光岳：《秦赵源流史》，江西教育出版社1994年版，第3页；陈平：《关陇文化与嬴秦文明》，江苏教育出版社2005年版，第162页。
⑤ 陈桥驿主编：《中国七大古都》，中国青年出版社1991年版，第142页。

于邯郸涧沟）遗址中，曾发现两口水井，邹衡据此并结合玄鸟故事和伯益居箕山之阴认为"涧沟型至少应该包括伯益之族或其所属部落在内的"①。由此而言，伯益之父大业之业（邺）邑，在今河北临漳的古邺城，邺之得名由大业居此而来。

大业为秦人第一位男性始祖，大业娶少典之子女华为妻，少典氏属黄帝族，则东夷族秦人先祖早在尧、舜之际，已与炎黄部族有了姻亲血缘关系，其部族融合与文化交流必随之发生。大业居地在古邺城，邺城与商都殷墟毗邻，也显示了秦人与商族关系亲密。这些信息，对于我们认识秦人起源和秦文化的渊源极为重要。

第三节　伯益本事考

伯益，本名大费，又称柏翳、伯翳。在秦人世系中，伯益作为大业之子，为嬴姓始祖，事迹翔实清晰，子孙绵延，是秦人早期历史中一位承上启下的关键人物。

一　伯益名号的来历

《史记·秦本纪》云："大业取少典之子，曰女华。女华生大费，与禹平水土。"《索隐》："扶味反，寻费后以为氏，则扶味反为得。此则秦、赵之祖，嬴姓之先，一名伯翳，《尚书》谓之'伯益'，《系本》《汉书》谓之'伯益'是也。寻检《史记》上下诸文，伯翳与伯益是一人不疑。而《陈杞世家》即叙伯翳与伯益为二，未知太史公疑而未决邪？抑亦谬误耳？"对此，史者多有考辨，以为伯翳与伯益为一人。

考之文献，伯益与伯翳事迹相同。《国语·郑语》："嬴，伯翳之后也"；《帝王世纪》："伯翳为舜主畜多，故赐姓嬴氏"；《汉书·地理志序》："嬴，伯益之后也"。《郑语》又云："伯翳，能仪百物以佐舜者也"；《地理志序》亦谓："伯益能仪百物以佐舜"；《论衡·谈天》："禹主治水，益主记物"；《别通篇》："禹益并治洪水，禹主治水，益主记异物。"《尧典》以益作朕虞，掌上下草木鸟兽；《地理志序》亦称："伯益知禽兽"；《潜夫论·志氏姓》："伯翳佐舜禹，扰驯鸟兽"；《史

---

① 邹衡：《夏商周考古学论文集》，中国科学出版社2001年版，第242页。

记·秦本纪》："大费作舜，调训鸟兽，鸟兽多驯服，是为伯翳"；《后汉书·蔡邕传》："伯翳综声于鸟语"；《论衡·逢遇篇》："禹王天下，伯益辅治"；《史记·自序》："维秦之先，伯翳佐禹。"《资治通鉴外纪》："伯翳、伯益乃一人，声转，故字异也。"据此可以肯定，伯翳与伯益实为一人。

关于伯益与大费之名，梁玉绳以为费为国名，系舜所封。《史记志疑》："案：费是国名，《竹书》'费侯伯益'是，《史》误以大费为名，故不曰咨益而曰咨费。"又《古今人表考》："益始见《虞书》。伯益始见《列子·汤问》。益又作蒜，又作化益，又作柏翳。字虞余。禹举益于阴方之中，舜封之费，故曰大费，亦曰费侯，亦曰百虫将军。赐姓嬴。父大业，母少典之子女华。益知禽兽之言，能与鸟语。年过二百。以夏启六年薨。子恩成。《左文十八传》《水经·洛水注》以益在八恺中，非也。伯翳即伯益声转字异，自是一人。《诗·秦风疏》、本书《地理志》注、《后汉书·蔡邕传》注甚明。惟《史记·陈杞世家》误叙为二，汉刘秀校《山海经表》仍其说。罗泌遂分柏翳为少昊后，嬴姓，封费；伯益为高阳后，姬姓，封梁。均不足信。"其实，伯益本名当为单字"益"，如帝尧时即已举用的禹、皋陶等十位佐臣和《尚书》所载尧、舜大臣中，伯益俱称单字"益"。"伯"当为其受到封赐之后或大臣中地位最为显赫者，如大禹为舜臣时即称"伯禹"。《帝王世纪》："尧美其（禹）绩，乃赐姓姒氏，封为夏伯，故谓之伯禹。"杨宽对"益"之名实有十分精辟的论述，他指出：

《汉书·百官公卿表》云："蒜作朕虞"。应劭曰："蒜伯益也"，颜师古曰："蒜，故益字也。"伪《古文尚书》"益"作"蒜"，即本此。而《说文》云：嗌，籀文作"蒜"。

据此，益古或写作"嗌"，嗌咽声同，《说文》"嗌，咽也"，《尔雅》郭注："江东名咽为嗌"，而咽燕古又同音，"臙脂"或作"胭脂"，可证。是"益""燕"不仅声同，实本一字……《说文释例》云："伯益之名，或本取嗌义而借用嗌字也。"益名古本取嗌义而借用嗌字，"嗌"与"燕"则本为一字。"益"之传说又多与鸟类有关，并为玄鸟之后，而玄鸟即燕……

玄鸟即燕，而鸣若嗌嗌。据此亦足证"嗌"、"燕"同字，"燕"

字像其形,"嗌"字则后出之形声字耳。

　　玄鸟又名乙,亦作鳦,《说文》云:"乙乙,玄鸟也,齐鲁之间谓之乙,取其鸣自呼。"燕"取其鸣自呼"则为"乙乙","乙乙"当即"嗌嗌"。燕即乙乙,"乙乙"又即"嗌嗌",而益又作"嗌",则益之即燕,又可证也。①

由此可知,伯益之名与燕有关,亦即与其部族玄鸟崇拜相关。

二　伯益的主要事迹

《史记·秦本纪》:伯益佐禹平水土,"已成,帝锡玄圭。禹受曰:'非予能成,亦大费为辅。'帝舜曰:'咨尔费,赞禹功,其赐尔皂游。尔后嗣将大出。'乃妻之姚姓之玉女。大费拜受,佐舜调驯鸟兽,鸟兽多驯服,是为柏翳。舜赐姓嬴氏"。伯益佐禹治水成功后,娶姚姓玉女为妻,调驯鸟兽,获赐嬴姓,这些活动对于秦人早期的发展都产生了非常重要的影响。具体而言,伯益的主要活动有以下几个方面:

第一,佐禹平治水土。尧舜时代是一个自然灾害多发的时代,特别是洪水灾害经常发生,史称"汤汤洪水滔天,浩浩怀山襄陵",民众不堪其忧。为解除水患,帝尧命鲧治之,结果"九岁,功用不成"。②到了帝舜时,帝舜又"举鲧子禹,而使续鲧之业"——"平水土"。于是,"禹乃遂与益、后稷奉帝命,命诸侯百姓兴人徒以傅土,行山表木,定高山大川"。禹吸取其父用堵塞之法治水失败的教训,"乃劳神焦思,居外十三年,过家门不敢入。薄衣食,致孝于鬼神。卑宫室,致费于沟淢。陆行乘车,水行乘舟,泥行乘橇,山行乘檋,左准绳,右规矩,载四时,以开九州,通九道,陂九泽,度九山。令益予众庶稻,可种卑湿。命后稷予众庶难得之食。食少,调有余相给,以均诸侯。禹乃行相地宜所有以贡,及山川之便利"③。这次治水绝非单纯的治水,而是导山、导水、开发土地、种植作物、修筑道路、安置人口(徙居)等相结合的一次大规模国土整治。在关键的治水环节,禹用疏导的办法大获成功,故史称

---

① 杨宽:《杨宽古史论文集》,上海人民出版社2003年版,第298页。
② 《史记》卷一《五帝本纪》,中华书局1982年版。
③ 《史记》卷二《夏本纪》,中华书局1982年版。

"唯禹之功为大，披九山，通九泽，决九河，定九州，各以其职来贡，不失厥宜"①。于是，"众民乃定，万国为治"。

这次治水工作除了禹本人卓越的规划组织和身体力行之外，还得到了伯益和后稷两位股肱之臣的鼎力相助。其中，伯益主要负责导山，后稷负责导水。《尚书·益稷》载：大禹曰："予乘四载，随山刊木，暨益奏庶鲜食。予决九川距四海，浚畎浍距川。暨稷艰食鲜食。"《孟子·滕文公上》又云："舜使益掌火，益烈山泽而焚之。禽兽逃匿。""禹掘地，而注之于海，驱蛇龙而放之菹。水由地中行，江淮河汉是也。险阻既远，鸟兽之害人者消；然后人得平土而居之。"平水土后，伯益又因地制宜，按照土地的高亢与卑湿，种植不同的作物，"予众庶稻"于卑湿之地种植，以发展农业生产，保障民众安居乐业。正由于伯益功勋卓著，故大禹才有"非予能成，亦大费为辅"的由衷赞叹。

第二，担任朕虞，执掌山林川泽。《尚书·舜典》："帝（舜）曰：'畴若予上下草木鸟兽？'佥曰：'益哉！'帝曰：'俞！咨益，汝作朕虞。'益拜稽首，让于朱、虎、熊、罴。"《史记·五帝本纪》又载："舜曰：'谁能驯上下草木鸟兽？'皆曰益可。于是以益为朕虞。益拜稽首，让于诸臣朱虎、熊罴。舜曰：'往矣，汝谐。'遂以朱虎、熊罴为佐。"于是，"益主虞，山泽辟"。帝舜曾分别委任伯益与禹等二十二位大臣为朕虞、司空、司徒、作士、共工、秩宗、典乐、纳言等职，各司其职，分掌其事。伯益所任的朕虞为山泽之官，主司山林、川泽、鸟兽事宜，这些方面当与后世农、林、牧、渔、矿、水利等都有关系。伯益通鸟语，驯鸟兽，直接推进了畜牧业的发展，进一步扩大了生产领域，有利于提高百姓的生活。由于伯益居职期间，"鸟兽多驯服，是为柏翳"。故被"赐姓嬴氏"。"嬴"作为少昊之姓，当为其部落中不少后裔支族所共有，而帝舜赐伯益为嬴姓，则标志着嬴姓从此成为少昊后裔伯益族专有，也表明伯益族由此也取得了少昊部族主祀者的崇高地位。

第三，佐禹平三苗之乱。《墨子》一书以神话形式记载了伯益佐禹平三苗之事。《尚贤》篇："尧举舜于服泽之阳，授之政，天下平；禹

---

① 《史记》卷一《五帝本纪》，中华书局1982年版。

举益于阴方之中，授之政，九州成。"《非攻》篇又说："昔者三苗大乱，天命殛之，高阳乃命禹与玄宫，禹亲把天之瑞令，以征有苗……有神人面鸟身，若瑾以侍，扼矢有苗之祥，苗师大乱，后乃遂几。"《随巢子》记述更详："昔三苗大乱，天命殛之。夏后受于玄宫，有大神，人面鸟身，降而福之：司禄益食而民不饥，司金益富而国家实，司命益年而民不夭，四方归之。禹乃克三苗，而神民不违。"杨宽指出，"人面鸟身"神即是伯益。① 人面鸟身神"扼矢"而"苗师大乱"；人面鸟身神降福而使其"益食""益富"和"益年"。伯益佐禹而"九州成"，人面鸟身神佐禹平三苗而"四方归之"。无疑所言为一事，则人面鸟身者即为伯益。

第四，占岁、凿井和造箭。伯益作为虞官，其部族无疑在长期从事农、林、牧、渔、水利诸业的过程中，积累了不少的知识和经验，也产生了与其职业相关的发明创造。《吕氏春秋·勿躬》："羲和作占日，尚仪作占月，后益作占岁。"《海内经》云："共工生后土，后土生噎鸣，噎鸣生岁十有二。"顾颉刚《尚书研究讲义》："从羲和之生十日而作占日，常仪之生十二月而作占月之例推之，则后益即噎鸣。"后益占岁和噎鸣生岁实际上记载的都是伯益占岁一事。《说文》云：古者伯益初作井。《世本》又说"化益作井"。宋衷曰化益，伯益也。则伯益与井的出现有关，这已为河北邯郸涧沟龙山文化遗址发现水井所证实，而那里正是伯益之父大业之居地。伯益佐禹"随山刊木"，催生了弓箭的发明。段玉裁《说文解字注》关于"弗""矫"二字的解释认为，大费之"费"所从"弗"本训"矫"，其字从"矢"，即"揉箭钳也"。张揖《字诂》以为"至"字的双体为"臻"字的象形，与"秦"字相通。李孝定说"至"的甲骨文像从天远来降至地之形。李江浙又说甲骨文"各"字"示足有所至之形"，"各"与从"各"的字，古时都有"至"之义。据此"则知秦与至同，因而也和各同"。② 这"说明大费（伯益）及其族人是制箭能手。大费之所以能够佐舜调驯鸟兽获得成功，并且继舜之后为虞官，显然与此有关"③。

第五，提倡德治法度，主张勤政爱民。伯益历事尧、舜、禹三帝，

---

① 杨宽：《杨宽古史论文集》，上海人民出版社2003年版，第302页。
② 李江浙：《秦人起源范县说》，《民族研究》1988年第4期。
③ 杨东晨：《秦人秘史》，陕西人民教育出版社1991年版，第59页。

为三朝元老，尤其在帝舜、大禹时可以说功高德昭，地位显赫。《尚书·大禹谟》等篇记载了伯益与帝舜、大禹、皋陶等君臣讨论如何治国安邦的片段，从中留下了伯益关于治国理政的一些见解：

> 益曰："都，帝德广运，乃圣乃神，乃武乃文。皇天眷命，奄有四海为天下君。"
>
> 禹曰："惠迪吉，从逆凶，惟影响。"
>
> 益曰："吁！戒哉！儆戒无虞，罔失法度。罔游于逸，罔淫于乐。任贤勿贰，去邪勿疑。疑谋勿成，百志惟熙。罔违道以干百姓之誉，罔咈百姓以从己之欲。无怠无荒，四夷来王。"

这些片言只语，概括起来，就是提倡德治法度，主张勤政爱民。它体现了伯益在长期辅佐尧舜和平水土、辟山泽、驯鸟兽的主政实践中注重文德教化，顺从民意，勤于理政的可贵思想。

三　伯益受封考略

《史记·夏本纪》云，大禹即位后，"举皋陶荐之，且授政焉，而皋陶卒。……而后举益，任之政"。又云：帝禹"十年，帝禹东巡狩，至于会稽而崩。以天下授益。三年之丧毕，益让帝禹之子启，而避居箕山之阳。……于是启遂即天子之位，是为夏后帝启"。按其记载"任之政"即是任命为摄政。伯益作为三朝老臣，继皋陶之后成为摄政辅佐大禹，大禹去世后，其子启要守孝三年，故"以天下授益"。则伯益曾在夏启守孝期间代行夏政长达三年。夏启即位后，伯益"避居箕山之阳"，当是离开朝廷回到本族居地。关于伯益归政，还有远比禅让血腥的记载。如《竹书纪年》则说："益干启政，启杀之。"《韩非子》亦云："启与友党攻益而夺之天下。"在禅让制向王位世袭制过渡的最后关口，可能后一种结局更符合历史的实际。

伯益在辅佐帝舜时曾受封并赐姓，也包括封邑，如周孝王封非子为附庸时曾说："昔伯翳为舜主畜，畜多息。故有土，赐姓嬴。"在其他文献中则有其分别受封于费、嬴、秦诸地的记载：

> 《潜夫论·三式》："伯翳日受封土。"

《越绝书·吴内传》云:"益与禹臣于舜,舜传之禹,荐益而封之百里。"

《古本竹书纪年》载:夏启"二年,费侯伯益出就国"。

《路史·国名纪》:"费,翳之封。音沸。费仲、费昌国。"

《路史·少昊纪》:伯翳"始食于嬴"。

《路史·后纪七》又云:"伯翳、大费能驯鸟兽,知其话言以服事虞夏,始食于嬴,为嬴氏。"

《盐铁论·结和》:"伯益之始封秦,地为七十里。"

上述三地,是否俱为伯益封地?按文献记载,在秦人早期历史中,赐土受封者主要为伯益和非子两人,后者封于陇西秦邑,殆无疑义,则伯益受封三地亦当可信。至于三地何时因何封于伯益,有必要考辨清楚。

按《史记·秦本纪》记载,伯益初称大费,佐禹治水有功,舜赐其姚姓玉女为妻,任虞官调驯鸟兽有功又被舜赐姓嬴氏,接着说:"大费生子二人:一曰大廉,实为鸟俗氏;二曰若木,实费氏。"梁玉绳在《古今人表考》中曾说:"益知禽兽之言,能与鸟语。年过二百。以夏启六年薨。子恩成。"伯益历事尧、舜、禹三朝,事迹主要在舜、禹两朝,而伯益本名费或大费,则费为伯益初居之地,亦为最早受封之地。按《越绝书·吴内传》云:"益与禹臣于舜,舜传之禹,荐益而封之百里。"则舜确定禹为接班人和封伯益为同时之举,或当为舜所赐伯益姚姓玉女时所封。文献所谓"始食于嬴",显为舜赐伯益嬴姓之时所受封。如此则秦为伯益最后得到的封地。梁崔灵恩《毛诗集注》:"秦在夏商为诸侯,至周为附庸,则秦本建国,疑伯翳即封于秦。"伯益在大禹死后曾摄政三年,后归政夏启,然后"避居箕山之阳"。箕山或谓在河南登封,或谓在河南林县,这里距秦地即今河南范县均不远,很可能伯益封秦与其"避居箕山"有关。

上述三个封地,费为伯益固有居地,其二子若木"实费氏",则该地为伯益二子若木所继承,故为"费氏"。嬴乃伯益获姓受封之"始食"地,当为伯益及其三子恩成所居。秦自然就是伯益长子大廉鸟俗氏之居邑。

伯益佐禹平治水土有功,被舜赐予姚姓玉女,伯益族与华夏族的联姻大大强化了伯益族与华夏族的融合与文化交流。伯益主司山林川泽，调驯鸟兽发展畜牧成绩突出，又被舜赐姓嬴氏，这又进一步提高了伯益族在东夷少昊部族中的地位。伯益父子受封三地，为秦人后来的发展奠定了基础。由此，秦人历史翻开了新的一页。

第四章

夏商时代的嬴秦历史

夏商时代作为中国文明时代最早的两个政权,在中国上古史上无疑具有承上启下的重要地位。而嬴秦作为一个自尧舜时期就开始发挥重要作用的东夷部族,很早就同中原地区存在着部族流动与文化交流,并作为商朝的显贵和诸侯,曾广泛参与了有关活动。依据文献记载和甲骨材料,探寻夏商时代嬴姓封国的分布,揭示嬴秦首领在殷商时代的任职与活动的足迹,探寻部族活动的踪迹和地域,既可复原其在夏商时代的历史线索,也有助于揭示嬴秦早期的西迁活动。

第一节 夏商时代嬴姓诸国的分布

一 嬴姓重要封国概说

《史记·秦本纪》所载嬴姓有14国,即徐氏、郯氏、莒氏、终黎氏、运奄氏、菟裘氏、将梁氏、黄氏、江氏、脩鱼氏、白冥氏、蜚廉氏、秦氏、赵氏。

王符《潜夫论·民族》所载,与《史记》有所不同,认为"梁、葛、江、黄、徐、莒、蓼、云、英,皆皋陶之后也。终黎、运奄、菟裘、寻梁、修鱼、白冥、飞廉、密如、东灌、梁时、白(柏)、巴、郯、后蒲,皆嬴姓也"。王氏列为皋陶之后的梁、江、黄、徐、莒,《史记》均归入嬴姓。王氏所列嬴姓之终黎、运奄、菟裘、修鱼、白冥、飞廉、郯,与《史记》所载相同;"寻梁"当为《史记》所载之将梁;王氏所列密如、东灌、梁时、白巴、公巴、后蒲,皆为《史记》所不载。黄文弼认为这是《史记》仅举其要者,而非嬴姓之全部所致。① 此论甚确。柳明瑞

---

① 黄文弼:《嬴秦为东方民族考》,《史学杂志》1945年创刊号。

综合各书考订嬴姓国为53个。兹按其所考，以今省划分，整理列表如下，聊作参考。

表4-1　　　　　　《嬴姓溯源》一书所列嬴姓封国一览

国名	省份	地望	国名	省份	地望
嬴	山东	莱芜城子县村	（东西）不羹	河南	舞阳县、襄城县
费	山东	费县费城镇或鱼台县费亭	榖	湖北	谷城县西北
郯	山东	郯城县郯城镇北部	鄖	湖北	云梦县
莒	山东	莒县境	将梁	河北	清苑西南
菟裘	山东	新泰楼德一带	马服	河北	邯郸
密如	山东	费县北部	邯郸	河北	邯郸市
东灌	山东	寿光东部或昌邑、寒亭一带	睢	河北	赵县一带
运奄	山东	博兴	沈	山西	约在汾水流域
运	山东	郓城或沂水东北	姒	山西	约在汾水流域
奄	山东	曲阜东	蓐	山西	约在汾水流域
东间	山东	齐国都城东门	黄	山西	约在汾水流域
诸葛	山东	诸城	梁余	山西	和顺县
徐	江苏	泗洪南	赵	山西	洪洞北
取虑	江苏	睢宁西南	非	山西	河津市
将良	江苏	邳县北六十里	裴	山西	闻喜县东四十里裴村
盈	江苏	淮阴一带	曲沃（曲）	山西	曲沃城关凤城村
终黎	安徽	凤阳东北	梁	陕西	韩城县少梁村
萧	安徽	萧县西北	汪	陕西	澄城县境
淮夷	安徽	淮河中下游安徽境内	衙	陕西	白水县白水北纵目乡
秦	河南	范县秦亭	徽	陕西	澄城县治
黄	河南	潢川县西	高陵	陕西	西安市高陵县
江	河南	正阳西南	樗里	陕西	长安一带
修鱼	河南	原阳西南	秦	甘肃	张家川县张家川镇
葛（葛伯）	河南	长葛市和尚桥镇	白冥	不详	
绕	河南	鲁山县东南	鍼	不详	
訾（訾辱）	河南	巩义市	寻	不详	
解	河南	洛阳市南			

表 4-1 中所列嬴姓国在各省的分布为山东 12 个，河南 9 个，江苏 4 个，安徽 3 个，湖北 2 个，河北 4 个，山西 9 个，陕西 6 个，甘肃 1 个，故址不详者 3 个。

许顺湛认为《路史·国名纪》载有嬴姓 57 国，除秦国以外，还有六、英、嬴、盈、费、萧、非、赵、曲沃、訾、驺服、邯郸、睢、鍼、绕、微、梁、梁余、将良、运、掩、钟离、寻、荷、菀、裘、不羹、东灌、东间、修鱼、樗里、密如、高陵、裴、解、徐、取虑、淮夷 39 国；又有江、黄、耿、弦、兹、蒲、时、白、郯、优、巴、寘、谷、麋、鄅、葛、祁等嬴姓 18 国。①

以上两种嬴姓国的考论，结果虽有差异，但嬴姓作为望姓大族，于此可见一斑。

二 嬴姓国的分衍

还有人认为偃姓由嬴姓音变而来，偃姓实际也是嬴姓。顾颉刚指出，"偃"和"嬴"为一声之转，"两字都是牙音，不过匣纽和影纽的小变，所以我们很可能推想他们这两族实即一族。……姓自图腾来……按《尔雅·释鸟》：'鷗，凤；其雌，皇。'《释文》：'鷗，音偃'。从这条证据上，我们可以确切地说：'鷗'是凤的异名，也就是这一族的图腾；'偃'则是鷗的别体，而'嬴'乃是'偃'的同声通假字"②。如此则嬴、偃可以互通，且皆为鸟夷族，这样偃姓国有皋、偃、州、绞、贰、轸、谣、皖、参、会、阮、蓼、舒、止、舒庸、舒鸠、舒蓼、舒龙、舒鲍、舒龚、鬲、鄺等 22 国。如果把偃姓也计入的话，嬴姓国就有 79 国之多。

柳明瑞还进一步指出，除了前述以国为姓的 53 个嬴姓国外，后来还有许多从嬴姓别出即派生的"氏"，也就是"次生姓"。这些次生姓即最初的氏有些逐渐也成为姓，如赵本为嬴姓别出的氏，但以后又从赵别出成武、主父、婴、衰、屏等若干新氏，对于新氏，则原来的氏"赵"就具有了"姓"的性质。按《通志·氏族略》的分类，除了以国为氏之外，尚有以邑、乡、亭、地、字、名、谥、官、爵、技、事等多种途径的

---

① 许顺湛：《五帝时代研究》，中州古籍出版社 2005 年版。
② 顾颉刚：《鸟夷族的图腾崇拜及其氏族集团的兴亡》，《史前研究》，三秦出版社 2000 年版，第 155 页。

"别氏"。据其统计,这样别出的嬴姓之氏在各省的分布分别为山东 25 个:少氏、昊氏、金氏、空桑氏、桑丘氏、西方氏、星氏、伯氏、黳氏、缙氏、秋氏、凤鸟氏、五鸠氏、爽鸠氏、龙丘氏、蛇丘氏、修氏、乌氏、鸟俗氏、桑扈氏、无娄氏、渠邱氏、益氏、武成氏、祖龙氏。河北 1 个:革氏。山西 12 个:臺氏、主父氏、并氏、婴氏、蜚廉氏、衰氏、屏氏、尹氏、旁氏、狼氏、朔氏、叔带氏。陕西 12 个:缪氏、宁氏、公金氏、蓝氏、将间氏、不更氏、公车氏、子车氏、孙阳氏、絷氏、畜氏、子桑氏。

这些别出的氏中,凤鸟氏又省作凤氏,无娄氏又作牟娄氏、条娄氏,主父氏又省作主氏,子桑氏又省作桑氏,蜚廉氏又别作飞廉、飞氏、廉氏,缪又别作穆。以上 50 氏加上所增之氏,共有 59 氏。前述 53 个嬴姓国也是 53 个氏,其中盈又作郳,郯又作剡、谈,莒又作莒子,葛又作葛伯,訾又作訾辱,邔又作坛、云、鄩,马服又省作马,曲沃又省作曲,运又作郓,樗里又省作樗,又增 13 个,合计 53 国为 66 氏。则 66 氏加所别 59 氏,共有 125 氏,除去两地同氏的秦与黄,实为 123 氏。① 若再加上偃姓为嬴者,嬴姓之氏则可达 145 氏。

我们征引这些材料,无非是想说明一个问题,那就是嬴姓分布广泛、支系繁多,但其主体和集中分布之区无疑是与东夷的分布区大体一致。

三 嬴姓主要封国举要

我们无须对如此之多的嬴姓之国以及次生姓是否确当作出判断并一一辨其真伪,下面就以《史记》所载 14 个嬴姓国为对象,对其作一考述,亦能显现嬴姓重要封国的分布大势。

徐氏:《尚书·费誓》:"鲁侯伯禽宅曲阜,徐夷并兴,东郊不开,作费誓。"《左传》昭公元年(前 542 年):"商有姺、邳,周有徐、奄。"《逸周书·作雒解》:"三叔及殷、东、徐、奄及熊盈以畔。"《诗经》之《大雅》《小雅》《鲁颂》皆有周初伐徐的记载。可知徐为东夷大国,故周初东征嬴姓诸国,徐国即为主要反叛者。《春秋》僖公三年(前 657 年)杜预《集解》注:"徐国在下邳僮县东南",即今安徽泗县东北。段

---

① 柳明瑞:《嬴姓溯源——兼论嬴秦祖根在东方》,中国文史出版社 2003 年版,第 170—178 页。

连勤认为此为春秋时徐国的位置,根据《尚书·费誓》序言,商周时期的徐国地望当在今曲阜以东,与古奄国为邻。① 这一观点是有道理的。

郯氏:《左传》昭公十七年(前525年)载郯子自称其祖为少昊氏,《史记·秦本纪》《汉书·地理志》《潜夫论》等均载郯氏为嬴姓国。周公东征徐、奄等17国,嬴姓郯国也在其中,郯国臣服于周,国势由此衰微,常被齐、鲁、吴等周边大国侵犯。《史记·齐太公世家》:齐桓公二年(前684年)"伐灭郯,郯子奔莒。初,桓公亡时,过郯,郯无礼,故伐之"。不久,郯复国并臣服于齐。《春秋》宣公四年(前605年),"公及齐侯平莒及郯"。吴国强大并北向发展时也曾于前584年伐郯,迫使其求和于吴。《春秋》成公八年(前583年),鲁与晋、齐、邾联合伐郯并攻吴,郯又投靠齐、鲁,此后郯君还向鲁国朝贡。(《春秋》襄公七年、昭公十七年)越灭吴国后,北上争霸,于前419年越灭郯国,俘虏了郯子鸪,(《古本竹书纪年》晋幽公十五年)郯国亡。《路史·国名纪》:"故东海郯县,……则齐鲁之间也。今淮阳军治有古郯城,在东北百五十沂、沭二水间,周十余里,有郯子庙。"《读史方舆纪要》郯城县:"郯城,县西南百里,故郯国治此。"故城在今山东郯城县郯城镇北。

莒氏:嬴姓古国。杜预《春秋释例·世族谱》:"莒,嬴姓,少昊之后。周武王封兹舆期于莒,初都计,后徙莒。"周简王五年(前581年)楚灭莒。莒国地望不见于先秦文献,据《左传》文公七年"徐代莒",宣公十三年"齐氏伐莒",成公九年"楚子自成伐莒",可知莒在徐国东北与徐相近之地。《春秋》隐公二年(前721年)杜预《集解》:"莒国,今阳城莒县是也。"按《大清一统志》莒国故城在今山东莒县。

终黎氏:《世本》《潜夫论》《路史》皆作钟离氏,《世本》云:"嬴姓之国"。《春秋》《左传》多有记载,但不知何时为何国所灭。《春秋》成公十五年(前576年),"冬,十有一月,叔孙侨如会晋士燮、齐高无咎、宋华元、卫孙林父、郑公子鰌、邾人会吴于钟离"。杜预注认为钟离乃"楚邑,淮南县"。顾颉刚认为杜注显误,因为其时吴、楚关系紧张,晋、齐诸国与吴会于钟离,不可能是在楚地,故钟离是吴地。到昭公四年(前538年),楚灵王伐吴,《春秋》说"执齐庆封,杀之",《谷梁

---

① 段连勤:《关于夷族的西迁和嬴秦的起源地、族属问题》,《人文杂志》1984年增刊《先秦史论文集》。

传》:"庆封封于吴锺离";"因为楚取得了庆封的封地,所以,《左传》记'楚……箴尹宜咎称锺离',足证锺离成为楚邑是公元前538年的事,上距前576年晋、吴锺离之会,已经38年了"。① 战国时为楚所灭,故城在今安徽凤阳县东北20里。

奄氏(运奄氏):《世本》:"奄、徐皆嬴姓。"据《路史》奄氏因由运(今山东郓城县)迁奄,故名。有人以为运奄氏分为运、奄二氏,但运氏由来不明。② 奄为商代东夷大国,其地在今山东曲阜县。《说文》云:"郁,周公所诛,郁国在鲁。"淹、郁、奄、掩为古今字或同音字。《后汉书·郡国志》:"鲁有古奄国。"其注云:"皇览曰:奄里伯公冢在城内祥舍中,民传言鲁五德奄里,伯公葬其宅也。"《括地志》:"兖州曲阜县奄里,奄国之地也。"《路史·国名纪》:"掩,即奄、郁也,兖之仙源故曲阜有奄城奄里,古之弇中。"《读史方舆纪要》卷三十二兖州府曲阜县:"奄城,在城东二里,古奄国也。……亦曰商奄里,又名奄至乡。"以上所记,均为奄国,其地即今曲阜县。作为东夷强国,奄国在周初曾参与武庚、三叔叛乱,周公、成王征讨之。《书序》:"成王东伐淮夷,遂践奄。迁其民于薄姑。"故城在今山东博兴县东北。周伐奄取胜,奄国之民被迁往薄姑(一说蒲姑),而周公之子伯禽迁鲁国于此。《尚书·多士》《多方》及《孟子·滕文公下》对周初伐奄均有记载。何光岳指出,这次大战奄国的失败,关系到嬴姓的分崩离析及纷纷被迫南迁到江淮一带,结果,南迁的小国大多被楚、吴等国吞并。后来,齐国建立,侵夺了蒲姑之地,一部分奄人便南迁到今江苏常州市东南20里的奄城。后奄地被吴所并。③

菟裘氏:嬴姓古国。不知亡于何时,《左传》隐公十一年(前712年):公曰使营菟裘,吾将老焉。杜预注:"菟裘,鲁邑,在梁父县南。"则春秋初年菟裘已为鲁所并。一说故城在今山东泗水县北。顾颉刚以为菟裘氏早为周人所灭,汉梁父县在今泰安县南60里。④

将梁氏:嬴姓,《潜夫论·志氏姓》作梁,无"将"字。《路史》:

---

① 顾颉刚:《鸟夷族的图腾崇拜及其氏族集团的兴亡》,《史前研究》,三秦出版社2000年版,第161页。
② 何汉文:《嬴秦人起源于东方和西迁情况初探》,《求索》1981年第4期。
③ 何光岳:《嬴姓诸国的源流与分布》,《信阳师范学院学报》1984年第3期。
④ 顾颉刚:《鸟夷族的图腾崇拜及其氏族集团的兴亡》,《史前研究》,三秦出版社2000年版,第154页。

"本曰良。今淮北有古良城。"故城在今江苏邳县北。

黄氏：嬴姓古国。《古今姓氏书辩证》卷十五："黄，出自嬴姓，少昊金天氏裔子曰昧，为水官，号玄冥氏，生台骀，能业其官，宣汾洮，漳大泽，有功。颛帝嘉之，封汾川，其后为沈、姒、蓐、黄四国，以国为姓。"何光岳认为《新唐书·地理志》所载营州潢水即今内蒙古东部辽河西源西拉木伦河，此与商人先祖昭明所在地的砥石正相近，当为黄夷的发源地。黄夷后迁至山东半岛。河南的内黄、外黄、黄沟、黄池、黄亭及山东冠县南的黄城，当系黄夷迁徙居留过而得名的地名。山东黄县东南有古黄城，掖县南有黄山，博兴县有黄山、黄阜，正是九夷之一的黄夷的活动地区。黄夷的另一支南迁至淮水上游，卜辞"王其至于潢霍"，霍即今安徽霍邱，潢即河南潢川县，旁有潢水，为黄人迁居于此而得名。① 黄国与齐交好曾与楚国相抗衡，按《左传》记载：桓公八年（前704年），"楚子会诸侯，黄、随不会"。僖公三年（前657年），"秋，齐侯、宋公、江人、黄人会于阳谷"。四年（前656年）秋，因陈国有亲近楚国的倾向，鲁与"江人、黄人伐陈"。五年（前655年），"楚人灭弦，弦子奔黄"。十一年（前649年），"楚人伐黄"。第二年（前648年）"夏，楚灭黄"。关于黄国地望，据《太平寰宇记》：光州"故黄州城在县南四十里，耆旧相传云：'古黄国别城，宋昇明年置，郡带潢水因名潢州。'"《大清一统志》："黄国故城，在光州西十二里。"即今河南潢川县境。据扬履选、杨国善考证，在潢川县隆古公社有黄国故城，位于小黄河下游，"古城呈长方形。东西平均长1550米，南北平均长13501米……城墙用夯土筑城"②。青铜器黄鬲、黄鼎铭文及1975年在潢川县老李店磨盘山出土的黄鑐、黄太子伯克盘、黄君簠等黄国铜器铭文，既证明黄国确系嬴姓，也证实黄国故地就在今河南潢川县。

江氏：嬴姓古国。《世本》谓江"系伯益之后，封于江陵，为楚所灭，以国为氏"。江亦作邛，《孙叔师父壶》铭文即作邛，《殷周青铜器通论》认为"邛即江国"。江国与黄、英、六、弦诸国同族，又受到楚国威胁，故依附于齐、宋。《春秋》僖公二年（前658年），"秋九月，齐侯、宋公、江人、黄人盟于贯"。三年（前657年），四国又举行"阳谷之

---

① 何光岳：《嬴姓诸国的源流与分布》，《信阳师范学院学报》1984年第3期。
② 扬履选、杨国善：《春秋黄国古城考》，《信阳师范学院学报》1982年第1期。

会"。文公四年（前623年），"秋，楚人灭江"。《春秋》文公四年，楚灭江。关于江国地望，《汉书·地理志》汝南郡安阳县注云："故江国，今江亭是。"《太平寰宇记》："阳安故城，江国之地。"《路史·国名纪》："《晋志》：汝南安阳江亭也。按在信阳之东南，新息之西有安阳故城。"即故城在今河南新息县西南。

修鱼氏：嬴姓古国。《春秋》襄公十一年（前562年）："公会晋侯……伐郑，会于萧鱼。"杜《解》："'萧鱼'，郑地。"《路史·国名纪》："'萧鱼'，少昊后，嬴姓国。"董增龄《国语正义》十三："'修鱼'，即'萧鱼也'。"不知亡于何时。故城在今河南武原县东。

白冥氏：嬴姓古国。《潜夫论·志氏姓》作白寘。《路史·国名纪》云："《史记》作冥，云嬴后，有白冥氏，则以白冥为一也。冥在陕。"何光岳认为白冥应为两国，冥在河南陕县。冥亦即寘，玄冥即玄鸟之神冥，《路史·后纪》七："寘则徐灭之。"邻近徐国之地有慎，慎即寘，当系寘人南迁之地。《左传》哀公十六年（前479年）："吴人伐慎，楚白公败之。"杜注："汝阴慎县。"即今安徽颍上县西北。①

蜚廉氏：商纣时飞廉封地之国姓。故城在今山西河津县境。

秦氏：嬴姓，其史迹为本书讨论之重点，这里不作详述。

赵氏：周穆王封造父于赵城，为赵氏。春秋战国时赵国灭于秦。

从以上这些嬴姓古国可以看出，其故地在东方者为最多，东方则尤以山东为多。这就说明，嬴姓起源和居地应在东方山东一带。其后，又有迁徙流动，所以，顾颉刚以《史记》和《潜夫论》所列嬴姓国论其分布说：

> 嬴姓之国本居东方，看没有迁徙的莒、郯、葛，已经灭亡的菟裘便可知道。至徐、群舒、钟离、六、蓼等则是迁到安徽境内的淮河流域的，江、黄、柏、淮夷是迁今河南境内的淮河流域的，秦、梁是迁今陕西、甘肃境内的渭水流域的，赵是迁今山西境内汾水流域的，他们散居的地面这样遥远，为我国内地移民史上展开了一幅

---

① 何光岳：《嬴姓诸国的源流与分布》，《信阳师范学院学报》1984年第3期。

广阔的画面。①

顾颉刚的这段表述，不仅指出了嬴姓源起之地在东方，而且还揭示了其后嬴姓重要国家的迁徙流动情况，这无疑是很有见地的准确表述。

第二节　费邑通考

在秦人早期起源与西迁问题的讨论中，伯益封费是一个非常重要的问题，因为它关乎秦人起源地和西迁起始地的确认。费邑见之于《春秋》《左传》等先秦史籍，且不止一处，于是就有了鲁国"费氏费""季氏费"和"河南费"等称谓；汉末又有了费亭侯封地，以上四处中，除了"河南费"属夏禹后裔姒姓封地，地在今河南偃师东南20里，与秦人初封关系不大之外，其余三者则相互交织，歧义颇多。或以为"费氏费"与"季氏费"俱在鲁国，前后相继，地在一处；或以为"费氏费"地在鱼台，"季氏费"地在费县；"费氏费"与费亭侯封地又俱为费亭，费亭地望则有在今鱼台县和今永城县两说。这些问题至今迄无定论。要确定伯益封费地在何处，上述说法孰是孰非，有必要结合文献记载和地下发掘以及相关学术研究成果，作一番综合考察。

一　费邑之争的由来

《古本竹书纪年》启即帝位后，"二年，费侯伯益出就国"。《越绝书》"益与禹臣于舜，舜传之禹，荐益而封之百里"。人们一般认为大禹封伯益于费，其族遂居费并以费称之。"费"仅见于金文而不见于甲骨文，但甲骨文中有"𤰞"字，为"毕"之本字，又通费，当与伯益后裔有关。丁山引甲骨卜辞"令𤰞伐［方］东土，告于祖乙"，认为："令𤰞居东土，而告于祖乙，不就为𤰞氏所居即先王祖乙故都吗？因此，𤰞氏采地，我论定𤰞读为庇，在今鱼台县境，大致是不会错的。"② 这是说𤰞氏的封地曾是商王祖乙时的都城，且都在费，即今山东鱼台县。其实，费

---

① 顾颉刚：《鸟夷族的图腾崇拜及其氏族集团的兴亡》，《史前研究》，三秦出版社2000年版，第156页。

② 丁山：《甲骨文所见氏族及其制度》，中华书局1988年版，第86页。

地见之于先秦文献者不止一处，如"河南费"、山东"鲁国季氏费邑""鲁国费氏费邑"，还有东汉曹氏"费亭侯"封地。而对鲁国两个费邑看法也不一致，或谓两邑，或谓一邑，迄无定论。我们先罗列于下，再作考察。

一是"河南费"。"河南费"又称"滑费"，《史记·夏本纪》："太史公曰：禹为姒姓，其后分封，用国为姓，故有夏后氏……费氏……"《路史·国名纪》注："河南滑费，禹后，扶未切。"故罗泌称之为"河南费"。《读史方舆纪要》偃师县有缑氏故城，"古滑国，《春秋》僖二十年（前640年）郑人入滑。亦曰费滑，费即滑都也。僖三十三年，秦人灭滑。晋吕相绝秦曰：'殄灭我费滑。'后为缑氏"[①]。此地在今河南偃师县东南20里。

二是"鲁国费氏费"。《左传》隐公元年（前722年）："费伯帅师城郎。"费伯为鲁懿公次子费庈父，始封费伯当在鲁懿公至鲁孝公在位期间（约前815—前769年）。《春秋左传属事》："费伯，鲁大夫。郎，鲁地。今鱼台县。"隐公"二年夏，司空无骇入极，费庈父胜之。……极，附庸小国。庈父费伯传言无骇能入极，因庈父城郎之师以胜之"。高士奇《春秋地名考略》："此鲁大夫费庈父之食邑，读如字，与季氏费邑读曰秘者有别。《晋书地道记》湖陆西有费亭城，魏武封费亭侯即此。今兖州府鱼台县西南有费亭。"

三是"鲁国季氏费"。《左传》僖公元年（前659年），"公赐季友汶阳之田及费"。季友乃鲁僖公叔父，姬姓。这是说鲁僖公赐予叔父季友汶阳的土地和费地。《路史·国名纪》："费，鄅也，今沂（州）之费，西北有故城。一作柴，非河南费。"此费读作毕，《左传》僖公元年杜预注云："费音祕。"《尚书·费誓》孔安国注："费音秘。费，鲁东郊之地名。"顾栋高《春秋大事表》："此季氏之私邑也。今沂州府费县西南七十里有费城。"清光绪版《费县志》古迹条："古费城遗址在今县治西北二十五里。"

四是曹氏封地费亭城。《后汉书·宦者传》："曹腾，字季兴，沛国谯人也。……桓帝得立，腾与长乐太仆州辅等七人以定策功，皆封亭侯，腾为费亭侯，迁大长秋，加位特进。"《后汉书·郡国志》沛国鄼县注：

---

① 顾祖禹：《读史方舆纪要》卷四七《河南三》，上海书店出版社1998年版。

"《帝王世纪》曰：'曹腾封费亭侯，县有费亭是也'。"《元和郡县志》："酂县，西南至州七十里。秦汉旧县……后魏省，隋开皇十六年，复置酂县，属沛县，武德四年改属亳州。"又云河南永城县有"故费城，县南二十里"。《读史方舆纪要》永城县："费亭在县西。"汉代酂县在今河南永城县西，则费亭当在今河南永城县境内。

据上可知，四个费地各有来历，其中"河南费"封地在今河南偃师，乃夏禹后裔姒姓封地，当与皋氏无关，自可排除。但鱼台、费县之费均为鲁国公室姬姓后裔封地，究竟何为皋氏所居之费，颇费思量；季氏之费和费伯之费究为一地还是两地，尚待详考；曹氏封地费亭城与鲁国费有无关系，也需辨明。

按"费"地一名，周初即见于记载。周公之子伯禽就封鲁邑，不久淮夷、徐戎来犯，"于是，伯禽师师伐之于肸，作《肸誓》"①。"肸"与"柴""费"相通，杨筠如《禹贡核诂》："柴，今本作费。按《说文》：柴，恶米也。《周书》有《柴誓》。《周礼·雍氏》《礼记·曾子问》郑注并作柴。则本作柴可知。《史记》索隐：柴，地名，即鲁卿季氏之费邑也。则唐初犹作柴，此卫包依小司马改之。《史记》作柴。徐广曰：一作獮，《大传》作鲜。段玉裁谓鲜、肸、獮，三字双声，皆今文也，孔谓柴，鲁东郊之地名也，小司马以费柴音近，遂以费当之。"可知《肸誓》亦可称《费誓》。关于伯禽誓师时费地之归属，元代陈师凯认为："伯禽时费决非鲁地，但鲁为方伯，费在属国之中耳。孔安国谓费为鲁东郊之地，颖达附会且言未出鲁境，皆非也。伯禽之誓于费如启之誓于甘，汤于鸣条，武王于牧，皆临敌境而后誓，所以申令吾将士，其时徐戎必寇费，故伯禽征之耳。"②此论甚当。

费在春秋时期是鲁国一个非常重要的地名，记载颇多，且大都与季氏费邑有关。季氏乃鲁国"三桓"之一，后曾长期秉政，故费地在《左传》中多次出现。如《左传》襄公七年（前566年）南遗"城费"、昭公十二年（前531年）"南蒯在费欲为乱"、十三年（前530年）"叔弓帅师围费"、十四年（前529年）"南蒯之将叛也，盟费"、定公十二年（前498年）"季孙斯仲何忌帅师堕费"等皆是。费氏费邑仅见于隐公初

---

① 《史记》卷三三《鲁周公世家》，中华书局1982年版。
② 陈师凯：《书蔡氏传旁通》卷六，文渊阁《四库全书》本。

年。费庈父是鲁懿公之子，史称"费伯"，即是以费为封邑。费伯"城郎"在隐公元年（前722年），早于季友封费（前659年）63年，然费伯事迹《左传》仅隐公元年"城郎"和二年伐"极"取胜凡两见，其后不见记载。后世文献中对季氏之费与费伯之费就出现了同名同地和同名异地两说。

《元和郡县志》卷十一："古费国也。隐公元年传曰：'费伯帅师城郎。'后为鲁季氏之邑。至汉为费县，属东海郡……"陈师凯说："费，今沂州费县也……春秋之初，费自为国，隐元年传曰：费伯帅师城郎。后为鲁季氏之邑。僖元年传曰：公赐季友汶阳之田及费。《论语》使闵子骞为费宰是也。"① 元代于钦说："费县西北二十里古费伯国，姬姓懿公之孙。后为季氏邑。"② 此乃费地同名同地之说，也就是说今山东费县初为费庈父费伯封地，后为季氏封地。

因"费"既读"费"又读"柲"，故后来又出现两"费"同名异地之说。清人高士奇《春秋地名考略》："鲁懿公子大夫费伯邑，隐七（元）年费伯帅师城郎是也。僖公与季友始为季氏邑。……春秋时故城在今治西南七十里。或云费伯食邑在今鱼台县西南，有费亭。晋《地道记》湖陆西有费亭城，非季氏之费也。"高氏所论既强调两"费"读音不同，又不能肯定两"费"居地，故持两说。顾栋高一方面指出高氏所论"自相违反"，另一方面也认为费伯之费在"今兖州府鱼台县西南有费亭"；季氏费在"今沂州府费县西南七十里有费城"。③ 丁寿徵《春秋异地同名考》"费与费有别"条亦云："一隐元年费伯帅师城郎。高士奇曰：'今鲁大夫庈父之食邑，读如字，与季氏费邑读如秘者有别。今兖州府鱼台县西南有费亭。'一僖元年公赐汶阳之田及费，此季氏私邑，今沂州府费县西南七十里。"此即同名异地说，即费伯封地在今鱼台县的费亭，季氏封地费邑则在今费县。

据前所述，《左传》所载费邑其实只有一个，即今山东费县的季氏费邑。所谓费氏费邑《左传》并无明确说明，只是说费伯曾"城郎"和伐"极"。故费庈父封于何地于史无证。最早记载费氏费邑在今鱼台县费亭

---

① 陈师凯：《书蔡氏传旁通》卷四下，文渊阁《四库全书》本。
② 于钦：《齐乘》，文渊阁《四库全书》本。
③ 顾栋高：《春秋大事年表》卷六，文渊阁《四库全书》本。

的见于《晋书地道记》，但该书明确说此费亭是曹氏费亭侯封地。曹氏封地费亭据《后汉书》等记载却在鄼县而不在鱼台县。因此，费伯封地究在何处，费亭城地望何在，季氏费与费氏费关系若何，尚需详加考辨。只要厘清了上述问题，皋氏居地也就水落石出了。

二　费氏费邑辨正

如前所引，费伯之费何时所封，地在何处？《左传》等先秦文献并无直接记载。《左传》所记只是与费伯相关的两件事：一是"城郎"，二是伐"极"。因此，要探索费伯封地何在，郎和极两地是唯一的间接线索，故从与费伯有关的这两个地名入手，寻找与之有关的其他线索，或有助于问题的破解。

郎地多次出现于《左传》等文献，如《左传》隐公九年（前714年）"城郎"；桓公四年（前708年）"狩于郎"，八年（前704年）"师次于郎，以俟陈人、蔡人"，十年（前702年），齐侯、卫侯、郑伯"来战于郎"；庄公八年（前686年）"师次于郎，以俟陈人、蔡人"，十年（前684年）齐师、宋师"次于郎"，三十一年（前663年）"筑台于郎"；昭公九年（前534年）"筑郎囿"等皆是。关于极地，仅见于《左传》隐公二年（前721年）"无骇帅师入极"一条史料。杜预注云："无骇，鲁卿。极，附庸小国。"孔颖达疏："谷梁以极为国。"郎和极两地，按文献记载，前者在古方与县，后者在古湖陆县，这两个县大致俱在今鱼台县。

为了进一步探究费伯之费地在何处或存在与否，有必要对鱼台县建置沿革和上述几个与鱼台县有关的古地进行综合考证分析。《山东通志》卷三云：鱼台县在"周为鲁棠邑、重乡、郎邑，兼宋之方与、湖陵"。根据地志综合记载，鱼台县西周时为极国，春秋时为棠邑，秦汉为方与、湖陵二县所辖，其后为方与县。唐宝应元年（762年）改称鱼台县至今。今鱼台县县城在县域东部的谷亭镇。由于历史上行政区划的变迁，加之黄河、济水、淮水的交替影响，鱼台县不仅辖域发生过一些变化，而且县域东北部明代以来又形成微山湖，故湖周围及湖以东原属鱼台县的辖域现划归微山县和滕州市管辖。因此，由于县治的移动和辖域的盈缩，导致不同时期地志等文献所记古地名道里方位也会不同。明清地志大多以旧鱼台县（即唐元和至清乾隆间）治地为据，但具体问题还要具体分析。该县治地前后涉及四地，即最早的方与县城、唐至清乾隆二十一年（1756 年）前的鱼台县城，清乾隆以来鱼台县城和今县城。其中，方与县宝应元年（762 年）改称鱼台县，元和四年（809 年）县治迁往黄台市，则之前的方与和鱼台县治地为一地。据《水经注》记载，武唐亭在"方与县北十里"。《元和郡县志》又载："观鱼台，即武唐亭也，在县北十三里。"两书记载相差 3 里，正好是两书分别以旧县和新县治地为道里参照所致，则旧方与县与新鱼台县治地南北相差 3 里。武唐亭在今鱼台县王鲁镇西北（详后），其南 13 里为王庙乡旧城里村。《读史方舆纪要》："志云（鱼台）城北旧有小城，即故方与县治。"《大清一统志》也说鱼台"县北有小城，即（方与）故县治"。今旧城里村以北 2 公里为三里屯村，此地正位于武唐亭南十里左右，则方与故城当在今王庙乡三里屯村。鱼台县治地元和四年（809 年）迁往黄台市，即今县城以西 8 公里的王庙乡旧城里村。乾隆二十一年（1756 年）因水灾县治又迁往董家店，即今县城西南 18 公里的鱼城镇。

今鱼台县东南部地区为秦汉湖陵县辖地，湖陵王莽改称湖陆，后复故，东汉章帝元和年间（84—86 年），湖陵县成为东平王苍子的侯国后，又改名为湖陆。其地史志记载比较统一，《水经注》：荷水"东与泗水合于湖陵县西六十里谷庭城下，俗谓之黄水口"。《太平寰宇记》："湖陵故城。秦汉为县，今废城在今（鱼台）县东南六十里。"《大明一统志》："湖陵城在鱼台县东六十里。"康熙《兖州府志》："故湖陵城，在县东六十里，又有胡陆东城，其地南为沛，东北为藤。"乾隆《兖州府志》："故湖陵城，在县东八十里，汉王陵攻湖陵即此。"《大清一统志》："湖陵故城：在鱼台县东南六十里，与江南沛县接界。"据此，湖陵县即后来湖陆县治地，地在清代鱼台县谷庭镇东南 60 里处，也就是董家店（乾隆二十一年后鱼台县治所）东 80 里处，这里南为沛县，东为藤县，其地当为今微山县张楼乡程子庙村，有故城发现，即湖陵古城遗址。

今鱼台县乃鲁国辖域，故春秋时期当地发生的史事在《春秋》《左传》中有较多记载，由此而留下了一些古地名，除了郎和极之外，还有棠（又名唐）、重馆、宁母等。这些古地名汉晋以来分别称为武唐亭、重乡和泥母亭，它们俱在今鱼台县，当与郎地和极地相近或相邻。

棠邑又称唐邑，后又称武唐亭、观鱼台。据《左传》记载，鲁隐公二年（前 721 年）："秋八月庚辰，公及戎盟于唐。"杜预注："高平方与县北有武唐亭。""五年春，公矢鱼于棠。"杜预注："今高平方与县北有武唐亭，鲁侯观鱼台。"《水经注》："菏水又东迳武棠亭北，公羊以为济上邑也。城有台，高二丈许，其下临水，昔鲁侯观鱼于棠，谓此也。在方与县故城北十里。《经》所谓菏水也。"《元和郡县志》："观鱼台，即武唐亭也，在县北十三里。"《太平寰宇记》："观鱼台，在县北十三里。高一丈五尺，周回一里。"《大清一统志》："武唐亭，在鱼台县北十二里。"明清其他史志记载与上述一致。以上所说里程十里与十三（二）里的差异，显系分别以方与故城和唐清间鱼台县城为参照点所致，其实所指为同一个地方，即今鱼台县王鲁镇西北的武台村，村西有明代"鲁隐公观鱼处"碑亭留存至今。

重馆又名重乡亭，《左传》僖公三十一年（前629年）春，"使臧文仲往宿于重馆"。杜预注："高平方与县西北有重乡城。"其地文献记载比较一致，在方与县西北，亦在"鱼台县西北十一里"①。当在今该县罗屯乡南、李阁乡西北交界处一带。宁母即泥母亭，《左传》鲁僖公七年（前653年），"秋七月，公会齐侯、宋公、陈世子欵、郑世子华，盟于宁母"。杜预注："高平方与县东有泥母亭，音如宁。"《水经注》："菏水东与泗水合于湖陵县西谷庭城下，俗谓之黄水口。"《大清一统志》："泥母亭在鱼台县东十二里。"又云："谷亭镇在鱼台县东二十里宁武亭东，……后伪曰谷庭亦曰谷亭。"可知宁母即泥母，亦即谷庭或谷亭，就是今鱼台县治地谷亭镇。

有了以上古今县治和其他古地名位置方位作参照，也就比较容易确定郎与极地的相对位置，进而揭示费亭之所在了。郎又称作朗亭、郎邑和朗台，《左传》杜预注："郎，鲁邑高平方与县东南有郁郎亭。"《括地志》云："郎亭在徐州滕县西五十三里。"② 卓尔康指出："赵企明曰：'郎，今之单父鱼台。'李廉氏曰：'郎邑，在高平方与县东南。'郎，今鱼台县有郁郎亭，盖近宋之地也。"③ 宋代单父即今山东单县，其时为单州治所，辖鱼台县。《山东通志》卷九滕县："郁郎亭在县西郁郎村……邑志以为郁郎一作有郎，乃囿郎之讹。"据此，"郁郎"即昭公九年（前

---

① 《大清一统志》卷一四六，文渊阁《四库全书》本。
② 《括地志辑校》卷三《徐州》，中华书局1980年版。
③ 卓尔康：《春秋辨义》卷二，文渊阁《四库全书》本。

534年)"筑郎囿"之讹,而"郁郎"亦即"郎"邑。《山东通志》卷九又云:"郎邑,在县城,达汴门外有郎桥。"高士奇《春秋地名考略》郎:"杜注:鲁邑,高平方与县东南有郁郎亭。……盖鲁之边邑。汉《王子侯表》鲁共王之子骄封郁根侯。师古曰:根音狼,汉方与县属山阳郡,晋属高平国,即今鱼台县也。县治东北九十里有郁根亭。《括地志》郎亭在藤县西五十二里,误。"《大清一统志》:"郎城在鱼台县东北八十里,接滕县界。春秋时鲁邑,古名郁郎亭,今曰郁郎村。《左传》隐公元年(前722年)费伯帅师城郎。注:郎,鲁邑,高平方与县东南有郁郎亭。《括地志》郎亭在滕县西五十三里。"① 《读史方舆纪要》:"郎城在县东北九十里。"② 康熙《兖州府志》:朗台"在县东南"③。乾隆《兖州府志》又云:朗台"在县东北"。郁郎亭在藤县"城西郁郎村也"④。

以上所说郎亭或郁郎亭,其地望有四说:一为方与县东南;二为鱼台县城之郎桥;三为藤县西53里或县西郁郎村;四为鱼台县东北80或90里。此四说实为两地,郎桥即在唐明间鱼台县治地旧城里村,达汴门即鱼台县城西门,郎桥就在该城西门外,此地正在方与古城的南边,则康熙《兖州府志》所载是以方与故城为参照,故方与县东南和达汴门外所指为同一地。鱼台县东北90里或80里,与藤县西53里为同一方位,这里正是今滕州市滨湖镇东的郁郎村。该镇在微山湖东岸,清代时为鱼台县东缘,现属滕州市辖区。从大多数地志记载可知,朗台不在县城,则存留至今的郁郎村当为朗台故地。

极地又名极亭,亦在今鱼台县。《读史方舆纪要》:"费亭,在县西南……《晋书地道记》:'湖陆西有费亭城。'……又西有极亭。"《兖州府志》云:"极,鲁附庸,《春秋》隐公二年无骇帅师入极,今鱼台县有极亭。"⑤《水经注》明确记载湖陆县以西60里为谷庭城,该城正是今鱼台县治地,则极亭当在湖陵和谷庭之间。沈炳巽说:"菏水入泗,《经》言在方与县东,《注》云在湖陵县西,必二县以是水为界,非有两处

---

① 《大清一统志》卷一四六,文渊阁《四库全书》本。
② 《读史方舆纪要》卷三三《兖州府》,上海书店出版社1998年版。
③ 张鹏翮:(康熙)《兖州府志》卷一八《古迹志》,康熙二十五年刻本。
④ 陈顾聊:《兖州府志》卷一九《古迹志》,乾隆三十五年刻本。
⑤ 《兖州府志》卷十一《封建志》,文渊阁《四库全书》本。

也。"① 此言甚当。今鱼台县治地谷亭镇与湖陵县故城遗迹，即微山县张楼乡程子庙村之间的图上直线距离为 20 公里，方位与距离与文献记载均基本吻合。这两地之间仅隔鱼台县老砦乡和谷亭镇辖域，我们虽然目前还无法确指极亭城位置，但在老砦乡东 1 公里处，有东西相连的两个村庄，分别为西城东村和西城西村，《鱼台县地名志》解释说："相传此地曾为古湖陵城西，故名西城。"② 此地距湖陵故城直线距离约有 7 公里，则湖陵故城西之东、西城村必为另一故城，即极亭故城，当无大误。

从以上古文献、地志资料的记载中可以看出，无论是关于鱼台县的建制沿革、治地迁移，还是对分布于该县的几个古地名的论述以及有关史事的记载，除了《晋书地道记》一条资料外，都没有涉及费伯及其封地，亦无与费亭相关的线索。所以，我们有理由相信，费伯封地和费亭在今鱼台县，均于史无证，都属子虚乌有。那么，费伯封地在费亭、费亭地在今鱼台县之说因何而来、何以为误？我们不妨顺着线索进行考索。

费伯封地在费亭，仅见于《晋书地道记》的间接记载："湖陆县西有费亭城，魏武帝初所封。"③ 这条记载明白交代此为魏武帝曹操封地，地在湖陆西。但后世学者对此未作深究，将之以费伯封地当之，并反复征引，遂广为流传。如《大清一统志》：费亭城"在鱼台县西南，春秋时鲁大夫费伯食邑也。《晋书地道记》：'湖陆西有费亭城。'又西有极亭。隐公二年无骇入极即此"。《读史方舆纪要》："费亭，在县西南，春秋时鲁大夫费伯食邑也。《晋书地道记》湖陆西有费亭城，魏武初封费亭侯即此地。又西有极亭，隐二年司空无骇入极，费庈父胜之，盖在此。"《山东通志》：费亭"在县西南，春秋时鲁大夫费伯食邑也"。"费亭城在故湖陵城西，《地道记》云县西有费亭城，魏武帝初所封也。"在明清著述中，类似观点甚多，不再赘列。此种错误早在宋代即有萧常指出："费亭，音祕，在沛国鄪县，非鲁国之费。"④ 清人何焯亦指出："山阳郡湖陆注引《地道记》：'县西有费亭城，魏武帝初所封。'按费亭仍曹腾故封，注谬引。"⑤ 但均未引起其他学者注意。

---

① 沈炳巽：《水经注集释订讹》卷二十五，文渊阁《四库全书》本。
② 鱼台县地名委员会办公室：《鱼台县地名志》，山东地图出版社 1996 年版，第 77 页。
③ 司马光：《资治通鉴》卷六一引《晋书地道记》，中华书局 1976 年版。
④ 萧常：《续后汉音义》卷四，文渊阁《四库全书》本。
⑤ 何焯：《义门读书记》卷二十五《后汉书》，文渊阁《四库全书》本。

我们从文献记载中可以确知，费亭城为曹腾封地，继为曹嵩、曹操袭封。则只要找到曹氏封地究在鱼台还是永城县，真相便可大白。文献关于曹氏封地记载比较明确，《后汉书·郡国志》沛国鄼县注："《帝王世纪》曰：'曹腾封费亭侯，县有费亭是也'。"《水经注》："涡水又东，迳谯县故城北。……城南有曹嵩冢，冢北有碑，碑北有庙堂……庙北有二石阙双峙……阙北有圭碑，题云：《汉故中常侍长乐太仆特进费亭侯曹君之碑》延熹三年立。"① 又云：涣水"又东迳鄼县故城南。……涣水又东南迳费亭南。建和元年，封中常侍沛国曹腾为侯国。……封亭侯，此城即其所食之邑也"②。《元和郡县志》永城县："故费城，县南二十里。"《太平寰宇记》永城县："费城，在县西南二十五里，南临涣水。"此费城当为费亭城之简称。"费城在永城县南，《后汉书·郡国志》鄼县有费亭。"③《读史方舆纪要》永城县有古谯城、鄼县故城和费亭，分别位于县北三十一里、县西南和县西。④ 以上记载清楚地表明，曹氏封地费亭城当在永城县而不在鱼台县。

既然费亭城与鱼台县无涉，为何一直以来人们总要将费伯封地与鱼台县、费亭城连在一起呢？如前所说，费伯受封和封地何在文献并无记载，费伯见于记载的两件事即城郎和伐极都发生在今鱼台县，故人们习惯性地总是在今鱼台县落实其封地。郎和极也确实是唯一与费伯相关的线索，费伯确曾率师进入今鱼台县当属无疑，但并不能因此就断然认定其封地也在今鱼台县。所以，我们只能认定费伯因筑城和伐极而入据今鱼台县。据《姓纂》关于郎姓云："鲁懿公孙费伯城郎，因居之，子孙氏焉。"⑤《古今姓氏书辨证》亦云：郎"出自姬姓，鲁懿公孙费伯帅师城郎，因居之，子孙氏焉"⑥。则郎地确为费伯及其子孙居地，但鱼台县却不是费伯受封之地。

准上所论，《晋书地道记》所谓"湖陆西有费亭"，当属误记，后世多数学者未查费亭为曹氏封地，地在永城而非鱼台之详，据之以费伯封

---

① 《水经注疏》卷二十三《阴沟水》，上海古籍出版社1999年版。
② 《水经注疏》卷三十《淮水》，上海古籍出版社1999年版。
③ 《大清一统志》卷一五四《归德府》，文渊阁《四库全书》本。
④ 顾祖禹：《读史方舆纪要》卷五十《河南五》，上海书店出版社1998年版。
⑤ 章定：《名贤氏族言行类稿》卷二十六，文渊阁《四库全书》本。
⑥ 邓名世：《古今姓氏书辨证》卷十五，文渊阁《四库全书》本。

地当之，显然没有史料根据。所以，鲁国并没有同名异地的两个费邑存在，只有同名同地的一个费邑即今费县之费，费为固有之地名，庈父受封于此为费伯，后为季氏封地。

三 季氏费邑地望的确定

季氏费邑以及季氏活动除《左传》之外，与之相关的史事亦多见于《论语》《孟子》等文献，如孔子"堕三都"，孟子说费惠公"为小国之君"等皆是。季氏费地当在今山东费县，其地近于蒙山。《论语》之《雍也》篇、《先进》篇特别是《季氏》篇明确说颛臾为东蒙主，则蒙山近于费："季氏将伐颛臾。冉有、季路见于孔子曰：'季氏将有事于颛臾。'孔子曰：'求！无乃尔是过与？夫颛臾，昔者先王以为东蒙主，且在邦域之中矣，是社稷之臣也。何以伐为？'冉有曰：'今夫颛臾，固而近于费。'"季氏将伐的这个颛臾，就"近于费"，而颛臾为"东蒙主"，可知颛臾在蒙山一带，其与费两者相邻或相近。颛臾是鲁的属国，其地一说在南武阳县，杜预注：颛臾"在泰山南武阳县东北"；① 一说在费县。傅逊认为"今山东费县有颛臾城"；② 一说在蒙阴县，《论语注疏》邢昺疏云："《地理志》云，泰山蒙阴县，蒙山在西南，有祠颛臾，在蒙山下。"③ 蒙山又称东蒙，其地则有费县和蒙阴两说。李吉甫认为蒙山在费县："蒙山在县西北八十里，楚老莱子所耕之处。东蒙山在县西北七十五里。"④《太平寰宇记》亦谓："蒙山，在县西北八十里。……东蒙山，在县西北七十五里。在蒙山之东，故曰东蒙。"赵顺孙认为"东蒙，山名。愚案：蒙山在泰山郡蒙阴县西南，今沂州费县也，颛臾在蒙山下"⑤。黄镇成认为："蒙山，地志在泰山郡蒙阴县西南，今沂州费县也。"⑥ 詹道传"东蒙，山名。赵氏曰：'蒙山在泰山郡蒙阴县西南，今沂州费县是也。'"⑦ 陆宗楷考证："冯氏曰：'《禹贡》有二蒙，徐州蒙羽其艺，东蒙

---

① 《春秋左传注疏》卷一三，僖公二十一年，文渊阁《四库全书》本。
② 傅逊：《春秋左传属事》卷七，僖公二十一年，文渊阁《四库全书》本。
③ 邢昺：《论语注疏》卷一六考证，文渊阁《四库全书》本。
④ 李吉甫：《元和郡县志》卷一三，中华书局1983年版。
⑤ 赵顺孙：《论语纂疏》卷八，文渊阁《四库全书》本。
⑥ 黄镇成：《尚书通考》卷七，文渊阁《四库全书》本。
⑦ 詹道传：《论语纂笺》卷八，文渊阁《四库全书》本。

也,梁州蔡蒙旅平,西蒙也。'《閟宫颂》云:'奄有龟蒙,遂荒大东。'注:蒙,东蒙也,以其居鲁之东,故曰东蒙。今沂州费县是也。"① 胡炳文认为:"东蒙,山名。冯氏曰:'蒙山在蒙阴县。'"②

以上所说颛臾和蒙山在南武阳、费县和蒙阴诸县,费县有颛臾城,蒙阴县有颛臾祠,蒙山在费县或蒙阴县。西晋南武阳县即今山东平邑县,明代费县即今费县,蒙阴即今山东蒙阴县。这些说法虽然不同,其实所指为一。蒙山属泰沂山脉的分支,呈西北—东南向纵跨今山东临沂市平邑、蒙阴、费县和沂南四县。蒙山之西为平邑,之南是费县,之北为蒙阴。故武阳县东北、蒙阴县西南和费县西北所指,均为蒙山所在位置。由此可知,上述三县,即今山东沂水支流汶、凌两河之间的上中游地区,正是春秋时期费邑和颛臾的所在。

关于费邑的具体方位,文献记载比较清楚。《元和郡县志》卷十一:"古费国也。隐公元年传曰:'费伯帅师城郎。'后为鲁季氏之邑。至汉为费县,属东海郡,自宋至隋皆属琅琊郡,大业末为贼潘当所破,武德四年重置,属沂州。"《太平寰宇记》费县:"古费国也……自汉费县移理祊城,后魏孝文帝太和二十年又自祊城移费县理于今县城北四十里阳口山。隋开皇三年复自阳口山移入祊城,今县理也。"又云:"县理中城,后魏太和二十年筑,以治费县,周回二十里,外城即故祊城也。……后移薛固,周移阳口山南,隋又移入祊城。"陈士元认为:"古鄪城,在今兖州府沂州费县西北二十五里。"③ 阎若璩《四书释地》引《齐乘》云:"费城在费县西北二十里,鲁季氏邑。"《读史方舆纪要》卷三三:费城在"县西南七十里。……汉置县治此,后汉移理薛固,在故城之南。寻又移理祊城,后魏太和中,自祊城移治阳口山,今县西北二十五里故费城是也。隋开皇三年,复还祊城,即今县治"。《山东通志》:"费县城在古祊城内,元魏太和元年筑,后移阳口山。隋开皇中复置县于此,旧土城周八里,明洪武初截其北偏为城,周四里。"④《大清一统志》:"费县故城,故费县在今县西北二十里。"高士奇、顾栋高俱以为"今沂州府费县西南

---

① 陆宗楷:《论语注疏》卷十六考证,文渊阁《四库全书》本。
② 胡炳文:《论语通》卷八,文渊阁《四库全书》本。
③ 陈士元:《论语类考》卷二,文渊阁《四库全书》本。
④ (乾隆)《山东通志》卷四《城池志》,文渊阁《四库全书》本。

七十里有费城"①。光绪版《费县志》:"古费城……遗址在今县治西北二十五里,周围十余里,治水迳其南,酂城湖在城西,久湮。城内有季桓子井。有村曰古城,城外附近村曰东酂城、西酂城。酂读秘,土音犹古音也。"②

以上关于费县故城方位道里的记载,虽有西北20里、25里和西南70里之别,但西南说既超出费县辖域,也无确切地点予以落实,而西北说则有费城遗址为证,且城周围还有以"酂"为名的村庄,现在亦有以"毕"命名的三个村庄——南毕城、北毕城和西毕城。据《费县地名志》:费县故城位于上治公社古城、西毕城、宁国庄一带。现有古城遗址,"城呈长方形,南北长四里许,东西宽二里许。据实地勘察,西城墙长2170米,北城墙长954米,东城墙1935米,南城墙长1077米,东南、西南两角均为抹角形,城内北半有一丘陵高地,东西横列,将城分为南北两大部分"③。由此可见,古费城就在今费县上治乡内。

通过以上所考,古代费邑实有三地而非四地,即"河南费"、鲁国"季氏费"和曹氏费亭侯封地。所谓鲁国"费氏费"地在鱼台之说由《晋书地道记》开其端,后世学者多不究其原委,误以曹氏封地费亭为费伯封地,其说于史无证,不能成立。费亭为汉末曹氏封地,地在今河南永城县,与费伯封地无关,亦不在今鱼台县。费伯城郎、伐极,俱在原鱼台县境内,费伯子孙据此而为郎姓之祖。古代三"费"中,"河南费"既为夏禹后裔姒姓封地,又远离东夷故地山东一带;曹氏封地费亭显系晚出,两者都与伯益或"畀"氏封地无涉。

既然费伯之费与季氏之费实为一地,今鱼台县并无费伯封地存在,那么,今费县之费是否就是伯益封地之费呢?费邑之费又读"祕",古今学者俱以为是。而"祕"与"毕"音同,甲骨文中习见的"畀"氏之"畀"即"毕"字,今费县既有古费城遗址存留,城址内外至今仍有以"毕"名村者。则费邑之费由读音"祕"而将古今豁然贯通,也为我们保留了秦人先祖最初的足迹:鲁国费邑不仅是伯益受封之地,亦为"畀"

---

① 高士奇:《春秋地名考略》卷二,文渊阁《四库全书》本;顾栋高:《春秋大事表》卷六,文渊阁《四库全书》本。
② 李敬修:《费县志》卷一三《古迹》,光绪二十二年刻本。
③ 费县地名委员会:《费县地名志》第357页,内部资料,1982年编印。

氏居地。大禹封伯益于费，故伯益又称大费；甲骨文中的"㠱"氏学术界公认为与秦人先祖有关，而鲁国费邑即是"祕"邑，可知上自伯益受封，中经商代，下至周初，在长达千年以上的时间里，费邑一直是伯益后裔、秦人先祖或其一支的居地。由此而言，在秦人曲折漫长、若隐若现的起源史和西迁史上，费邑无疑是其圣地和根基所在。费邑为伯益封地的确定，对于秦人起源和西迁历史的研究，无疑提供了一个据以突破的重要支点。

第三节　㠱族寻踪

在秦人起源以及西迁问题的讨论中，㠱及㠱族是一个无法回避的重要问题，论者大多以为它与秦人先祖有密切之关系。㠱及㠱族在已知的甲骨文、金文资料中都有较多的记载，显示其在上古确是一个非常重要和显赫的部族。对此，已有不少学者进行过专门研究，厘清了许多基本事实，取得可喜的成绩，为我们进一步系统探讨奠定了必要的基础。这里有必要就㠱之含义及其演变、㠱及㠱族及其在商代的活动作一梳理，以期通过对㠱及㠱族身份、职掌、事迹与活动地域的考察，力求比较全面地还原其真实面貌，或有助于深化秦人起源与西迁问题的解决。

一　㠱之音义及演变

㠱及㠱族有关的直接资料，在甲骨文和金文中都有记载，尤以甲骨文为多。经许多学者多方收集，甲骨文中有关㠱及㠱族的资料数量可观。其中，丁山从甲骨文中辑出数十条，郑杰祥、李雪山等学者也都有过辑录。而集大成者则是史党社，他根据姚孝遂、肖丁《殷墟甲骨刻辞类纂》，从《甲骨文合集》《小屯南地甲骨》《怀特氏等收藏甲骨文集》中搜集的有关㠱氏的辞例约有400条，并做了分期和分类。① 在铜器铭文中，邹衡发现在传世的"广折肩罐"为代表的先周文化器物的这一类铜器，很可能就是甲骨文中㠱氏的遗物，此类族徽铭文丁山举出5种，邹衡列举8件。②

---

① 史党社：《秦人早期历史的相关问题》，秦始皇兵马俑博物馆《论丛》编委会编《秦文化论丛》第六辑，西北大学出版社1998年版。

② 邹衡：《夏商周考古学论文集》，科学出版社2001年版，第299—300页。

史党社在此基础上又新增3种，① 如此则此类遗物已达11件。

关于甲骨文中的"㲋"字，有畢（毕）、芈、禽、罜等多种解释，释读尚有争议。徐灏《说文解字注笺》曰："芈、畢一声之转，故《篇》、《韵》芈又音毕，疑芈、畢本一字。"罗振玉云："《说文解字》：'畢，田罔也，从芈，象畢形'，……卜辞诸字正象网形下有柄，……即许书所谓象畢形之芈也。但篆文改交错之网为平直，相当于初形已失，后人又加田，于是象形遂为会意。汉画象石凡捕兔之毕尚与芈字形同，是田网之制，汉时尚然也。"王国维释为"芈"，郭沫若释为"罜"，②丁山以为甲骨文所见"㲋"字甚众，其辞多数与田猎有关，如"戊寅囗囗其㲋鹿……"（《铁》42.1）这些"㲋"字，自来皆释为芈，而以为是"畢"字的省形。按《说文》云："芈，箕属，所以为推粪之器也，象形。"又云："畢，田网也，从田，从芈，象形。"实则"㲋"即"畢"字初文，像"形小而柄长"的捕鸟兽之网，以此网掩捕鸟兽者，皆谓之畢。③ 由"㲋"字滋生的字，丁山辑出7字3种：

"㲋"字上加"匕"为𥅘，至今未有识者；

"㲋"字从"隹"为𪇳，罗振玉释为罗；

"㲋"字从"麤"为𪊍，商承祚以为"即《尔雅·释器》麤罟谓之䍥之䍥"。

丁山认为这三字构造原理相同，信如《尔雅》所说，"鸟罟谓之罗，麤罟谓之䍥"。三字偏旁虽无定型，或从豕，或从隹，然以牛、羊、豕等动物之牝牡为别则其义是一致的。因此，"我认为以㲋捕鸟兽之谊则一，宜是禽字初文"。"禽"字在金文中初为"从㲋，今声"。至《不其簋》始变㲋为禽，距离甲骨文之形愈远了。"禽"字见于宗周文献者，或谓猎得鸟兽，或谓战获敌人。上述几字其字俱象以手网捕取鸟兽形，决是"禽"字本字。故"贞，弗其𪇳土方"（《后》下，37.6）之"𪇳土方"，我们自然可以释为"禽土方"了。

卜辞中有"𪊍"字，其字从"豕"，亦为"禽"字之别体。金文中

---

① 史党社：《秦人早期历史的相关问题》，秦始皇兵马俑博物馆《论丛》编委会编《秦文化论丛》第六辑，西北大学出版社1998年版。

② 郭沫若：《䇂卣释文》，《金文丛考》，人民出版社1954年版，第316页。

③ 丁山：《甲骨文所见氏族及其制度》，中华书局1956年版，第80—81页。

的"亚禽"即卜辞中的亚𢦔，亚𢦔即是亚毕。卜辞中的亚𢦔，其字与《亚䧹尊》《亚䧹簋》诸铭中的隹下之"𢦔"稍有繁简之别。"亚䧹"在卜辞或变为"从匕从毕"之"𢦔"。所谓"亚𢦔"，亦即古玺所谓"亚𢦔氏"。亚𢦔氏曰辞省称为𢦔氏。"𢦔"与"䧹"截然二字，在卜辞中有明证：

丁酉卜，出贞，𢦔䧹舌方。（文录638）

𢦔与䧹同见一辞，或同见一版之上，可证𢦔读为匕毕之匕，䧹为禽获之禽。

卜辞中有"己未卜，𢦔子□亡疾"（后，下29、4）和"戊辰卜，韦贞，爵子𢦔"（铁、241、3）的记载，是"𢦔"与"𢦔"同名异字之直证。

关于"𢦔"字，丁山综考《周易》等经书有关天子、贵族祭礼中匕为梡鼎之器，毕为助载鼎实之物，且匕与𢦔连文后指出：伞上加匕，当是"枇"字；其下之𢦔，实象桼义；此字决是枇之本字。故"𢦔"字当为"从𢦔，从匕，匕亦声"①。

"𢦔"又通"费"，丁山认为"𢦔"读若"毗"，当即鲁地"比蒲"，由《古文尚书》"柴誓"今本通作"费誓"例之，即《左传》隐公元年（前722年）所谓"费伯帅师城郎"之费。邹衡亦以为"𢦔"读"毕"，亦通"费"。指出《秦本纪》有关秦人先祖中有大费、费氏、费昌，蜚廉、非子，5人中，大费第二字与后4人第一字全是轻唇音，按古无轻唇音之例，则"费""蜚""非"与"𢦔"的声符"匕"是可以通假的。如《说文》引《古文尚书》"费誓"作"柴誓"；郑玄注《礼记·曾子问》和《周礼·雍氏》"费"都作"柴"，是费与比通。又如"棑"字今文作"柴"，《说文》作"䇳"，《玉篇》作"棐"。古书上"伦辈"就是"伦比"，"等辈"就是"等比"，是非与比通。金文中族徽皆从𢦔，或是同族的分化。②

郑杰祥赞同徐灏、罗振玉、丁山等人卜辞"𢦔"字为"毕"之初文的看法，认为毕上又加匕，乃"毕"字之形声字。又说"𢦔"字从人，𢦔声，又像以𢦔捕人之状，是个形声兼会意字。𢦔，许慎《说文》卷四下："毕，田网也。从𦥑，象毕形"；《礼记·月令》郑玄注："网小而柄长谓之毕。"卜辞"𢦔"字酷似长柄小网的形象，实为"毕"字之初文。

---

① 丁山：《甲骨文所见氏族及其制度》，中华书局1988年版，第80—81页。
② 邹衡：《夏商周考古学论文集》，科学出版社2001年版，第301页。

"㿸"为"㐭"字之孳乳字，仍当读为"畢"字，今简化为"毕"字。①

史党社则认为"㿸"或作"㐭"，1—4期都有，主要见于1期武丁卜辞和4期武乙、文丁卜辞。1期多写作"㿸"，4期多写作"㐭"，为一字二构。卜辞中的"㐭"，见于1、3、4期，而以1、4期为主。其字，1期多作"㐭"，4期有时作"㐭"。"㐭"的含义一为动词，有人释为禽，即擒，二为人名，三为族邦名。作为人名，1期称㐭子，4期称亚㐭。这个"㐭"与"㿸"都惊人相似，故㐭氏即㿸氏，二者实为一族。关于金文亚隼罐之隼，出现于商末周初，该字从㐭，即禽、擒，鸟与㐭组合成"隼"字，为会意字，应为捕鸟兽之义。卜辞中的"㿸"氏称亚㿸的，只有甲骨4期才有，而亚隼罐年代为甲骨5期，这两者年代前后相衔，表明"隼""㿸"二字联系密切，可知甲骨4期的亚㿸即5期青铜器铭文的亚隼，也就是说，亚隼器所代表的亚隼氏的祖先即卜辞中的亚㿸氏，亦即1期卜辞的小臣㿸、臣㿸。②

从以上诸家所考可知，在甲骨文、金文中"㐭"有"㐭""㿸""隼""㰇""㐭"诸字。其中，"㐭"为本字，该字从草、从田、从羋，或从桑，畢声，为"畢"之本字或初文。畢即田网，即"形小而柄长"的捕鸟兽之网。其他由㐭所孳生的字其义大致相同。"㐭"字亦可写作"㐭"。

由㐭孳生出"㿸""隼""㰇"三字："㿸"字从㐭，从匕，匕亦声，是个形声兼会意字，为"㐭"字之孳乳字，仍当读为"畢"字，又可写作"㰇"。"隼"字从隹，其义为罗。《说文》："罗，以丝罟鸟也。从网，从维。"《尔雅·释器》："鸟罟谓之罗。"商承祚《殷墟文字类编》：甲骨文上部"象张网……象鸟形"。《诗·小雅·鸳鸯》："鸳鸯于飞，毕之罗之。"则"隼"字义亦为捕鸟之网或用网捕鸟。"㰇"字释为羉，羉即捕捉野猪的网，《尔雅·释器》："彘罟谓之羉。"郭璞注："羉，幕也。"邢昺疏："彘，猪也。其罔名罗羉，幕也，言幕络其身也。"可知，羉就是用来捕捉野猪等兽类的网幕。这三字，均与捕获有关，故丁山认为皆为捕鸟兽之义，宜是"禽"字初文。"禽"字在金文中初为"从㐭，今声"。卜辞中的"㰇"字为"禽"字之别体。

金文中的亚隼在卜辞中或变为"从匕从凶"之㿸。㿸与隼同见一辞，

---

① 郑杰祥：《商代地理概论》，中州古籍出版社1994年版，第286—289页。
② 史党社：《秦人早期历史的相关问题》，秦始皇兵马俑博物馆《论丛》编委会编《秦文化论丛》第六辑，西北大学出版社1998年版。

或同见一版之上，可证㪍读为匕鬯之匕，隼为禽获之禽，截然二字。卜辞中"㪍子"与"子㪍"互见，则㪍与㪍为同名异字。

"㪍"又通"费"，诸家已举出许多文献与音韵上的证据，兹不赘言。

以上诸字，按卜辞分期排列，㪍见于卜辞1、3、4期，又可作"㪍"；"㪍"与"㪍"，在卜辞1—4期中均有。这两字出现最早，均为一字二构，而前者"㪍"显为"毕"之本字。"㪍"字通"㪍"，则"㪍"与"㪍"可互用。至于"隼""㪍"，显系晚出，乃由"毕"之本字派生而来。所以，就其本字与派生字细作区分，则有泛指和专指之别，本字"㪍"其义泛指有柄之网，而"隼""㪍"则分别为捕鸟、捕兽之网。"㪍"或"㪍"作为名词即为人名或族邦名，且所指相同；作为动词则为禽（擒）。无论本字或派生字，其义都为捕获之义，故概而言之，诸字均为捕鸟兽之义，丁山之论甚当。

至此，我们可知"毕"之本字为"㪍"，或为"㪍"，其余均为由㪍或㪍所派生，但其义大致相同，均为捕获之义。所以，依常用和习用之例，在不需特指的情况下，可以"㪍"作为诸字之通用字。

二　亚㪍之职掌与事功

在甲骨文和金文中都有"亚㪍"一词。在甲古文中，例如：

丁酉卜，亚㪍以众涉于□，若。（《合集》31983）
己巳卜，告亚㪍往于丁一牛。（《屯南》2378）
"亚㪍"。（《林》，2.12.14）
"㪍入"。（《院》，9.0.0410）

丁山认为，这些"㪍"字，都是氏族之名；亦为氏族之号。"亚㪍"者，可证㪍氏亦商之侯亚了。

有关㪍氏的铜器铭文，多为物上鸟形，外加亚形框。此图形或文字，论者大多以为此图形为族徽，认识稍有差异。高明、李学勤认定为字，并更进一步论定所谓族徽其实就是氏。[①] 亦即族称。徐中舒以殷墟亚形大

[①] 李学勤：《考古发现与古代姓氏制度》，《古文献论丛》，上海远东出版社1996年版，第122页。

墓为证，认为"铜器铭文容纳于亚形中的极多，疑即特制殉葬用的明器"①。邹衡则认为这些铜器绝非专门用于殉葬的明器，而墓室之作亚形、甲形，倒可能与死者一定的身世有关，或许同铭文所加的外框有类似的含义。②唐兰考证认为，传世铜器之亚形，与《尚书·牧誓》《立政》的"亚旅"、《酒诰》的"亚、服"、《诗经·载芟》的"侯亚、侯旅"相同，是一种爵称，即"作器者自著其爵称也"。③丁山主张"凡卜辞金文所谓'亚'某者，皆畿服内的诸侯"。

关于"亚"除了释为爵称之外，尚有释为官名一说。姚孝遂以为"卜辞亚为官名"。④又说："卜辞'亚'之职掌主要为军旅，同时也司祭祀，其地位异常尊崇。"⑤

王献唐认为："所谓亚和旅，当时并没有高贵身份，乃一般低级服役者而已。人数既多，又无正式名义，只能类比而称为亚、称为旅。"⑥其实，"亚"之含义还不止爵称与官名。史党社认为，金文亚形外框即"亚"字，是一种官职或爵称，"雀"字由鸟与凶组成，为会意字，应为捕鸟兽之义，乃亚之职守。亚雀连读，意为捕鸟兽之官。⑦李雪山研究发现，卜辞亚的用法非常复杂，其义一是宗庙名；二是有"次""后"之义；三为贞人名与国族名。据其研究，卜辞中像亚㠱、亚族、亚雀、亚其、亚新、亚般、亚侯等，类似"侯某""伯某""子某"，"某"都是国族名，"这都系爵称的规律性格式。因此，卜辞中的'亚'应是爵称"。其对商周框以亚形的族徽铭文的研究，亦表明亚后之字"均是国族名，受过商的册封，且在中央为官，与商王关系极为密切，我们据此推断，凡称亚者必是诸侯，并且又都曾在中央为官，是当时荣誉的标志"。⑧可见，不论是卜辞还是金文，所谓"亚㠱"当为爵称或诸侯无疑。

---

① 徐中舒：《四川檬阳镇出土的殷代二觯》，《文物》1962 年第 6 期。
② 邹衡：《夏商周考古学论文集》，科学出版社 2001 年版，第 300 页。
③ 转引自邹衡《夏商周考古学论文集》，科学出版社 2001 年版，第 301 页。
④ 于省吾主编：《甲骨文字诂林》，中华书局 1996 年版，第 2905 页。
⑤ 姚孝遂等：《小屯南地甲骨考》，中华书局 2004 年版，第 115 页。
⑥ 王献唐：《黄县㠱器》，山东人民出版社 1960 年版，第 90 页。
⑦ 史党社：《秦人早期历史的相关问题》，秦始皇兵马俑博物馆《论丛》编委会编《秦文化论丛》第六辑，西北大学出版社 1998 年版。
⑧ 李雪山：《商代分封制度研究》，中国社会科学出版社 2004 年版，第 53 页。

亚㠱不仅是商朝封国中的亚国之一，或"当是畿服内的侯甸",① 而且，其在商代也是重要的官员。卜辞中除了亚㠱，还有㠱、㠱子、子㠱、小臣㠱、臣㠱等称谓。这些称谓其所代表的含义，还得具体情况具体分析。单字"㠱"正如史党社所说，既为人名，又为族邦名；应该也是部族方国首领的名称。此外，当还有地名之义，例如：

"贞，使人于㠱。"（《林》，1.26.18）
"辛丑，小臣兹入㠱。"（安阳侯家庄出土石簋）

"于㠱""入㠱"即是至㠱族之地或至㠱地，此处㠱当有地名之义。
㠱子即子㠱，例如：

"己未卜，㠱子□亡疾。"（后、下、29、4）
"戊辰卜，韦贞，爵子㠱。"（铁、241、3）

丁山以为"爵子㠱"，"殆谓赐子㠱爵一级；子㠱，即上文所称'㠱子'"，即王子，也就是㠱族或亚㠱的王子。

小臣㠱和臣㠱都是官名。㠱在卜辞中又称为"小臣㠱"，（《合集》D5572）陈梦家《综述·百官》云："臣或小臣在殷代为一较高的官名，在此官名之后常随以私名。"他还推测认为，"武乙的亚㠱可能即武丁的小臣㠱"。② 可知，"小臣"和"亚"一样，都是商代重要的官职。

亚㠱以及㠱、子㠱、㠱子、小臣㠱和臣㠱等，作为同一人、同一族邦、方国在不同时期、不同环境条件下的统称或专称，我们从中可以清楚地了解到亚㠱氏作为亚、小臣和臣，曾是商代享有爵位的官员、诸侯和封国；子㠱、㠱子在卜辞中的出现，表明作为㠱氏王子曾受到封赏和晋爵；而㠱作为㠱氏封地或居地曾有小臣兹等入使，说明㠱氏与商关系密切，受到商王的高度重视。按卜辞分期记载的内容可知，在1期武丁卜辞中，㠱氏作为人名称作㠱子，官名称作臣、小臣；在4期武乙、文丁卜辞中，㠱

---

① 丁山：《甲骨文所见氏族及其制度》，中华书局1988年版，第83页。
② 陈梦家：《殷墟卜辞综述》，科学出版社1956年版，第510页。

氏作为人名称作亚㠱，官名亦为亚㠱；在5期即商末周初之际，以"亚隻罐"为标志，㠱氏仍沿用亚㠱为人名、族称和官名。据此我们可以相信，亚㠱氏在商代是一个世代为官，并有爵称和封国、受到商王高度重视的显赫人物和族邦。

既然亚㠱氏在商代如此重要，其在商代必有作为。卜辞中留下了以下一些记载，我们可以大致对其活动有所了解。

（1）癸未卜，宾贞：惟㠱往追羌。（《合集》493正）

（2）贞，弗其㠱土方。（《合集》6450）

（3）癸酉贞：㠱以伐……北土。（《屯南》1066）

（4）贞，令㠱伐东土，告于祖乙、于丁，八月。（《粹》249）

（5）丁巳卜，贞王令㠱伐于东邦？（《合集》33608）

（6）癸未卜，宁贞：车㠱往追芍。（《前》5、27、1）

（7）丙辰卜，宁贞：翌乙巳，㠱其□，受萑又。（《通纂》别二、东大、5）

（8）甲辰贞，㠱以众畬伐旨方，受又。（《粹》1124）

（9）丁酉卜，出贞：㠱隻吾方。（《文录》638）

（10）戊子卜，宾贞：㠱迄步伐吾方，受有佑，十二月。（《合集》22847）

（11）丁未卜，争贞：勿令㠱以众伐吾。（《合集》26）

（12）丁丑贞，王令㠱以众畬伐召，受佑。（《合集》31973）

（13）庚辰贞，至河，㠱其捍乡方？（《屯南》1009）

（14）壬申卜，在攸贞：有牧㠱告启？王其乎戍弗利。（《合集》36823）

（15）癸酉卜，戍伐，右牧、㠱［告］启人方，戍有灾，引吉。（《屯南》2320）

以上诸条卜辞记载的是㠱氏受商王之命征伐各方的事例，具体涉及羌方、土方、北土、东土、东邦、芍、萑、旨方、吾方、召方、捍、方族、人方等。需要说明的是后三条材料，第13条是商王于庚辰日贞问派㠱前往征伐方族之事；第14、15条为商王在征讨人方的途中，在攸地等处的卜问，内容都涉及征人方。

（16）皋以牛其用自上甲几大示惟牛。（《屯南》9）
（17）……方……茧燎……燎于夒。（《甲》1147）
（18）贞……乎皋燎于王亥。（《遗》338）
（19）贞茧皋乎酚上甲？（《南明》71）
（20）甲子卜，争贞：来乙亥告皋其用于六元东？（《陈》28）
（21）庚辰卜，争贞：皋酚于丁，牢？（《文》341）
（22）丙申卜贞：翌丁酉，皋侑于丁一牛。（《合集》4048）
（23）甲午卜，𠭦贞：乎皋先御于河？（《甲》333、8）

这8条卜辞所载皆为皋氏受命和参与祭祀商王先祖及神祖之事。

（24）贞，勿令皋衷田。（《合集》9475）
（25）贞，勿令皋衷田于京。（《合集》10919）
（26）癸卯……芍贞……皋……垦田京。（《卜》417）
（27）□卯，贞，王令皋𧈪田于京。（《殷契佚存》250、四期）

以上4条卜辞均言皋氏受命率众开垦荒田之事，而且有3条材料所涉及垦田之地都在京地。

（28）辛巳卜，在小箕，今日王逐兕，皋允擒七兕。（《合集》33374反）
（29）丁卯卜，□于戚，亚皋其入十牛？（《鄂》、三、下、44、1）

这两条卜辞记载了皋氏跟随商王狩猎和向商王献牛之事。

（30）……曰：皋来其以齿。（《合集》17303反）
（31）皋入〔五〕（《合集》9226反）
（32）癸酉，皋示十屯。（《合集》493）
（33）甲寅，犬见皋示七屯，允。（《合集》6768）
（34）皋来舟。（《合集》11461）
（35）辛丑卜，贞：皋以羌，王于门揖。（《合集》261）

(36) 丙午卜，贞：皋尊岁羌三十卯三牢，葡一牛于宗用，八月。（《合集》320）

此 7 条卜辞连同第（29）条，均言皋氏向商王纳贡事。定期朝见商王、纳贡献物，乃是方国诸侯应尽的义务之一。上述纳贡之物包括象牙（齿）、卜骨（以屯为单位）、舟船和俘获的羌人。贡献羌人是为商王助祭，可知助祭亦为方国的义务。

(37) 虫皋令省……（《粹》915）
(38) 癸巳卜，令皋省廪？（《粹》914）
(39) 贞，皋立史于亚侯，六月。（《合集》5505）
(40) 贞，皋立史于除侯，六月。（《合集》5505）
(41) 方贞，皋其往于万？（《合集》8354）

这 5 条卜辞中，前两条记载了商王命皋氏前往廪地仓库重地进行巡查。后两条则是派遣皋氏前往亚侯、除侯之地设立"史官"。商代史官的职责是指挥军事战争，监察地方诸侯官吏。故史官之设是商王对地方监督控制加强的标志。最后一条则是皋氏前往万地，可能也是奉命出使。

(42) 戊午卜，宁贞：皋不丧众？（《宁》3、43）
(43) 贞皋其丧众？（《南明》191）
(44) 丙辰卜，亘贞：皋无灾？二月（《存》2、371）
(45) 壬午贞：皋亡灾。（《合集》4087）
(46) 壬午卜，宾贞：皋骨凡有疾。（《合集》13880）
(47) 贞皋有灾？（《前》6、43、3）
(48) 丙子……今日步皋。
(49) 子翌日丁丑步皋。（《合集》33055）
(50) 周不出皋。（《合集》10976）

以上 9 条卜辞中，前 8 条反映了商王非常关心皋族的安全并到皋地视察，对皋氏有无灾祸以及疾病都要过问。说明商王与皋氏关系非同一般。

最后一条记载的是后来建立西周的周族卜问周族是否灾及㐬氏,可见,其时㐬氏与周族关系友好。

㐬氏以商之世族世官和诸侯封国,广泛参与了商王朝的政治、军事等重大活动,举凡征战、祭祀、垦田、狩猎、巡查、贡物,包括爵封等方面,在卜辞中都留下了㐬氏的踪迹。尤其是在军事征讨上,㐬氏无疑是商王朝赖以依靠的一支劲旅,他们东征西讨屡建功勋,受到商王的高度重视、关注和倚重。㐬氏也因此而成为商之显族。

三 㐬氏活动地域考察

㐬氏广泛活动于商代,其随商王或受命东征西讨,与许多方国部族有过交往和交战,也曾奉命参与祭祀、巡查、出使、狩猎和垦田。他们足迹所至之地,也就是其活动的地域和范围。而一些与之有密切关系或曾长期活动过的地方,则可能蕴含着与其居地和迁徙有关的种种信息。我们试就以上卜辞资料中与㐬氏相关的部族居地和地名,如北土、东土、东邦、羌方、土方、旨方、吾方、召方、方族、人方、攸、捍、万、费、毕、京等,在整理前人与现有研究成果的基础上作进一步的考察和分析,或有助于深化对于㐬氏的认识。

甲骨卜辞中有关地名、方国的位置远近,都是以甲骨发现地即商代后期都城所在地殷墟乃至王畿为中心而记载的。卜辞中大多数地名是确指其地,部分地名属于泛指方位或区域。一般而言,商之王畿在卜辞中称作商,今西起太行山以东,东达河南濮阳市区,北起漳河流域,南至黄河沿岸的地域,大致就是商的王畿之地。王畿以外的土地称为四方或四土,即东、西、南、北四方或四土。四方之地分布着许多部族方国,这些部族方国中,既有始终忠实于商的属国,也有时服时叛的,还有的则长期处于敌对状态。

卜辞第3条至第5条的北土、东土和东邦等地名显系泛指方位区域。商之北土亦即北方,大约主要在今河北、山西北部、北京燕山南北一带地区;东土、东邦都是指商之东方,大约包括河北南部、河南东部、山东中西部和皖、苏两省北部边缘一带地域。当然,东土与北土也有狭义的具体位置,不在本书讨论之列,兹从略。

前引第1条卜辞"羌方"又称羌,羌方是商代西部的一个大的敌对部族方国之一,卜辞中有关商王征伐羌人和俘获羌人的记载最多。李学勤指出，卜辞"羌"与"羌方"有广狭之分，广义的"羌"是商人对西方异族的统称；狭义的"羌方"则是专指羌地的一个方国。① 陈梦家以为"今陕西省大荔县西十五里有羌白镇，地名'羌白'与卜辞中的'羌方白'恐非偶然的巧合。此地或是羌伯所曾居之地，在河东之西"②。郑杰祥据此认为羌人主要活动于今山西省南部的介休县和陕西省东部的大荔县一带。③ 李雪山根据卜辞"来羌自西"和参与征伐羌人的雀、甫、畓等诸侯国多在商王畿的西部，分布于今山西省的中南部，推测羌人的主要活动区域也应在靠近山西省中南部的陕西境内。④ 这些看法非常接近，联系到春秋以来大荔一带曾是大荔戎的居地，则羌方分布于山西中南部以西的陕西境内是可信的。

卜辞第2条"土方"与西方的羌方一样是商朝北方的劲敌之一。据《魏书·序记》："昔黄帝有子二十五人，或内列诸华，或外分荒服。昌意少子，受封北土，国有大鲜卑山，因以为号，其后为君长，统幽都之北，广漠之野，畜牧迁徙，射猎为业……黄帝以土德王，北俗谓土为托，谓后为跋，故以为氏"，丁山据此以为"拓跋氏既为'土后'音讹，土后殆亦土方语变矣"。故"右北平郡的土垠县，可能即土方故居"。⑤ 古土垠县在今河北丰润县东。郑杰祥根据《魏书》记载认为幽都即幽州，北朝至唐时期的幽州在今北京市附近，所以，商代的土方可能主要活动于今北京市以北或以西的燕山南北地带。⑥ 日本学者岛邦男认为土方在"殷的北边，舌方的东部"。⑦ 李雪山根据卜辞对土方与周边方国的记载认为，其活动范围在河北省北部。⑧ 据此，土方大致分布于今北京至河北北部的燕山南北一带。

卜辞第8条"旨方"又有"西史旨"之称，是与羌方比较接近的商之西土方国。李孝定《甲骨文字集释》卷五引杨树达云："旨即西伯戡黎

---

① 李学勤：《殷代地理简论》，科学出版社1959年版，第80页。
② 陈梦家：《殷墟卜辞综述》，中华书局1988年版，第282页。
③ 郑杰祥：《商代地理概论》，中州古籍出版社1994年版，第314页。
④ 李雪山：《商代分封制度研究》，中国社会科学出版社2004年版，第223页。
⑤ 丁山：《商周史料考证》，中华书局1988年版，第783页。
⑥ 郑杰祥：《商代地理概论》，中州古籍出版社1994年版，第326页。
⑦ [日]岛邦男：《殷墟卜辞研究》，台湾鼎文书局1975年版，第386页。
⑧ 李雪山：《商代分封制度研究》，中国社会科学出版社2004年版，第191页。

之黎，《尚书大传》黎字或作耆，《史记·周本纪》亦言伐耆，从老省，旨声，黎、耆一事，耆、旨一音，故知甲文之旨即耆也。"《左传》宣公十五年杜预注："黎氏，黎侯国。上党壶关县有黎亭。"郑杰祥认为古黎亭在今山西长治市西南。①《尚书·西伯戡黎》："西伯既戡黎，祖伊恐，奔告于王。"《汉书·地理志》上党郡壶关县注引应劭曰："黎，侯国也，今黎亭是。"《括地志》："故黎城，黎侯国，在潞州黎城县东北八十里。"王应麟曰："商都朝歌，黎在上党壶关，乃河朔险要之地，黎亡而商震矣。"② 壶关县在今山西长治市北；唐代黎城县即今黎城县，壶关与黎城俱在今长治市北。陈梦家认为黎城县黎侯之黎为后起，西伯所伐之黎国，也即卜辞中的旨方，当为壶关之黎亭。③ 则旨方当在长治市以北一带。

卜辞第9条至第11条"舌方"是商代西北方向的一个重要方国，也常与商王交战。其地郭沫若以为在"殷之西北"；④ 陈梦家认为"似在今垣曲与安邑之间的中条山区域"。又说"卜辞的舌方都是在太行山西北的地区，则似乎是较可信的"。⑤ 胡厚宣认为在今陕北，岛邦男主张大约在陕西西北部或河套地区。⑥ 郑杰祥认为在今山西、陕西交界的石楼、永和县境。这一带正是邹衡所说的"光社文化分布区"，其所具有的鲜明地方性正与舌方情况相符合。⑦ 李伯谦依据考古材料认为："从灵石往南至今曲沃、侯马一线往西不远，恰恰是石楼—绥德类型青铜文化的分布范围，很显然，这种重合现象绝非偶然的巧合，而是舌方与石楼—绥德类型遗存之间存在着不可分割的联系的证明。……我们至少可以肯定，汾河以西以石楼—绥德为中心的黄河两岸高原山地就应该是舌方的遗存。"⑧ 综合以上意见，舌方所在地域，当以山西石楼、永和与陕西绥德为中心。

卜辞第12条"召"即召方，是商代北方的劲敌。其地距离卜辞中的竹族不远，卜辞中有"竹来以召方"的记载，可知召方距竹族不远，郑

---

① 郑杰祥：《商代地理概论》，中州古籍出版社1994年版，第315页。
② 《尚书注疏》卷九《考证》，文渊阁《四库全书》本。
③ 陈梦家：《殷墟卜辞综述》，中华书局1988年版，第287页。
④ 郭沫若：《卜辞通纂》第513片考释，科学出版社1983年版。
⑤ 陈梦家：《殷墟卜辞综述》，中华书局1988年版，第273页。
⑥ ［日］岛邦男：《殷墟卜辞研究》，台湾鼎文书局1975年版，第384页。
⑦ 郑杰祥：《商代地理概论》，中州古籍出版社1994年版，第286页。
⑧ 李伯谦：《中国青铜文化结构体系研究》，科学出版社1998年版，第182页。

杰祥据此认为召方可能就在竹族居地以南。① 据彭邦炯研究，竹族地"在今日河北东北部到长城外的辽宁西部内蒙古东南一隅的范围内；而卢龙则是该国族的中心区域或首邑所在，喀左等地可能是当时竹国范围内的重要城邑"②。李雪山也根据与召方相邻的方国皆位于商王畿的西北地区，认定召方在河北省北部与山西省东部之间，是商本土北部偏西方位的国家。③ 上述对召方居地的判断实际是基本一致的。

前引第 13 条卜辞涉及两个地名捍和方。"庚辰贞，至河，辜其捍乡方？"（《屯南》1009）这是商王于庚辰日贞问派辜前往黄河岸边征伐方族之事。捍，郑杰祥认为捍可假借作干，《诗经·邶风·泉水》："出宿于干，饮饯于言。"今河南濮阳县有古干（竿）城，在该县北约15公里，④ 此即捍地。方即方族，又称方方。卜辞方族就是后世文献所称的东夷"九夷"中的方夷。杨树达说："《后汉书·东夷传》云：'夷有九种：曰畎夷、于夷、方夷、黄夷、白夷、赤夷、玄夷、风夷、阳夷。'今卜辞校之，畎夷即卜辞之犬方，于夷即卜辞之盂方，方夷即卜辞之方也。李《注》引《竹书纪年》曰：'少康即位，方夷来宾。'据此知方族之立国，远在夏时，少康中兴，方尝效顺。"他以为"古方、彭音同"，故"谓大彭即卜辞之方"。⑤ 大彭即今江苏徐州市彭城一带。丁山认为其地当在汉代山阳郡方舆县。⑥《汉书·地理志》山阳郡有方舆县；《大清一统志》山东济宁直隶州古迹条："方舆故城在鱼台县北，春秋时宋之方舆邑。《战国策》：'楚人说顷襄王：外击定陶，则大宋、方与二郡举矣'，秦置方舆县。"清代早期鱼台县治地在今山东鱼台县王庙乡旧城里村。《读史方舆纪要》："志云（鱼台）城北旧有小城，即故方与县治。"《大清一统志》也说鱼台"县北有小城，即（方与）故县治"。今旧城里村以北2公里为三里屯村，此地正是方与故城之所在。

卜辞第 14、15 条都是辜氏参与帝辛十年征伐人（夷）方的内容。其

---

① 郑杰祥：《商代地理概论》，中州古籍出版社 1994 年版，第 330 页。
② 彭邦炯：《从商的竹国论及商代北疆诸氏》，《甲骨文与殷商史》（2），上海古籍出版社 1986 年版。
③ 李雪山：《商代分封制度研究》，中国社会科学出版社 2004 年版，第 193 页。
④ 郑杰祥：《商代地理概论》，中州古籍出版社 1994 年版，第 170 页。
⑤ 杨树达：《积微居甲文说》，上海古籍出版社 1986 年版，第 65 页。
⑥ 丁山：《商周史料考证》，中华书局 1988 年版，第 94 页。

中，第 14 条记载的是商王在征讨人方的途中，于帝辛十年十二月九日（壬申）在攸地的卜问。攸地是商王此次伐人方过程中非常重要的地方，商王南下和北返都经过这里，且返回时在攸地滞留一月之久。攸地即攸侯封地，据陈梦家考证，攸侯可能就是《尚书》遗文所说的有攸氏，周灭商时有攸氏被周所灭，其地不详。但陈梦家以为在今河南永成以南安徽宿县和蒙城之间。岛邦男按地名间相互关系考证认为，"从攸至淮间有七日至十二日以内日程，由此可知其位置大致在淮阴至淮安之地"①。安徽宿县、蒙城与江苏淮阴、淮安都在淮水流域且相距不远，他们的看法是一致的，攸族及攸侯居地或就在今洪泽湖东西两岸一带。

卜辞第 15 条"人方"又称夷方、东夷，是商王朝东南方一个强大的部族方国。在卜辞 1—5 期都有其与商为敌的记载，其中，在 1 期卜辞多称作"人"或"夷"，或又称"东夷"；3 期以后卜辞普遍称作"人方"。卜辞中有商王不止一次征伐人方的记载，其中规模最大、历时近一年、往返千里的一次征伐，人们公认发生在商末纣王帝辛十年。根据这次征伐的行军路线和经过的地名，人们都认为人方地望大致在淮河流域。郭沫若认为"夷方者，山东半岛岛夷及淮夷者也"。② 陈梦家认为人方和林方都属于淮夷诸邦之一，其地当在安徽北部。③ 李学勤以为在今鲁北地区。④ 王恩田认为在今鲁南滕县境内。⑤ 李雪山根据帝辛十年伐人方的时间路线，综合分析认为"人方是淮河流域的方国，其中心区域在今江苏省的淮阴和淮安，鼎盛时期所控制的范围到了皖北鲁南一带"。⑥ 郑杰祥对这次征伐的路线和所经地名也有详考，据其所考，此次征伐自帝辛十年九月从大邑商（安阳）出发，经今河南原阳（雇）、郑州（嘉、视）、淇县（商）、阳武、开封（彻）、商丘、项城、鹿邑（古），于当年十二月癸酉（10 日）至安徽宿县（攸），接着南下太和（旧）、霍邱、淮水转向东北至江苏盱眙，北向安徽泗县（春）、西至河南永城（永），于帝辛

---

① ［日］岛邦男：《殷墟卜辞研究》，台湾鼎文书局 1975 年版，第 364 页。
② 郭沫若：《卜辞通纂》序，科学出版社 1983 年版。
③ 陈梦家：《殷墟卜辞综述》，科学出版社 1956 年版，第 305 页。
④ 李学勤：《走出疑古时代》，辽宁人民出版社 1997 年版，第 331—335 页。
⑤ 王恩田：《人方位置与征人方路线新证》，《胡厚宣先生纪念文集》，科学出版社 1998 年版。
⑥ 李雪山：《商代分封制度研究》，中国社会科学出版社 2004 年版，第 213 页。

十一年正月十二日（丙午）再次到达安徽宿县（攸）。在攸地滞留约一个月后开始大致沿原路线返回。① 这一征伐路线及所经之地之间固然可能还有缺失遗漏，但我们据此亦可了解征伐的重点在时间上正是帝辛十年十二月到达攸地至第二年回到攸地这段时间，地点主要在今北起河南永城，南至安徽霍邱、霍山，西起安徽永和，东到安徽泗县和江苏盱眙之间的淮水流域地域。这一带也就是豫东、皖北和苏北西部地区。

卜辞第29条的"戚"地，《春秋》文公元年（前626年）："秋，公孙敖会晋侯于戚。"杜预注："戚，卫邑，在顿丘卫县西。"高士奇亦谓："戚，世为卫臣孙氏邑，会盟要地也。……今开州北七里有戚城，亦谓之戚。"② 清代开州即今河南濮阳县。据郑杰祥考证，戚地在今河南濮阳县北，这里有古戚亭，现名戚城村。③ 当可信。

卜辞第38条的"廪"地，在卜辞中"廪"之义有三：一为人名，二为仓廪之义，三则为区域名称，④ 也就是地名。本条卜辞记载的是商王派早前往廪地巡查仓库的安全。郑杰祥指出，"廪"作为专用名词指的是廪族和廪地。廪族所居之廪地，就是春秋时期的廪延。《左传》隐公元年（前722年）"大叔又收贰以为己邑，至于廪延"。杜预注："廪延，郑邑，陈留酸枣北有延津。"郑杰祥以为今河南滑县古有廪延邑，即春秋时的廪延，故廪延地当在今滑县或近西南一带。⑤ 宋人程公说："滑州白马县有滑台，本郑廪延邑。其城甚固，或以为疑。按酸枣在河南，滑州在河北，酸枣之北即滑州之南，廪延当在滑州由此济河而南，故曰延津。"⑥ 高士奇指出："廪延、酸枣同为一地，《水经》曰：'河水又东北流，谓之延津。'盖延津者，廪延之津也。"⑦ 据此，廪延当在今滑县与延津之间靠近延津的古黄河岸边。

卜辞第39、40条的"亚侯"和"除侯"都是封国之君，亚侯的封地李雪山认为卜辞中有亚侯往来"向"地和"宫"地的记载，则亚侯居地

---

① 郑杰祥：《商代地理概论》，中州古籍出版社1994年版，第352—383页。
② 高士奇：《春秋地名考略》卷七，文渊阁《四库全书》本。
③ 郑杰祥：《商代地理概论》，中州古籍出版社1994年版，第112页。
④ 李雪山：《商代分封制度研究》，中国社会科学出版社2004年版，第85页。
⑤ 郑杰祥：《商代地理概论》，中州古籍出版社1994年版，第52页。
⑥ 程公说：《春秋分记》卷二九，文渊阁《四库全书》本。
⑦ 高士奇：《春秋地名考略》卷六，文渊阁《四库全书》本。

距两地不远。郭沫若以为"向"即是《诗·小雅·十月》"作都于向"之向,其地在今河南济源市。① "宫"与"向"往往在同版,两者相距不远,它们都在商王的田猎区,故亚侯封地亦当在河南济源市境内。② 除侯居地与并氏居地邻近,并氏地望丁山认为在今河南陈留县之饼乡。③ 郑杰祥以为"除"与"胙"可假借,除地也就是春秋时期的胙地,其地在今河南延津县北20公里处。④ 彭邦炯据山西石楼发现的署名器物和古并州地望,推测并氏故地当在今山西太原一带。⑤ 当以彭说为是。

卜辞第41条的"万"与皋氏一样,是商代的一个诸侯封国,被称为亚万。卜辞中留下了商王曾多次在万地狩猎的记载。其地李雪山据"……万人[师]般"(《合集》8715)和"师般见万呼"(《合集》4222)等卜辞,认为万地与师般居地不远,师般位于今河南沁阳市至陕西省之间,则万地"在今山西南部的可能性较大"。⑥ 据郑杰祥考证认为,万地在今山西河津县,该县古有万春故城,唐设万春县,故城在今河津县东北20公里。⑦ 两位所考依据材料虽然不同,但得出了相同的结论。

从以上部族与地名的分布可知,皋氏所至与活动范围极广,以豫北殷墟所在之王畿为中心,在北起京、冀、晋、陕北缘,南达苏、皖中北部,东到山东半岛,西及陕西中部的整个黄河中下游平原和淮河流域的广大地区,都留下了皋氏活动的足迹。其中,晋中南、冀南、豫东北、皖北,则是其中心活动区,东及鲁苏,西至关中。另外,甲骨文中的毕和京以及皋所通之费三个地名,费在今山东费县,毕在今西安近郊,京在陕西扶风。此三地均与秦人起始地和西迁地有直接关系。

四 皋氏为商代重要方国部族

我们从皋及皋氏既见于甲骨1期至4期,亦见于甲骨5期的周初可以确知,在"凶""皋""隼""䍩""㠯"诸字中,"凶"为本字,其余俱为

---

① 郭沫若:《卜辞通纂》640片考释,科学出版社1983年版。
② 李雪山:《商代分封制度研究》,中国社会科学出版社2004年版,第132页。
③ 丁山:《甲骨文所见氏族及其制度》,中华书局1988年版,第115页。
④ 郑杰祥:《商代地理概论》,中州古籍出版社1994年版,第90页。
⑤ 彭邦炯:《并器、并氏与并州》,《考古与文物》1981年第2期。
⑥ 李雪山:《商代分封制度研究》,中国社会科学出版社2004年版,第157页。
⑦ 郑杰祥:《商代地理概论》,中州古籍出版社1994年版,第290页。

"㲋"之衍生和派生字，它们作为一个部族，"㠯"字的衍生、演变和频繁出现，与㠯氏的发展、兴衰及与商人关系的疏密息息相关。

"㠯"为"畢"之本字，即田网，也就是"形小而柄长"的捕鸟兽之网。"㠯"以及衍生字具为捕鸟兽之义，联系到金文中的"雈"字及其族徽㠯之上部直接用鸟型标示，则㠯及㠯氏的生活与活动与鸟兽有不解之缘。《史记·秦本纪》谓秦人始祖"佐舜调驯鸟兽，鸟兽多驯服"，大廉为"鸟俗氏"，孟戏、中衍"鸟身人言"，秦人又以玄鸟为图腾，则秦人祖先"其所代表的可能是一个善于捕鸟的氏族"。①

"㠯"字读毕，又读禽，亦通费，其中，作为名词的"费"与"毕"，前者地在山东费县，秦人祖先大业之子伯益名大费，其子孙中有费氏、费昌、蜚廉、非子等，俱以费称名，此费都是轻唇音，按上古无轻唇音之例，则费、蜚、非与㠯的声符"匕"可以通假，"因而卜辞中的㠯氏族和金文中的雈氏族很可能就是秦的祖先费、蜚、非之类了"。后者地在今西安近郊，据《逸周书·作雒解》记载，周公东征时曾"征熊、盈族十有七国，俘维九邑，俘殷献民，迁于九毕"。② 㠯及㠯氏当在其中，此毕可能就是㠯及㠯氏等嬴姓族十七国之民被迁入地之一。

㠯及㠯氏在商代既是重要的方国部族，也是商朝有爵封的世臣和诸侯，广泛参与了商王朝的许多重大活动，是商王朝重要的附属方国部族。㠯及㠯氏经常接受商王之命出使、征伐或参与狩猎、祭祀，通过献纳等向商王表示忠诚以密切关系。尤其是受命征伐四方，为历代商王所倚重，地位非常显贵。而其活动地域也很广泛，涉及中原各地乃至周边。㠯及㠯氏的活动及其足迹，为我们探寻秦人起源和西迁以及秦人在商代的历史概况留下了弥足珍贵的线索。㠯及㠯氏在商代的活动，证实《史记·秦本纪》所谓秦人先祖"自太戊以下，中衍之后，遂世有功，以佐殷国，故嬴姓多显，遂为诸侯"的记载，确为信史实录。

五　毕与京——早期秦人在关中的活动考察

秦人最早在关中的足迹与活动，一般都说在夏末商初商夷联军进入关中，前已有所论述。这里再通过毕与京两个地名所隐含的秦人早期历

---

① 邹衡：《夏商周考古学论文集》，科学出版社 2001 年版，第 300 页。
② 黄怀信：《逸周书汇校集注》，上海古籍出版社 2007 年版。

史信息，就其西迁和在关中的活动作一考察。

1. 九毕与毕原

毕既见之于殷墟甲骨卜辞，在周原甲骨卜辞中亦有发现（见周原甲骨H11：86），文献中也有记载。《竹书纪年》卷上记载，商王武乙"二十四年，周师伐程，战于毕，克之"。周公东征时曾征讨熊、盈（嬴）等十七国，并迁徙其民于九毕。《逸周书·作雒解》："凡所征熊、盈族十有七国，俘维九邑，俘殷献民，迁于九毕。"九毕所在论者均以为在今西安市附近，多以毕原当之。《史记·周本纪》："武王上祭于毕。"又云："所谓'周公葬于毕'，毕在镐东南杜中。"《史记·周本纪》注引裴骃按："《皇览》曰：'文王、武王、周公冢皆在长安镐聚东杜中也。'"《史记·魏世家》称："毕公高与周同姓，武王之伐纣而高封于毕。"由此可知，毕原一带既是文王、武王、周公的墓地所在，也是周文王第十五子毕公高的封地；周公东征以后，曾将俘获的熊、盈（嬴）等一部分东夷族人迁往九毕。

毕原初单称毕，后又称毕原、毕郢、毕陌。《诗》毛传云："毕，终南之道名也。"《左传》所谓"我自夏以后稷、魏、骀、芮、岐、毕，吾西土也"。又曰："毕、原、酆、郇文之昭也"，即是明证。程大昌说："毕之与原，既非一国，则毕原之语，必因其地有原名毕，故名之以为毕原。"① 此论甚当。毕原及其地望所在，文献记载比较混乱，主要有渭北说和渭南说两种。渭北说即毕原在咸阳县一带，杜预注曰："毕国在长安西北。"《汉书》颜师古注："毕陌在长安西北四十里也。"② 长安西北四十里就是咸阳县。晋人潘岳所著的《关中记》说："原南北数十里，东西二三百里，无山川陂湖，井深五十丈，亦谓之毕陌，汉氏诸陵并在其上"。《元和郡县志》：咸阳县"毕原，即县理所也。……原南北数十里，东西二三百里，无山川陂湖，井深五十丈。亦谓之毕陌，汉氏诸陵并在其上。"《太平寰宇记》："毕原。……亦谓之毕陌，秦谓池阳原，汉名长平坂，汉氏诸陵并在其上，下又名石安原，即石勒置石安县之所。"《通典》："初王季都之，后毕公高封焉。"《咸阳县志》：毕原"西起武功，东尽高陵……一名咸阳北阪，一名渭城北阪，一名长平坂。其址为洪渎

---

① 程大昌：《雍录》卷七《郡县》，文渊阁《四库全书》本。
② 《汉书》卷三六《楚元王传》，中华书局1982年版。

原，又名池阳原，又名石安原"。顾栋高说："今咸阳县北五里有毕原，系毕公高所封。"①

渭南说所指也不一致，除了前述毕原在"镐东南杜中"之外，还有丰西说和万年县西南说等。《汉书·刘向传》颜注引臣瓒曰："《汲郡古文》：毕西于丰三十里。"赵岐《孟子》注："近丰镐之地，一名毕陌。"《括地志》："毕原在雍州万年县西南二十八里。"又云：周文王、武王墓亦在"雍州万年县西南二十八里毕原上"。此三地俱在渭水之南，但一在今西安东南（杜中），一在西安以西，一在西安西南，所指显然不在一处。毕原之在万年县西南一说，唐宋以来史志多持此说，兹不赘述。

从一些出土唐代墓志中也可以证明渭南有毕原。如《韦端墓志》："祔与万年县洪固乡毕原。"② 韦氏是隋唐时期最为显赫荣耀的家族之一，在1989年陕西省考古所在西安市南郊长安县南李王村一带发掘的16座唐代纪年墓中，有9座属韦氏家族成员墓。其中的韦勉、韦讽、韦南、韦本立、韦行全5座墓的墓志铭明确提到埋葬地为"万年县洪固乡之毕原"，说明"我们现在的发掘地点南李王村一带应是唐万年县洪固乡所辖之毕原无疑"。③ 唐崔纮墓志发现于西安南郊三爻村，墓主亦葬万年县毕原。《田行源妻李氏墓志》："窆于长安县永寿乡毕原。"④ 这几座墓之墓志铭所述毕原，记载相同，俱为一地，即毕原在渭南。

毕原地望之记载混乱，程大昌以为概因"古记于毕皆著文武葬地者，因毕名两出而亦两传也，此其误之所起也"。认为主要源自《元和郡县志》的矛盾记载："周公墓，在（咸阳）县北十三里。""毕原，在（万年）县西南二十八里。"程氏又说："长安有毕陌，咸阳又有毕原。则原之为地，亘渭南、北有之。"按《皇览》所记，周文王墓在杜中，"文王既葬渭南，则周公葬毕必附文墓矣。《刘向传》臣瓒引汲郡古文为据曰：毕西于丰三十里，则地为渭南甚明。安陵有大冢，《皇览》明指其为秦文王墓（安陵在咸阳），则渭北之文冢在，其不为周文而为秦文亦可据矣"。⑤《大清一统志》："以今考之，在万年县西南者，即文、武、周公

---

① 顾栋高：《春秋大事表》卷六下，文渊阁《四库全书》本。
② 王仁波编：《隋唐五代墓志汇编》陕西卷第二册，天津古籍出版社1991年版。
③ 张蕴：《关于西安南郊毕原出土的韦氏墓志初考》，《考古与文物》2000年第1期。
④ 王仁波编：《隋唐五代墓志汇编》陕西卷第二册，天津古籍出版社1991年版。
⑤ 程大昌：《雍录》卷七《郡县》，文渊阁《四库全书》本。

所葬；在长安、咸阳西北者，乃毕公高所封。"阎若璩指出："毕郢曰毕原实有二处，在渭水南之毕原，一名毕郢，周文王墓在焉，武王墓在焉。……在渭水北之毕原，则名毕陌，秦惠文王陵在焉。"①孙星衍《毕原毕陌考》对此考之甚详，指出自唐宋以来，由于史志对人名、地名不加区分，陵墓、祠祀混同，原与陌不分，秦始皇凿昆明池又致周文、武王墓湮没而不得其地等原因，误以渭北秦文王、武王陵为周文、武王墓，将渭北毕公高封地毕陌与渭南毕原混同，致使毕原记载淆乱，难觅踪迹。因此，"毕原在渭水南，周文王、武王、周公之所葬，今长安县西南二十八里是也。毕陌在渭水北，秦文王、武王之所葬，即今咸阳之陵，见诸书传甚明"②。这一见解无疑是可信的。

今人结合新材料对毕原地望的考论表明，所谓"九毕"确有其地。杨宽认为"毕之封国，在今咸阳市东北十里杜邮亭以北"。③杨东晨指出："商末周初，镐京附近'毕'字地名较多。"④卢连成对司马迁所说之"毕"进行了调查，认为毕原在今西安市西南，镐京东南长安县祝村、郭村镇一带，是周天子陵寝区。⑤何清谷认为，西周时在今陕西关中带"毕"字的地名很多，最著者有毕国，毕陌、毕程、毕郢是它的异名。在今蓝田县出土了以《师𬭚簋》《询簋》为代表的弭氏十多件铜器，从其铭文可知弭氏所居之弭邑，正是安置"俘殷献民"的"九毕"中的一个。他指出："九毕可能是在毕原、毕道、毕国及其附近设九个或许多新邑，以安置俘虏，派官监督管理，使其为王室服役。九毕的分布已无法一一考知，在今蓝田境地的弭邑应属九毕之一。"⑥尚志儒认为，安置熊、嬴等"十七国大批俘民的九个新邑就在毕原附近"。⑦有人进一步提出，毕原在中国历史的长河中，曾有过两次大的延伸：一次是随着它的主人向渭水以南作纵向延伸；另一次是随着自己的脉络向西作横向延伸。西周

---

① 阎若璩：《四书释地又续》卷上，文渊阁《四库全书》本。
② 孙星衍：《孙渊如诗文集》卷三《杂文三》，《四部丛刊》初编本，上海商务印书馆1922年影印本。
③ 杨宽：《古史论文选集》，上海人民出版社2003年版，第168—169页。
④ 杨东晨：《周代东夷嬴姓族的西迁和嬴姓国的业绩》，《秦陵秦俑研究动态》1992年《周秦专号》。
⑤ 卢连成：《西周丰镐两京考》，《中国历史地理论丛》1988年第3期。
⑥ 何清谷：《嬴秦族西迁考》，《考古与文物》1991年第5期。
⑦ 尚志儒：《早期嬴秦西迁史迹的考察》，《中国史研究》1990年第1期。

初，武王将他的弟弟姬高封于毕，称毕公。康王时，毕公曾奉命制定对丰京加强管理的法规——《丰刑》（在此之前，主管京都的丰侯因沉湎于酒而被黜）。由此可见，毕公管辖的地方，在周康王时已经扩大到丰京周围，"毕"地的涵盖，也自然会随着伸展到渭河以南。魏晋时，毕原被扩大到今武功、扶风等县的原面，并依其走向特征，又名毕陌。毕原的两次延伸，使它具备了本义和广义两种含义。从本义上说，它指今之咸阳原；从广义上说，它指今陕西咸阳、西安附近渭河南北岸，境域很广。① 这一看法富有见地和启示意义，也揭示了毕原范围和所指有一个扩展和泛指的过程，所以，见之于文献并具体说毕原在某地，实际上证明这些具体地点都在毕原的范围之内，这正与"九毕"其地不在一处的含义是一致的。据此可知，"九毕"虽已难俱知其地，但在周初其作为安置熊、嬴等国被俘部众的居民点，确是真实存在的史实。

综上所述，所谓"毕原"最早单称为"毕"，为周文王子毕公高的封地，其地当在丰镐周围，且地跨渭水南北，因西安地区地形多原，故又称毕原，毕郢、毕陌皆为其异名。结合《国语》"俘维九邑，俘殷献民，迁于九毕"的记载，今西安地区以"毕"名地者不止一处，但因沧桑巨变而故址湮没，文献失载而难究其详。故"九毕"之名早已无法一一确指，但渭北、渭南均有毕原之地。渭北、渭南之"毕原"，乃至毕陌、毕郢；渭南之毕原地有多处，实为残存于文献中"九毕"之确证。因此，史志所载之诸"毕"，现在可以确知者，唯有毕原、毕陌、毕郢三名二地而已，其中，渭北之毕原为毕公高封地，别称毕陌；渭南之毕原为周文、武、周公墓地所在，别称毕郢。又据近年来出土之《师酉簋》《询簋》铭文可知，今蓝田县则有"弥邑"存在，当属"九毕"之一。可见，周初"九毕"分布地域甚广。所以，《元和郡县志》以"南北数十里，东西二三百里"之地为毕原的地域所在，倒是与"九毕"所指比较接近。

2. 京、莽京与毕族

前引第2条至第27条有关鼻氏垦田的卜辞都涉及"京"这一地名。据张政烺的研究，卜辞"裒田"就是开荒，② 所谓"裒田于京"，也就是在京地开荒。卜辞中的京地可能就是见于《诗经》等先秦文献的"京"，

---

① 张鸿杰、司少华：《毕原与周陵》，《咸阳师范学院学报》2008年第3期。
② 张政烺：《卜辞裒田及其相关问题》，《考古学报》1973年第1期。

这已为邹衡、李仲操、刘军社、史党社等学者指出。《诗经》中"京"字不少，如《大雅·文王》"祼将于京"；《大雅·皇矣》"依其在京"；《大雅·下武》"王配于京"等。《大雅·公刘》有"乃觏于京""于京斯依"句，又有"于豳斯馆，涉渭为乱"句，则京显系为地名。《大雅·思齐》篇又有"思媚周姜，京室之妇"句。郑笺："周姜，太姜也。京，周地名也。"太姜是太王之妃，也就是季历之母。则"太姜"就是太王自豳迁岐后在京入住的第一位"京室之妇"。① 《大雅·大明》篇还有"挚仲氏任，自彼殷商，来嫁于周，曰嫔于京"句。这是说太任嫁于王季，刘军社指出太任就是入京的第二位"京室之妇"。② 西周青铜器《何尊》铭文中也有"王诰宗小子于京室"句。从上述诗篇和青铜器铭文可以看出，公刘至古公亶父时期，豳地和周原一带都有名叫"京"的地名。

"京"字一般都作京城、京师、国都解，但这是后起之义，其本义则为地势绝高的山丘。按《说文解字》："京，人所为绝高丘也。从高省，象高形。"《尔雅·释丘》："绝高为之京。"朱骏声《说文通训定声》："人力所作者为京，地体自然者为邱"。所谓"人所为绝高丘也"当为人工修筑的高丘，将之引申实际就是人工修筑的高丘及其建筑物。《三国志·魏志·公孙瓒传》："为围堑十重，于堑里筑京，皆高五六丈。"京作为建筑物就是明堂。据杨鸿勋研究，京最初为炎帝、黄帝时的明堂，明堂的语音符号称为京。《淮南子·主术训》所载神农明堂："昔者神农之始治天下也……甘雨时降，五谷蕃殖。春生、夏长、秋收、冬藏、月省、时考、岁终献功，以时尝谷，祀于明堂。明堂之制，有盖而无四方，风雨不能袭，寒暑不能伤，迁延而入之。"《史记·封禅书》记载黄帝明堂图："中有一殿，四面无壁，以茅盖，通水，圜宫垣，为复道，上有楼，从西南入，命曰'昆仑'。天子从入之，以拜祠上帝焉。"据此，杨氏认为明堂就是一种四周环水，在中间高地上所建的下由木柱支撑，四面无壁，上为二开间有茅草顶的宫殿，其西南置带棚楼梯，叫"昆仑"。故明堂实际就是一座祭神用的高架栅居干阑式建筑。"昆仑"上古读音为"干阑"，"昆仑"是文字发展之初明堂的注音符号。"京"的图形作"斎"，

---

① 李仲操：《京室基址辨》，《文博》1993 年第 6 期。
② 刘军社：《壹家堡类型文化与早期秦文化》，秦始皇兵马俑博物馆《论丛》编委会编《秦文化论丛》第三辑，西北大学出版社 1994 年版。

是高架栅居的语音符号。所以，明堂＝干阑＝昆仑＝京。① 而明堂的功用初为仓储、祭祖、祀神，后分化、延伸为京（国都专称）、宗庙、社稷、居室和仓储五个方面。② 可见，京既为重要高大之建筑，亦有多重功能，作为地名则必在国都或国都附近。

京作为地名，其地何在？史称"公刘适豳，大王、王季在歧"。则公刘"乃觏于京"之京，当在豳地附近。有人研究认为今甘肃宁县当地人习称为"公刘邑"的庙咀坪遗址"太子冢"即是公刘至豳所建的京。③ 前引其余作为地名之京，多与京城有关。而与大王、王季相关之京，当在周原一带；所谓京室，也就是周人至岐以后在京地修建的一个宫室。其具体位置据李仲操考证，今陕西岐山县京当镇所在地即是周人"京"地所在。《汉书·地理志》美阳县："禹贡岐山在西北，中水乡周太王所邑。"《水经注》岐水"又历周原下，北则中水乡成周聚，故曰有周也"。从岐山发源的古岐水，今称時沟河，自北经今京当镇向南流，時沟河上游东有古漆水，西有古横水汇入，古岐水居中，故又称"中水"。按《水经注》记载，三水在今"三岔河"处汇流，然后历周原至周聚，这与《汉书·地理志》所载以及今京当镇位置完全相合。因此，今京当镇即是古"京"地所在。1976年，在京当镇凤雏村发掘的"甲组"西周建筑基址，李仲操经过对其结构布局、铭文记载、陶器形制、碳14测年等综合分析，该建筑基址正是太王初迁至岐所建的京室遗址。④

由京室和京地联想到仅见于西周时期青铜器铭文的"荞京"，当亦与京地有关。据卢连成统计，在传世和出土西周铜器铭文中，与记载荞京有关的铜器共28器21见，铜器时代从西周初年至晚期均有。"荞京"之"荞"字，释者或训为方，或训为旁，当以旁为是。⑤ 对荞京即旁京地望的讨论自清末以来，大致有吴大澂镐京说、王国维蒲坂说、唐兰豳地说、温廷敬范宫说、郭沫若丰京说、刘雨镐京附近说、王玉哲秦阿房宫附近

---

① 杨鸿勋：《日本考古资料揭示——日本神社源于中国——借此破解：昆仑＝干阑＝京》，《文物天地》2002年第2期。
② 于俊德、于培祖：《先周历史文化新探》，甘肃人民出版社2005年版，第217页。
③ 同上书，第212页。
④ 李仲操：《京室基址辨》，《文博》1993年第6期。
⑤ 李仲操：《荞京考》，《西北大学学报》1983年第5期。

说、李仲操岐周之旁说和卢连成周原刘家村说九种。① 随着近几十年来新的考古发现不断获得新的突破，特别是新出土的青铜器铭文材料为确定旁京位置提供了可能，也使镐京说、蒲坂说、豳地说、范宫说、丰京说、镐京附近说、秦阿房宫附近说失去支持，唯有以旁京就在岐周之旁的后两说显然接近实际。李仲操通过《高卣》记载旁京处于岐周旁；《楚簋》所记"旁鄙"为旁京之都鄙，其地即是该簋出土地武功县北部的揭示，以及周礼祖庙与学宫建置之相互关系的探讨，认定旁京即是周王在岐周的学宫，其位置就在岐周漆水东岸的台原上，具体在武功县北部与乾县西缘临平镇相接的黄土台原地。② 卢连成通过对有关荼京诸铭文的综合分析，特别是依据《楚簋》《高卣》得出了与李仲操相同的认识。进而又依据在周原范围内的扶风县刘家村出土的《王盂》铭文中"王作荼京中寤（寝）歸盂……"最终确定了岐周之旁的旁京就在周原内今刘家村，该村亦在時沟河侧畔，其以北 3 公里即是凤雏村。③ 由此说来，荼京与岐周确是近在咫尺，两者可以说是一而二、二而一的关系，京室之在凤雏村和荼京之在刘家村，其实都在周初"京"的范围之内。

据上所考，可以肯定京室、京与周、周原互有关联。衷田就是开荒，则毕族至京衷田，也就是商王派毕族远去陕西等地开荒，即到该地开拓疆土。前引三条卜辞的时代大致相当于殷墟文化二、三期，也就是古公亶父迁岐的时代，所以，卜辞中的"京"与古公亶父迁岐后的"京"有密切联系，或者说就是同一地名。于是，毕族与周原就有了密切的联系，卜辞中的毕族开荒拓疆之地当就在周原一带。

---

① 参见卢连成《西周金文所见𦵯京及相关都邑讨论》，《中国历史地理论丛》1995 年第 3 辑。

② 李仲操：《荼京考》，《西北大学学报》1983 年第 5 期。

③ 卢连成：《西周金文所见荼京及相关都邑讨论》，《中国历史地理论丛》1995 年第 3 辑。

第五章

嬴秦西迁历史探微

嬴秦西迁是一个涉及秦人起源,又和秦人早期历史紧密相连的重要问题。就西迁问题本身的讨论也存在其西迁究竟从什么时间算起、从哪出发、迁往何处、西迁几次等的争论。事实上,嬴秦的早期发展至迟也是与夏商相始终的,在这历时长达千年以上的长时段里,嬴秦部族随着夏商政权的更迭和东夷与夏商政权关系的演变,也经历过多次的兴衰起伏,而每一次的起伏与变故,又都会给嬴秦部族的发展带来巨大冲击和持久影响。因此,探讨嬴秦西迁,就绝非仅仅是一般意义上的部族迁移那么简单,这是一个涉及夏商政权演变、东夷与相关政权部族关系以及东夷内部关系变化等多因素的复杂过程。所以,我们一方面必须充分注意夏商时代历史进程、部族互动对于嬴秦造成的影响;另一方面还要密切关注东夷部族分化与嬴秦部族内部变化与自身发展的具体情况。只有将这两个方面有机结合起来,才有可能对嬴秦西迁作出更为接近历史实际的判断。

尤其需要注意的是,在那个国家初兴、方国林立、部族融合加剧和民族演化形成的三代时期,嬴秦的西迁无疑是一个与其自身发展同步合一的复杂过程,在长达千年之久的历史岁月里,嬴秦的西迁绝非一时一地,而是既有从不同地点出发又有多条路线的多次迁移的过程。概括论之,嬴秦部族从帝尧时期开始到周公东征,前后经历了五次西迁,最终使东方的嬴秦落脚于西方的天水,完成了其由东方向西方的时空转换,秦人的历史由此才拉开序幕。

第一节 嬴秦西迁问题的回顾

秦人称秦始于西周孝王封非子于秦,史有明载。但是,秦人此前来自何方,怎么发展,就必须追溯其前身久远的来历。秦人称"秦"是其"今生",秦人出自嬴姓,则其"前世"为嬴姓部族。嬴姓部族是一个庞大的东夷部族,我们所讨论的秦人西迁问题,就是要从周孝王之前的嬴姓部族中,寻找其中的一支——秦人先祖的来龙去脉。将其前世与今生贯通,我们就以"嬴秦"称之。秦人出自嬴姓部族,嬴姓部族又是东夷的一部分,故在先秦文献资料比较缺乏的情况下,我们对于嬴秦的追寻,不仅要涉及嬴姓诸族,而且常常还要借助东夷的资料与历史线索探寻其蛛丝马迹。

一 关于嬴秦西迁的次数与路线

在现有的研究中,主张东来说的学者,自然都认为秦人是从东方西迁至陕甘一带的,但在秦人西迁问题上尚有一些不同意见,主要在西迁时间、路线地域和西迁次数上,各人的意见并不一致。主要有以下代表性观点:

1. 西迁一次

陈秀云认为周公东征之后,秦人被迫迁于今之陕西的"九毕"(咸阳以北)。然后又有三次迁移:初以非子由"九毕"至犬丘(今陕西兴平);再由非子被封至秦(今陕西眉县);最后秦庄公为西垂大夫居西犬丘(今甘肃礼县)。① 李学勤新近在《清华简关于秦人始源的重要发现》一文中,利用新发现的清华简《系年》资料,揭示在周公东征后,嬴秦被由商奄直接迁至朱圉,也就是现在的天水市甘谷县西部一带。②

2. 西迁二次

黄文弼认为秦人西迁两次:第一次是自商末飞廉一支至造父别居赵城;第二次是周孝王前后,非子自赵城居犬丘,为周孝王养马,非子受封并"邑之于秦"。③ 即主张秦人自赵城西迁至今陕西兴平和甘肃天水。

伍士谦认为秦人有两次西迁:第一次是商末蜚廉为纣经略北方,商亡,蜚廉死后,其族人定居于山西赵城。第二次是非子居犬丘(今陕西

---

① 陈秀云:《秦族考》,《文理学报》1946 年第 1 卷第 1 期。
② 李学勤:《清华简关于秦人始源的重要发现》,《光明日报》2011 年 9 月 8 日。
③ 黄文弼:《嬴秦为东方民族考》,《史学杂志》1945 年创刊号。

兴平），周孝王封非子邑于秦（汧渭之会）。① 汪勃、尹夏清认为夏末商夷联军攻夏，"畎夷入居邠岐之间"，为秦人的第一次西迁。商末，中潏时秦人迁至今天水一带的西垂，是为第二次西迁。② 何汉文也认为秦人有两次西迁，以商末周初为界，此前的秦人西迁是在商代逐步的外延发展过程中进行的，经历了"由山东的莱芜一带到西部的范县，越过河北平原，再由朝歌到霍太山、皋狼和赵城一带"。周初周公东征，灭国五十，大规模强迫迁徙徐、奄、淮夷、熊、盈诸国，包括秦人在内的嬴姓族有相当一部分被迁往洛阳以至关中的"九毕"等地。③

3. 西迁三次

高福洪主张秦人分三个时期西迁，也就是三次西迁。第一时期在伯益玄孙费昌之后，秦人为避水害由黄河下游溯河西上进入中原，即《史记》所载"子孙或在中国，或在夷狄"这一史实。第二时期就是"中潏在西戎，保西垂"，部族随首领而西迁至商的西部接近戎人之地。第三时期在商末周初秦人遭周人镇压，残留下来的一部西迁至晋南，后为赵城造父一支；另一部分继续西迁，深入戎人地区，游牧在西犬丘一带，即后来为周孝王养马的非子一支。④ 尚志儒认为秦人共西迁三次，第一次是夏末商初，商夷联军反抗夏军渡过黄河占据夏的心脏地区，即汾河流域的大夏，并进而西进入居关中邠岐一带，嬴秦中的重要一支就是随着这次迁徙而进入关中西部的，于是在关中西部和甘肃东部就有了嬴秦活动的足迹。第二次是在商代末年，居住于汾河流域的中潏一支弃商归周，"在西戎，保西垂"。迁至甘肃天水一带。第三次是周成王即位之初，即周公东征时，原留在东方的秦氏等嬴姓部族多被消灭，秦氏被迫西迁安置至西安附近的"九邑"一带，《师酉簋》所载的"秦夷"就是他们的后裔。⑤

何清谷先生所论秦人西迁，虽未明确提出三次说，但按其所述，从

---

① 伍仕谦：《读〈史记〉札记》，《四川大学学报》1981 年第 2 期。
② 汪勃、尹夏清：《嬴秦族西迁对秦文化形成的影响》，秦始皇兵马俑博物馆《论丛》编委会编《秦文化论丛》第三辑，西北大学出版社 1994 年版。
③ 何汉文：《嬴秦人起源于东方和西迁情况初探》，《求索》1981 年第 4 期。
④ 高福洪：《秦人族源刍议》，《内蒙古师院学报》1982 年第 3 期。
⑤ 尚志儒：《早期嬴秦西迁史迹的考察》，《中国史研究》1990 年第 1 期。

嬴姓至秦约有三次西迁。① 第一次是两支分别西迁，嬴姓作为商朝的显贵，晚商时，戎胥轩、中潏父子各率一支族人西迁，其中，中潏率一部分族人在商王朝西方边陲为商"保西垂"，即天邑商（河南安阳）之西，今太行山至黄河东岸一带；而中潏之父戎胥轩奉商王之命率一支秦人西迁至周人西边陕甘一带。第二次是周公东征后，也是两支同迁。逃回东方的蜚廉后裔和原居于"秦"地的秦人作为俘虏被迁至宗周京畿的"九毕"一带，即今西安市西南一带，这一支与秦人系同族异支；而恶来一支的后裔，即后来建立秦国的秦人，也在周公东征时被俘获并直接安置到今甘肃东部一带，与西戎杂居。第三次西迁是周孝王前后，先是从大骆开始迁至犬丘（今甘肃礼县），接着，非子被周孝王封邑于秦（今甘肃秦安县）。

王玉哲所论秦人西迁，实际也是三次。② 即从商灭夏秦人开始西迁，第一步是从山东迁山西，大约是在胥轩、中潏时代；第二步是从山西再迁陕西犬丘，大约在大骆、非子时代；第三步是非子时代从陕西犬丘向西迁至甘肃西犬丘。

4. 西迁四次

杨东晨从嬴姓族开始西迁算起，认为秦人有四次西迁。③ 尧舜禹时，东夷嬴姓随皋陶、伯益佐禹治水，留居或分迁，伯益封于秦（今河南范县），胥轩、中潏、蜚廉、恶来、费仲等，均为该秦国贵族的后裔，这是第一次西迁。夏末商初，嬴秦军民随商夷联军扫除夏的残余势力而至关中，此为第二次西迁。商末时，二次西迁至关中的秦人，被周文王所灭，沦为游牧奴隶；与此同时，在晋南的蜚廉一支秦人亦亡国；周公东征时，俘迁大批嬴姓族人于关中东部。关中之嬴秦国军民奉商王命去镇守"西垂"，这是秦人第三次西迁。周穆王时，又迁晋南赵氏大骆、非子族及关中东部之"秦夷"入"西犬丘"，至西周晚期建国复姓，就是秦人的第四次西迁。

郭向东也明确认为秦人西迁有四次。④ 第一次即夏末商初，是随商夷

---

① 何清谷：《嬴秦族西迁考》，《考古与文物》1991年第5期。
② 王玉哲：《秦人的族源及迁徙路线》，《历史研究》1991年第3期。
③ 杨东晨：《周代东夷嬴姓族的西迁和嬴姓国的业绩》，《秦陵秦俑研究动态》1992年《周秦专号》。
④ 郭向东：《嬴秦西迁问题新探》，《西北大学学报》1995年第3期。

联军中的犬夷西迁至关中西部。第二次是商代末年戎西轩一支奉商王之命迁至陕甘一带。第三次在周成王时，飞廉后裔及原居秦地的秦人在周公东征后被迫迁至关中。第四次即周穆王时，居于赵城的恶来后裔即大骆、非子一支从山西汾河流域迁至天水西犬丘。

黄留珠也认为秦人西迁共有四次。① 第一次即畎夷随商夷联军迁至关中。第二次即商末中潏"归中保西垂"。第三次是周公东征后迁秦人于京畿地区的"九毕"。第四次是非子自赵城迁至关中犬丘。

二 重新认识嬴秦的西迁问题

在主张秦人东来说的学者中，都承认秦人存在西迁的史实，也都认为秦人西迁的最后落脚点在天水地区，只是在秦人西迁的起始时间、地点、路径、次数上，由于对史料的理解、认识和解读不同，就有了不同的认识和观点。例如，非子受封前所居犬丘，就有认为在槐里犬丘的，也有认为是在陇右犬丘的，正是类似这样认识理解的不同，导致了对西迁问题的不同观点。当然，也有人认为秦人不存在西迁，也就是说"秦人"出现时就已经在西方，如史党社曾提出秦人的称谓有阶段性，"秦人在非子之前何曾叫做秦人？其并不以秦为氏"。又说："我们既然认为是因中潏归周，秦人才到了西方，当然对有关秦人何时到了西方的其他论断、对于有人甚至说秦人分好几次到了西方的论断是持否定态度的。"② 这些问题，既涉及如何看待秦人西迁，也与怎么理解秦人早期历史有关。

事实上，秦人出现，诚如史党社所言是在中潏之后、非子受封之时，我们所讨论的秦人此前确实并不存在。但是，水有源，树有根，由于秦人历史的特殊性，我们要对秦人早期历史进行探讨，就不能不对秦人受封之前漫长、复杂的嬴姓部族史事置若罔闻，故所有论及秦人起源的历史，无不从秦人远祖伯益甚至更早的时间说起，原因正在于此。因此，我们可以将秦人受封获姓以来的历史看作其"今生"，而将此前的历史视为"前世"，要准确把握秦人的早期发展历史和文化特点，就必须将其前世和今生有机结合，才有可能揭示其起源发展的深层线索和真实面貌。

---

① 黄留珠：《秦文化二源说》，《西北大学学报》1995年第3期。
② 史党社：《秦人早期历史的相关问题》，秦始皇兵马俑博物馆《论丛》编委会编《秦文化论丛》第六辑，西北大学出版社1998年版。

为了将这两个既相区别又相联系的阶段加以区分和表述方便,其前世阶段可称为嬴秦,今生自然就是秦了。

秦人早期发展的这一复杂性,也使秦人的西迁问题与秦人的起源发展紧密相关。因此,秦人的西迁就不是单纯意义上的迁移,而是与其部族命运、历史发展、生存空间、部族构成、族际关系等交织在一起。就此而论,秦人的前世即嬴秦的迁徙不仅有过多次、多地,而且历时甚久,前后几乎与三代历史相始终;而且其迁徙既有西迁,亦有回流。所以,嬴秦西迁的过程也就是其部族兴衰、发展、分流、融合、聚散和开辟新的天地的过程,从而构成其历史发展的重要内容。由此出发,考察嬴秦的西迁,从唐尧时起,至周公东征之间,大约就有五次,分别为帝尧时、夏初、夏末、商末和周公东征。下节分别进行讨论。

第二节　重黎之后与嬴秦西迁

嬴秦族的第一次西迁,大约发生于帝尧时期。由于伯益一支属于东夷部族擅长历法的成员,因而,其始祖或首领女脩、伯益都曾在天文历象方面有所作为。而在五帝时代,东夷部族当是在天文历法方面居于领先地位的部族,嬴秦族人在参与历代观测天象、制定历法的活动中,随着观测活动的开展,在帝尧时期,完成了部族的第一次西迁。

一　东夷部族的天文学成就

我们已经知道,东夷部族在远古时代即"五帝时代",是一个文化发达,为中华早期文明多有贡献的部族,无论是"五帝"系统的产生,还是早期"酋邦"国家的出现,都与东夷部族密切相关。而尤为突出的是东夷部族在天文历象方面成就卓著,对我国天文历法的产生与发展做出重要贡献。

少昊、颛顼都先后是东夷部族的主要首领,他们都曾为天文历法的革新与发展多有贡献。据《史记·历书》记载,黄帝是历法的发明者,而东夷族首领少昊、颛顼为历法的完善发挥了关键作用:

> 盖黄帝考定星历,建立五行,起消息,正闰余,于是有天地神祇物类之官,是谓五官。各司其序,不相乱也。民是以能有信,神

是以能有明德。民神异业，敬而不渎，故神降之嘉生，民以物享，灾祸不生，所求不匮。

少昊氏之衰也，九黎乱德，民神杂扰，不可放物，祸菑荐至，莫尽其气。颛顼受之，乃命南正重司天以属神，命火正黎司地以属民，使复旧常，勿相侵渎。

上述记载表明，在天文历法方面，黄帝始作《调历》，颛顼不仅继承了黄帝历法，而且在黄帝历法的基础上，吸收新的天文学成就，对历法又进行了修改、补充和完善，以更好地指导人们的生产与生活。于是颛顼所订历法被称为《颛顼历》，并一直沿用至西汉才被《太初历》所代替。

史载颛顼"能修黄帝之功"，《大戴礼记·五帝德》谓颛顼"洪源以有谋；疏通以知事。养财以任地；履时以象天。依鬼神以制义；治气以教民；洁诚以祭祀"。修订历法，规范神灵祭祀，当是颛顼"能修黄帝之功"的两个主要方面。在天象历法方面，所谓"履时以象天""治气以教民"，说的就是颛顼依据天象历法和时序五行指导生产、教化民众。《竹书纪年》说颛顼"十三年初，作历象"。笺引《晋志》董巴议曰："伏羲始造八卦，作三画以象二十四气，黄帝因之，初作《调历》。颛顼以今之孟春正月朔旦立春，五星会于天历营室也。冰冻始泮，蛰虫始发，鸡始三号。天曰作时，地曰作昌，人曰作乐，鸟兽万物莫不应和，故颛顼为历宗也。"所以，颛顼是一位在天文历法上承前启后的中兴者，因而也被人们尊为"历宗"。

在东夷集团，不仅颛顼在天文历法方面有突出贡献，颛顼之前的少昊同样有所成就。《左传》昭公二十九年：

少昊氏有四叔：曰重，曰该，曰修，曰熙，实能金、木及水。使重为勾芒，该为蓐收，修及熙为玄冥，世不失职，遂济穷桑，此其三祀也。颛顼氏有子曰犁，为祝融，共工氏有子曰句龙，为后土，此其二祀也。

以上五祀也就是夏商周时期所祭祀的"五行之官"或"社稷五祀"之神，其中，木正勾芒，金正蓐收，水正玄冥三祀即出自少昊集团。而从其所司之职和名号分析，所祀三神可能在制造木工具、金属冶炼与铸造、平治水土等方面有所专长和成就。他们所司之职，必涉及天文或历法。

少昊氏四叔中有"重"，又有"修"；颛顼氏有"犁"，这重与犁也许就和颛顼氏之南正重和火正黎有联系。而少昊四叔之"修"，陈平就认为是嬴秦始祖母女脩。①

《史记·天官书》又载："昔者传天数者，高辛之前，重、黎；于唐、虞，羲、和；有夏，昆吾；殷商，巫咸；周室，史佚、苌弘。"可见，自颛顼以来，代代不乏专司天文的官员，也从一个侧面反映出颛顼时代在天文历法上确实取得巨大的成就。《路史·小昊》则有进一步记述：

> 允格封郡，有子郡姓，玉帝投之幽州，是为阴戎之祖。已氏、格氏、戎氏、允戎氏、戎州氏，皆允类也。重、熙、修、该，帝之四叔也，佐高阳氏。高辛氏衰，五官失守，尧乃复育重氏之后，羲仲、羲叔俾世守之，有羲氏、重氏。

可见，羲仲、羲叔等是少昊、颛顼时代的重氏之后，帝喾时又"五官失守"，于是，帝尧"复育重氏之后"，让其继承先祖司天地之职，改革完善天文历法，授民以时。如前所引，日本学者御手洗胜认为"允格"就是嬴姓的祖先神，亦即伯益。② 伯益又称"噎鸣"，顾颉刚以为"噎鸣"就是伯益，"噎"与"嗌"乃一声之转。③ 前文已经说明，伯益与黄帝时羲和、常仪一道，均为太阳之神，羲和生日为日神，常仪生月为月神，伯益生岁为四时之神。而帝尧时又将重氏之后以羲和称之，则是以黄帝时日神之名"羲和"来命名司天地之官。

二 和仲西测日落与嬴秦西迁

以上事例说明，东夷部族自少昊以来，一直在天文历法方面处于领先地位，故历代观测天象、修订历法都离不开他们，而重、黎及其后代

---

① 陈平：《关陇文化与嬴秦文明》，江苏教育出版社2005年版，第155页。
② 王孝廉：《中国的神话与传说》，台湾联经出版事业公司1983年版，第239—272页。
③ 转引自杨宽《杨宽古史论文选集》，上海人民出版社2003年版，第299页。

成为东夷部族世代专司天文历法的家族。我们从中也清楚地看到，东夷部族的嬴姓也属于精通天文历法的一支，故少昊时的"修"即女脩与熙共为玄冥；伯益则是太阳神崇拜中的四时之神。换句话说，在重、黎及其后代羲、和测日观象、修订历法的队伍中，必有嬴姓族人参与其中。所以，帝尧时在羲、和四人带领观测人员分赴四地进行测日的活动中，也必有嬴姓族人参与，则和仲前往昧谷所在的"西"进行的日落与秋分太阳高度角的观测队伍中就少不了秦人先祖嬴姓人士的参与。那么，嬴秦的一部分就这样随和仲西去测日而来到了西犬丘一带，是为嬴秦的第一次西迁。

不仅如此，在东夷与西羌两大部族间的文化交流中，东夷颛顼、帝喾时有重黎或祝融氏部分成员从海岱一迁至皖北、鄂东与三苗融合，至尧舜时，三苗与已经融合的东夷重黎氏后裔自鄂东和汉水中下游二迁至陇右洮河一带，这第二迁在时间上与和仲西去测日大致同时，在这一迁徙队伍中，可能也有部分嬴秦族人一同迁徙。这样，和仲测日与东夷二迁队伍中都有嬴秦族人跟随迁往西犬丘，他们是秦人先祖最早到达天水一带的居民。

第三节　夏朝建立与嬴秦西迁

嬴姓首领伯益佐禹导山导水，平治水土，功勋卓著，不仅受到帝舜的表彰，被赐以姚姓玉女，而且，此后又主持畜牧生产，大获成功，被舜赐以嬴姓。舜禅位于禹后，皋陶与伯益是其最为重要的辅佐大臣，先后都曾成为摄政和继承人。禹死后，其子启与伯益发生王位之争，引发嬴秦族的西迁。

一　伯益与夏启的王位之争

据《史记·夏本纪》记载：皋陶死后，禹以伯益为摄政。"十年，帝禹东巡狩，至于会稽而崩。以天下授益。三年之丧毕，益让帝禹之子启，而避居箕山之阳。禹子启贤，天下属意焉。及禹崩，虽授益，益之佐禹日浅，天下未洽。故诸侯皆去益而朝启，曰：'吾君帝禹之子也'。于是启遂即天子之位，是为夏后帝启。"《孟子·美章》亦云："益避禹之子于箕山之阳，朝觐讼狱者不之益而之启，曰：'吾君之子也。'""启贤，能敬承禹之道，益之相禹也，历年少，施泽于民未久。舜、禹、益相去久远，其子之贤不肖，皆天也，非人之所能为也。"上海博物馆藏战国楚竹书《容成氏》简33—34亦有记载：

> 禹又（有）子五人，不以其子为逡（后），见咎（皋）谷（陶）之贤也，而欲以为逡。咎（皋）秀（陶）乃五壤（让）以天下之贤者，述（遂）乎（称）疾不出而死；禹于是乎壤（让）益，启于是乎攻益自取。①

按照上述记载，作为帝禹摄政和继承人的伯益，禹死时被授以天下，伯益在禹子启守孝三年期间主持朝政，三年期满，伯益让位于启并避居箕山。由于伯益佐禹时日不长又功德不足，虽然主政三年，但因为启是禹的儿子，各路诸侯都拥戴启而抛弃伯益，于是，启就在天下诸侯的拥戴下即了天子之位。这段记载，在孟子、司马迁等人笔下，充满着禅让制的温情脉脉，被理想化地描述成了在一派友好礼让气氛中完成的让贤之举。其实则掩盖了由选贤任能、"天下为公"的军事民主制向父死子继的"家天下"即王位世袭的国家阶段过渡中血腥的权力之争。

这一重大历史变革，其真实的历史事实却是伯益嬴姓部族在与夏启的王位之争中以伯益失败被杀而告终。禅让制下的尧传舜、舜传禹和禹传伯益，都曾有过所选继承人舜、禹、伯益"三年之丧"主政，然后避居让位之事。如史载舜让尧子丹朱于南河之南，禹避居阳城让舜子尚均，伯益避居箕山而让启，可谓一脉相承。但是，避让的结果却有所不同，舜与禹由于都受到天下诸侯的拥戴而顺利即位，唯独伯益避居之后，没有得到天下诸侯的拥戴而失位。关于尧、舜之间的禅让故事，《古本竹书纪年》记载："舜囚尧于平阳，取之帝位。"又云："昔尧德衰，为舜所囚。舜囚尧，复偃塞丹朱，使不与父相见也。"可见，史籍有意美化的禅让早在尧传舜时已经是充满着刀光剑影和武力威胁。关于伯益与启的王位之争，《竹书纪年》又说："益干启位，启杀之。"《韩非子·外储说右下》："古者禹死，将传天下于益，启之人因相与攻益而立启。"《战国策·燕策》亦谓："禹授益而以启为吏"；"启与友党攻益而夺之天下"。

---

① 马承源主编：《上海博物藏战国楚竹书》（二），上海古籍出版社2002年版。

这种相攻相伐的权力之争，正是国家建立前夕，部落联盟内各派势力争夺权力的真实写照。

二 嬴秦的失势与西迁

嬴姓部族首领伯益，早自帝尧时就成为朝中的重要大臣，帝舜时为朕虞，佐禹平治水土，"而后举益，任之政"，成为大禹的继承人。可知尧舜禹在位时，伯益为三朝辅佐大臣，且影响不断扩大，地位日益上升，以至成为大禹的继承人。伯益地位的上升，除了伯益个人能力之外，更为主要的是其所在嬴姓部族势力不断壮大的反映。这种嬴姓族势力的壮大与伯益地位的上升互为表里，对本族的发展产生了积极影响。同样，在伯益与启的权力之争中，伯益的被杀也就是嬴姓族势力在与夏启力量的较量中失败的结果。

因此，作为战败的一方，嬴姓族不仅其首领伯益被杀，失去了原来在朝中的显赫地位，而且部族因此而遭到打击排挤，被迫迁移流散。史籍对于伯益被杀以后嬴姓族的流散迁移并未作交代，但我们从所谓伯益避居和夏末商初嬴秦族人分布的状况即可得到印证。

嬴姓族人作为东夷的一支，初居费邑，即今山东费县，后封于嬴和秦，嬴邑即今山东莱芜，秦即今河南范县（原属山东）。这可以看作嬴秦族人最初的根据地。相对于最初的根据地而发生的嬴秦族人全族或其中一支的向西迁移，都可以看作嬴秦的西迁。就此而言，史籍所载伯益避居箕山以让位于启，以及其后由伯益被杀引起的连锁震荡，促成了嬴秦继帝尧时测日西迁之后的第二次西迁。

伯益避居之地箕山，当在今河南林县。李江浙认为，"箕"字从竹从其，以竹为义，从其得声，则此山因其多竹而得名。据《山海经·北山经》记载，流经今河南安阳地区的淇水，发源于"沮洳之山"。沮与洳同属"豫部"，疾读如"具"，而箕山与淇水同为"其"声，故"沮洳之山"可作"箕山"。① 《水经·淇水》载淇水出河内隆虑县，该县初置于西汉，东汉时因避殇帝刘隆讳而改名林县。故箕山当在今林县境内。

除了伯益避居之地以外，伯益嬴秦部族在与夏启的王权之争失利后，必然遭到夏启的进一步攻伐、排挤和打击，因此，嬴秦部族的主体

---

① 李江浙：《秦人起源范县说》，《民族研究》1988年第4期。

或部分离开原来故地，流散其他各地，避开夏启攻伐镇压的锋芒，寻求新的空间和发展机遇，自是必然选择。《秦本纪》云，伯益儿子大廉、若木之后，其玄孙费昌当夏桀之时，"子孙或在中国，或在夷狄"。虽然此言夏末时伯益子孙的分布，但"子孙或在中国，或在夷狄"的分布格局，已经与伯益被杀前嬴秦原居地大相径庭。当然，这种分布格局并非伯益被杀后短时间内迁移变化的结果，而是在整个夏朝统治时期渐变的产物。其具体演变过程，由于史料所限，我们尚难得其详。但是，嬴秦部族分布的这种显著变化，即是伯益之后嬴秦族人历经迁徙流散和迁移的真实写照，当无可置疑。我们从嬴秦皋氏在商代的分布也能得到证实。

第四节　畎夷西进与嬴秦西迁

畎夷作为东夷"九夷"中的一支，曾在商人灭夏中发挥了重要作用，最典型的就是参与了商夷联军进入关中消灭夏残余势力的斗争，特别是战斗结束后，其主体可能就留在关中定居下来，这不仅改变了关陇地区的部族分布格局，而且由此引发了一系列的部族互动与迁徙，嬴秦族的一部分，正是在随商夷联军入关作战中，来到了关中，最后到了西垂，这就是嬴秦族的第三次迁徙。

一　嬴秦叛夏归商

嬴秦族经历夏初伯益与夏启的权力之争后，遭到夏启的排挤打击，迁移流散，艰辛备尝。而这段历史于史不彰。嬴秦为东夷的一支，我们只能从东夷与夏的关系演化来了解大致概况。

夏建立后，东夷与夏的关系大致处于若即若离状态。太康时，"夏后氏太康失国，夷人始畔"[①]。夏后相至少康时，甚至发生了东夷族首领后羿"因夏民以代夏政"的政治事件。[②] 说明夏人曾一度失国于东夷。

---

① 《后汉书》卷八五《东夷传》，中华书局1980年版。
② 《左传》襄公四年、哀公元年，中华书局2007年版。

少康复国后,"方夷来宾"①。帝杼时,"柏杼征于东海"②。帝芬(槐)"即位三年,九夷来御"③。帝荒(芒)"元年……命九(夷),东狩大海,获大鸟"④。帝泄"二十一年,命畎夷、白夷、赤夷、玄夷、风益、阳夷"⑤。这说明少康复国以后,从少康到帝泄的五位夏主在位期间,东夷对夏时服时叛,夏主曾两次率兵东征。帝泄之后,有五位夏主不见与东夷有战事,东夷人大约已宾服于夏族。到夏末,"桀为暴虐,诸夷内侵"⑥。东夷成为消灭夏王朝的一支重要力量。

由此可知,夏夷之间通过征服与被征服、反叛与臣服、纳贡与镇压等多重复杂关系,与夏保持着比较密切的交往。二里头文化与岳石文化中所表现的相同或相近的因素、二者之间的互相渗透,"正是夏夷关系在考古学文化中的体现"⑦。嬴秦部族正是在这样一种相互交错的和战关系中,在经历夏初政权之争失败的打击之后,致力于自身的发展,但远非尧舜之时股肱之臣的显赫地位可比。故伯益之子大廉、若木之后,嬴秦世系不清,没有留下连续的记载。按《秦本纪》记载:

> 大费生子二人:一曰大廉,实鸟俗氏;二曰若木,实费氏。其玄孙曰费昌,子孙或在中国,或在夷狄。费昌当夏桀之时,去夏归商,为汤御,以败桀于鸣条。大廉玄孙曰孟戏、中衍,鸟身人言。帝太戊闻而卜之使御,吉,遂致使御而妻之。

这短短几句话就将嬴秦至商王太戊五六百年间的嬴秦历史做了交代。从中有三个方面的信息值得注意:一是若木一支其玄孙费昌当在夏桀之时,其子孙已经"或在中国,或在夷狄"。这是嬴秦经历

---

① 《后汉书》卷八五《东夷传》引《古本竹书纪年》,中华书局1980年版。
② 袁珂:《山海经校注·海外东经》,上海古籍出版社1983年版。
③ 《后汉书》卷八五《东夷传》引《古本竹书纪年》,中华书局1980年版。
④ 虞世南:《北堂书钞》卷八九引《竹书纪年》,中国书店1989年版。
⑤ 《后汉书》卷八五《东夷传》引《古本竹书纪年》,中华书局1980年版。
⑥ 《后汉书》卷八五《东夷传》,中华书局1980年版。
⑦ 方辉:《海岱地区青铜时代考古》,山东大学出版社2007年版,第90页。

夏初权力之争后迁移流散的结果。二是大廉一支其玄孙孟戏、中衍与商王太戊同时,则孟戏、中衍与费昌并非同时代人,他们按商王汤至太戊世系类比,正好相差五代十王。尽管如此,无论是费昌,还是孟戏、中衍,都是以伯益嬴姓族祖传的熟知鸟兽、"善御"而得到商王的器重。三是孟戏、中衍不仅被太戊引为驭手,而且还赐予宗族女为妻。这是嬴秦先祖自大业娶少典氏之女女华、帝舜赐伯益"姚姓之玉女"之后,文献明确记载的又一次君王赐婚。可见,在商汤灭夏和商代时期,无论是作为夏政权排挤的对象,还是商与嬴秦同属东夷又两者亲近之故,嬴秦随着改朝换代迎来了本部族发展的又一个新阶段。

由此我们可以知道,本来居于东方的嬴秦,以费邑、嬴邑和秦为其封地的嬴姓子孙,其居地无疑均在东方,或者说就在东夷部族分布的范围之内。可是,夏桀前后,嬴姓子孙已是"或在中国,或在夷狄"。这就说明,夏初伯益之难,引发了夏人对嬴族的排挤打击,也引发了嬴族的迁移流散。所以,有人将这一变化看作嬴秦的第一次西迁和第一次衰落,是很有道理的。而嬴姓子孙或在中国,或在夷狄,又说明夏商之时,嬴姓子孙既有居留原封地东夷地区的,也有迁往其他地区乃至夷狄之区的。这是一个不能否认的史实,也是我们探讨商代嬴秦线索与居地的重要参照。

夏桀之时,嬴姓若木后裔费昌"当夏桀之时,去夏归商,为汤御,以败桀鸣条"。"费昌去夏归商",正与"桀为暴虐,诸夷内侵",东夷反叛参与商人灭夏的记载相吻合。《论衡》云:"桀无道,两日并照,在东者将起,在西者将灭,费昌问冯夷曰:'何者为殷,何者为夏?'冯夷曰:'西,夏也,东,夷也。'"于是费昌徙族归殷。《博物志》卷上亦谓:"夏桀之时,费昌之河上,见二日:在东者灿灿将起;在西者沉沉将灭,若疾雷之声。昌问与冯夷曰:'何者为殷?何者为夏?'冯夷曰:'西夏东殷。'于是费昌徙族归殷。"说明在夏代晚期,费昌在河上向河伯冯夷请教后,便去夏归殷。在夷人参与商人的灭夏战争中,嬴秦无疑积极加入了灭夏的队伍。

二 商夷联军入陕

商夷联军进入关中扫灭夏残余势力,嬴秦一支随之进入关中,傅斯年就曾说："商代向西拓土，嬴姓东夷人，在商人的旗帜下入于西戎。"①
而探隐索幽、见微知著深入揭示商夷联军西进和嬴秦入关的是段连勤
《关于夷族的西迁和嬴秦的起源地、族属问题》一文。② 这对嬴秦早期历
史和畎夷行踪的研究是具有里程碑意义的发现。兹据其说并作一梳理
申论。

东夷本居东方，夏末以前，夷人活动地域不在山西、关中等西方，
但商夷联军灭夏后，陕西关中地区却突然出现了东夷人的活动。《竹书纪
年》："桀三年，畎夷入于岐以叛。"《后汉书·西羌传》："昔夏后氏太康
失国，四夷背叛。及后相即位，乃征畎夷，七年然后来宾。至于后泄，
始加爵命，由是服从。后桀之乱，畎夷入居邠岐之间，成汤既兴，伐而
攘之。"邠岐在今陕西旬邑和岐山县，这里正当肥美的泾渭平原，此当为
畎夷迁至关中时的最初居地。

伯益玄孙费昌去夏归商，率东夷人败桀于鸣条，这与《竹书纪年》
《后汉书·西羌传》所载史料和犬丘地名西迁共同证明："东夷人中的一
部分，主要是九夷中的畎夷，确实在夏末作为商夷联军的组成部分，由
我国东方进入西方的关中平原。"据《史记·周本纪》记载，畎夷入关
时，正是在邠立国的周族酋长不窋在位，不窋为夏的稷官。"不窋末年，
夏后氏政衰，却稷不务，不窋以失其官而奔戎狄之间。"不窋失官和逃奔
原因史书缺载，但将这一事件与畎夷入居邠岐以叛的历史背景联系起来，
就不难窥见周族是因受到商夷联军的打击而迁移，则又证实了畎夷西迁
关中史实的存在。关中东部耀县北村和商州市东龙山村发现的商代文化
遗址，其文化年代上限相当于商代二里冈下层。③ 关中西部岐山京当村出
土的小足铜鬲，④ 扶风白家窑出土的小足跟陶鬲、假腹豆、高圈足杯等，⑤
都是独具地方特点的商文化遗存，其年代上限为商代二里冈上层，邹衡
称其为商文化京当型。这同样说明在商初包括畎夷在内的商文化势力已

---

① 傅斯年：《夷夏东西说》，国立中央研究院历史语言研究所集刊外编第一种《庆祝蔡元培先生六十五岁论文集》，1933 年 3 月。
② 段连勤：《关于夷族的西迁和嬴秦的起源地、族属问题》，《人文杂志》1982 年增刊《先秦史论文集》。
③ 尹盛平：《犬夷与犬戎》，《周秦社会与文化研究》，陕西师范大学出版社 2003 年版。
④ 王光永：《陕西省岐山县发现商代铜器》，《文物》1977 年第 12 期。
⑤ 罗西章：《扶风美阳发现商周铜器》，《文物》1978 年第 10 期。

进入关中地区。

胡厚宣搜集到商代甲骨文中还有以下资料：

己酉卜，贞雀往正（征）犬，弗其禽。十月。（《铁》181.3）
令犬方。（《后》下 6.11）
贞犬受年。十月。（《虚》44）
贞令多子族从犬罙髳✡叶王事。（《前》5.7.7 与 6.51.7 合）
贞令多子族罙犬侯戣周，叶王事。（《前》5.7.7 与 6.51.7 合）
乙卯卜，率，贞令多子族从犬侯戣周，叶王事。五月。（《续》5.2.2）

以上六条材料均是武丁时期的卜辞。其内容主要是：由于犬方的反叛，商王派雀去征伐，结果犬方臣服了商朝。犬地一度成为商朝重要的农业生产区，商王曾贞问那里是否丰稔。与此同时，犬方还接受了商王之命与多子族一起征伐周族，勤勉于商王的事业。① 我们知道，商代卜辞记事有一个特点，即商王朝习惯上把本土以外的方国称某方，犬方就是犬部落的名称，犬为其省称，犬侯是其君长或酋长。犬方能接受商王之命去征伐周族，知其距离周族一定不远。武丁时，周族居于陕西旬邑、邠县一带，犬方当与之邻近。

进入关中的畎夷在商代前期与商王朝保持着良好的关系，史籍不见其反叛与被征伐的记载。但是，进入商后期，从武丁、武乙起，商与分居东、西方东夷和畎夷关系恶化，武乙不仅征伐东方夷人，也曾镇压泾渭流域的畎夷并死于关中。帝乙继位后，畎夷大肆进攻仍然臣服于商的周人。《帝王世纪》："昆夷（即畎夷）伐周，一日三至周之东门，文王闭门修德，而不与战。"《尚书大传》又载："文王受命，四年伐畎夷。"《毛诗·出车序》说文王时，"西有昆夷（即畎夷）之患，北有猃狁之难"。为此，帝乙分别于即位第十年和第十五年率大军征伐江淮和渭河流域的夷方。

周文王后期，畎夷可能归降了周人，《左传》襄公四年（前569年）："文王率殷之叛国以事纣，四十余国。"这四十余国中，当包括与周人邻

---

① 胡厚宣：《殷代封建制度考》，《甲骨学商史论丛初集》，台湾大通书局影印本。

近的畎夷。周武王灭商以后，《史记》《汉书》俱载"放逐戎、夷泾洛之北"。从此，畎夷成为周统治下的一个少数民族。

段连勤在此基础上又通过嬴秦与犬丘（西垂）的关系、嬴姓氏族和古国多分布于东方、秦的原始宗教与东夷少昊氏一样为鸟图腾崇拜、秦人崇拜少昊神等方面，得出结论为："夏商之际，随着商夷两族对夏朝战争的进展，的确有一支夷人（畎夷）来到了关中地区。秦嬴就是这支西来的夷人中的一部分。""秦嬴起源于由我国东方西迁的东夷人，它很可能是畎夷的一支。"

三 畎夷与犬丘

西周春秋时，今陕西兴平东南有犬丘，亦曰废丘；甘肃天水县西南亦有犬丘，史称西犬丘或西垂。此两犬丘当为畎夷人居泾渭流域后的居地。今兴平县东南的槐里村，周代叫作犬丘，胡厚宣先生指出："周之犬邱，当即殷之故犬地。"① 据《史记·齐世家》畎可作犬，知畎、犬通用，所以甲骨文的犬方应即文献之畎夷，武丁时期活动在关中及其西部的犬方，是夏末商初西迁畎夷的后裔。"犬丘"与"垂"两地名的西迁，得到了甲骨文和文献材料的证实。② 畎夷也就是甲骨文中的"犬侯"，丁山认为其封地在今河南商丘。③ 尹盛平进一步指出，"'犬侯'应该是因都邑称犬丘而得名，所以'犬侯'当是畎夷之君。殷墟卜辞的'犬方'应是指'犬侯'，也就是畎夷之国，在今陕西兴平、礼泉与扶风、岐山一带。关中西部商文化京当类型当是'犬方'，也就是畎夷的文化遗存，证明商代早期畎夷有一支迁徙到陕西的关中中西部"④。

嬴秦在中衍时也就是商王太戊在位时，"遂世有功，以佐殷国，故嬴姓多显，遂为诸侯"。其时，正是考古学上的二里冈上层时期，这与畎夷在陕西的文化遗存——商文化京当型的时代上限大体相当。说明畎夷自夏末商初进入关中以后，直到太戊以后才有一支晋封诸侯，其都邑仍沿袭了他们在东方的都邑名称——犬丘。前文已经详作论述的皋族在京地开

---

① 胡厚宣：《殷代封建制度考》，《甲骨学商史论丛初集》，台湾大通书局影印本。
② 尚志儒：《早期嬴秦西迁史迹的考察》，《中国史研究》1990年第1期。
③ 丁山：《甲骨文所见氏族及其制度》，科学出版社1956年版，第117页。
④ 尹盛平：《犬夷与犬戎》，《周秦社会与文化研究》，陕西师范大学出版社2003年版。

垦土地，也正是随畎夷入居关中的嬴秦在关中的活动。所以，尹盛平指出，畎夷也就是秦夷。殷墟卜辞中的犬侯，时代为商王武丁时期及其以后，是中衍的后世。中潏时代为商王帝乙、帝辛时期，是嬴墟卜辞中犬侯的后世，"也是一代畎夷之君"。当时，周族已经迁岐，古公亶父开始了"实始剪商"的行动，畎夷首当其冲，被赶出关中西部地区，迁往甘肃礼县一带。所以，嬴秦首领中潏也随之来到甘肃礼县，故而"在西戎，保西垂"。

犬丘为畎夷从东方带来的地名，西周春秋时，宋国有犬丘邑，地在今河南省与安徽省交界的永城县；卫国亦有犬丘，在今河南与山东交界的菏泽。《春秋》隐公"八年春，宋公卫侯遇于垂"。左氏传曰："八年春，齐侯将平宋卫，有会期。宋公以币请于卫，请先相见。卫侯许之，故遇于犬丘。"《春秋》经文所说的垂，显然就是《左传》所说的犬丘，所以杜预《集解》注曰："犬丘，垂也，地有两名。"可见犬丘即垂，垂即犬丘，都是指的同一地方。《水经注·瓠水注》："瓠河故渎，又东迳句阳之小成阳城北……余按小成阳在成阳西北半里许……又东迳句阳县西，句渎出焉，濮水枝渠，又东迳句阳县之小成阳东垂亭西，而北入瓠河……瓠渎又东迳垂亭北，《春秋》隐公八年，宋公卫侯遇于犬丘，经书垂也，京相璠曰：'今济阴句阳县小成阳东五里，有故垂亭者也。'"汉代句阳县城在今山东菏泽市以北12公里的小留镇；成阳县在今山东菏泽市东北30公里的胡集乡，小成阳城即在成阳城之旁，其东五里为垂亭所在。尹盛平认为"东垂亭，也就是东犬丘，在山东范县以南不远，在秦地内，当是秦夷，也就是畎夷的都邑"①。

尹盛平将畎夷与嬴秦等同的观点未必妥当，但是，商夷联军入陕伐夏之残余进而居留关中，并以犬丘为都，从以上论述中可以肯定，是真实存在的。而作为畎夷的一部分，嬴秦亦随畎夷的西进而进入关中，又随周人的驱赶从关中来到甘肃，其线索随着畎夷足迹的揭示而清晰地展现在我们面前。犬丘作为畎夷之都，其名称随畎夷流徙而迁移，"天水西南的犬丘之所以又称西犬丘、西垂，正是对于山东曹县（菏泽）县的犬

---

① 尹盛平：《犬夷与犬戎》，《周秦社会与文化研究》，陕西师范大学出版社2003年版。

丘又称垂而言的"①。所以，由山东菏泽、河南永城县的犬丘，到陕西兴平、甘肃的犬丘，这正是畎夷由我国东方移至我国西方所走过的足迹；它同样也是嬴秦族自东方入陕西、进甘肃的迁移路线。

第五节　周人灭商与嬴秦西迁

周人灭商是历史上一件既决定周人也决定商人和秦人命运的重大事件，其结果商人失去了政权，周人建立了前后存续长达800余年之久的周王朝，而夏商以来几经起伏又一直处于流徙动荡状态的秦人，则最终完成了从东方向西方天水一带的迁徙。这一迁徙具体有两次，即商末中潏率族至西垂和周公东征迁商奄之民到朱圉。这也就是嬴秦继前三次西迁之后的第四、第五次西迁。完成商末周初的这两次西迁之后，嬴秦就开始了自己兴起建国的历史。

一　商末中潏归周与嬴秦西迁

周人的灭商活动，是其崛起后经过长期的充分准备而首先从其居地周围开始的，时已久居关中的秦人首当其冲，这就是文献记载的中潏"在西戎，保西垂"事件。

周人具体的灭商行动可以说始自古公亶父的"实始翦商"至周文王时，据《史记·周本纪》记载，文王曾先后伐犬戎、伐密须、败耆国、伐邗、伐崇侯虎，自岐下而徙都丰。文王经过持续几十年的努力，到晚年时，已经是"文王率殷之叛国以事纣，四十余国"②。以周人为首领的灭商同盟业已形成。接着继位的周武王最终完成了灭商的任务，建立了西周。周人灭商之前的"翦商"和灭商之后扫灭商残余势力的活动，都涉及秦人先祖，也引起了前后两次的嬴秦西迁。

在周人灭商前后，嬴秦族人分居数地，我们现在可以知道的除了早自夏末商初随畎夷进入关中，一直活动于西安一带的"九毕"和兴平的犬丘以及周原一带的"京"和"荠京"等地之外，至少在殷都安阳、山

---

① 段连勤：《关于夷族的西迁和嬴秦的起源地、族属问题》，《人文杂志》1982年增刊《先秦史论文集》。
② 《左传》襄公四年，文渊阁《四库全书》，上海古籍出版社1998年影印本。

西汾水流域和东夷之地鲁西南均有分布。其中，中潏之子蜚廉、恶来父子俱为商王近臣，在殷都安阳和山西一带活动，鲁西南则是嬴姓故地，仍有嬴秦族人分布，后在蜚廉的策动下参与了"三监之乱"，最终被周公征服并西迁。这些地区的嬴秦族人俱与关中的中潏一支有直接和间接的关系，且后来都参与了嬴秦的西迁活动。

在周人灭商之前的"剪商"活动，也是世居关中的畎夷及其嬴秦族人与周人发生力量转换之时。这种力量转换的结果是周人一步步强大，具备了灭商的实力，而畎夷与嬴秦则在与周人在关中的相争中败下阵来，迁出关中。从商王武乙时起，首先畎夷反叛商朝，故武乙、帝乙都曾率军进入关中征伐畎夷，畎夷势力受到削弱。当时，周人作为商王的属国，也受到畎夷的攻击。《帝王世纪》载："昆夷（即畎夷）伐周，一日三至周之东门，文王闭门修德，而不与战。"《尚书大传》亦谓："文王受命，四年伐畎夷。"《史记·周本纪》："明年，伐犬戎。明年，伐密须。明年，败耆国。……明年，伐邘。明年，伐崇侯虎，而作丰邑，自岐下而徙都丰。"《毛诗·出车序》又载：文王时"西有昆夷之患，北有猃狁之难"。说明当时畎夷与周人的争夺和较量非常激烈。史书未载双方战争的结果，但到文王晚年，"文王率殷之叛国以事纣，四十余国"。在这归附的四十余国中当包含与周人相邻的畎夷在内。所以，周武王灭商之后，遂有"放逐戎、夷泾洛之北"① 的举动。这当是武王灭商后回师关中对已经归附的畎夷残余势力的进一步处置。可见，畎夷、嬴秦在与周人较量中最终以失败和归附周人而结束。嬴秦也正是在随畎夷归周后，西迁天水并"在西戎，保西垂"。这是嬴秦在商末周初西迁天水的第一步。

史载嬴秦中衍"其玄孙曰中潏，在西戎，保西垂。生蜚廉。蜚廉生恶来。恶来有力，蜚廉善走，父子俱以材力事殷纣。周武王之伐纣，并杀恶来"。据此可知，中潏之子孙蜚廉、恶来与殷纣王、周武王约略为同时代人，则中潏当是与商王文丁、帝乙、周文王同时代人。中潏之时已经"在西戎，保西垂"，也就是说，至迟在周文王时中潏已经迁到了西垂。中潏之父为戎胥轩，在西周孝王与申侯关于戎胥轩的一段对话中，也能证实西迁这一点。《秦本纪》："申侯乃言孝王曰：'昔我先骊山之女，为戎胥轩妻，生中潏，以亲故归周，保西垂，西垂以其故和睦。'"周人

---

① 《史记》卷一一〇《匈奴传》，中华书局1982年版。

世与戎族通婚,现在,自戎胥轩起,嬴秦首领也与戎族通婚,由于西戎与周秦两族都有了姻亲关系,周、秦两族由此而"亲"。也因为周秦有了间接的相亲关系,戎胥轩生子中潏之后,嬴秦便"以亲故归周,保西垂"。可知,嬴秦西迁西垂就在中潏之时。这就是嬴秦的第四次西迁。

中潏西迁天水,"在西戎,保西垂",既是其跟随畎夷在与周人的较量中处于下风而归顺之后的被迫之举,也是中潏在失败中寻找机会、在前途未卜时创造机会的明智之举。周武王灭商前后嬴秦族人的活动《秦本纪》有具体记载:

> (中潏)生蜚廉。蜚廉生恶来。恶来有力,蜚廉善走,父子俱以材力事殷纣。周武王之伐纣,并杀恶来。是时蜚廉为纣石(使)北方,还,无所报,为坛霍太山而报,得石棺,铭曰"帝令处父不与殷乱,赐尔石棺以华氏"。死,遂葬于霍太山。蜚廉复有子曰季胜。季胜生孟增。猛增幸于周成王,是为宅皋狼。皋狼生衡父,衡父生造父。造父以善御幸于周穆王,得骥、温骊、华骝、骡耳之驷。西巡狩,乐而忘归。徐偃王作乱,造父为周穆王御,长驱归周,一日千里以救乱。穆王以赵城封造父,造父族由此为赵氏。自蜚廉生季胜已下五世至造父,别居赵,赵衰其后也。恶来革者,蜚廉子也,早死。有子曰女防。女防生旁皋,旁皋生太几,太几生大骆,大骆生非子。以造父之宠,皆蒙赵城,姓赵氏。

这段记载非常重要,是解开秦人西迁与秦赵起源的关键。但是,这段记述过于简略,也有一些缺漏和错误,导致人们对秦人历史的认识存在分歧。我们综合《史记》记载和已有研究,在纠谬补正的基础上,庶几可复原中潏在商周易代之际对嬴秦族人的应对安排和后来分合变化的大致情况。这里有以下四点值得注意:

一是中潏之子蜚廉生有三个儿子。上文所说恶来、季胜、恶来革应该是蜚廉所生的三个儿子。其中,恶来显系长子,季胜为三子,恶来革自然当为次子。关于恶来革学界大多以为与恶来为一人,细究起来,恶来助纣被杀和恶来革"早死"并非同一人、同一件事,且三子季胜之"季",显为伯、仲、季这一传统兄弟排行的反映。《史记·赵世家》则有蜚廉"命其一子曰恶来,事纣,为周所杀,其后为秦"之说,这里显然主要在于强调季胜一支为赵，以示秦赵之别。所谓"别居赵"，是相对于中潏迁西垂之前嬴秦之故地陕西犬丘为"本居"而言。这一点很重要，它透露的是季胜一支属于从中潏、恶来革本宗所析出的一支。

二是中潏西迁西垂。自戎胥轩、中潏父子时，周人已经强大崛起，他们处在两大势力的夹缝中：一方是嬴秦长期臣服且受到重用的商王朝，但却江河日下，前景暗淡；另一方是嬴秦与之相邻且正在崛起的周人。面对这样的两难抉择，夏商以来备受打击、流徙和动荡的嬴秦，最终采取了将家族力量一分为二，既事殷又归周的两全之策。即中潏安排蜚廉和他的三个儿子分居三处，其中，长子蜚廉与恶来父子在殷都事殷纣；三子季胜"别居"晋南；次子恶来革及其子女防随中潏率活动于关中的嬴秦族主体西迁西垂。这无疑是一个最佳选择。于是，中潏一支不仅完成了弃商归周的转变，也实现了西迁西垂，避其锋芒，离开周人核心势力区关中的目标。由此奠定了嬴秦族人改变命运和崛起发展的基础，后来的秦人与秦国、赵人与赵国，都是在中潏的这一决策下先后崛起和建国的。

《秦本纪》在介绍了从女防至非子居于西垂的五代之后又说他们"以造父之宠，皆蒙赵城，姓赵氏"。这句话语义含混，与前文联系颇难理解和厘清相互关系，既说嬴秦早自中潏已经"在西戎，保西垂"，又说女防至非子五代"皆蒙赵城，姓赵氏"。由此引起了对秦人西迁的不同认识和争论。不少学者据此以为秦人先迁至晋南，再迁至关中，最后迁至天水；或认为东西往返数次，最后定居西垂。王玉哲以为秦族自商末至大骆、非子一直居于山西，大骆、非子之时才西迁入陕西犬丘。① 黄灼耀则以为"以造父之宠，皆蒙赵城，姓赵氏"一语为乱简，原文应接在"赵衰其后也"之下。自中潏至非子，秦人一直活动于关中地区，故非子的居处与赵城无关。② 尚志儒也据此以为中潏是由山西汾河流域西迁至西垂。③ 这些看法皆因对"皆蒙赵城，姓赵氏"一语的含混记载和不同理解所致。论者多以为"蒙赵城"就是"居赵城"，其实不然，这一点陈平已有详细

---

① 王玉哲：《秦人的族源及迁徙路线》，《历史研究》1991年第3期。
② 黄灼耀：《秦人早期史迹初探》，《学术研究》1980年第6期。
③ 尚志儒：《早期嬴秦西迁史迹的考察》，《中国史研究》1990年第1期。

驳正。① 唯"蒙"字不仅有"蒙受"之义,还有"假冒"之义。《史记·魏其武安侯列传》:"夫父张孟,尝为颍阴侯婴舍人。得幸,因进之,至二千石,故蒙灌氏姓,为灌孟。"颜师古注云:"蒙,冒也。"秦人"蒙赵城,姓赵氏",只是借同族之姓冒为己姓,以消解无姓无祀之窘况,并非与赵姓一支同在赵城。因此,所谓"蒙"即是假冒之义,这就如魏晋时期一些士族以本姓最尊之地冒为其郡望是同样的道理。所以,其时,并非位居本宗的中潏、非子一支"居赵城",而恰恰相反,是季胜一支从本宗析出定居于晋南一带。中潏自迁往西垂后,中潏及次子恶来革子孙就一直在西垂,了解这一点,对于我们正确认识秦人西迁非常重要。

三是中潏长子长孙事殷纣。我们知道,嬴秦族人早在商代中期太戊、中衍之时已是"遂世有功,以佐殷国,故嬴姓多显,遂为诸侯"的商朝显贵,他们世代追随商王成为其肱股之臣。所以,中潏时,其长子长孙蜚廉、恶来"俱以材力事殷纣",这是嬴秦族人继续延续着其世代"以佐殷国"传统的反映。其结果是随着武王灭商,恶来被杀。蜚廉按《史记》记载其时正在使北方,殷纣王被杀,蜚廉在今山西霍县的霍太山筑坛报祭,死后葬于霍太山。这一说法有误,《孟子·滕文公下》说在周公东征时"驱飞廉于海隅而戮之",这已被清华简《系年》简文所证实。真实情况大约是蜚廉报祭纣王后,采取了公布死讯而潜逃东方的金蝉脱壳之计,试图东山再起,故蜚廉又在嬴秦故地商奄一带发动嬴姓诸国参与三监之乱。蜚廉的这一行动又与嬴秦的最后一次西迁密切相关。

四是恶来次子季胜居留霍太山一带。史书没有交代中潏幼子季胜原居何处,只是说"季胜生孟增。猛增幸于周成王,是为宅皋狼。皋狼生衡父,衡父生造父。造父以善御幸于周穆王……徐偃王作乱,造父为穆王御……穆王以赵城封造父,造父族由此为赵氏"。可见,季胜一支到晋南后,初在霍太山,继在皋狼,后定居于赵城。霍太山据《正义》引刘伯庄云:"纣都之北也。霍太山在晋州霍邑县。"地当在今山西霍县东南。皋狼即西汉皋狼县,其地即今山西离石县北。赵城,《集解》:"徐广曰:'赵城在河东郡永安县。'"《括地志》:"赵城,今晋州赵城县是。本彘县地,后改永安,即造父之邑也。"汉唐彘县,即今山西霍县。则造父所居赵城与蜚廉报祭霍太山俱在同一地区。上述文献,明确说明自季胜至造

---

① 陈平:《关陇文化与嬴秦文明》,江苏教育出版社2005年版,第205页。

父五世一直居住于晋南地区,也间接说明季胜在其父蜚廉为纣"石(使)北方"和报祭霍太山时,就已经生活于此。前引蜚廉"得石棺,铭曰'帝令处父不与殷乱,赐尔石棺以华氏'"一语所谓"处父",《索隐》以为是"蜚廉别号",尚志儒则谓"处父"并非蜚廉,而是他的另一个儿子季胜。所谓"帝"即是"天帝""上帝",即已经归周的中潏假借"天帝"名义,告诫孙子季胜选择"不与殷乱"的道路,[①] 以谋求新的机遇。这也说明季胜已在晋南。陈平以为"处父"不是季胜而是蜚廉。实际上,不论处父究为蜚廉、季胜父子哪个人,所谓得石棺和铭文大约都是蜚廉为掩人耳目造成已死假象而潜逃东方的脱身之计。据此,我们可以说晋南季胜一支就是随其父兄事殷纣时来到晋南,后恶来被杀,蜚廉东逃之后继续据守于晋南,后成为战国时赵国的建立者。嬴秦自夏末商初来到关中之后,至此又分出晋南季胜一支。

由此可见,在商周易代之际,中潏为了嬴秦族未来发展与生存的考虑,在商周两强之间做出了既事商又归周,将家族力量一分为二的选择。这一重大决定和以上变化的产生,决定了嬴秦族人此后的发展,也改变了此后中国历史发展的进程。中潏归周和西迁西垂,开辟了嬴秦族人中后来发展为秦人一支在周人外围生存发展的空间,也保障了嬴秦族人在商周交替、改朝换代的动荡环境中免受亡族灭种之难。中潏之子蜚廉和其孙恶来继续追随商纣王,一方面,使嬴秦族人受到失姓亡氏的沉重打击,恶来被杀,但是,蜚廉后又逃往东夷故地策划参与了三监之乱,引发了周初嬴秦族人的又一次西迁,壮大了嬴秦在西垂的力量;另一方面,中潏另一子季胜则继续留在晋南,后来这支嬴秦势力世居其地,成为赵氏和赵国的建立者。与此同时,蜚廉另一子恶来革及其子女防则远离商周之争,未参与追随商人与周人作对的活动,随中潏迁往西垂,故在周灭商之后保全了家族。此后,女防一支就发展为我们所说的秦人。

二 周初周公东征与嬴秦西迁"朱圉"

在秦人早期西迁历史的研究中,最近李学勤通过清华简的整理和研究,提供了新的线索。[②] 据清华简《系年》的第三章,简文在叙述了周武

---

① 尚志儒:《早期嬴秦西迁史迹的考察》,《中国史研究》1990年第1期。
② 李学勤:《清华简关于秦人始源的重要发现》,《光明日报》2011年9月8日。

王死后发现三监之乱,周成王伐商邑平叛云:

> 飞厤(廉)东逃于商盍(葢)氏。成王伐商盍(葢),杀飞厤(廉),西迁商盍(葢)之民于邾虐,以御奴嶅之戎,是秦先人。

"飞"就是飞廉,"商盍氏"即《墨子·耕柱篇》《韩非子·说林上》的"商盍",也便是称作"商奄"的奄。关于飞廉、恶来,《秦本纪》云:"周武王之伐纣,并杀恶来。是时蜚廉为纣石(使)北方……死,遂葬于霍太山。"这和《系年》所记不同。但《孟子·滕文公下》却有与《系年》一致的记载:

> 周公相武王,诛纣。伐奄,三年讨其君,驱飞廉于海隅而戮之,灭国者五十,驱虎豹犀象而远之,天下大悦。

飞廉为中潏的儿子,飞廉的儿子是恶来,父子三代都是商朝末年的著名人物。《秦本纪》说:"恶来有力,蜚廉善走,父子俱以材力事殷纣。"他们助纣为虐,史有明文,但他们给秦人带来怎样的命运,却没有文献记载。将文献记载与《系年》结合起来可知,周灭商后,飞廉并没有死在霍太山,而是逃奔商奄之后。联合和发动今山东一带的嬴姓诸国参加了三监之乱。奄也即是《秦本纪》讲的运奄氏,属于嬴姓,飞廉逃向那里,正是由于同一族姓之故。当时今山东到苏北的嬴姓国都是反周的,《逸周书·作雒篇》说:"周公立,相天子,三叔(管叔、蔡叔、霍叔)及殷、东、徐、奄及熊盈(嬴)以畔(叛)。……凡所征熊盈(嬴)族十有七国,俘维九邑。"这充分说明了嬴姓族在这场叛乱中充当了主力。

奄是东方大国,是商王朝非常重要的组成部分,其国都当在今曲阜。根据古本《竹书纪年》:"南庚更自庇迁于奄。"《路史·国名纪》:"阳甲即位,居奄。"可知商王南庚、阳甲都曾建都于奄,然后盘庚才从奄迁到今河南安阳的殷。奄之所以称为"商奄",大概就是由于这个缘故。据《左传》定公四年(前506年),周初封鲁,"因商奄之民,命以伯禽而封于少皞之虚",杜预注:"商奄,国名也。少皞之虚,曲阜也"。《史记·周本纪》正义引《括地志》:"兖州曲阜县奄里,即奄国之地也"。《后汉书·郡国志》:"鲁国,(古)奄国"。可见,位于今曲阜的奄国应是当时参与反周的熊盈十七国中的大国,飞廉东逃至此,说明这里当为嬴姓诸国汇聚的中心地带。该简的发现,对解决早期秦人西迁的相关问题具有重要价值。

首先,周公东征之后,将嬴秦族人直接迁往今甘谷一带。李学勤指出:《系年》的记载明确指出周成王把商奄之民西迁到"邾虐"这个地点,这也就是秦人最早居住的地方。"虐"在战国楚文字中常通读为"吾",因此"邾虐"即是《尚书·禹贡》雍州的"朱圉",《汉书·地理志》天水郡冀县的"朱圉",在冀县南梧中聚,可确定在今甘肃甘谷县西南。这实际上应该是秦人入居陇右的第二次西迁,在"商奄之民"来到之前,中潏已经"在西戎,保西垂"了。

其次,周公平叛后,将商奄之民强迫迁往各地。叛乱失败以后,周朝将周公长子伯禽封到原来奄国的地方,建立鲁国,统治"商奄之民",同时又将其迁往其他各地,目前所知至少有四个地方:一是据《尚书序》讲,把奄君迁往蒲姑;二是《系年》所记载的迁往"邾虐"即今甘肃甘谷。来到这里的"商奄之民"正是秦的先人;三是今河洛一带,《尚书》之《多士》和《多方》篇,都有记载;四是今西安一带,《逸周书·作雒解》:"凡所征熊、盈族十有七国,俘维九邑,俘殷献民,迁于九毕。""九毕"即在今西安一带。

再次,由《系年》的记载可证所谓的"戍秦人"并非秦人为戎。李学勤指出,秦国先人"商奄之民"在周成王时西迁,性质用后世的话说便是谪戍。西周中期的询簋和师酉簋都提到"秦夷",还有"戍秦人",来自东方的商奄之民后裔自可称"夷",其作为戍边之人又可称"戍秦人",也就是戍边的秦人。这一发现,使长期争论的"秦夷"为戎说得以正本清源。《公羊传》云:"秦者,夷也";《谷梁传》亦云:"狄秦也"。论者据以上史料,作为秦人"西来说"的重要证据,《系年》所记秦人由东方被贬斥流放于朱圉,既清楚地表明其族源与"戎狄"无关,也进一步证明秦人是东来的。

复次,《系年》使秦人在东方的居地得到确认。李学勤认为,马王堆汉墓帛书《战国纵横家书》的"苏秦谓燕王章"云:"自复而足,楚将又出沮漳,秦将不出商阉(奄),齐不出吕隧,燕将不出屋注。"所说是指各国的始出居地。秦出自商奄,正与《系年》所记吻合。这几句话后世的人们不懂，所以传世本《战国策》把"商奄"等都错误地改掉了。秦人在东方的居地，嬴、费、秦都曾是伯益的封地，除此之外，应该还有别的居地，但我们已无法确知。《系年》的记载，将马王堆汉墓帛书中"秦将不出商阉（奄）"得以落实，也提供了周公东征时秦人确切的居地就在商奄。

最后，《系年》资料的公布，为全面认识秦人在天水一带的早期活动提供了重要参照。据《秦本纪》记载，秦人先祖中潏时已经来到陇右礼县一带，"在西戎，保西垂"；周孝王时，封秦人首领非子为附庸并赐地建邑，在今清水县建立秦邑。《系年》的记载让我们知道了周公东征后，"商奄之民"的秦人，被迁往今甘谷县的"邾虐"。由此可知，秦人早期在天水地区不仅分布于西汉水上游的礼县一带，而且渭河上游甘谷县和清水县等地，也有秦人早期的居地。

"邾虐"之在甘谷，还有考古学材料相印证，那就是甘谷毛家坪秦人墓葬遗址的发现。毛家坪秦人墓葬遗址在甘谷县磐安镇陇海铁路南侧毛家坪村渭河南岸的第二阶地上。这里前俯渭河，后倚朱圉山，毛河从坪西北流注入渭。1956年，甘肃省文物工作队考古调查时发现了这一遗址，第二年被列为县级文物保护单位；1963年、1981年，甘肃省两次公布为省文物保护单位。从1982年到1983年，甘肃省文物工作队和北京大学考古学系对遗址进行了两次发掘。遗址东西长300米，南北宽200米，面积约6万平方米。已发掘灰坑37个，房基4处，土坑墓32座，鬲棺葬12组。

发掘和研究结果表明，毛家坪遗址有三种文化遗存：一是以彩陶为特征的石岭下类型遗存；二是以绳纹灰陶为代表的"A组遗存"；三是以夹砂红褐陶为特征的"B组遗存"。这三类遗存中，"A组遗存"正是从西周到春秋时期的秦人文化遗存；"B组遗存"则是东周时期另一族属的文化，[①] 可能与天水、陇东一带的羌戎民族有关。

毛家坪A组秦文化遗存共有灰坑37个，房基2座，鬲棺葬4组，土坑墓32座。共发现各类器物1200多件（片），其中陶器占1100件（片），玉、石器86件，铜器9件（片），铁镰1把，骨器18件。陶器有

---

① 甘肃省文物工作队、北京大学考古学系：《甘肃毛家坪遗址发掘报告》，《考古学报》1987年第3期。

鬲、盆、豆、罐、甑、颇、鼎、钵、釜、瓶、纺轮等；石器则以石圭最多，达51件。这些器物的丰富性反映了墓葬遗址中丰厚的文化内涵。墓葬形制均为长方形竖穴土坑；墓向西北，为270°—315°；在32座土墓中，除1座乱骨葬外，其余31座都是屈肢葬，其中仰身屈肢19座，侧身屈肢10座，俯身屈肢1座；随葬品组合已有陶鬲、盆、豆、罐和鼎、罐、豆等形式。上述墓葬中，分布于房基居址的有10座，墓区的22座，从地层关系、文化内涵和陶器演变序列分析，两者反映的分期和年代稍有差异：居址墓为四期，分别代表西周前期、后期、春秋、战国四个时期；土坑墓则分五个时期，其一、二期代表西周后期，三期至五期相当于春秋早期至战国时期。如果将两者对应联系，则居址墓一、二期和土坑墓一、二期反映的是西周时期的秦文化；居址墓三、四期和土坑墓三期至五期，反映了东周时期的秦文化。可见，毛家坪秦墓反映的秦人文化早自西周前期，下至战国时期，前后延续了七八百年之久。从毛家坪秦墓遗存的文化特点分析，在陶器组合、形态上与周文化类似，而陶器质色、纹饰则又有差异，至于屈肢葬与西首墓则是周墓中所没有的。这种在文化上既有相同因素，又有不同特点的表现，正是秦人迁入天水地区学习、借鉴、吸收周文化与西戎文化，从而形成不同于前二者文化的生动展现。

毛家坪遗址就位于朱圉山南渭河阶地上，遗址起始年代略晚于周成王时期，但与秦人西迁至此基本前后相接。杨东晨认为胥轩、中潏、蜚廉、恶来、费仲等，均为该秦国贵族裔支。周公所迁俘虏之秦人，为其后裔，当无所疑。[①] 可以肯定，作为"商奄之民"迁入甘谷的秦人，有一部分或者说主体就曾定居于今毛家坪所在的甘谷县磐安镇一带。当然，这次西迁只是其多次西迁中的最后一次。

甘谷县南与礼县东北部相邻，礼县东北部正是早期秦人主要活动的区域，故这里与甘谷朱圉山距离较近。近年来，五方联合考古队已经在礼县西汉水上游地区进行了考古调查和发掘，确认或发现了西山、大堡子山和山坪三座周代城址，礼县作为秦人早期都邑、祖陵的所在地已经成为不争的事实。这说明甘谷、清水与礼县都是秦人早期主要的活动区域。

---

① 杨东晨：《周代东夷嬴姓族的西迁和嬴姓国的业绩》，《秦陵秦俑研究动态》1992年《周秦专号》。

三 关中"淮水"与嬴秦西迁

周公东征不仅巩固了西周的统治，也改变了原东夷地区的政治和族群格局，大量熊盈（嬴）等部族的被迫迁徙，也改变了被迁入地区的族群结构。原来随畎夷西进居于关中的嬴秦族人，在其首领中潏"在西戎，保西垂"、西迁西垂之后，周公东征又将东方熊盈（嬴）族人大量迁入西方，其分布除了李学勤指出的陇右"邾虘"和关中西安"九毕"一带之外，在关中西部的右扶风也有迁入，这是以前所不知道的发现。兹据顾颉刚考证作一申论。

《汉书·地理志》右扶风武功县："大壹山，古文以为终南；垂山，古文以为敦物；皆在县东。斜水，出衙领山北，至郿入渭。褒水，亦出衙领，至南郑入沔。有垂山、斜水、淮水祠。"王先谦《汉书补注》云："赵一清云：'"淮"疑"雍"之误。'……汪士铎云'淮水'当作'褒水'。先谦案：作'褒'是"。顾颉刚指出，武功县的山水有四，山为大壹、垂山；水为斜水、褒水，而祠则为三，即垂山、斜水、淮水。当地没有淮水，何来淮水祠？以前注家多以为"淮"为"褒"或"雍"字之误。然《散氏盘铭》中亦有"淮嗣工虎"一名，该盘即发现于陕西宝鸡以南的渭水南岸，可证《汉书·地理志》所载"淮水"一名不错。《水经注》记载有雍水出雍县雍山，即水出今凤翔县西北，东南流至周至县北入渭，为渭水支流；《汉书·沟洫志》说关中有漳渠，据唐代以来地志记载，唐武德三年（620年）分岐山县置围川县，该县有围川水，唐代岐山县即汉代雍县。"围"本作"漳"。《释名》："'淮'，围也"，则"漳"和"围"同音。"于是我们在陕西中部找到了《散氏盘》和《汉书·地理志》里的'淮水'。然则何以又作'雍水'呢？""雍"字在甲骨文中左旁从水省，右旁从隹，其下从邑表示是淮水边的都邑。罗振玉在《殷墟书契考释》中认为，"淮"与"雍"为一字。丁山《由三代都邑论其民族文化》一文指出，雍水今名"漳水"。"漳""淮"古音相近。"淮""雍"二字在金文中形亦相似，"深疑雍水本名'淮水'，淮水即《散盘》所称'淮嗣工虎'国也，故汉时武功县犹有淮水祠。《地理志》：扶风郡武功县有垂山、斜水、淮水祠三所，赵一清云：'"淮"疑"雍"之误。'由《散盘》推之，秦、汉以来所谓'雍水'者，故皆'淮水'之误。"古文"淮"与"雍"的字形都是从

"隹"从"邑",说明它的本义乃是鸟夷的都邑。"秦都所以名'雍',就因为它在雍水的旁边,正确地说,就因为它在淮水的旁边。而这条水之所以名'淮',即是表示秦族本居潍水流域,他们这一族迁到渭水流域的凤翔,是在作《散氏盘》之前,这些秦人已经把这条出于凤翔流至周至的水称作'淮水'了;到秦德公时建为都城,东方的遗民住到那边去的就更多了;其后,'雍城'的字音虽因它的假借字而读作 iung,但'雍水'的音则始终不变,直到现在还是呼作'漳水'。为了秦人住在那里有根深蒂固的历史,所以《禹贡》的作者就规定了西河到黑水这一区域的名称为'雍州'。他万万没想到'雍'即'淮',这个水名和邑名都是在周公东征之后原来居于潍水流域的鸟夷西徙后的新名词,在传说的大禹时代是不可能存在的。为着东方民族大迁徙,恶来这一族被迫迁移到渭水流域,于是本在东方的'淮(潍)水'一名西迁了,东方民族所崇奉的上帝和祖先神少昊也西迁了,甚至后起的'凤翔'这个地名也很可能由于秦人的'高祖少昊挚之立也,凤鸟适至'及'凤鸟氏,历正也'这些古老的传说而来。这同是不忘其本的民族意识的一种深刻的表现。"①

顾颉刚的上述考证,不仅说明位于东方包括淮水下游的东夷嬴秦族人在周公东征后有大量族人西迁西方,西迁西方的嬴秦族人不独进入陇右,在关中西安及以西均有分布。而且关中西部渭水支流雍水、漳水之名俱源自"淮水"之名,而"淮水"一名系嬴秦西迁带来名称的发现,一是证实了秦人确为东方鸟夷部族,二是证实了秦人确为西迁之部族,三是揭示了雍州、雍山、雍水、雍县、雍城之名"雍",包括雍县后改称"凤翔",都是源自"淮水"一名随秦人西迁,秦人为祀奉少昊之鸟夷部族的文化奥秘。

由此可见,周公东征促成了嬴秦族人的最后一次西迁,为嬴秦族人最终完成漫长而多次的西迁画上圆满的句号。秦人此后在西方的兴起和建国,随着部族西迁的完成,已是"地利"与"人和"兼备,只待"天时"了。因此,商周之际,秦人既弃商归周又继续追随纣王,既西迁西垂又在东方参与三监之乱,周公东征平定东方与嬴秦族

---

① 顾颉刚:《鸟夷的图腾崇拜及其氏族集团的兴亡》,《史前研究》,三秦出版社 2000 年版,第 206—209 页。

人再次西迁，这一系列事件环环相扣、互为因果，既是早期秦人悲惨命运的生动反映，也是了解早期秦人文化特点和民族性格不可忽视的背景因素。

第六章

天水"两河流域"秦早期文化的考古发现

在天水地区的秦早期文化遗存和考古遗址，主要分布于境内渭河及其支流和西汉水上游一带，这两条河流分属黄河、长江两大流域。其中，天水市境内的武山、甘谷、秦安、张家川、清水五县全部和麦积、秦州二区的大部分地域，俱在渭河上游流域，属于黄河流域；陇南市礼县、西和二县和天水市麦积区、秦州区的南部一隅，是西汉水上游流经的地域，属于长江水系的嘉陵江上源。这两条河流流经的上述地域，是嬴秦西迁以后长达三百多年的落脚之地、兴起和建国之地，也是秦早期文化孕育和形成之地，这在秦人发展史和文化史上，具有重要意义。早自北宋以来，特别是近二十年来，各类秦早期文化遗址和文物的相继发现与发掘，使长期以来既不为人所知，也不为人所承认的秦人、秦文化兴起于天水的千古之谜大白于天下。

第一节 天水"两河流域"秦早期文化遗址发现概说

从现有资料可知，早在商周之际，嬴秦或与之有关的商周文化就已经进入陇右天水一带。在以前的考古研究中，人们将甘肃地区的周代时段的文化遗址笼统称为"周代遗存"，秦人正是商末周初迁入陇右天水一带的，自然其文化遗存就包括在"周代遗存"之中。毛家坪遗址及其A组遗存的发现，证明《史记》有关秦人早期活动的记载是正确的，秦人在西周初年确已活动于天水一带。

根据史党社1999年在陇右地区的文物调查，含有秦人早期遗址在内的"周代遗存""主要分布于西汉水流域的西和、礼县、泾水上游的平凉、灵台、泾川及渭河上游的武山、天水、清水等县市"。"其地域西不过陇西，南不及白龙江流域，东不过陇山，北不过静宁。"① 近年来，随着在礼县、清水等地一批新的周秦文化遗址的发现，商周之际以至春秋时期秦人在天水地区的文化遗存进一步被揭示，为我们了解秦早期在陇右一带入居、分布和发展的基本面貌提供了重要依据。概括起来，天水地区有关秦人早期历史与文化的重要发现和考古发掘已有十项之多。下面分区作一简要回顾。

一 秦文化文物的早期发现

就天水地区秦公陵墓及其文物的发现来说，早在一千余年前的北宋，就已有文物出土。据宋人金履祥《资治通鉴前编》记载：宋"太宗时秦襄公家坏，得铜鼎，状方而四足。铭曰：'大王迁洛，岐丰赐公，秦之幽宫，鼎藏于中'"。② 反映的是秦襄公护驾周平王东迁洛邑和秦人被赐予岐丰之地的史实。而文中明确记载此鼎出自秦襄公墓，这是一个值得重视的信息，对于我们探讨礼县境内有关秦墓及其墓主问题具有重要参考价值。此外，北宋还发现了盄和钟（又称昭和钟），③ 其铭文与1919年在天水西南发现的秦公簋铭文相类，故学术界也认为钟与簋乃属同期之物。襄公鼎与盄和钟的出土，是天水地区秦公陵墓文物首次见于记载的发现。

天水地区文物的第二次面世是1919年，这一年发现了后来驰名中外的秦公簋等一批秦墓铜器。据冯国瑞《天水出土秦器汇考》序文介绍："民国八年（1919年），天水西南乡出土铜器颇多，旋即散佚。今传世秦公簋初流传至兰州商肆，置厨中盛残浆，有贾客以数百金购之，其名乃大著。后为合肥张氏所得，携往北平。十二年（1923年），王静安先生即为之跋矣，于是举世皆知。"对于秦公簋的出土地点，冯国瑞只说了一个大概方位"天水西南乡"。因此，后人对具体出土地点多有争论，如有认为簋出于今天水市秦城区秦岭乡梨树坡、董集寨两村与礼县红河乡六八

---

① 史党社：《甘宁地区秦相关文物考察报告》，秦始皇兵马俑博物馆《论丛》编委会编《秦文化论丛》第八辑，陕西人民出版社2001年版。
② 金履祥：《资治通鉴前编》卷九，文渊阁《四库全书》本。
③ 薛尚功：《历代钟鼎彝器款识法帖》卷七，文渊阁《四库全书》本。

图村相交处的庙山顶端土堡内;也有认为在礼县红河王家东台的。不论谁是谁非,秦公簋出土于今天水市西南与礼县红河乡一带是肯定的。而且按冯国瑞所说,当时出土的"铜器颇多",则秦公簋出土于当时发现的一座秦公墓是毫无疑问的。如果找到这座已经被盗的秦公墓,不仅秦公簋的出土地点会大白于天下,而且对于秦人早期居地、都邑的具体确定,都将大有裨益。

1944年,天水秦墓又出土了第三批文物。据冯国瑞《天水出土秦器汇考》记载:民国"三十三年(1944年)秋,天水南乡暴雨后出土古车数两(辆),器饰零碎颇多,且有髹漆轵轮之屑,初未毁散"。冯氏曾请人前往,得到三件青铜车器。李学勤先生认为这次暴雨冲出的秦人墓葬,"显然是一处车马坑"。①

二 近二十年来西汉水上游秦早期文化遗址的发现

秦早期文化遗址在天水地区的第六次发现,缘起于礼县大堡子山墓葬的被盗和大量文物流失。自1987年以来,在礼县县城东13公里永兴乡平泉、文家村附近的大堡子山凹中,有群众在挖龙骨时发现小型秦墓,即有不法古董商窜入,唆使盗掘,规模愈来愈大。1993年秦公墓被盗掘者发现,大量文物随之被盗并流落海外。1994年3月至11月,甘肃省考古研究所田野考古队对被盗秦墓进行了钻探和清理发掘,发掘大墓2座、瓦刀形车马坑1座、中小型墓9座,基本搞清了墓地的排列以及墓葬的分布情况。大堡子山作为秦人早期墓葬的发现,也就证实了秦人早期曾长期以犬丘为都的史实。

1997年、2000年,在礼县永兴乡赵坪圆顶山墓葬两次被盗后,甘肃省考古研究所先后于1998年、2000年两次对圆顶山墓葬进行了抢救性发掘。该墓区位于大堡子山秦公墓地东南的西汉水南岸。两次发掘了墓区,其中有4座中型墓、1座小型墓和1座车马坑,探明被盗车马坑1座。墓葬均坐西朝东。两次发掘均有精美青铜器等随葬品出土,计铜器50件,陶器8件,玉、石器65件,其中玉器39件,石器26件,料珠9件。戴春阳先生认为赵坪墓区两座中型墓所葬应是春秋早期的贵族夫妇墓。② 第

---

① 李学勤:《探索秦国发祥地》,《中国文物报》1995年2月15日。
② 戴春阳:《礼县大堡子山秦公墓地有关问题》,《文物》2000年第5期。

二次发掘后，发掘者认为属于春秋中晚期秦国贵族墓地。① 这是秦文化在天水地区的第七次发现。

2003年，甘肃省文物局邀请甘肃省文物考古研究所、中国国家博物馆田野考古部、北京大学文博学院考古学系、陕西省考古研究所和西北大学文博学院考古系五家单位成立"早期秦文化调查、发掘和研究"课题组，组建"早期秦文化联合考古队"，于2004年3月，开始对西汉水上游干流及其支流漾水河、红河、燕子河、永坪河流域，东起天水市秦州区天水乡，西至礼县江口乡的范围内进行文物勘察，历时一个月，共调查汉代以前各类遗址98处，其中，含仰韶文化时代遗址61处，含龙山文化时代遗址51处，含周代遗址47处。周代遗址中包含周秦文化遗址37处，包含寺洼文化遗址25处。② 在此基础上联合考古队于2004年9月至2006年，先后对鸾亭山、西山坪、大堡子山等重要遗址进行了发掘，收获颇丰。结合前期调查，这次历时数年的调查发掘，一是摸清了西汉水流域远古文化的分布、类型及其文化发展序列，为探索当地远古文化发展和秦人早期历史发展背景提供了坚实的考古学基础。二是摸清了周秦文化包括寺洼文化遗址的分布和基本面貌，确立了3个周秦文化遗址分布群，为重点深入进行秦文化遗址考古打下基础。三是对鸾亭山、西山、大堡子山等重要遗址进行了发掘，发现了汉代祭天基址，西山古城、大堡子山古城以及建筑基址、乐器坑等，山坪遗址城墙夯土等。这些发现大大丰富了西汉水流域秦早期文化的内容，也使最终确定西犬丘地望、西畤遗址、秦公陵墓归属等问题有了可资参照和深入探究的丰富材料。这一大规模的调查和科学发掘，应该是秦文化遗址文物在天水地区的第九次重要发现。

三 近二十年来渭河流域秦早期文化遗址与文物的发现

1982年到1983年，甘肃省文物工作队和北京大学考古学系对甘谷县磐安镇毛家坪遗址进行了两次发掘。遗址东西长300米，南北宽200米，

---

① 甘肃省文物考古研究所、礼县博物馆：《甘肃礼县圆顶山98LDM2、2000M4春秋秦墓》，《文物》2005年第2期。

② 甘肃省文物考古研究所、中国国家博物馆、北京大学考古文博学院、陕西省考古研究院、西北大学文博学院：《西汉水上游考古调查报告》，文物出版社2008年版，第5页。

面积约 6 万平方米。已发掘灰坑 37 个，房基 4 处，土坑墓 32 座，瓮棺葬 12 组。发掘和研究结果表明，毛家坪遗址三种文化遗存中的"A 组遗存"是从西周到春秋时期的秦人文化遗存；"B 组遗存"则是东周时期另一族属的文化，① 可能与天水、陇东一带的羌戎民族有关。毛家坪遗址的发现，是历史上第一次在陇右天水对秦人文化遗存的考古发现，它不但证实了司马迁记载秦人商末周初进入天水史实的正确性，而且为秦早期历史与文化的研究提供了一个非常重要的基点，由此也开启了重点和大规模对天水"两河流域"进行考古调查与发掘的新阶段。这是秦早期文化在天水地区的第四次发现。

1993 年 12 月，天水市广播电视局在基建施工时，发现古墓葬 1 座，出土一批青铜器，计有鼎 4 件，盘和匜各 1 件。这批文物的形制与纹饰，均与陕、晋一带西周晚期的同类器物相似或相近，具有西周晚期器物的特征，时代应为西周晚期或春秋早期。② 据此可知，这批青铜器的主人无疑应是秦人。这是秦早期文化在天水地区的第五次发现。

秦早期文化在天水地区的第八次发现是清水县刘坪的戎族墓地。刘坪村在清水县西北 25 公里、白驼乡政府南侧的桐温公路边。2000 年经县政府批准，清水县博物馆清理了墓葬区被盗的一座较大墓葬，发现周围有小型墓葬十几座，墓区面积约有 2 万平方米。出土并经县公安局先后追回的文物共有铜、金器 630 余件。该墓葬被确认为具有地方特色的戎族青铜文化。③

五方联合考古队在前期考古调查的基础上，于 2010 年、2011 年先后对清水县城北的李崖遗址进行了两次发掘。大致确认该遗址为秦人早期受封点秦邑（秦亭）的所在，④ 这为摸清秦人早期在天水地区的历史线索具有重要价值。这是秦早期文化在天水地区的第十次发现。

---

① 甘肃省文物考古队、北京大学考古学系：《甘肃毛家坪遗址发掘报告》，《考古学报》1987 年第 3 期。
② 汪保全：《甘肃天水市出土西周青铜器》，《考古与文物》1998 年第 2 期。
③ 李晓青、南宝生：《甘肃清水县刘坪近年发现的北方系青铜器及金饰片》，《文物》2003 年第 7 期。
④ 早期秦文化联合考古队（赵化成、梁云等）：《甘肃清水李崖遗址考古发掘获重大突破》，《中国文物报》2012 年 1 月 20 日。

第二节　西汉水上游流域秦文化遗址的考古发掘

一　西汉水流域秦早期文化遗址分布概况

礼县所在的西汉水上游地区是秦人在天水地区长期活动的重点区域之一。早在1958年甘肃省博物馆就曾对西汉水流域进行过考古调查，发现仰韶文化遗址17处，齐家文化遗址12处，周代遗址14处。并认为这里的文化类型与渭河上游相同，仰韶文化遗存极为丰富，齐家文化却很不发达，虽未发现寺洼文化遗存，但周代遗址却很丰富。① 时隔近40年后，随着大堡子山、圆顶山秦人墓葬遗址的被盗和抢救性发掘，特别是2003年以来五方联合考古队对西汉水上游地区进行的系统考古学调查和重点发掘，基本摸清了当地自新石器时代以来的史前文化和周秦文化遗址的分布与基本情况。共调查各类遗址98处，其中，仰韶时代文化遗址61处，龙山文化遗址51处，周代文化遗址47处。在周代文化遗址中，包含周秦文化的遗址37处，寺洼文化的遗址25处。

西汉水上游主体在礼县境内，它发源于天水市秦城区齐寿乡的齐寿山（嶓冢山），经平南、天水两个乡镇进入礼县，在永兴乡有支流漾水河自西和县北流汇入。商周时期的考古学文化在西汉水上游地区主要有三类，即刘家文化、寺洼文化和周秦文化。其中，刘家文化在礼县草坝乡周家坪、盐官镇高楼子、永兴乡赵坪和蒙张、城关镇鸾亭山遗址等均有发现。这一文化类型在西汉水流域是第一次发现，其典型代表性器物是高领袋足鬲，其时代约当殷墟一、二期。刘家文化的渊源目前还很不清楚，但人们公认它是与甘青地区古文化联系比较紧密的一种文化。

西汉水上游地区包含寺洼文化的遗址有永兴乡赵坪、山脚，燕河乡新田、赤土山、马沟、干沟、庙嘴子，城关镇鸾亭山、雷神庙、西山、庄窠地、石桥乡高寺头、李家房背后、石沟坪、石碱沟、二土、古泉寺、石坝1号、小田，江口乡彭崖，草坝乡周家坪、罗家坪、唐河口，崖城乡何家庄，西峪乡西峪坪等，共计25处。它们集中分布于永兴乡西汉水与漾水河交汇处以西、以南的礼县南部区块和西汉水源头支流红水河流

---

① 甘肃省博物馆：《甘肃西汉水流域考古调查简报》，《考古》1959年第3期。

域的北部区块。发掘者认为这一文化类型属于西戎中犬戎的遗存。①

西汉水上游含周秦文化的遗址有天水乡盘头山、庙坪，盐官镇高楼子、盐官镇、沙沟口西、王磨，西和县长道镇龙八，礼县永坪乡寨家坪、焦坪、大堡子山，永兴乡赵坪、蒙张，燕河乡新田东源、马连坝、指甲沟、赤土山、干沟，城关镇鸾亭山、雷神庙、西山、庄窠地，石桥乡汉阳山、高寺头、李家房背后、石沟坪、二土、古泉寺、杨坪，江口乡鲍家庄、彭崖，红河乡焦家沟、六八图、费家庄、田家庄，草坝乡周家坪，石堡乡苏家团村，西峪乡西峪坪等共37处。其中，出土有西周早期标本的遗址有天水乡盘头山，盐官镇高楼子、沙沟口西，永坪乡大堡子山、寨家坪，永兴乡赵坪、蒙张，城关镇鸾亭山，石桥乡石沟坪、二土，红河乡六八图等几处。除高楼子以外的上述遗址都出土了西周晚期至春秋早期的遗物。同时，该时期还增加了盐官镇王磨，燕河乡马连坝、赤土山、干沟，城关镇雷神庙、西山，石桥乡高寺头、古泉寺、杨坪，红河乡费家庄，西峪乡西峪坪等遗址。

以上遗址中西周早期和晚期的遗址都不少，尤以晚期标本最为丰富，唯独缺乏中期的标本，似存在文化的断层或衰落。在西周晚期，西汉水流域的聚落总体格局亦已形成。联合考古队将其分为三个级别：第一类面积在30万平方米以上的遗址有红河乡六八图、永兴乡赵坪和石桥乡石沟坪3处；第二类面积为10万—29万平方米的遗址，有龙八村、大堡子山和蒙张等3处；第三类面积在10万平方米以下的遗址有费家庄、焦家沟、周家坪、高楼子、沙沟口、王磨、雷神庙、古泉、彭崖9处。这些不同级别的遗址错落分布于西汉水流域的不同位置，构成"六八图—费家庄""大堡子山—赵坪""雷神庙—石沟坪"3个相对独立又互相联系的遗址群，也就是秦文化的3个活动中心区。其中，"大堡子山—赵坪"遗址规模最大，位置居中。赵坪遗址曾发掘秦贵族墓地和车马坑，面积达30万—40万平方米，地理位置优越，故有人认为是西犬丘所在地。②

二 大堡子山秦公墓地与城址遗址

大堡子山与赵坪隔西汉水相对，位于赵坪的西北面，这里自1994年

---

① 甘肃省文物考古研究所、中国国家博物馆、北京大学考古文博学院、陕西省考古研究院、西北大学文博学院：《西汉水上游考古调查报告》，文物出版社2008年版，第282页。

② 张天恩：《礼县等地所见早期秦文化遗存有关问题刍论》，《文博》2001年第3期。

以来经两次发掘和多次勘察，取得重要考古成果。

1994年进行的第一次发掘属对被盗墓的抢救性发掘，钻探资料表明，大堡子山墓地范围东北至文家，西至大堡子山边缘，南至大堡子山的山间便道，东西长约250米，南北宽约140米。区域内两座"中"字形大墓南北并列，编号为M2、M3。其南端有从葬的2座东西向瓦刀形车马坑，已发掘的一座编号为K1。在墓地的东北、北部和西部山弯，有规律地分布着间距为5—7米的东西向中小型墓葬，总数在200座以上。这些墓多被严重盗扰。发掘表明，编号为M2的"中"字形大墓呈东西向，全长88米，有东、西两条墓道。东墓道呈斜坡状，长37.9米、宽6米、最深11米。墓室呈斗状，长6.8—12.1米、宽5—11.7米、深15.1米。墓室内设二层台。其中，东、北、南三层台上殉葬7人，均为直肢葬，都有葬具，多随身葬有小件玉饰。在西二层台上原来也置放有随葬品。葬具为木椁和漆棺，均朽。棺周围残留有金箔片，说明漆棺上原镶有金箔棺饰。椁室内残存罐、鬲等陶器碎片，以及铜泡、戈、刀等铜器残片。墓主尸骸已朽；据朽痕可知为仰身直肢葬式，头向西。墓底部中央设腰坑，内置殉犬1只，玉琮1件。西墓道长38.2米、宽4.5—5.5米，总体亦呈斜坡状，但有8个沟槽状的台阶。在深1.25米的层面填土中埋葬12个殉人，均为屈肢，头向有的朝东，有的朝西，分为生殉和杀殉两种，多为青少年，有3个殉人各随葬玉玦1件。填土中还有殉犬1只。该墓已被盗掘一空，仅在盗洞中发现石磬5件。在中小型墓中，铜鼎、铜簋使用不甚规范，还有喇叭口罐、鬲、盆、豆、鼎等陶器。① 在盗掘者从该墓葬中盗取又被礼县、西和公安局追回的器物中，可辨识出个体的有铜鼎7件、铜簋4件，其中，M3采：1标本鼎腹内壁铸铭文二行6字"秦公作铸用鼎"；M3采：8标本簋器内底和盖内有铭文二行6字："秦公作铸用簋"。1995年上海博物馆抢救购回大堡子山秦墓铜鼎4件、簋2件，鼎的造型与M3所出鼎相近，4鼎器腹内壁均有铭文"秦公作铸用鼎"或"秦公作宝用鼎"；簋内底与盖各有铭文二行5字："秦公作宝簋"等。②

2006年对大堡子山遗址的第二次发掘取得重大突破。发现城址1

---

① 戴春阳：《礼县大堡子山秦公墓地有关问题》，《文物》2000年第5期。
② 陈平：《浅谈礼县秦公墓地遗存与相关问题》，《考古与文物》1998年第5期。

座、乐器坑 1 处、夯土建筑基址 26 处、中小型墓葬 400 余座以及零散的文化层堆积等。经钻探和调查，该城址大致为长方形，东、西城墙断续长约 1000 米，南、北城墙断续长约 250 米，城内总面积约 25 万平方米。新发现的夯土建筑基址、祭祀遗迹和被盗的大型墓、车马坑均在城内。这次主要发掘了 1 座大型建筑基址（编号 21）、2 处中小型墓葬和 1 处祭祀遗迹。21 号建筑基址位于城内南部较高处，基址呈南北向纵长方形，南北长 103 米、东西宽 16.4 米、进深 11.4 米，方向为北偏西 16 度。在基址正中间南北一字排列 18 个柱础石。根据出土西周晚期的陶豆盘和三足瓮残足以及墙基打破春秋早期偏晚竖穴墓推断，该建筑的始建年代不早于春秋早期偏晚或春秋中期偏早。IM25 号墓为东西向长方形竖穴土坑墓，墓内一棺一椁，椁室分为头箱和棺箱两部分，墓主仰身屈肢，双手交错放于胸前，墓内随葬品封铜、陶、玉、石器四大类共 150 余件。其中，铜器包括鼎 3 件，盂、短剑、虎、铃、环各 1 件；陶器有灰陶罐 6 件、豆 2 件；玉器有环 4 件、蝉 1 件、玦 2 件、饰品 1 件；另有 2 件石璧和大小不同的石圭片 124 件。从随葬品特征判断，为春秋中期偏晚或晚期偏早墓。在发掘祭祀遗迹时发现乐器坑 1 座，位于被盗 M2 号大墓的西南角外，坑内北排木架下位置发现两组共 10 件石磬，南排木质钟架下的南侧从西向东依次排列 3 件铜镈、3 件铜虎附于镈、8 件甬钟，镈和甬钟各附带有 1 件挂钩。最大一件镈通高 66 厘米、舞长径 29.4 厘米、铣距 37.2 厘米、鼓间距 31.3 厘米，重 48.4 千克。铣部一侧有铭文 28 字。该墓年代被确定为春秋早期。① 这些发现，对于认识该遗址性质、墓主和秦早期礼乐制度、陶器铸造工艺和建筑技术等多方面，都具有重大意义。

三 圆顶山秦贵族墓地的发掘

圆顶山墓地位于礼县县城东 13 公里的永兴乡赵坪村西南部，与大堡子山秦公墓地隔河相望。该遗址经 1998 年第一次抢救性发掘和 2000 年第二次发掘，共发掘墓葬 4 座（编号为 98LDM1、98LDM2、98LDM3 和

---

① 早期秦文化考古联合课题组：《礼县大堡子山早期秦文化遗址》，《考古》2007 年第 7 期。

2000LDM4)、车马坑1座（98LDK1），探明被盗车马坑1座。据公布资料，① 各墓发掘情况如下：

98LDM1位于墓地西侧，墓圹为圆角长方形竖穴土坑，墓室东西长4.9米、南北宽2.8米、深7米，墓室四南、北壁有二层台。葬具为一棺一椁，因盗掘和底部有水，棺椁腐烂严重，尺寸不清，椁底又10厘米黄膏泥，棺底四角有铜饰片。墓主骨骸腐朽，葬式不明，棺内残留大量朱砂。有殉人3名，殉狗1只，殉人葬于墓室南、北壁弧顶方形小龛。殉人2名为侧身屈肢，1名为仰身屈肢，头向均朝西，都有玉石饰品随葬。在墓室底部靠东有一腰坑，葬殉狗，呈侧卧状，头朝西。

98LDM3位于墓区东侧，与98LDM2相距102米。墓圹为圆角长方形直壁竖穴土坑墓，墓东西长4.8米、南北宽2.6米、深6米，墓室南北有二层台。葬具为一棺一椁，因出水和盗扰，棺椁尺寸不清，椁下有黄膏泥厚10厘米，棺呈长方形，墓主骨骸腐烂，葬式不明，棺内有朱砂。在墓室北壁有殉人小龛，无棺，仰身屈肢头向西，有石圭等随葬品。

98LDM1和98LDM3两墓共出土111件（组）随葬器物，主要随葬于椁盖板顶上及棺椁之间墓室西端，器物可分为铜器、陶器、玉石器、骨贝器四类。其中，铜器31件，主要为鼎、簋、壶、匜、尊、盒、戈、剑、铃、棺饰等；陶器12件，有鼎、罐等；玉石器57件，其中石器45件，有圭、玦、贝、鱼、饰件、管、珩等，玉器12件，有圭、匕、四棱状饰、玦、片等；骨贝器14件，有獐牙、骨鱼、贝币、串珠等。

98LDK1车马坑位于98LDM3西北约20米，为长方形竖穴土坑，长18.8米、宽3.15米、深4米。内随葬车马5乘（从东至西分别编为1—5号）。车队前后相随，辕东舆西，其中，第1、3、4号为驷乘，第2、5号为两马挽驾。其中第1号车还葬御奴1名。因埋葬较浅和盗扰严重，仅出土部分车马器、车马饰、铜镞、铁器、陶器和漆器残片。1号车未被盗掘，它位于车马坑东端，驷乘，辕东舆西，四马位于辕的左右两侧，马头向东面南，四肢屈曲作跪伏状，马骨基本完好。车舆内葬御奴1名，头西面北侧身屈肢。坑内除铜衡饰、铜车軎外，其余部位均为木质结构，表面髹赭色漆。车两轮间轨距208厘米，车轮径132厘米。车舆置于轴、

---

① 甘肃省文物考古研究所、礼县博物馆：《礼县圆顶山春秋秦墓》，《文物》2002年第2期；《甘肃礼县圆顶山98LDM2、2000LDM4春秋秦墓》，《文物》2005年第2期。

辕相交处的上面，以轴中线为准，距前轮缘86厘米、距后轮缘84厘米。舆底由四轸构成外框，呈长方形，前后长170厘米、左右宽78厘米。舆前后左右有遮栏痕迹，但结构、尺寸不明，车舆顶上有车伞。出土铜车构件有軎、辖、衡帽、带钩、盖弓帽等。铜马具、马饰等有衔、镳、玲、环、泡、节约、管以及皮制笼头等。还有铜绳卡、铜镞、带钩、陶鬲、陶罐、玉手握、骨饰、骨管、骨绳卡、鹿角、贝壁等。

98LDM2位于墓地西侧，在98LDM1以东10米处。墓圹为东西向圆角长方形竖穴土坑，墓室东西长6.25米、南北宽3.25米、深7米。墓室四壁均有二层台，墓底中部有东西向长方形腰坑。葬具为一椁一棺，椁盖、底均为圆木，椁底下有10厘米厚的黄膏泥；棺为漆棺，髹黑、红漆。墓主尸骨腐烂，葬式不明，棺内残留有大量朱砂。有殉人7名、殉狗1只，殉人葬与墓北、东、南壁的3个弧顶长方形龛内，殉人均有髹红漆、长方形、大小各异的木棺。殉人均为仰身屈肢，头向朝西。该墓虽被盗，但仍出土随葬器物102件（组），可分为铜器、陶器、玉石器、料器等，其中，陶器36件，主要有鼎、簋、方壶、圆壶、盉、盘、匜、簠、戈、剑、削、玲等；陶器8件，有喇叭口罐、鼓腹罐、鬲、甗等；玉、石器48件（玉38件），玉器有玦、环、贝形饰、圭、璜、四棱形饰等，石器有圭、凿、管、璧、四棱形饰、剑等；料珠9件。

2000LDM4墓圹形制为圆角长方形竖穴土坑，墓室东西长6米、南北宽2.65米、深5.1米。由于墓葬盗扰严重和底部大量积水，墓室结构破坏严重，只有个别部位见有少许板灰和漆皮，故葬式、葬具和殉人情况不明。在该墓室西部出土有青铜器和玉石器，其中，铜器14件，主要为鼎、簋、方壶、圆盒等；玉石器17件，其中玉器有圭等，石器有圭、鱼等。

圆顶山发掘的这几座墓葬，其铜礼器组合为鼎、簋、壶（方壶、圆壶）、盘、匜等，陶器组合为鬲、大口罐，经与陕西等地同类墓葬比较，该墓地墓葬年代约为春秋中晚期。从出土器物判断，98LDM1、98LDM2均为七鼎墓，2000LDM4为五鼎墓，说明墓主人身份相近，为公卿大夫一类贵族。其中，98LDM1墓主因墓中随葬有铜方盒等放置首饰、化妆品的用具，故为女性，98LDM2墓主为男性，98LDM1与98LDM2当为夫妇墓葬。98LDM3与2000LDM4墓主均为男性。墓葬均有殉人，说明其时秦国仍盛行奴隶制。车马坑的发现对认识西周晚期以来秦国车制的演变发展具有重要意义。

四　西山大型聚落遗址的发掘

西山遗址位于礼县县城之西、西汉水北岸的山坡上，遗址北边是鸾亭山遗址，东距大堡子山遗址13公里。西山遗址呈西南—东北走势，原为西高东低的斜坡状，由于近代开垦梯田，使其形成宽度不等的多级阶地。"早期秦文化调查、发掘与研究"在2005年3月至7月进行，西北大学师生参与发掘。之后，结合发掘资料的整理又做了数次调查。发现周时期城址1座，发掘出大量周代灰坑、墓葬、动物坑等遗迹，出土了陶器、青铜器等众多文化遗物，并发现了史前时期较丰富的文化遗存。

本次发掘的地点主要集中在"雷神庙"以西、遗址区的东北部。发现的周时期遗迹，包括西周与东周两个阶段。西周时期遗迹主要有6座墓葬和少量灰坑；东周时期遗迹数量可观，计灰坑170余座、墓葬28座、动物坑10座、房屋基址5座。文化特点显示其属秦人的文化遗存。

灰坑广泛分布于遗址区内，其平面形状有圆形、椭圆形、长方形和不规则形。坑内出土物主要为陶片和动物骨骼。陶器器类有鬲、豆、罐、盂、三足瓮等。

墓地依照地势分区埋葬，皆为长方形竖穴土坑墓，排列有一定的规律。西周时期的墓葬一为地势较高处的3座墓葬，形制较大，墓向为东西向，墓主仰身直肢，有殉人和腰坑，随葬品丰富；二为地势低处的3座墓葬，墓向为南北向，墓主屈肢葬，随葬品较少。其中，M2003为此次发掘的规模最大的一座墓，长5.01米，宽2.6米，深1.1米。沿墓壁用原木和枋材搭建一长方形椁，其内置棺，棺施漆绘，棺外设头箱。墓主人为一成年男性，仰身直肢，头朝西。发掘时发现墓主头骨上留有一个射进未拔出的铜镞。墓南壁和北壁各设一龛埋置殉人，北龛殉人为约30岁的女性，有棺；南龛殉人为十五六岁的女性，身旁有一只狗。墓底设腰坑，内埋一只狗。随葬器物分别置于头箱、椁内、棺内和棺盖之上，铜器有鼎3件、簋2件、短剑1件、戈1件、铜鱼1件，玉器有璧、圭、璋、戈、玦、管，陶器有鬲、盂、甗、罐及海贝等。据随葬器物特点推断，该墓年代当在西周晚期，侈口罐等器的秦式作风也已显现。这是目前所见最早的三鼎两簋秦人铜器墓。

东周时期秦人墓，年代在春秋早期至战国中期。较大形制的墓葬有棺有椁，小型墓葬具为一棺。多数墓仅有陶器随葬，有鬲、盂、罐、鼎等，较大的墓通常见有1件至2件铜器或数件石圭。可辨别葬式墓葬的墓主，除一座为仰身直肢葬外，其余全为东西向的屈肢葬，与关中一带秦墓屈肢葬情况相同。只有直肢葬的一座墓发现殉人3名。

周时期的房址，分为地面式和半地穴式。F301是建筑在一较大范围内的夯土台基上，夯土密实。据规模和墙基下埋设有陶水管道的情况推断，其应属一处高规格的大型建筑。F107半地穴式的房址保存相对较好，房址呈椭圆形，长约6.6米，宽5.9米，最深2.6米。北部堆积有密集的卵石，摆放规律，有火烧的痕迹和灰烬，残留有陶器残片和动物骨骼。门道设在北边，东南部有供上下的台阶，坑底和坑边有柱洞多个。坑底西南踩踏面底部有椭圆涿坑，在不断的活动过程中堆积形成多层较厚的踩踏面。

在遗址区发现马坑7座、牛坑1座、狗及其他动物坑3座。其中，K404—K407位于遗址东部的一处夯土平台上。夯土台南北长约17.5米，东西宽约18米，在台近南沿处，挖有4个长方形浅坑，每坑各埋1匹马。马作俯身状，口中含铜质马衔，两侧有骨橛，马身下铺芦席，尾部置铜鱼。在该组马坑的近旁，有一直径1.6米的圆坑，编号为K408，坑中埋有羊头、马肢骨与牛肢骨。K403是1个大坑底部有2个小坑、小坑中各埋1匹马的埋牲形式。经鉴定，埋的马都是接近成年的马驹。这些与墓葬区不属同一区域的马坑和牛坑，设有专门的地域，埋置讲究，应与某种重大的祭祀活动有关。

城遗址发现于上述遗迹集中区的外围及其西部山坡上。其依山岭坡势而建，平面呈不规则长方形，稍偏西南—东北向，东部略宽于西部，长1000余米，宽80—120米，面积约10万平方米。目前已发现的城墙长约1200米，宽5—6米；保存较好的部分残高3米，系夯土筑成。根据对城墙的试掘解剖，发现该城的主要使用年代在两周之际。这是目前所知秦人最早的城邑。

发掘的史前时期的遗存中有灰坑70余座、陶窑8座、房址7座、墓葬3座。除墓葬外，基本属于仰韶文化中、晚期遗存。出土的陶器有尖底瓶、盆、罐、杯、瓮等器类，彩陶占一定的比例。陶窑为竖穴式，窑室平面作圆形，底部用泥抹处理光滑，有较厚的红烧土层。Y108保存较好，由火塘和窑室组成。窑室顶部坍塌，底部有一圈宽约10厘米的进火口，口上置数个可挪动的扁圆形泥团，用以调节火力的大小，反映出其烧陶技术的进步。墓葬的年代约相当于龙山时代早期，皆东西向，墓主头朝西，仰身直肢，其中两座墓随葬有数量较多的陶器，有罐、杯、钵等器形。此类遗存可能是一种新的文化类型，在陇南地区尚属首次发现。

本次发掘的秦人早期大型聚落遗址，为了解秦人当时的居住形态提供了新的资料；发现了目前所知最早的秦城和时代最早、等级最高的秦人墓，其对探讨秦人早期历史和秦早期都邑的建立等情况，提供了十分有价值的证据；一批西周晚期秦人墓的发现，为进一步认识早期秦文化特点和探讨秦人屈肢葬的渊源和意义，提供了珍贵的实物例证；成一定规模的马匹掩埋坑及相关发现，是研究早期秦人祭祀习俗和宗教活动的宝贵资料，有望推动西畤地望及相关问题的探讨。同时，西山遗址史前遗存的发现，为建立陇南地区史前考古学文化序列奠定了基础。尤其是龙山早期遗存的发现，对于全面认识甘青地区史前考古学文化的类型与分布，及其与周边地区史前文化的关系，具有重要的研究价值。①

五 鸾亭山祭天遗址的发掘

鸾亭山位于今礼县县城西北，海拔1700米。"鸾亭瑞雾"是礼县八景之一。鸾亭山隔刘家沟与南面的西山相望。2004年上半年，早期秦文化联合考古队在山顶发现有残存于地面的夯土遗迹，除了汉瓦及汉代陶片外，还采集到寺洼文化的夹粗砂陶片和周代的绳纹灰陶片，其中有西周晚期的盘豆口沿残片。通过调查，初步断定鸾亭山山顶遗址既有夯土、卵石、瓦当等与建筑有关的遗迹或遗物，又有祭祀坑等遗迹单位，内涵相当丰富，其年代，则大约相当于西周至汉代。

鸾亭山遗址包括山顶的祭祀遗址和山腰的夯土台及墓葬区两大部分。山顶遗址位于鸾亭山山脊的南端，其南为断崖，其西为冲沟，其东为燕子河河谷。遗址平面略呈东西长、南北短的不规则梯形，总面积约3000平方米，自然地势由北向南倾斜。圆坛平面为不规则圆形，其北缘向外凸出，南北径约25米，东西径约35米，坛面由北向南倾斜，倾角约15°。西北部为坛的最高点，与下面台地的相对高差为8米。圆坛周缘

---

① 赵丛苍、王志友、侯红伟：《甘肃礼县西山遗址发掘取得重要收获》，《中国文物报》2011年4月4日。

有平地起夯的汉代夯土围墙，但在它的西南部没有闭合，形成一个"？"号形的空间，夯土墙向西一直延伸到台地的西南部。坛面自北向南缓降，在西南部已与下面的台地自然地连为一体。由此可见，圆坛的西南部应该是从下面的台地出入上面坛场的通道之所在。

在鸾亭山山顶遗址下方山腰、冲沟的东西两侧对称位置各有一座夯土台。东侧的夯土台保存较好，平面为东西长、南北短的长方形，东西长约50米，南北宽约20米，高约6米；有上、下两级，西低东高。沟西侧的夯台保存较差。在沟东夯土台以南的山腰台地为周代墓葬区，在那里采集到沾有铜锈的马骨，疑为车马坑所出。山腰的夯土台、墓葬应该和山顶的祭祀遗址有关联，总面积约3万平方米，但它们之间具体的内在关系现在还不明确。无论山顶还是山腰的遗址都被严重破坏。

2004年9月至12月，早期秦文化联合考古队对山顶遗址进行了抢救性发掘，发掘总面积约600平方米。在祭坛上共发掘夯土墙1段、房址4处、灰坑19个、灰沟4条、祭祀坑1个、柱洞22个。

在圆坛周缘有夯土围墙，围墙的北段至今显露在地表以上，最高处约3米。围墙的夯土内出有汉瓦，因此其修建年代为汉代。上述遗迹单位中，其时代为西周时期（或可晚至春秋早期）的有F1、H4、H6、H8、H14、H17、H18、G1、G2、G3；西周至汉代的有F4、H1，其余为汉代遗迹，兹不赘述。

F1就北高南低的地势开挖房基坑，已发掘的部分东西长6米，南北宽3.4米，最深处0.9米。其东壁打破G3，南边与室外斜坡直接相连。房基坑取平底面后，铺垫一层20—30厘米厚的灰黄色土，垫土结构较致密，当经过有意加工。在F1的东南角和西南部都发现了保存较好的地面（被H6、H8打破，各保存1米宽），平整、坚硬，直接坐落在垫土上，没有经过特殊加工。在房子的北壁上发现有一椭圆形龛，东西宽0.8米，壁面被烧成红色，功能不明。发掘范围内没有发现墙体或基槽，只在西南角见一直径20厘米的洞，是否属柱洞尚不明确。打破房子的H6、H8内均发现较多的夯土块，有的尚保存墙皮。

在F1垫土的表面普遍存在一层厚20厘米左右的灰烬（包含大量炭屑），内出土较多的陶片（素面灰褐陶和绳纹灰陶）和动物骨骼，以及石纺轮、小石镞、骨箭头。H6、H8为西周时期，故F1的年代不晚于西周。

H4、H6、H8、H14、H17、H18平面皆呈椭圆形或圆形，出较多的夹砂黑褐陶、绳纹灰陶和夹砂红褐陶片。其中，绳纹灰陶多为周文化遗物，器形有西周时期的细绳纹尖锥状足、折肩深腹盆、扁柱状绳纹灰陶鬲足、附加堆纹的瓿腰等。夹砂红褐陶片为寺洼文化遗物。还出有多件素面褐色扁锥状空心鬲足，这种鬲足不同于刘家或寺洼文化的鬲，可能是一种新的文化类型。还有圭形磨制石器、残半石纺轮、小型石锛。

G1、G2平面均为圆角长条形，横截面为上大下小的梯形，纵截面为两端略浅的船形，深不过1米。壁面和底面都比较平整，应属人工开凿。其中G1打破H18，并被H4打破。二沟内出有绳纹灰陶片和夯土块等遗物。G3的一部分被F1房基坑打破并被其垫土叠压，形状大致为曲尺形。东西向部分被F1房基坑打破，保存形状近半个椭圆，剖面形制与前二沟相似，所出陶片有素面夹砂灰褐陶、绳纹灰陶，器形可辨者为鬲。素面陶器烧成火候不高，色彩斑驳。

G1和G3位于G2的东西两端，位置对称；考虑到三条沟的形制及结构特点，它们应是挖好了但未付诸使用的建筑基槽。三条沟的形制接近，可能是一座面南的西周房子的三条基槽，但这座房子可能没有竣工。

F4与G1、H14互相叠压，又被G4、F3叠压，并被H11、H10打破。东西长9米，南北宽7米，在它的北、西、南三面有平地起夯的夯土墙，构成一个朝东的长方形建筑。房子被严重破坏，墙基厚5—30厘米，在北墙基的夯土面上还有大片的红烧土，有3个柱洞。由于H14内出周代的绳纹灰陶片和寺洼文化陶片，年代为西周时期；H11、G4、F3又是汉代的单位，因此，F4的年代应在西周至汉代之间，以东周的可能性为大。H1位于祭坛下的西南方向，内填黑灰色土及石块，还出有1块周代的绳纹灰陶片和石饼1枚。

以上西周的遗迹单位暂时还分不出年代组。G1、G2、G3可能是一座房子的基槽，它们和F1、H6、H8似乎有早晚关系。F4叠压包含寺洼文化陶片的单位（H14），年代可能略晚；但从平面布局看，F4朝东，G1、G2、G3所构成的房子朝南，它们之间似乎有内在的协调性，所以不能排除它们属同时期的可能性。

鸾亭山汉代遗址可分两组：第一组为圆坛建造以及围墙遗迹；第二组为圆坛废弃后的遗迹。根据各遗迹出土瓦当、五铢钱、货布等货币多种因素判断，第一组年代约在汉武帝后期，第二组年代为王莽时期。在汉代第一组的有关遗址中出土大量的祭祀用具，如成套成组的玉圭、玉璧等。所以，发掘者认为鸾亭山既是一处汉代祭天遗址，也是一处早在西周时期就有人居住的地方。① 虽然，发掘未见西周至春秋时期祭天遗迹，但是，鸾亭山遗址的发现和发掘对于了解秦人设西畤祭天和汉代祭天礼仪都具有重要参考价值。

第三节　天水境内渭河流域秦文化遗址的考古发掘

一　甘谷县毛家坪、天水董家坪秦人墓葬遗址

毛家坪秦人墓葬遗址位处甘谷县磐安镇陇海铁路南侧毛家坪村渭河南岸的第二阶地上。这里前俯渭河，后倚朱圉山，毛河从坪西北流注入渭。1956年，甘肃省文物工作队考古调查时发现了这一遗址，第二年被列为县级文物保护单位；1963年、1981年，甘肃省两次将遗址公布为省文物保护单位。从1982年到1983年，甘肃省文物工作队和北京大学考古学系对遗址进行了两次发掘。遗址东西长300米，南北宽200米，面积约6万平方米。已发掘灰坑37个，房基4处，土坑墓32座，鬲棺葬12组。

发掘和研究结果表明，毛家坪遗址有三种文化遗存：一是以彩陶为特征的石岭下类型遗存；二是以绳纹灰陶为代表的"A组遗存"；三是以夹砂红褐陶为特征的"B组遗存"。这三类遗存中，"A组遗存"正是从西周到春秋时期的秦人文化遗存；"B组遗存"则是东周时期另一族属的文化，② 可能与天水、陇东一带的羌戎民族有关。

毛家坪A组秦文化遗存共有灰坑37个，房基2座，鬲棺葬4组，土坑墓32座。共发现各类器物1200多件（片），其中陶器占1100件（片），玉、石器86件，铜器9件（片），铁镰1把，骨器18件。陶器有鬲、盆、豆、罐、甗、瓿、鼎、钵、釜、瓶、纺轮等；石器则以石圭最多，达51件。这些器物的丰富性反映了墓葬遗址中丰厚的文化内涵。墓葬形制均为长方形竖穴土坑；墓向西北，为270°—315°；在32座土墓中，除1座乱骨葬外，其余31座都是屈肢葬，其中仰身屈肢19座，侧身

---

①　早期秦文化联合考古队：《2004年甘肃礼县鸾亭山遗址发掘主要收获》，《中国历史文物》2005年第5期。

②　甘肃省文物考古队、北京大学考古学系：《甘肃毛家坪遗址发掘报告》，《考古学报》1987年第3期。

屈肢10座，俯身屈肢1座；随葬品组合已有陶鬲、盆、豆、罐和鼎、罐、豆等形式。上述墓葬中，分布于房基居址的有10座，墓区的22座，从地层关系、文化内涵和陶器演变序列分析，两者反映的分期和年代稍有差异。居址墓为四期，分别代表西周前期、后期、春秋、战国四个时期；土坑墓则分五个时期，其一、二期代表西周后期，三期至五期相当于春秋早期至战国时期。如果将两者对应联系，则居址墓一、二期和土坑墓一、二期反映的是西周时期的秦文化；居址墓三、四期和土坑墓三期至五期，反映了东周时期的秦文化。① 可见，毛家坪秦墓反映的秦人文化早自西周前期，下至战国时期，前后延续了七八百年之久。

2012年秋，五方联合考古队又开始对毛家坪遗址进行了更大范围的钻探和发掘，现已初步钻探6万平方米，发现墓葬数百座；已发掘中小型墓葬和车马坑20余座，出土大量陶器，其中，在编号为K1002的车马坑，出土一辆完整的战车，战车车厢、车轮、车辕、车轭等构件保存完整，两匹骏马骨架清晰可见，一件长约3米的长矛摆放于两马之间。这次钻探发掘才刚刚开始，其全貌及墓区的准确信息，还有待发掘的完成和考古报告的揭示。

董家坪秦墓遗址位于麦积区南河川乡董爱村西100米的第二台地上。1956年发现，1982年北京大学考古系进行过发掘。遗址散布在山原上，地势开阔，依山面水，宜于原始先民们定居生息。遗址文化层厚达0.5—1米。由于平整田地，文化层多有裸露，有灰层、灰坑、灶坑、白灰居住面等遗迹暴露。遗址南部多齐家文化和周代秦文化遗存，出土有石、骨、陶器，陶器以残片为主，有泥质红陶、灰陶、褐陶、灰砂粗陶和彩陶等。其中，秦文化内涵与毛家坪秦文化属同一类型。②

二 天水市秦人青铜器的发现

1993年12月，天水市广播电视局在基建施工时，发现古墓葬一座，出土一批青铜器，计有鼎4件，盘和匜各1件。这批文物的形制与纹饰，均与陕、晋一带西周晚期的同类器物相似或相近，具有西周晚期器物的

---

① 甘肃省文物考古队、北京大学考古学系：《甘肃毛家坪遗址发掘报告》，《考古学报》1987年第3期。
② 赵化成：《寻找秦文化渊源的新线索》，《文博》1987年第1期。

特征，时代应为西周晚期或春秋早期。① 据此可知，这批青铜器的主人无疑应是秦人。

这批青铜器中，其中4件鼎的形制与纹饰相同，大小相次，应属"列鼎"。鼎为短折沿，双附耳，沿与耳之间有双梁连接，鼓腹，圜底略平，三足蹄形。颈部、腹部饰窃曲纹、波带纹一周，足上部饰兽面纹，双耳饰重环纹。4鼎口径为19.2—21.5厘米，通高为16—19.5厘米。青铜盘为短折沿，附耳，浅直腹，圈足较高，腹部饰重环纹一周。通高6.7厘米，口径19厘米。青铜匜为流敞口微翘，匜后接兽形鋬，圈底，下接扁足。沿及流下饰重环纹，腹饰三道瓦纹。流至鋬长20.5厘米，高9.6厘米。这批青铜器中，鼎底部有烟炱和修补痕迹，当为实用器。

这批青铜器的发现，是秦人在天水一带活动发展的历史见证；也说明秦人在邽县设立之前，已经广泛活动于今天水市一带。

三　清水刘坪春秋战国时期戎族墓葬文物的发现

刘坪村在清水县西北25公里、白驼乡政府南侧的桐温公路边。这里从1970年前后在大搞农田基建中，曾出土青铜壶、坊、鼎等器物，因当时群众不知为文物而又埋没地下。但时有零星青铜器出土，1989年被列为秦汉墓保护区。后墓葬不断被盗，大量文物流失。2000年经县政府批准，清水县博物馆清理了墓葬区被盗的一座较大墓葬，该墓坐南朝北，为土坑墓，两端有龛，无葬具，盗后遗留有大量青铜车马器，并有一些马腿骨。墓坑长6米、宽3.4米、顶高3.8米，墓葬底部距地表10米。大墓周围有小型墓葬十几座，均为土坑墓并被盗，墓向坐南向北，墓区面积约有2万平方米。出土并经县公安局前后追回的文物共有铜、金器630余件，其中，铜器中车马器最多，达467件，其次是装饰品达152件；金器全为饰品，达50件。

这些器物的形制风格多与甘肃平凉、庆阳和宁夏地区的春秋战国时期同类文物相近，故属北方系青铜器，同时又具有明显的地域特色。其墓葬年代上限不早于春秋晚期，下限不晚于战国晚期。出土器物一定程度上受到鄂尔多斯青铜文化影响，大部分器物与宁夏杨郎青铜文化为中心的戎族文化系统更为接近。其常用的生产工具、车马器、兵器等为中

---

① 汪保全：《甘肃天水市出土西周青铜器》，《考古与文物》1998年第2期。

原文化、秦文化和戎族青铜文化共用的器物,而大量铜牌饰及纹饰又带有显著地域特征。墓葬出土金饰片,一方面与宁夏戎族、中原和礼县秦公墓器物在造型、质地、厚薄上均有差异,地域特征明显,另一方面又都有与三者相同的成分和器物,所以,这批金饰片是中原、秦文化和鄂尔多斯青铜文化共同影响下的产物。因此,清水刘坪墓葬青铜文化当为上述三种文化多元影响之下产生的具有地方特色的戎族青铜文化。① 这一发现,对于我们深入了解秦人早期与西戎的具体关系及其相互影响,具有重要意义。

四 清水县李崖遗址的发掘

早期秦文化联合考古队在对礼县西汉水上游及其支流地区进行考古调查取得重大成果的基础上,他们分别于 2005 年、2008 年又对渭河上游的秦安、张家川和清水等县进行了考古调查。其中,两次重点调查了清水县牛头河流域及支流,共发现各类遗址 117 处,其中含周代（西周至春秋时期）遗存 31 处,含战国时期的遗存 12 处。在这些含周代遗存的遗址中又以位于清水县城东北附近、牛头河与樊河交汇处西岸台地上的李崖遗址面积最大、文化堆积丰富,这在整个牛头河流域是绝无仅有的。

由于该遗址对于确认秦人早期受封点秦邑（秦亭）位置,摸清秦人早期在天水地区的历史线索都具有重要价值,因此,2009 年配合天平铁路工程进行小规模钻探和发掘的基础上,经国家文物局批准,2010 年、2011 年联合考古队对遗址进行了两次发掘。其中,2010 年发掘面积 2000 平方米,主要对遗址西南二级台地的一座可见的残城墙白土崖古城进行了钻探发掘,确定了该城城墙的走向和年代,该城是一座北魏时期的清水郡城。城内外未见西周时期的重要遗迹,遂将钻探点移至一级阶地,发现 10 多座土坑竖穴墓及数十座灰坑,发掘了其中 4 座墓和 20 余座灰坑,墓均为土坑竖穴,有棺有椁或有棺无椁。墓为东西方向（西偏北）,头向西,其中 M5、M7、M8 为仰身直肢葬,M5 为仰身下肢微曲。4 座墓均带腰坑,坑内殉狗。M8 无随葬品,其余 3 座墓陶器组合为鬲、簋、盆、罐,年代为西周时期,部分陶器具有明显的商式风格。

---

① 李晓青、南宝生:《甘肃清水县刘坪近年发现的北方系青铜器及金饰片》,《文物》2003 年第 7 期。

2011年的钻探发掘主要在一级台地的东北部，钻探面积20余万平方米（含2010年），共探明竖穴土坑墓60余座，灰坑100余座，没有发现夯土层迹象。本次发掘主要以墓葬为主，发掘的15座竖穴土坑墓按大小可分为三类：较大的长3.8米左右，宽在1.3米以上；中等的长3米左右，宽1米以上；较小的长2.5米以下，宽1米以下。前两种有棺有椁，后一种多有棺无椁。墓葬均未被盗，随葬品主要为陶器，仅在M22发现一件铜戈。其中有10座墓与前一年的墓式一样。其中M9出土陶器26件，有3件为寺洼文化常见的马鞍口罐、素面簋、单耳罐，其余为周式或具有商式风格的鬲、簋、盆、罐等。该墓人骨凌乱，缺失较多，为二次扰乱葬，这是寺洼文化的典型葬式。另外4座墓同样为东西向（西偏北），头向西，有腰坑殉狗，出土寺洼文化陶罐各1件，但腰坑殉狗的葬俗又不见于寺洼文化。这10座墓与2005年发掘的礼县西山西周晚期铜礼器墓以及春秋战国时期出铜礼器的秦国高等级贵族墓的葬俗完全一致，"因而，这批墓很可能是早期秦人嬴姓宗族的遗存"。墓葬的确切年代，据"初步判断大多集中于西周中期，个别可能为西周早期偏晚或西周晚期偏早"。20世纪，在甘谷毛家坪发掘的秦文化墓葬年代最早不超过西周中期偏晚，而礼县西山坪则为西周晚期，因而，"李崖这批墓葬是迄今所见年代最早的一批秦族墓葬"。值得注意的是，在随葬品中有相当一部分陶器具有显著的商式风格，如方唇分挡鬲、带三角纹的陶簋等，再加上腰坑殉狗的葬俗，"表明早期秦文化与商文化有着某种渊源关系，再结合文献记载秦远祖与商王朝的密切关系，从而可以肯定秦族、秦文化是东来的"，这在秦史、秦文化研究领域的重要性不言而喻。发掘的寺洼文化墓葬与秦文化墓葬邻近，其中，M18为寺洼文化墓葬，但与之相邻的M20则为西周时期秦文化墓葬，两墓规模相当，方向一致；M9按照葬式以及出土的马鞍口罐似为寺洼人墓，但大量的其他陶器却是秦式的。"由此表明，早期秦人与寺洼文化人曾长期和睦相处，或可通婚。"这对于了解早期秦人与西戎的关系提供了新的实物资料。在发掘的40余座灰坑及文化层中，出土了较多的西周时期陶片，其年代与墓葬大体一致。陶片的种类主要有鬲、簋、盆、瓮、罐、甗等，与甘谷毛家坪、礼县西山遗址西周时期秦文化既有相同之处，也有不同的地方。李崖遗址已探掘的墓葬和灰坑年代均集中于西周时期，很少见春秋时期的遗迹，表明遗址的繁荣期在西周时期，进入东周则很快废弃。这与非子至秦仲四代居秦邑,至庄公迁至西犬丘的文献记载大致吻合,故"李崖遗址为非子封邑是可能的"①。

第四节 天水地区其他秦文化遗址的考古发现

在天水地区,除了商周以来以至春秋时期的秦文化遗址有多而集中的发现之外,在秦人东迁关中以后,这里作为其发祥之地和西部边防要隘,依然受到秦人的重视和着意经营。而且,西戎也广布天水一带,创造了堪称发达的戎族文化,其文化也深受秦人和多种文化因素影响,这为深化秦人早期历史的认识和探究战国前后当地文化的多元交流提供了弥足珍贵的资料。

一 张家川马家塬战国西戎墓地的发现

马家塬墓地位于甘肃省张家川县县城西北约17公里的木河乡桃园村三组以北的马家塬上,海拔1874米,墓地北依马家塬山梁,东、西两侧为地势较高的毛家梁和妥家梁,形成中部低凹平缓、两边陡高的环抱地形。该墓地2003年、2006年分别被盗,盗掘被制止后经国家文物局批准于2006年8月开始发掘,至2009年,共发掘墓葬14座,分别为M1、M2、M3、M5、M6、M7、M8、M12、M13、M14、M15、M16、M29、M58。其中,大型墓1座(M6),中型墓6座(M1、M2、M3、M13、M14、M16),小型墓7座(M5、M7、M8、M12、M15、M29、M58)。出土大量金、银、铜、错金银铁、包金铜、铁兵器、陶器、骨、玻璃珠、玛瑙珠、釉陶珠等,尤以车马器和装饰品为多。

2006年共抢救发掘3座墓葬,出土金、银、铜、错金银铁、包金铜、陶、骨、玻璃、锡质文物2200多件。主要器类有鎏金铜鼎、茧形壶、鎏金壶、银杯、玻璃杯、罐、甑、鬲、车軎、车毂、伞箍、盖弓帽及车饰等。其中,以各类金银箔花形和动物形车饰、青铜镂空方形和三角形车饰为大宗,还有一些错金银或包金银铁质车件、包金铜泡和大量玛瑙珠、

---

① 早期秦文化联合考古队(赵化成、梁云等):《甘肃清水李崖遗址考古发掘获重大突破》,《中国文物报》2012年1月20日。

釉陶珠等。① 本次发掘的 3 座中型墓中，M1 号墓道平面近似梯形，墓深 8.7 米，竖穴西端有高低不一的 9 级台阶，竖穴内随葬 4 辆车，由东向西排列，第二、三辆车保存完好，整体髹漆，车轮轮径 1.6 米，第四辆车未经装饰。墓室位于竖穴北部东端，由掏挖北壁形成洞室。墓室平面近似梯形，分前后室，前室大而近似正方形，后室小而为长方形，前室放置一辆车，后室置棺椁，车辆装饰豪华。M2 号位于 M1 号以西 8.4 米处，竖穴平面呈圆角梯形，墓坑西有 7 级台阶。竖穴底部东、西两壁正中各开一龛，墓室位于竖穴北壁东端。该墓随葬品几乎被盗掘一空。M3 号位于 M2 号西南 30 米处，竖穴平面呈圆角梯形，墓坑西端有 9 级台阶。竖穴中也随葬 4 辆车，一辆以青铜镂空三角形、菱形和方形花饰为装饰，两辆为髹漆装饰，一辆未经装饰。墓室位于竖穴北部，分前后两室，平面呈"凸"字形，前室随葬装饰豪华的车一辆，后室西壁有一生土，上置茧形壶和铜鼎等。

2007 年的发掘，对马家塬墓地进行了全面勘探，发现墓地由 59 座墓葬和祭祀坑组成，面积约 2 万平方米。墓地的布局以 M6 为中心，其余墓葬呈半月形分布在其北部和东西两侧。2007—2008 年共发掘墓葬 8 座，祭祀坑 1 座。墓葬均为东西向，除大型墓外，均为竖穴偏洞室墓，有数量不等的阶梯式墓道，最多者 9 级，最少者 3 级。洞室均在竖穴北壁偏西处。除遭盗掘的墓葬葬式不明外，其余均为单人仰身直肢葬，头向东北。根据墓葬的大小、墓葬阶梯的多少、随葬车辆的数量以及随葬器物的质地等，墓葬可分为大型墓、中型墓、次中型墓和小型墓四类。②

M6 位于墓地的中心部位，该墓是整个墓地最大的一座。墓的北部为 M3，东北部为 M1，西部为 M4，东部较远处为 M57，南侧无墓葬。墓葬呈西南—东北向，墓葬结构为中间斜坡墓道、两侧阶梯式墓道的竖穴土坑木椁墓。墓口形状呈略不规则形的"甲"字形，口大底小。墓坑口北壁长 33.6 米、南壁长 32.6 米、东壁宽 10.9 米、西壁宽 9.6 米；墓坑底北壁长 30.3 米、南壁长 29.5 米、东壁宽 4.9 米、西壁宽 9.6 米。自墓口至椁室底部深 14.2—14.4 米。凸出的短墓道北壁长 5.4 米、南壁长 6.2

---

① 王辉：《发现西戎—甘肃张家川马家塬墓地》，《中国文化遗产》2007 年第 6 期。
② 早期秦文化联合考古队、张家川回族自治县博物馆：《张家川马家塬战国墓地 2007—2008 年发掘简报》，《文物》2009 年第 10 期。

米、西端宽 3.6 米、东端宽 3.8 米。阶式墓道总长 23.3—24 米, 共有 9 级台阶, 该墓遭严重盗掘, 斜坡墓道中从第 6 级开始发现随葬车, 现残存 3 辆。在第二辆车上发现有殉狗和木构件痕迹, 用途不明。墓道下端、椁室前部有殉马 4 匹。车辆仅残留局部, 3 号车仅存车舆、车珥部分和北侧的车轮。车珥和车舆以藤葛或皮条编织成网格状, 车轮直径 124 厘米。因墓葬盗扰严重, 大型器物被洗劫一空, 仅残留少量小件车马饰和装饰品。主要有玻璃珠、蜻蜓眼、金人面饰、费昂斯珠、白玛瑙环、各类肉红石髓珠、绿松石珠、肉红石髓钩形坠饰及骨质、铜质和金银质车马饰件等器物。

M14 号竖穴为长方形墓, 斜直壁, 呈口大底小的斗状。洞室位于竖穴北壁东部与竖穴基本垂直方向掏挖而成。竖穴方向 90°, 洞室方向 360°。竖穴西端有 7 级台阶, 穴中随葬 3 辆车, 均有装饰。洞室前部略窄, 后部略宽, 墓主为仰身直肢, 头向西北。墓主随葬品丰富, 主要有金银器、铜器、嵌金铁器等。

M15 号为小型墓, 竖穴口呈长方形, 长 5.5 米、宽 3.5 米、深 4.9—5.2 米, 坑壁近直。竖穴的西端有高低、宽窄不等的 5 级阶梯。在竖穴中随葬车 1 辆, 在车前后有殉葬的马头、牛头和羊头, 车有装饰。洞室呈前大后小的不规则形, 宽 0.9—1.12 米、深 1.96 米、高 0.9 米, 略低于竖穴地面。洞室中葬 1 人, 未发现葬具, 仰身直肢, 头向东北, 在洞室的东北角随葬有铜鼎 1 件。墓主颈部有银项饰, 腰部有金带饰, 左侧手部为铜柄铁剑、铜镜和大量料珠, 右侧手部同样有大量料珠。

M12 号为小型墓, 口呈圆角长方形, 东端略宽, 为 1.38 米, 西端略窄, 为 1.1 米、长 3 米、深 2 米。竖穴西端为 3 级阶梯, 竖穴东端葬有马头、牛头及少量车马饰件。洞室为长方形, 宽 0.48 米、深 1.76 米、高 1.06 米, 地面由外向内倾斜。洞室中葬 1 人, 侧身直肢, 面向左。在洞室北壁卜置灰陶罐 1 件。死者耳部、颈部饰有饰件, 手部有铜刀, 腿部放置铁戈 1 件, 足部有铜镞数枚。随葬器物有陶器、铜器、铁器和骨器等, 数量较少。

M29 号小型墓竖穴呈长方形, 斜直壁。口长 4.1 米、宽 3.3 米、底长 3.94 米、宽 3.16 米、深 4.5 米。在竖穴西端西南角有象征性的阶梯 3 级。竖穴中随葬未经任何装饰的木质车 1 辆, 车前后两端随葬有牛头和羊头。竖穴西北角有殉狗。洞室位于北壁东部, 口宽 1.05 米、深 2 米、高1.2米，地呈斜坡状。洞室中葬1人，仰身直肢，头向北。墓主人头部有管珠，鼻中有费昂斯鼻塞。腰部有锡带饰，已腐朽成灰。身上或服饰上饰有圆形费昂斯珠。随葬灰陶罐1件，置于洞室北部偏西。在身体周围有汉紫、汉蓝和铅白珠。

2008年至2009年主要发掘了M5、M7、M8、M13、M16等5座墓，按发掘报告介绍，① M5号为小型墓，位于M2号西南侧，该墓性质特殊，不同于马家塬以前发掘的其他墓葬，为竖穴土坑墓，墓口呈方形，口大底小。东西长4.5米、南北宽4.05米、深6.25米。竖穴中随葬1辆车和46具马、牛、羊的头骨和蹄，在竖穴的北壁东部另挖长3米、宽1.5米、深1.96米的坑，内置棺木。西北角立有铁矛，盗扰严重，无尸骨，残存有车辆和棺木残件。残存的随葬器物有金、银、铜质的车器和车饰，另外还残存有皮条、铁戈等。

M7号小型墓，位于M1北侧，竖穴土坑木棺墓。竖穴呈长方形，口大底小，方向65°。墓口东西长4.7米、南北宽3.7米、深3.2米。在竖穴的南侧放置车1辆，盗毁严重。在竖穴北壁下有长2.9米、宽1.2米、深0.9米的坑，内置木棺。墓主仰身直肢，头东脚西。东北角有一小龛。车辆仅残留有车舆左侧板小块痕迹和车舆装饰残件，为银大角羊。竖穴东南部随葬有15具牛、羊、马的头骨和蹄。残存的随葬器物主要为金、银、铜质的车饰和料珠，有贴金铁块、银环、马络饰、银虎、银花饰、盖弓帽、肉红石髓珠、银箔大角羊、折角形车舆饰件、锡质动物、铜花饰等。

M8号为次小型墓，一级阶梯式墓道竖穴偏洞室墓，位于M5北侧。竖穴口呈长方形，长3.4米、宽1.8米、深2.46米，竖穴方向82°。竖穴北壁中部有殉狗。洞室位于竖穴北壁东侧掏挖而成，低于竖穴0.3米，长方形，拱形顶，长2.6米、宽1.1米、高1.28米。洞室东壁北侧有一壁龛，内置陶罐，西北角置陶鬲。墓主置于洞室中部偏东，葬式为仰身直肢，头北脚南，骨骼腐朽严重。在墓主身体周围还随葬有料珠、铁马衔、铁剑、铁刀等。

M13号为次中型墓，八级阶梯式竖穴偏洞室墓，位于M15西侧。竖穴

---

① 早期秦文化联合考古队、张家川回族自治县博物馆：《张家川马家塬战国墓地2008—2009年发掘简报》，《文物》2010年第10期。

口呈长方形，东西长6.5米、南北宽3.6米、深4.3米，方向5°。在竖穴的西端为8个高低、宽窄不等的阶梯，宽0.21—0.68米、高0.15—0.54米。竖穴的西北角立有铁矛。竖穴内随葬车1辆，左右轮辐均为36根。车舆侧板以铜车舆为木质，未髹漆。管状铜轭首，衡末为锡制，已朽。车衡下葬4具马头骨和蹄，车衡右侧另有3具马头骨，1具羊头骨。马头部位有马络饰3套。洞室位于竖穴北壁东部，与竖穴基本成垂直方向。洞室门口有木板封门痕迹，洞室底低于竖穴底0.25米，前窄后宽，洞室门宽0.95米、内宽1.96米、深3米、高0.95米。洞室顶部坍塌。方向90°。墓主为男性，经鉴定年龄约30岁。葬式为仰身直肢，头北脚南，身高现场测量为171厘米。无葬具。洞室内放置灰陶罐、铜杯。墓主颈部、胸前、腰部两侧均放置装饰品和铜斧、铜戈等。另外，在腰部和腿上部有汉紫、汉蓝珠组成的串饰及由绿松石珠、肉红石髓珠和金珠组成的串饰，腰部还有铜"十"字形管饰，左腿处有随身佩带的箭囊和数枚箭镞。

M16号为中型九级阶梯式竖穴偏洞室墓，位于M15东侧。竖穴口呈长方形，斜直壁，呈口大底小的斗状。竖穴口东西长12.6米、南北宽6.7、深7米，方向为100°。在竖穴的西端为9个高低、宽窄不等的台阶，竖穴的西北角立有铁矛，竖穴中自东向西埋葬有车4辆，车辆相互叠压。第一辆为髹漆并饰有铜饰件的车辆，第二、第三辆为髹漆车，第四辆为未经任何装饰的车辆。其中第四辆车车轮很大，但车厢很小，明显不同于前三辆车。竖穴西南角有牛头2具。洞室位于竖穴北壁东部，与竖穴呈基本垂直方向掏挖而成，方向5°。洞室分前后双室，前室呈方形，左侧有立柱6根，右侧有立柱7根，上有棚木。前室内放置车1辆，因洞室顶部坍塌损毁较严重，但仍保留基本形态，该车贴有金银铁车饰、金银车饰和汉紫、汉蓝珠子装饰，车器亦贴有金银。前室西南角有马头3具。后室长方形，拱形顶基本完好，北壁有双龛。左龛内放置铜（甑、鬲组合），贴金银木杯。右龛内放置铜壶1对和单耳银杯1件。墓主置于后室近中部，棺木已朽。经初步鉴定为男性，年龄约40岁。葬式为仰身直肢，头北脚南，面向上。墓主头部周围撒有金花，头顶有圆形金饰件，戴金耳环，佩金银半环形项饰，右臂有金臂钏，腰部有饰金带饰的腰带3条和金带钩，足底有银质鞋底1双，腿部有大量铜"十"字形管饰和铜铃，身体周围和上部发现大量排列有规律的汉紫和汉蓝珠饰。另外，在左臂外侧放置银马等。

这一重要发现和发掘，具有多方面的学术价值。首先，这种大型阶梯式墓道竖穴偏洞室墓、竖穴中随葬车的墓葬形制，均为首次发现的一种墓葬形制。墓葬方向大体一致，竖穴均呈西北—东南向，洞室为北偏东。已发现的葬式绝大多数为仰身直肢，少量为侧身直肢。头向与洞室方向一致。其次，已发掘的墓葬年代接近，均为战国晚期。该墓地的族属当与活动在这地区的西戎诸部族的一支有关。其中，大型墓葬M6结构不同于其他墓葬，面积大，残存随葬器物的规格较高，推测为一支西戎首领或酋长的墓葬。墓葬的阶梯分为9、7、5、3的等级；2009年又发现分为8级和1级的阶梯。最后，马家塬墓地出土的车辆除少数外，大多以髹漆、金银饰件、铜饰件以及料珠装饰车轮和车舆。这种装饰豪华的车辆基本无法行驶，因而车辆应该不是实用车辆，而是一种礼仪性质的用车，代表墓主人的等级和身份。墓中及祭坑有大量随葬和放置马、牛、羊头骨和蹄骨，并且头向东，当为存在大型祭祀的反映。

马家塬墓地的发掘为我们研究西戎文化的面貌、秦戎关系和文化交流提供了翔实的资料。大量的早期玻璃材料和金银制品的出土是目前我国先秦时期发现最多的。从随葬品分析，这是一处包含北方草原文化、西方文化、秦文化、西戎文化等多种因素的戎族墓地。这无论是对揭示秦人与西戎的关系，还是探讨陇右与北方草原民族与文化交流、中西文化交流，都具有重要意义。

二　甘肃秦安王家洼战国西戎贵族墓地的发现

王家洼西戎贵族墓地位于甘肃省秦安县五营乡王家洼村北部，墓地位于老爷头山南坡台地内，海拔高度1600米。2009年至2010年，甘肃省文物考古研究所对墓群所在范围进行了钻探与发掘。钻探共发现墓葬30座，其中绝大多数遭到盗扰。

该墓地共发掘墓葬10座。除M2、M5、M6、M7未遭盗掘外，其余墓葬均被盗掘。墓葬形制可分为两大类，大多数为阶梯式墓道竖穴偏洞室墓，该类墓葬又可分为一侧有阶梯和两侧有阶梯两类；竖穴土坑墓的数量较少，仅发现两座。竖穴均呈东西向的长方形。其中阶梯式墓道竖穴偏洞室墓的洞室一般位于竖穴北壁东部，与竖穴的夹角近于垂直。阶梯的数量有1、2、3、5级不等，普遍有殉牲现象。

M1为五级阶梯式竖穴偏洞室墓，洞室墓门处发现木质封门板痕迹。

有木棺葬具，遭盗掘。出土随葬品有料珠、肉红石髓珠、金带饰、铜带钩、铜泡、盖弓帽、骨器、铜壶、陶鬲、陶单耳罐、铜铃、铜泡及铜车马器等。M2为2级阶梯式竖穴偏洞室墓。有木棺葬具。墓主为单人仰身屈肢葬。在竖穴中随葬马车1辆，为车轮拆分后葬入。在车衡、车轭、车厢及车轮部位均有铜饰件装饰，其中车轮以铜泡装饰。竖穴内还随葬马头骨7具、牛头骨2具。墓主身体上有复杂的装饰，颈部有料珠、蜻蜓眼等组成的项链，佩银项饰；腰腹部有料珠和贝壳组成的串饰；腿上部有铜"十"字形饰和贝形饰组成的串饰；右臂部有银臂钏和铜镜；左臂部有铜斧和铜柄铁剑。另外，还随葬有陶壶、箭囊、铜戈等。

M4为两侧各有3级阶梯式墓道的竖穴偏洞室墓。在阶梯和竖穴底部殉有马头骨和牛头骨。因遭盗掘，在竖穴中发现两辆车的残迹。在西侧第二级台阶西北处葬有马头骨1具，西侧第三级台阶上葬有马头骨5具，墓道底部随葬有马头骨10余具、牛头骨1具。随葬品仅发现骨饰品1件。M6、M7均为长方形竖穴土圹墓，未遭盗掘。但M6、M7未发现任何随葬品，也没有发现墓主，为空墓。

王家洼墓地位于张家川马家塬墓地以西约50公里，两墓地存在很多的相似性。墓地均位于山坡的平缓处。大多数墓葬的形制为东西向的阶梯式墓道竖穴偏洞室墓，在竖穴中随葬有装饰华丽的车，并普遍有殉牲。人体身上有复杂的装饰品，有相同的鸟纹金带饰。随葬品多工具和兵器。随葬的蛇纹铲足鬲和半环形项饰二者完全相同。但王家洼墓地的两侧有阶梯式墓道的竖穴偏洞室墓不见于马家塬墓地，也见不到马家塬墓地在竖穴底部挖坑置木棺的风格。马家塬墓地随葬车辆和随葬品的级别高于王家洼墓地。因此，这两处墓地可能是西戎不同部族的墓地。[①] 王家洼墓群的发现与发掘，是继马家塬西戎墓葬之后在天水境内西戎墓葬的又一次重要发现，它对于研究战国时期秦国戎人贵族墓葬以及戎人分布情况、文化发展等信息具有极为重要的价值。

三 天水放马滩战国木板地图的发现

放马滩秦墓遗址位于天水市北道区党川乡北部花庙河上源党川河源

[①] 赵雪野、王山：《甘肃秦安王家洼战国西戎贵族墓地的发现》，中国文物信息网，2011年4月18日。

头处，这是一处战国晚期的秦人墓葬遗址。

1986 年 3 月，甘肃天水市小陇山林业局党川林场职工在放马滩护林站修建房舍时，发现古墓葬群，经上报后由甘肃省文物考古研究所派人调查、钻探和发掘。发掘工作从当年 6 月开始，历时 3 个月。经钻探，墓地总面积为 1.1 万多平方米，墓葬 100 余座，这次发掘了其中的 14 座，其中秦墓 13 座，汉墓 1 座。这些被发掘的墓均在墓地西部，由于地下水丰富，加之芦苇丛生，渗透作用强，所以墓中积水很多，随葬品大都保存不好。这些墓都是小型墓，共出土文物 400 余件，其中，陶器 28 件、漆器 11 件、木器 13 件、铜器 7 件、秦半两币 3 枚、毛笔及笔套 4 件、算筹 21 枚、木版画 1 块 2 幅、木板地图 4 块 7 幅、竹简 460 枚。①

在出土文物中，最为珍贵的是在编号为 M1 的秦墓中发现的木板地图。这座秦墓坑长 5 米，宽、深各 3 米，墓口距地表 1 米。坑内填白膏泥，将棺椁封闭其中，并经夯实。随葬品 33 件，除毛笔、竹简等置于棺内外，大部分器物放在棺与椁之间。木板地图在椁内头端，出土时沉没在椁底泥浆中。因木板厚，虽浸水中达 2000 余年，但基本完好。木板地图出土后，采取了避光、避高湿、避风裂和逐渐减少水分等保护措施，经两年完全脱水，字迹、线条显示清晰。7 幅地图均用墨线绘在 4 块大小基本相同的木板上，其中 6 幅为成品图，1 幅为半成品。② 这 7 幅地图中的 6 幅成品图，经学者们研究认为，绘制的是秦邦县地区城邑政区及水系、物产图，内容包括城邑、亭里、山水、关隘、道路、分水岭、伐木点等地理事物，地图涉及渭河与嘉陵江上游两大水系，范围包括今天水市所辖地区及陇南北部礼县、西和一带。这个范围正好就是春秋以来秦人在天水地区主要活动的地域。

连同地图一起发现的 460 枚竹简，按内容分为三部分：一为《墓主记》（共 8 枚），二为甲种《日书》（共 73 枚），三为乙种《日书》（共 380 枚）。根据竹简《墓主记》提供的信息，人们认为墓主丹是地图的绘制者，他死于公元前 299 年，而地图绘制于公元前 320 年前后。因此，这

---

① 甘肃省文物考古研究所、天水市北道区文化馆：《甘肃天水放马滩战国秦汉墓群的发掘》，《文物》1989 年第 2 期。

② 何双全：《天水放马滩秦墓出土地图初探》，《文物》1989 年第 2 期。

批木板地图是中国乃至世界上目前所知最早的实物地图。在中外地图学史与科技史上都占有重要地位。① 地图内容及竹简《日书》，又提供了战国时期秦人故乡天水地区的政治、经济、交通、自然、物产等多方面的真实史料，也反映了战国时代天水地区的社会历史与自然面貌。

---

① 雍际春：《天水放马滩木板地图研究》，甘肃人民出版社2002年版，第195页。

第七章

秦人的兴起

秦人从中潏到文公，有14代秦人世以天水为据点，艰苦创业，致力发展，终于跻身诸侯，东进关中而开创了霸业。天水境内渭河及其支流与西汉水上游一带的"两河流域"既是秦人的发祥之地，也是其在长达300多年的时间里安身立命和驰骋崛起的舞台，自然会留下不少与其悲壮命运息息相关的种种印痕，其首领死后的墓葬也当在此。20世纪以来，特别是近年来，随着一批秦早期文化遗址在两河流域的发现，萦绕于秦人早期历史发展的神秘面纱，才逐步被揭开，终于露出冰山一角。前述秦早期遗址和遗存、文物的发现，成为探索秦人早期历史和文化极为重要的物质基础。

第一节　初居西垂的嬴秦

中潏在商周易代之际，为了嬴秦族的生存和发展，将家族一分为二和本支西迁西垂之举，为嬴秦族的发展开辟了新的空间，也为秦人的崛起奠定了基础。天水毛家坪秦人遗址的发现和清华简《系年》所载嬴姓商奄之民至"朱圉"的新材料的揭示，还有中潏之孙分支迁居晋南与西垂史实的考释，都证明了嬴秦族人早在商末周初进入天水一带，已是不刊之论。上章对此以及嬴秦西迁已有详考，兹不赘述。唯中潏之父戎胥轩事迹和嬴秦初至西垂的情况，还有西垂地望尚需加以考察。

一　戎胥轩及其周初的嬴秦

《秦本纪》在秦人世系的介绍中没有涉及中潏之父为谁，而是在周孝王欲封非子时申侯强调其与大骆联姻一事中，在追述两族关系时提到了中潏之父为戎胥轩。申侯说："昔我先郦山之女，为戎胥轩妻，生中潏，以亲故归周，保西垂，西垂以其故和睦。"这句话一方面道明是中潏之时嬴秦"归周"并西迁，另一方面又说明中潏之父为戎胥轩。于是，学界对中潏之父戎胥轩的身份就有了不同的判断。或以为是申侯为强调与大骆通婚的重要而故意编的，或以为是秦之母系为戎的标志，或以为是申侯为讨好周孝王所说的话不足为信，等等。

前文已经说明，中潏大约与商王文丁、帝乙、周文王同时代人，其父戎胥轩生活的时代当在周文王之前。三代时期的关中、陇右地区，除了有周人、嬴秦部族先后入居之外，更多的是占很大比例的当地土著——戎族各部。姬周与姜、申联姻，嬴秦与申戎的联姻，实际上正是周秦与当地戎族密切交往的体现，是当地人口构成和民族生态格局的一种反映，也是周、秦各自为了密切与戎族关系，改善其生存环境的一个重要举措。这种部族之间的联姻，作为一种改善相互关系的惯例在先秦时期屡见不鲜。所以，与其说申侯所言为虚或者讨好，不如说这是申侯对商末时嬴秦与西戎、周人关系实际状态的一种恰当表述。试想，申侯在周孝王面前据理力争的是其外孙在嬴秦的"适嗣"地位，若以假话为据胡编乱造，并要达到的目的，既毫无说服力和可信度，也无异于自我否定。我们没有充足的根据和史料依据，就不应轻易否定《史记》记载的真实性。

申，又称申戎，即姜氏之戎，为先秦之西戎三大支（犬戎、姜戎、狁戎）之一，[①] 姜氏之戎周初被封于申。因周初在今河南信阳已封一申国，且在成周之东，故称东申，而位于宗周之西的申戎之国自然就是西申。《逸周书·王会解》载成周之会时，对四方来贡者按方位有记载，其中西方有氐羌和西申："西申以凤鸟，凤鸟者戴仁抱义执信。"则姜氏之戎称西申殆无疑义。蒙文通指出："《西山经》有申山，有上申之山，有申首之山，申水出焉。《地理今释》云：'申首之山，今甘肃中卫县南雪山山脉，东趋直至陕西葭州河岸为申山上申山之首干，故曰申首也。'……则安塞米脂以北，西连中卫，为申戎之国。"[②] 这当是申戎见于

---

① 段连勤：《犬戎历史始末述——论犬戎的族源、迁徙及同周王朝的关系》，《民族研究》1989年第5期。

② 蒙文通：《古代民族迁徙考》（四），《禹贡》1968年第7卷第6、7期合刊。

记载的早期居地。后来，申戎南下关中，据《水经注·渭水注》："岐水又历周原下，水北即岐山矣。岐水又东迳姜氏城，东注雍水。"可知姜氏之戎当在姜水、雍水左右，即今武功、岐山、凤翔一带。① 则成周之会和周孝王时的申侯已经活动于关中西部。据《国语·郑语》韦昭注："谢，宣王之舅申伯之国，在今南阳。"则知西申于宣王时东迁，分封于谢，在今河南南阳市。但谢地申国不是东申而应是南申。② 后西周末申侯联合西戎攻周幽王，西周亡。可见，申侯所在姜氏之戎在西周时期是一个对西周历史和秦人历史发展都产生过重要影响的西戎部族。

这里需要强调的是，戎胥轩作为中潏之父既然不应贸然否定，那么，在嬴秦发展史上又该如何看待他呢？首先，他是嬴秦族一个承前启后的关键人物，在商末商、周、嬴秦关系非常微妙之际，戎胥轩与申戎的联姻，大大缓解、密切了嬴秦与戎族的关系，也间接改善了与申戎有同样姻亲关系的周人的关系。嬴秦与几大势力关系的改善，为中潏从容部署嬴秦部族未来走向，并将部族一分为二创造了条件。其次，为嬴秦"归周"和西迁成功奠定了基础。戎胥轩与申戎的联姻，改善的不仅是与申戎的关系，而且以申戎为中介，使嬴秦与戎族其他各部的关系也得到改善，这就使嬴秦进入群戎林立的陇右有了可能。正因为如此，中潏西迁天水，"在西戎，保西垂"不仅成功，而且进入之后站稳了脚跟定居下来，由此才开启了此后秦人崛起、壮大和建国的历史进程。所以，考察秦人早期的发展历史，戎胥轩承前启后的作用是不应被忽视的。

商周易代之际，嬴秦族经历了中潏西迁西垂和季胜东迁晋南，蜚廉、恶来追随商纣王而恶来被杀，蜚廉逃至东方发动熊、盈等十七国参与三监之乱战败，余部又被西迁天水等一系列重大变故。尽管中潏在商周较量的复杂形势下，采取了将家族力量一分为二既事商又归周的两全之策，使嬴秦在西垂、晋南的两支力量避免了灭顶之灾，但是，蜚廉、恶来父子追随商纣王与周人为敌和蜚廉发动熊盈诸国的叛乱行为，招致了周人对嬴秦族人的打击限制和压迫虐待，不仅"俘殷献民"，迁熊盈十七国余部至"九毕""朱圉"等地，而且西垂、晋南两支未参与反叛的嬴秦族人也同样被视作部族奴隶。所谓"坠命亡氏，踣其国家"和失姓断祀、迁

---

① 何清谷：《嬴秦族西迁考》，《考古与文物》1991年第5期。
② 何浩：《西申、东申与南申》，《史学月刊》1988年第5期。

移流散便是周初嬴秦族人命运的最好概括。

嬴秦族人在周初地位低下的悲惨命运,我们从周初造父为周成王"御"、非子牧马和西迁熊盈诸国余部被称为"献民"等都可以得到证明。"御"在商周时期属于奴隶的劳动。据周初青铜器《大盂鼎》关于赏赐人鬲的铭文记载:"赐汝邦司四百,人鬲自御至于庶人六百又五十九夫。"人鬲即是奴隶,而御则是属于人鬲之中地位较高的奴隶。"献民"郭沫若以为就是《尚书》之"民献",其与《大盂鼎》所谓"人鬲"、《令簋》之"鬲"相类。① 再如周灭商后,分给鲁国的"殷民"六族和分给卫国的七族,大部分也都是从事各种手工业生产的奴隶。由此而言,所谓"俘殷献民"也就是殷之隶属之民亦即奴隶。养马在商周也属于卑贱的职业,《左传》昭公七年(前536年):"天有十日,人有十等,……故王臣公,公臣大夫,大夫臣士,士臣皂,皂臣舆,舆臣隶,隶臣僚,僚臣仆,仆臣台,马有圉,牛有牧,以待百事。"在十等人中的皂、舆以下都是奴隶,而十等人之外牧养马、牛的"圉"和"牧"为奴隶身份则自不待言。所以,嬴秦族人在周初的地位是非常卑贱的。

嬴秦西迁天水,特别是中潏"在西戎,保西垂"地在何处?曾长期成为学术界争论不休的话题,直到20世纪80年代以来,甘谷毛家坪、天水董家坪秦文化遗址以及礼县秦公墓遗址的发现与发掘,才使中潏西迁何处这一问题的解决有了可信的考古资料。甘谷毛家坪遗址有关秦文化的遗存,其时间上起西周初年,下至战国时期,与秦人西迁天水及其活动时间正好一致。据《发掘报告》称:

> 毛家坪A组遗存的文化面貌与陕西关中的西周文化和东周文化相似或相同。通过分析比较,可知其年代在西周和东周时期,并可推知其各期的年代。……同已发表的东周秦墓资料相比较,毛家坪三期墓的IV式鬲、IV式和V式大喇叭口罐与八旗屯、宝鸡西高泉春秋早期鬲、大喇叭口罐相似;毛家坪四期墓的VI式鬲、VI式大喇叭口罐与八旗屯春秋中期鬲、大喇叭口罐相似;毛家坪五期的VII式鬲、VII式大喇叭口罐与高庄春秋晚期战国早期的同类器相似。因此,毛家坪墓葬三至五期的年代约当春秋早期至战国早期。那么,

---

① 郭沫若:《殷周青铜器铭文研究》,科学出版社1961年版。

毛家坪墓第一、二期的年代可能早至西周。①

由此可知，中潏西迁时间与毛家坪一、二期遗存时代是相合的。如前所述，中潏生活在商末周初，具体时间当与商王文丁、帝乙、周文王为同时代人。更准确地说，中潏早在商末就可能西迁天水了。这一点与毛家坪遗址的材料也是相符的，对此，遗址发掘者赵化成进一步指出：

> 毛家坪西周时期秦早期文化年代上限可到西周早期，这说明，至少在这一时期秦人已经活动于甘肃东部地区了。再则，西周时期秦人的生活用品即陶器已经周式化了，那么，由原来的文化转变为现在这种情况须有一个过程，这个过程的开始自然至迟在商代晚期就应该发生了。……考古发现和文献记载都表明，秦人至迟在商代末年已经活动于甘肃东部，也就是说已经在西方了。②

虽然我们现在掌握的材料还不能肯定毛家坪墓地就是中潏"在西戎，保西垂"的遗存，但可以肯定，中潏西迁之地就在天水地区。继中潏一支西迁天水之后，周公东征取胜后，又将东方被征服的熊盈诸国部分族民迁往河南、陕西，也有进入天水地区的，李学勤研究认为，清华简《系年》第三章中所载的"邾虞"，实际就是位于今甘谷县的朱圉，即朱圉山。正好毛家坪遗址就位于朱圉山前的渭河谷地上。所以，毛家坪遗址不仅证实了中潏西迁及其地域所在，也证实周公东征后又有一部分嬴姓族民来到天水。中潏西迁与周公东征后嬴姓族再次到达天水，就构成了后来称为"秦人"的主体，只有当嬴秦族民入居天水之后，秦人的出现才成为可能。所以，商末周初嬴秦族民迁入天水，及其在天水一带的开发与发展，奠定了秦人兴起的基础。

二　西垂与犬丘名实考辨

中潏归周西迁天水之后，从中潏至文公十四代秦人世居天水一带，其中，除了从第八代非子至第十二代庄公（非子、秦侯、公伯、秦仲、

---

① 赵化成、宋涛：《甘肃甘谷毛家坪遗址发掘报告》，《考古学报》1987年第3期。
② 赵化成：《寻找秦文化渊源的新线索》，《文博》1987年第1期。

庄公初年）五代秦人以秦邑为居地之外，有十一代秦人（即中潏、飞廉、恶来革、女防、旁皋、太几、大骆、成八代，庄公、襄公、文公三代）在前后两个阶段均以西垂或犬丘为都。秦人在天水两河流域的早期发展活动中，西垂始终是其中心居邑和世居之地。唯长期以来，学术界既有西垂为广义、狭义之争，又因西垂又称犬丘而出现地望的陕甘之争，加之犬丘地名有四地一名的演变迁移，致使争论进一步加剧。这里就以上问题作一综合考辨。

1. 史籍记载的西垂与犬丘

中潏归周西迁天水之后，西垂、犬丘、西犬丘等地名在《史记》等文献中有明确记载，兹征引如下：

据《秦本纪》记载：中衍之后：

> 其玄孙曰中潏，在西戎，保西垂。生蜚廉。蜚廉生恶来。恶来有力，蜚廉善走，父子俱以材力事殷纣。

中潏下传六世为大骆，大骆生非子。

> 非子据犬丘……孝王欲以为大骆适嗣。……申侯乃言孝王曰："昔我先骊山之女，为戎胥轩妻，生中潏，以亲故归周，保西垂，西垂以其故和睦。"

非子下传两代至秦仲。

> 秦仲立三年，周厉王无道，诸侯或叛之。西戎反王室，灭犬丘大骆之族。……秦仲立二十三年，死于戎。有子五人，其长者曰庄公。周宣王乃召庄公昆弟五人，与兵七千人，使伐西戎，破之。于是复予秦仲后，及其先大骆地犬丘并有之，为西垂大夫。
> 庄公居其故西犬丘……（其子）襄公二年，戎围犬丘……襄公以兵送周平王。平王封襄公为诸侯。
> 襄公之子为文公。

文公元年，居西垂宫。

《史记·秦始皇本纪》：

> 太史公曰：……至周之衰，秦兴，邑于西垂。
> 襄公立，享国十二年。初为西畤。葬西垂。
> 文公立，居西垂宫。五十年死，葬西垂。

《史记·封禅书》：

> 秦襄公既侯，居西垂。

这是《史记》所载西垂与犬丘、西犬丘的全部史料。根据上下文以及秦人世系之关系，再结合西垂与犬丘互见、犬丘与西犬丘并称，可以确知西垂与犬丘、西犬丘乃一地，也就是说西垂、犬丘、西犬丘是一地之不同称呼，故司马迁以"互见"笔法交叉使用这些地名。

2."犬丘"一名的沿革与演变

该三名一地之犬丘地望，当在今甘肃礼县境内，学界也是公认的。唯除了天水境内有犬丘一名之外，在先秦文献中还有在今河南、山东和陕西境内亦有"犬丘"一名的记载，它们与秦人所居之犬丘是否有关系，或是地名的迁移沿袭，其背后的内在关系如何，是有必要加以探究的，这样才有助于深化秦早期历史的研究。

在《春秋》《左传》以及后世的一些文献记载中，今山东和陕西关中还有三个犬丘。以下是有关三犬丘的文献：

> 《春秋》隐公"八年春，宋公卫侯遇于垂。"左氏传："八年春，齐侯将平宋卫，有会期。宋公以币请于卫，请先相见。卫侯许之，故遇于犬丘。"杜预注："犬丘，垂也，地有两名。"又云："济阴句阳县东北有垂亭。"
>
> 《春秋》桓公元年"三月，公会郑伯于垂，郑伯以璧假许田。夏四月丁未，公及郑伯盟于越。"注云："垂、犬丘，卫地也，越近垂。"
>
> 左氏传襄公元年"秋，楚子辛救郑，侵宋、吕留。郑子然侵宋，取犬丘。"

左氏传襄公十年，"六月，楚子囊、郑子耳伐宋，师于訾毋。……卫侯救宋，师于襄牛。……卫人追之，孙蒯获郑皇耳于犬丘。"

《春秋辨义》卷二："垂，曹地，在今曹县东北有有垂亭。左传则垂又名犬丘。"

《五礼通考》卷二〇九：犬丘："襄元年，郑子然侵宋，取犬丘。杜注：'谯国酂县东北有犬丘城'。按犬丘池不近郑，故杜以为疑……今归德府永城县西北三十里有大丘集，与夏邑接界。"

《五礼通考》卷二二九："庄公四年夏，齐侯、陈侯、郑伯遇于垂。"

《吕氏春秋》杜注："垂、犬丘，卫地也。"

《括地志》："犬丘故城一名槐里，亦曰废丘，在雍州始平县东南十里。"《汉书·地理志》："右扶风槐里县，周名犬丘，懿王都之；秦更名废丘，高祖三年更名槐里也。"

《后汉书》："槐里，周曰犬丘，又名废丘，周懿王、章邯所都。"

《元和郡县志》："槐里城，周曰犬丘，秦改名废丘，周懿王所都，项羽封章邯为雍王，都废丘，亦此城也。"

从以上文献以及相关论述可知，卫地之垂与犬丘，确如杜预所注，为一地两名，其地当在今山东西缘的曹县境内，这里邻近河南商丘。宋地犬丘当在今河南省东缘永城县境内，这里与安徽亳州邻近。此两地都在原东夷地域之内，曾是嬴族诸国主要分布的区域。陕西之犬丘曾为西周懿王之都，秦改名废丘，地在今兴平市东南。

上述三个犬丘，连同天水之犬丘共四个同名地名，两个在东方，两个在西方，据段连勤研究，这是东夷"九夷"中的畎夷自东向西迁移时分别留下的地名，也就是说，随着东夷部族中畎夷的迁徙，"犬丘"一名也随其搬迁。他指出，夏末以前，东夷族世居我国东方的济、淮流域，即今山东的中南部、河南东部及江苏、安徽的北部；夷族也未见在今山西、陕西活动。但是在商夷联军灭亡夏朝之后，夷人的分布和活动地区发生了很大变化，在陕西关中地区突然出现了东夷人的活动：

《竹书纪年》："桀三年，畎夷入于岐以叛。"

《后汉书·西羌传》："后桀之乱，畎夷入居邠岐之间。"

岐，即今陕西岐山县，邠，即今陕西旬邑县，邠岐一带正当关中泾渭平原，这里就是畎夷初入关中的居地。槐里犬丘包括后来的天水犬丘，"当为畎夷人入居泾渭流域后的居地"。《史记·秦本纪》又载："费昌当夏桀之时，去夏归商，为汤御，以败桀于鸣条。"可知，东夷首领伯益后裔也加入了商夷联军的伐夏活动。而以"丘"为地名，是东夷人居住区所特有的。因此，"由山东曹县、河南永城县的犬丘，到陕西兴平、甘肃的犬丘，这正是畎夷由我国东方移至我国西方所走过的足迹"。故犬丘"它因畎夷而得名，并随畎夷的迁徙而迁移"。① 由此说来，畎夷作为东夷部族九夷中的一支，在商夷联军西进讨灭夏桀残余的活动中，进入了关中地区，而犬丘就是东夷中畎夷曾经长期居住并命名的特有地名，所以，山东曹县、河南永城、陕西兴平、甘肃礼县四地均有犬丘一名，正是畎夷由东向西迁移足迹在地名上的反映。至于垂，显系与犬丘相对应，是一地之异称，这从卫地犬丘又称为垂得到证明。因而，礼县犬丘地居四个犬丘的最西处，相对于其他三处，特别是与之直接相关的兴平犬丘，称其为西犬丘、西垂，乃是名副其实。

3. "犬丘"名实与秦人的关系

既然犬丘与西垂均因畎夷迁徙而得名，那它又与我们所讨论的秦人西迁或秦人历史何干呢？原因就在于嬴秦与畎夷同属东夷部族，秦人也正是作为商夷联军的一部分跟随畎夷西进迁徙而来到西部。前述费昌之归商并在鸣条击败夏桀即是明证，它至少说明在商夷联军中除了畎夷，还有九夷中其他夷人在内，而嬴姓部族就是其中之一。

嬴秦先祖进入关中，在商代是有迹可寻的。前述所论的皋氏作为秦人先祖在商代时已有在山西、陕西一带活动的甲骨文记载。周初文王之弟姬高封于毕，为毕公高，则此前已有毕这一地名，无疑这是皋氏进入陕西所遗留的地名，西安地区毕原之名即由此而来。西周初年，周公东征灭熊盈十七国，"俘惟九邑，俘殷献民，迁于九毕"，也是西迁嬴姓诸族到西安一带。商王命皋氏前往京地开垦土地，则表明商后期时嬴秦族人已进

---

① 段连勤：《关于夷族的西迁和嬴秦的起源地、族属问题》，《人文杂志》1982年增刊《先秦史论文集》。

入今陕西扶风周原一带。

又文献中记载，中潏之父戎胥轩娶骊山氏之女，则是秦人已经居于关中的确证。骊山与毕原、槐里即兴平犬丘相近，则畎夷居地兴平犬丘必为中潏之族即秦人先祖在戎胥轩之前至此所居。中潏之时，周人的"实始剪商"已经开始。世为殷商同盟和显贵的中潏审时度势，做出了秦人发展史上具有重大意义的两个决定：一是自己弃商归周，迁往陇山之西"在西戎，保西垂"，实现了秦人主体的西迁；二是继续让儿子蜚廉和长孙恶来跟随殷纣王做事。这可能是偏据关中而势单力孤的秦人，在当时面对强大而已走向衰败的商王朝和蒸蒸日上、已经具备灭商实力的周人两大敌对势力面前，做出的最佳选择。其时，中潏之子蜚廉及蜚廉长子恶来"俱以材力事殷纣"，活动于商都至晋南一带。武王伐纣，恶来被杀，蜚廉逃向嬴族老家商奄一带，继续从事反周活动，后为周公东征时被镇压。与此同时，蜚廉三子季胜以及次子恶来革之子女防则远离商周之争，未参与追随商人与周人作对的活动，故在周灭商之后保全了家族。此后，季胜与女防两支独自发展，季胜在山西一带活动，后来成为赵氏赵国。女防一支就是我们所说的秦人。

秦人西迁关中与天水，也被甲骨文记载㠯氏活动的时间和空间变化所证实。据史党社的统计和研究，㠯氏在甲骨文 4 期作为商的臣属还常为商去出使征伐，而在 5 期㠯氏已不见于甲骨文。这一变化正与中潏归周有关。中潏大致与商王文丁同时，时当甲骨 4 期偏晚，最迟不过甲骨 4、5 期之交，亦即殷墟 3、4 期之交。据《周本纪》载，王季"修古公遗道，笃于行义，诸侯顺之"。也许在归顺的诸侯中就包括秦之先中潏。《秦本纪》载申侯所谓中潏"以亲故归周"即指此而言。在甲骨 4 期，多有㠯氏伐召方的记载，召方在今周原一带，㠯氏为商伐召方，"其居地必不出今周原——晋南这样一个大的地域范围"。陈梦家指出："武丁卜辞记载的与羌作战的沚、戉、㠯、雀等，或在晋南，或在河内附近太行山的区域。"① 戎胥轩娶骊山氏，槐里犬丘与之相近，可能就是戎胥轩与其子中潏归周前的居地。所以，"甲骨 4 期偏晚，㠯氏前往今兴平东南的槐里犬

---

① 陈梦家：《殷墟卜辞综述》，科学出版社 1956 年版，第 281 页。

丘；由于中潏归周，鼻氏被迁往甘肃天水的西犬丘"①。

至此，可以肯定地说，西周春秋时期见于文献的四个犬丘互有联系，是部族迁徙足迹在地名上的反映。一些特有地名随部族迁徙而迁移，往往在地名表象的背后，蕴含着这一部族历史命运与文化积淀的多重信息。我们从东、西四犬丘地名的沿革演变中，可以得出两点主要结论：

其一，犬丘地名首先出现于东夷居地，是东夷部族九夷中畎夷地名的孑遗，曹县犬丘和永城县犬丘就是这样的产物。由东方两犬丘到关中槐里犬丘，正是畎夷由东向西迁徙而发生的地名随之迁移的现象。秦之先族出东夷，畎夷西迁至关中可能就有嬴姓秦人先祖的部分成员一同入居槐里犬丘。所以才有后来戎胥轩、中潏父子再次入居槐里犬丘和不久又携带犬丘地名继续向西至天水犬丘之举。这也就清楚地说明，秦人源出东方，为东方嬴姓之一支。

其二，东、西四犬丘中，由东方至关中三犬丘之地名迁移，体现的是夏商之际畎夷西迁之史实。在商末周初，由槐里犬丘到天水西犬丘之地名迁移，则蕴含的是秦之先入居关中又再迁天水的一段秘史。秦之先入居畎夷故地犬丘之地，又因袭犬丘之名进而再携犬丘之名而徙居天水，其对东方特有之地名犬丘可谓眷顾有加。何以如此？皆在于秦之先与畎夷俱为东方部族、少昊之后故也。

4. 西垂与西犬丘地望考

西垂、犬丘、西犬丘包括西垂宫都是秦早期最为重要的地名，在秦人早期历史发展中具有非凡的意义。但由于文献记载简略，古今学者对其认识与判断就有差异。本节对学术界的研究做一简要回顾，再进一步进行其地望的探讨。

（1）西垂考辨

学术界对西垂的认识主要有它是确指还是泛称以及其具体位置何在的争论两个方面。

王国维《秦都邑考》一文说："案西垂之义，本谓西界。……西垂殆泛指西土，非一地名"，又说："文公元年，居西垂宫，则又似特有西垂一地。水经注漾水注以汉陇西郡之西县当之，其地距秦亭不远。使西垂

---

① 史党社：《秦人早期历史的相关问题》，秦始皇兵马俑博物馆《论丛》编委会编《秦文化论丛》第六辑，西北大学出版社1998年版。

而系地名，则郦说无以易矣。……余疑西垂犬丘本一地。"有自注云："检杨氏守敬春秋列国图，西犬丘于汉陇西郡西县地，其义正与余合。"①王氏似乎持确指与泛称两说，而又倾向于确指。郭沫若认为西垂"乃泛指西方边陲"②。黄灼耀以为西垂泛指西界。③ 林剑鸣《秦史稿》认为西垂是泛指西方边陲，而西犬丘则是指具体的固定地区。④ 何汉文认为"飞廉和恶来为纣使的西垂，不是非自封于秦谷的西垂。……所以飞廉国姓的封地也在山西境内。当时太原以西，以近西戎居地，故视为西垂"。这是商朝的西部边疆。恶来被杀以后，其后代子孙自大骆、非子以下又出现于甘肃天水、清水一带的西垂。⑤ 李零认为西垂为具体地名，西犬丘就是西垂，地在汉代的西县即今礼县东北一带。⑥ 段连勤指出西垂与犬丘、西犬丘为同一地方，兴平犬丘和甘肃犬丘，它们都是商夷联军灭夏时从东方带来的地名，"由山东曹县、河南永城县的犬丘，到陕西兴平、甘肃的犬丘，这正是犬夷由我国东方移至我国西方所走过的足迹"。甘肃犬丘是嬴秦自中潏至襄公十四世秦人所在的都邑，文公所居西垂宫亦在其都城西犬丘。⑦ 刘庆柱也认为西垂、犬丘为同地异名，地在今天水市附近。⑧ 何清谷对西垂的解释持既有广义又有狭义的观点，就广义而言，还有商西垂与周西垂之别，他指出，西垂一般泛指西方边地，在商专指商王国的西方边地，中潏所保西垂，"即天邑商（河南安阳）之西进太行山至黄河东岸一带"。非子受封以后，被周王室当作保卫西垂的力量加以利用，周时"所谓的西垂当指今甘肃天水一带，为周王室直接控制的西部边陲"。从狭义来说，庄公为"西垂大夫应是以今甘肃天水市一带为食邑，治所在西犬丘，所以西犬丘又名西垂"。⑨ 王玉哲认为中潏所保西垂，是指商的西垂，其不论是商都西边的边陲，还是一个地名，均应在今山西

---

① 王国维：《秦都邑考》，《观堂集林》，中华书局1959年版。
② 郭沫若：《秦公簋铭文释文》，《殷周青铜器铭文研究》，科学出版社1961年版。
③ 黄灼耀：《秦人早期史迹初探》，《学术研究》1980年第6期。
④ 林剑鸣：《秦史稿》，上海人民出版社1981年版。
⑤ 何汉文：《嬴秦人起源于东方和西迁情况初探》，《求索》1981年第4期。
⑥ 李零：《〈史记〉中所见秦早期都邑葬地》，《文史》第二十辑，中华书局1983年版。
⑦ 段连勤：《关于夷族的西迁和秦嬴的起源地、族属问题》，《人文杂志》1982年增刊《先秦史论文集》。
⑧ 刘庆柱：《试论秦之渊源》，《人文杂志》1982年增刊《先秦史论文集》。
⑨ 何清谷：《嬴秦族西迁考》，《考古与文物》1991年第5期。

境内。① 杨东晨以为西垂与西犬丘是一地而异名,西垂系指今甘肃天水地区,"大骆、非子及'秦夷'迁入该地后,为周守边"②。郭向东也认为西垂乃泛指商的西方边垂。③ 张大可认为"殷时的西垂泛指关中,周时的西垂至今天水地区,为秦发祥之地"④。康世荣论证认为西垂初为泛称,继有管理者之"特指"的治所,时间既久,"特指"的治所便有了"泛称"与"特指"双重意义。商末中潏所保西垂不在今山西太行山以西、黄河东岸,而在今陕甘分界的陇山以西的甘肃天水地区。西垂即西犬丘,位于今礼县红河乡的岳家庄和费家庄一带。⑤ 王世平认为通过文字推演将西垂解释为西犬丘的推论,目前还是难以让人接受的。⑥ 祝中熹也认为西垂是具体地名,它就是汉代的西县所在地。⑦ 西垂、犬丘为畎夷等西迁时带来的地名,关中犬丘乃畎夷初至关中时的落脚点;西垂即犬丘,因犬戎居此,故改为西犬丘,秦人至此而沿用。⑧ 史党社认为把西垂理解为具体地名比较合理,西垂地有两处,商代的西垂在今天的关中,周之西垂在周原以西。也就是说,中潏归周前的西垂指关中槐里犬丘,因其在商朝的西部边疆,故又可称"西犬丘";中潏归周后的西垂指天水之西犬丘,也就是人们常说的一般意义上的西犬丘。⑨ 牛世山也认为西垂有商周之别,戎胥轩和归周之前的中潏所保关中的西垂为商之西垂;归周之后,他们是在关中偏西一带"为周开拓、保卫疆土"⑩。张天恩也认为西垂泛指西部边陲。⑪ 徐卫民赞同何清谷观点,认为西垂、犬丘、西犬丘作为秦

---

① 王玉哲:《秦人的族源及迁徙路线》,《历史研究》1991 年第 3 期。
② 杨东晨:《周代东夷嬴姓族的西迁和嬴姓国的业绩》,《秦陵秦俑研究动态》1992 年《周秦专号》。
③ 郭向东:《嬴秦西迁问题新探》,《西北大学学报》1995 年第 3 期。
④ 张大可:《史记全书新注》,三秦出版社 1990 年版。
⑤ 康世荣:《秦西垂文化的有关问题》,《陇右文博》2002 年第 2 期。
⑥ 王世平:《也谈秦早期都邑犬丘》,《陕西博物馆馆刊》第二辑。
⑦ 祝中熹:《阳鸟崇拜与"西"邑地望》,《丝绸之路》专辑。
⑧ 段连勤:《关于夷族的西迁和秦嬴的起源地、族属问题》,《人文杂志》1982 年增刊《先秦史论文集》。
⑨ 史党社:《秦人早期历史的几个地理问题——以钱穆说为中心》,秦始皇兵马俑博物馆《论丛》编委会《秦文化论丛》第九辑,西北大学出版社 2002 年版。
⑩ 牛世山:《秦文化渊源与秦人起源探索》,《考古》1996 年第 3 期。
⑪ 张天恩:《礼县等地所见早期秦文化遗存有关问题刍论》,《文博》2001 年第 3 期。

都在一个地方,即在甘肃礼县。① 陈泽认为西垂是指今天水西南、礼县东北这块地方;在中潏至文公的三百年间,西垂一直是秦人的发祥地。②

上述观点和争论既有观点、视角的不同,也有对材料认识、理解的差异,更有对史料内容的任意扩充与延伸而引申出的看法。如果我们立足《史记》记载和申侯所言,结合嬴秦西迁史实,不做穿凿附会和任意引申,问题实际不难解决。

首先,"西垂"作为地名,是专称。它由东方与犬丘相对的"垂"沿用或搬迁而来,因其在东方犬丘、垂之西,故加方位词"西"而称西犬丘、西垂。"垂"是一个多义词,《说文》云:"垂,远边也",边疆、边际是其很重要的词义,但绝非唯一的词义。"垂"还有堂边檐下之地、旁边、垂下、流传、低下等多重词义。垂与犬丘对举作为地名首先出现于东方,可知其毫无边疆、边陲之义。就此而言,它搬迁到西方的天水,只是随部族而来,地名的寓意并没有因此而改变。所以,论者均以嬴秦居商、周西部边疆,西垂为西方边陲之义立论,争论嬴秦究竟是为商抑或为周"保西垂",实际上都是误入望文生义的歧途。

其次,不存在商之"西垂"一说。嬴秦固然随畎夷而进入关中并居留下来,而且,关中也确实位于商之西部边地,兴平犬丘当为畎夷以及嬴秦都曾聚居的中心,他们在事实上也确实发挥了为商屏卫西部疆土的作用。在当时,虽然他们确有为商"保西垂"之实,但却无"保西垂"之谓,我们在史料中丝毫找不到与此有关的记载。因此,所谓嬴秦为商"保西垂",本来就是一个由现代人附加到古人身上而并不存在的伪命题。

最后,西垂就是一个具体地名。西垂与犬丘俱为畎夷、嬴秦由东方带来的地名,其在东方并无表意"边陲"之义,带到西方加一"西"字,除了区别方位之外,作为地名的本义并未改变或附加,因而,其与在东方一样仍是一个具体的地名。史料中无论是"保西垂"还是"居西垂""居西垂宫""邑于西垂""葬西垂",其无一例外都指的是嬴秦在天水的中心城邑。若将与西垂对举的西犬丘结合起来,如"据犬丘""灭犬丘""故西犬丘",其作为具体城邑地名的特征显而易见。可见,所谓"西垂"之泛称或专称、广义或狭义之争以及商、周"西垂"之辩,也就成为偏

---

① 徐卫民:《天水附近秦都城考论》,《天水师专学报》1999 年第 4 期。
② 陈泽:《西垂西畤考》,《礼县文史资料》第四辑。

离历史实际,曲解"西垂"作为地名具体含义的无谓之论。

(2) 犬丘与西犬丘

我们确认西垂为具体地名,且西垂一名并无边陲之意,"西"仅仅是表示方位而已。那么,西垂、犬丘与西犬丘三名一地之位置就需要落实,这对认识秦人早期历史至关重要。学界现有研究对西垂亦即犬丘地望的认定大约有三种观点:

其一,犬丘即汉代西县所在。持这一观点的学者最多,共同点是都认为犬丘在礼县一带,但在具体地望的确定上尚有不少争论,主要有四种看法:

第一,西县说,蒙文通认为西犬丘即汉陇西郡西县。① 牛世山认为西周时期秦人的犬丘即汉代的西县,在今甘肃西和、礼县一带。而关中犬丘则是戎胥轩和归周前的中潏的居邑。② 尚志儒提出兴平犬丘与天水西犬丘都是夏末商初东夷部族西进攻夏时嬴秦族第一次西迁带来的地名,嬴秦第二次西迁时中潏又来到第一次西迁的居地西犬丘。③ 这一看法并未指明犬丘的确切地点在今礼县何处。

第二,盐官堡一带说。赵化成认为大骆、非子所居之西犬丘有两层含义:一为地区名,包括范围较广,主要是今西和、礼县的西汉水上游两岸;一为城邑名即今礼县盐关堡一带。④ 何清谷认为夏末商初,猷夷的一支迁居于陕西兴平的犬丘,另一支迁居于今甘肃礼县境内的犬丘,这个犬丘在兴平犬丘之西,故又名西犬丘。西犬丘初为犬戎所居,周穆王西征犬戎,迁犬戎于太原,于是秦人大骆乘隙进驻犬丘。西犬丘即西汉陇西郡西县,故城在今礼县盐关堡东南。⑤ 雍际春认为西垂、犬丘、西犬丘为一地,而西垂宫则是襄公立国时修建至文公时完成的宫殿。从方位、里程、地形和史料记载综合分析,犬丘即汉代陇西郡西县治所,其地又为西晋所设始昌城,其大致方位在今礼县盐官镇以东。⑥

第三,永兴、长道说。祝中熹认为《史记》所言西垂、犬丘、西犬

---

① 蒙文通:《秦之社会》,《史学季刊》1940年第1卷第1期。
② 牛世山:《秦文化渊源与秦人起源探索》,《考古》1996年第3期。
③ 尚志儒:《早期嬴秦西迁史迹的考察》,《中国史研究》1990年第1期。
④ 赵化成:《寻找秦文化渊源的新线索》,《文博》1987年第1期。
⑤ 何清谷:《嬴秦族西迁考》,《考古与文物》1991年第5期。
⑥ 雍际春:《秦人早期都邑西垂考》,《天水行政学院学报》2000年第4期。

丘是一地，即秦人最早的都邑。其地就是《尧典》所言和仲所宅的"西"，即汉代陇西郡的西县。汉时，有西城、戎丘二城比邻而立于西汉水支流建安水东西，距今大堡子山10华里左右，戎丘即原来的犬丘，西城即秦宪公所居之西新邑。两城分别为今永兴、长道二镇。① 徐卫民认为秦西垂即西犬丘的位置，就在今礼县的永兴一带。② 张天恩以商周至春秋时期一般平民与贵族墓葬都分布于都邑附近甚至其内，而王公陵墓多距都邑有一定距离为由，主张在礼县圆顶山发现秦贵族墓地附近的赵坪，曾有较大范围古代文化遗址发现，这里"很有可能就是我们所要寻找的犬丘故地"③。马建营亦主此说。④

第四，岳费家庄说。康世荣的研究认为犬丘位于今礼县红河乡的岳费家庄一带。⑤ 这一观点也与《水经注》所载西县故城位置一致。其第一种意见西县说也可归入这一论点。陈泽认为犬丘地在岳费家庄一带，但西犬丘与犬丘不在一地，西犬丘为汉西县城址，位置在盐官以东的中川村。⑥

其二，兴平说。黄文弼以为犬丘即汉代槐里，在今陕西兴平县境。⑦ 陈秀云认为非子所居犬丘"地当今陕西兴平境"⑧。伍仕谦亦主张犬丘为今兴平。⑨ 何光岳认为非子西迁犬丘，即今陕西兴平。⑩ 杨东晨认为非子受封前与其父大骆所居犬丘在今陕西兴平。⑪ 王世平主张非子犬丘为原已有之地区名而非都邑名，其地在天水与陕西西安之间，不能排除在兴平（槐里）说；从庄公时起又有犬丘在原犬丘以西，即在今礼县者，但所有犬丘名前均无"西"字，从庄公时起犬丘才是都邑。⑫

---

① 祝中熹：《再论西垂地望》，《丝绸之路·文化》总第七辑。
② 徐卫民：《天水附近秦都城考论》，《天水师专学报》1999年第4期。
③ 张天恩：《礼县等地所见早期秦文化遗存有关问题刍论》，《文博》2001年第3期。
④ 马建营：《秦西垂史地考述》，敦煌文艺出版社2010年版，第13页。
⑤ 康世荣：《秦都邑西垂故址探源》，礼县秦西垂文化研究会、礼县博物馆《秦西垂文化论集》，文物出版社2005年版。
⑥ 陈泽：《西垂文化研究》，五洲文明出版社2005年版，第65—72页。
⑦ 黄文弼：《嬴秦为东方民族考》，《史学杂志》1945年创刊号。
⑧ 陈秀云：《秦族考》，《文理学报》1946年第1卷第1期。
⑨ 伍仕谦：《读〈史记〉札记》，《四川大学学报》1981年第2期。
⑩ 何光岳：《嬴姓诸国的源流与分布》，《信阳师范学院学报》1984年第3期。
⑪ 杨东晨：《秦人远祖是东夷嬴姓少昊族》，《陕西师范大学学报》1986年第6期。
⑫ 王世平：《也谈秦早期都邑犬丘》，《陕西博物馆馆刊》第二辑。

其三，犬丘也就是秦邑说。这一观点在秦邑所在地上又有不同的认识。黄灼耀以为非子居槐里之犬丘，非子所封秦邑在汧渭之会，即眉县至汧水入渭处。其居地亦名犬丘，是居新地而袭用旧名，"对槐里之东犬丘而言，这是西犬丘"①。也就是说，黄氏以为非子在汧渭之会所邑之秦，又称犬丘、西犬丘。王玉哲认为大骆、非子所居犬丘，地在陕西兴平。非子所邑之秦，在今甘肃清水县，但仍沿用陕西"犬丘"旧名，因地在原"犬丘"之西，于是又加一"西"字，名为"西犬丘"，以示区别。②

以上三种观点以及各观点内部的差异，如第一种观点关于西垂城址具体在礼县何处的争论，正是秦人早期历史受到越来越多的人关注的反映。随着近年来越来越多的考古新发现以及研究的不断深入，实际上已经使一些原有的争论如兴平说、秦邑说失去充足的依据。兴平作为犬丘所在确信无疑，但是，它只能是秦人先祖中潏归周西迁之前的居邑，西周时期甘谷毛家坪、清水县李崖遗址的发现与发掘，礼县西山遗址以及大堡子山、圆顶山秦人墓地与城址的发现，以不容否认的事实说明秦人早在商末周初已经来到天水。以前立足文献记载简约不清和受固有观念束缚，而将陇右犬丘与兴平犬丘、陇右秦邑与关中汧邑或汧渭之会混为一谈的说法，实际都是不能成立的。同样道理，将犬丘与秦邑等同，又将地点列在关中也是不足取的。这里不再纠缠。

在犬丘即汉代西县说这一观点中，就犬丘具体位置的探讨，已经有盐官镇东说、永兴与长道说、赵坪说、岳费家庄说等不同看法，至今未取得一致意见。在五方联合考古队在西汉水流域进行系统考古调查并对大堡子山、西山、鸾亭山等遗址进行发掘后，这一问题也并没有随着这些遗存及其大堡子山、西山与山坪三城址的发现而迎刃而解，说明这是一个牵扯面很广的复杂问题。之所以如此，有以下几个方面值得注意：

一是西垂即犬丘是秦人在天水兴起前后最重要的中心居邑或都城，秦人西迁天水至建国前后的历史，都与犬丘密不可分。犬丘具体位置的确定，无论是对秦人早期历史的探究，还是对西垂一带即今礼县地区其他秦早期遗址及其城址的认定，都是不可或缺的，而且只有犬丘的位置被认定，其他问题才会迎刃而解。

---

① 黄灼耀：《秦人早期史迹初探》，《学术研究》1980年第6期。
② 王玉哲：《秦人的族源及迁徙路线》，《历史研究》1991年第3期。

二是现有有关西垂、西县的文献资料值得关注。《汉书》《后汉书》《三国志》《水经注》诸书中都有西垂、西县的有关资料。据《后汉书·隗嚣传》记载，两汉之际隗嚣割据天水时，刘秀命吴汉、岑彭围西城达月余。"嚣穷困，其大将王捷别在戎丘，登城呼汉军曰'为隗王城守者皆必死无二心，愿诸军亟罢，请自杀以明之。'遂自刎颈死。数月，王元行巡周宗将蜀救兵五千余人……决围，殊死战，遂得入城迎嚣归。"这里引出戎丘城，且与西城很近。而《水经注》有更详尽的记载：

> 西汉水又西南，合杨廉川水，水出西谷，众川泻流，合成一川，东南流迳西县故城北，秦庄公伐西戎破之，周宣王与其先大骆犬丘之地，为西垂大夫，亦西垂宫也，王莽之西治矣。……隗嚣将妻子奔西城，从杨广。广死，嚣愁穷城守。时颖川贼起，车驾东归，留吴汉、岑彭围嚣。岑等壅西谷水，以缣幔盛土为堤灌城，城未没丈余，水穿壅不行，地中数丈涌出，故城不坏。王元请蜀救至，汉等退还上邽，但广、廉字相状，后人因以人名名之，故习伪为杨廉也，置杨廉县焉。又东南流，右会茅川水，水出西南戎溪，东北流径戎丘城南，吴汉之围西城，王捷登城向汉军曰："为隗王城守者，皆必死无二心，愿诸将亟罢，请自杀以明之。"遂刎颈而死。又东北流注西谷水，乱流东南，入于西汉水，西汉水又西南径始昌峡，晋书地道记曰天水始昌县故城西也，亦曰清崖峡，西汉水又西南，径宕备戍南，左则宕备水自东南西北注之，右则盐官水南入焉，水北有盐官，在蟠冢西五十许里。①

三是目前我们所掌握的资料还不全面。尽管五方联合考古队对西汉水流域的秦文化遗址进行了多年系统的考古调查，而且发现颇丰，确定了秦文化在西汉水流域集中分布的三大区域，并对大堡子山、西山、鸾亭山、圆顶山等遗址进行了发掘，出土了不少文物，也发现了三座古城。但是，若从确定西垂地望和掌握西汉水流域秦文化整体面貌而言，目前所掌握的资料显然并不全面，也不足以解决西垂问题。也就是说，无论城址、聚落、墓葬、文物，现在已有的发现和存在，只是西汉水流域秦

---

① 陈桥驿：《水经注校注》卷二十《漾水》，杭州大学出版社1999年版。

文化遗存的大部分，尚有重要城址、墓葬聚落没有发现。例如，现有的研究对大堡子山秦公墓葬墓主的探索，有不少学者认为是襄公墓，可是传世青铜器秦公簋却出土于今礼县红河乡一带，而《资治通鉴前编》记载宋代时秦襄公冢坏并有鼎出土，还有宋代出土的盉和钟，显然这些文物的出土点不在联合考古队现有掌握和发掘的地点之内。也就是说，在西汉水流域，除了大堡子山之外，尚有至今没发现的秦公陵。以此类彼，目前已知的三座城址，也不是秦早期在西汉水流域留下的全部城址。所以，西垂、西城的位置迟迟难以落实，症结正在于此。

四是对西垂问题的最后确定，必须充分掌握资料并作综合判断。由于目前资料的缺乏，加之现有研究大多对综合探讨遗址遗存注意不够，故往往限于对单一或部分遗址的考证，而忽视了将文献记载、遗存墓葬、古城聚落、文物铭文与现有发现相结合，更没有立足现有资料将可能的新发现、新城址、新墓葬线索与秦早期历史的整个进程结合起来，进而做综合判断而得出更为准确的结论。所以，现有观点总是得不到大家的一致认可而争论不断。例如，按《后汉书》《水经注》记载，犬丘位置当在杨廉川水即今红河中游一带，这就是犬丘在岳费家庄说的史料依据。犬丘后为西县治所，也即始昌县治所，犬丘位于盐官镇之东说即由此而来。西城与戎丘城相近，《三国志》《水经注》又载建安水、甲谷水汇入西汉水后，有所谓"南岈北岈，万有余家"之地。有人将西城、戎丘城与南岈、北岈相联系，以为永兴、长道就是西城与戎丘城所在。至于犬丘在赵坪则是依据上述背景，又以圆顶山墓地及周边遗存与环境而提出的。

上述诸说，都有立论根据，亦有其合理处，但又有其不足之处，因而很难达成共识。因此，对犬丘位置的最后确定，必须结合文献记载、已有发现、政区与地名沿革，还有未发现的墓地、城址线索作综合分析，才有可能得到正解。仅以《水经注》所载汉水上游地名信息为例，就有杨廉县、西县、始昌县、水南县等县名，以及西城、始昌城、戎丘城、盐官、建威城、兰坑城、祁山城、祁山南城、建安城、历城、南岈北岈、兰仓城等。秦人早期之西垂、西犬丘、犬丘、西垂宫等也有人认为并非多名一地，而是两地，还有西新邑等城址，它们与《水经注》所载哪些城址相合，或别有其地，确实需要一一排查落实，并在厘清其相互关系的基础上，才有可能坐实。因此，我们目前的资料条件还不足以对犬丘地望问题作出准确判断，故这一问题暂且存疑，包括对大堡子山墓主的认定，待以后有新的材料或考古发现再作探讨。

第二节　非子牧马与附庸秦邑

自中潏入居西垂之后，其子蜚廉、长孙恶来，两人都为商纣王幸臣，参与了反抗周人灭商的活动。结果恶来被杀，蜚廉逃往嬴姓故地组织叛乱。在此商周易代之际，嬴秦先后经历了商末中潏西迁归周，周初蜚廉发动东夷嬴姓参与三监之乱，被镇压后又被迫西迁等重大变故。嬴秦一时"坠命亡氏，踣其国家"，遭受了失姓亡氏的沉重打击。恶来革有子为女防，女防生旁皋，旁皋生太几，太几生大骆，大骆生成和非子。嬴秦这五代人中，女防、旁皋、太几三代事迹不显，但至大骆时嬴秦族迎来了新的改变命运的发展机遇，由此开启了我国历史上"秦人"建国历史的第一页。

一　非子牧马与汧邑地望

自中潏至非子，八代嬴秦首领俱在陇右天水一带居住，《史记·秦本纪》有较为系统的记载。中潏之子蜚廉在武王伐纣之时，正在为纣守卫北方。其时，商已亡，纣王已死。

> （蜚廉）还，无所报，为坛霍太山而报，得石棺，铭曰"帝令处父不与殷乱，赐尔石棺以华氏"。死，遂葬于霍太山。蜚廉复有子曰季胜。季胜生孟增，孟增幸于周成王，是为宅皋狼。皋狼生衡父，衡父生造父。造父以善御幸于周穆王，得骥、温骊、华骝、騄耳之驷。西巡狩，乐而忘归。徐偃王作乱，造父为周穆王御，长驱归周，一日千里以救乱。穆王以赵城封造父，造父族由此为赵氏。自蜚廉生季胜已下五世至造父，别居赵。赵衰其后也。恶来革者，蜚廉子也，早死。有子曰女防。女防生旁皋，旁皋生太几，太几生大骆，大骆生非子。以造父之宠，皆蒙赵城，姓赵氏。

这段记载，有非常丰富的内涵，至少有四个方面的重要信息：一是蜚廉的两个儿子恶来、季胜，后来分别发展成为秦、赵两支；二是季胜之子孟增、孟增之孙造父，曾先后分别为周成王、周穆王驾车并受到重用和封赏，标志着嬴氏赵姓一支在周初率先崛起；三是蜚廉长子恶来以下女防、旁皋、太几、大骆至非子，前三人女防、旁皋、太几虽事迹不显，但大骆、非子则是嬴秦秦人一支经历周初打击和流徙之后开始重新崛起的两个关键人物；四是造父一支封赵城而获姓，是"别居"，则嬴秦主支在天水；但秦人一支仍无姓氏，故"皆蒙赵城，姓赵氏"。

1. 非子牧马及其驻地的确认

按《秦本纪》记载："非子居犬丘，好马及畜，善养息之。犬丘人言之周孝王，孝王诏使主马于汧渭之间，马大蕃息。"非子在汧渭之间牧马，据李学勤考证，非子"为孝王养马时当系壮年，应在公元前890至前880年上下，非子三四十岁，后来又活了约三十年"。[①] 这一看法很有道理。所谓"汧渭之间"当是渭河与其支流汧河之间的区域，应为两河之间一个宽泛的区域。既然非子受命在汧渭之间为周王室牧马，理当有牧马设施、牧场、牧马机构与驻地。汧、渭两河之间宽泛的区域为主要牧马场当无问题，关键在于非子有无牧马驻地、地在何处？这是一个值得深究的问题。

按常理而言，非子既在汧、渭之间养马，而且自非子始，秦人长期在此牧马，牧马机构和驻地的存在毋庸置疑。这一点也被近年来的考古发掘所证实——即汧邑的存在。这是一个既涉及非子及其后人牧马驻地，又与秦人早期都城相纠缠的问题。在目前关于秦人早期都城研究中，一种流行观点认为汧邑是秦襄公二年（前571年）所迁之都，甚至是秦人封侯开国之都。汧邑为秦人都城，始于晋皇甫谧《帝王世纪》，而不见载于《史记》等正史及先秦文献，于是就有了肯定或否定汧邑为秦都的争论。信之者力主《史记》漏载汧邑为秦都，并探幽索隐加以补直申论；疑之者则坚信《史记》记载无缺漏，否定汧邑属于秦都。为便于问题的讨论，我们有必要首先就论辩双方的基本观点作一回顾。

汧邑为秦都，不见于《史记》记载，而始于晋皇甫谧《帝王世纪》："秦襄王二年徙都汧"。《括地志》："故汧城在陇州汧源县东南三里。《帝王世纪》云'秦襄公二年徙都汧'，即此城。"[②] 《正义》在"秦襄公二

[①] 李学勤：《夏商周年代学札记》，辽宁大学出版社1999年版，第145页。
[②] 《括地志辑校》，中华书局1980年版，第39页。

年"下亦注引《括地志》上文。可知，汧邑为秦都仅此一条史料。其后之文献征引和今人所论之史料盖源于《帝王世纪》。

近人论及秦都城者首推王国维，其《秦都邑考》一文开秦都城研究之先河，具有重要的开创意义。而较早论及汧邑为秦都者有郭沫若、林剑鸣等。郭沫若在《石鼓文研究》一文中认为"襄公二年"四字下"当有夺文"。又云"《汧沔》一石称美国都汧源之风物"。"汧源乃秦襄公旧都。"① 林剑鸣《秦史稿》指出：秦襄公即位后面对戎、狄进攻采取两个措施，其中之一便是"迁都汧邑，节节向东逼近"。② 但郭、林二人均未对襄公都汧作进一步的讨论和考证。

近年来，随着秦早期历史及秦都城研究的深入，肯定和否定汧邑为秦都的论著接连问世。张天恩《边家庄春秋墓地与汧邑地望》一文，主要根据1979年以来前后五次在陇县东南乡边家庄春秋墓地发现墓葬和青铜器，以及边家庄东南磨儿原春秋古城址，结合文献记载，交互印证磨儿原春秋古城即是秦襄公二年所迁之汧邑，边家庄墓地为该城秦贵族大夫级墓地。③ 此论一出，得到王学理④、徐卫民⑤、刘明科⑥、李自智⑦诸学者的赞成，并有进一步的申论和补充。概括起来，汧邑作为秦都，主要根据有史料和考古发掘两个方面的根据。史料方面即是《帝王世纪》所载"秦襄二年徙都汧"。在考古材料方面主要有下列四点：

（1）1979—1989年，陇县边家庄墓地先后五次出土大批墓葬和文物，加上1929年当地所出二三十件青铜器，累计发掘墓葬30多座，出土青铜礼器、兵器、车马器、贝币、石器等各类文物近4000件。其中，出土五鼎四簋等铜礼器的大夫级墓葬就有8座，三鼎二簋等铜礼器的士级墓葬3座，可见该墓地是一处规模较高的秦贵族墓地。

（2）上述墓地青铜礼器的基本组合近似西周晚期墓葬的特点；铜器

---

① 《郭沫若全集》考古编（9），科学出版社1982年版。
② 林剑鸣：《秦史稿》，上海人民出版社1981年版，第28页。
③ 张天恩：《边家庄春秋墓地与汧邑地望》，《文博》1990年第5期。
④ 王学理等：《秦物质文化史》，三秦出版社1994年版。
⑤ 徐卫民：《秦都城研究》，陕西人民教育出版社2000年版。
⑥ 刘明科：《秦国早期频繁徙都问题的思考》，《秦俑秦文化研究》，陕西人民出版社2000年版。
⑦ 李自智：《关于秦都邑迁徙的几个问题》，《秦俑秦文化研究》，陕西人民出版社2000年版。

纹饰为西周晚期至春秋早期的流行纹饰。故这批墓葬的年代大多属春秋早期，少量的可到春秋中期，特别是有青铜器的墓葬属于早期的似更多，晚期、中期者少见。

（3）在边家庄墓地东南1.5公里的磨儿原村西，有一座春秋城址，并有春秋时期代表性器物盆、罐、鬲等陶器残片发现，伴有战国时期的陶盆残片和建筑材料残片等。该城与边家庄墓地可两相对应，墓地当是该城邑的墓葬。

（4）《括地志》所载陇州汧源县即今陇县，治所相同，陇县城南3里确有一古城，但属秦汉城址。李泰撰《括地志》时，误把秦汉城址定为襄公所都的汧邑，而真正的汧邑在县城东南5公里处的磨儿原。

此外，刘明科、李自智两位学者还从当地秦戎对峙形势、秦人西迁与东进关中诸方面对襄公都汧作了论证和补充，并且认为汧邑乃是襄公受封后的"开国都邑"。

主张汧邑并非秦人都邑的学者，以李零和祝中熹等学者为代表。李零先生认为襄公封侯建国和死后葬地均在西垂。而《帝王世纪》所记襄公都汧一事在《太平御览》所保存的一段完整资料中，却是"文公徙汧"而非襄公，《括地志》引用《帝王世纪》时误以文公为襄公。文公所"徙都汧"也非陇县之汧，而是指徙都于"汧渭之会"。①祝忠熹先生亦认为襄公徙汧为文公徙汧之误，并以文公东猎关中之前秦人活动重心在陇山之西，《史记》明确记载襄、文二公居西垂，襄公于西垂立西时以及襄公若已徙都汧，又何来文公卜居择都之举等方面，对襄公未曾徙都汧邑进行了充分的论证。与李零不同的是祝先生认为"汧"与"汧渭之会"是同一含义，其地在陇县。② 张大可在《〈史记〉全本新注》中，也认为"文公在汧渭之会所作都邑即汧邑，故城在陇县南"。③

汧邑是否为秦都，除了以上正反两方面的论辩所提供的根据之外，一个根本的问题，还在于如何看待和认识文公东迁关中以前一段秦人早期的历史及其活动地域，还有对《史记》所载秦人历史的正确理解和综

---

① 李零：《〈史记〉中所见秦早期都邑葬地》，《文史》第二十辑，中华书局1983年版。

② 祝中熹：《地域名"秦"说略》，秦始皇兵马俑博物馆《论丛》编委会编《秦文化论丛》第七辑，西北大学出版社1999年版。

③ 张大可：《〈史记〉全本新注》，三秦出版社1990年版。

合分析。准此而论,论辩双方对汧邑问题的争论和观点,各有可取之处,但都只触及问题的一个方面。故而对汧邑之是否为秦都以及其真正归属,有必要再作探讨。

按《秦本纪》记载,秦人自中潏"在西戎,保西垂",至文公东猎并在关中择都营邑之前,十三代秦人世以犬丘、秦为居地,主要活动于陇右天水一带。其间,秦人活动与关中相关者,一是非子曾为周室主马于汧渭之间;二是秦仲、庄公、襄公及其兄弟世父、文公四代曾接连伐戎,其中,秦仲伐戎是否曾进入关中并不清楚,世父击戎则在犬丘,庄、襄、文三公伐戎都曾与关中有关,但文公伐戎已在东迁之后。庄公伐戎重点可能在收复犬丘失地;襄公至少两次伐戎,最远曾东至岐而亡,文公伐戎才地至岐。秦人这段历史,人们多有疑惑与争论的,一是中潏既已在西戎保西垂,又何以其子孙至大骆、非子之时仍"皆蒙赵城,姓赵氏";二是非子所居犬丘到底指关中兴平犬丘还是陇右大丘?

关于第一个问题,涉及秦赵关系及秦人西迁。秦赵同源已有定论。中潏在西戎保西垂,当在商末,其子、孙蜚廉、恶来曾"俱以材力事殷纣"。商周之际,中潏一族在周灭商中遭到沉重打击并失姓断祀。但在周初,蜚廉子季胜一支即后来赵国一支却以善御等得幸于周,季胜孙造父被周穆王封于赵城而姓赵氏。蜚廉子恶来革一支即后来秦人一支则未能邀宠于周,自恶来革至大骆前后五代,仍处于失姓境地,故"以造父之宠,皆蒙赵城,姓赵氏"。人们往往以为秦人"蒙赵城,姓赵氏",就是秦人住在赵城。其实不然。所谓"蒙"即是假冒之义,《史记·魏其武安侯列传》:"夫父张孟,尝为颖阴侯婴舍人。得幸,因进之,至二千石,故蒙灌氏姓,为灌孟。"颜师古注云:"蒙,冒也。"秦人"蒙赵城,姓赵氏",只是借同族之姓冒为己姓,以消解无姓无祀之窘况,并非与赵姓一同在赵城。这就如魏晋时期一些士族以本姓最尊之地冒为其郡望是同样的道理。

既然自中潏以下,恶来革一支即秦人先祖已经地居西垂,那当然所谓"非子居犬丘",就只能在陇右之犬丘了。问题在于今陕西兴平亦有一犬丘,故论者往往彼此互代,争论不休。其实,犬丘一名在先秦文献中共有四见。按杜预注犬丘亦可称垂,故犬丘与西垂乃同一地名。"丘"在上古乃黄河下游华北平原地区在高而平之地所建城之通称。[①] 但以丘为名

---

① 高广仁:《说"丘"——城的起源一议》,《考古与文物》1996年第1期。

者并不盛行于黄土高原地区，因此，陕、甘之犬丘，以及天水放马滩地图中"邽丘"一名，都是嬴秦族从东方带来之地名，或者说沿用了他们原来地名命名的习惯。① 那么槐里犬丘究竟何时为秦人入居？据段连勒先生考证，此乃东夷灭夏时，商夷联军进军关中之所居，联军中有畎夷，很可能就是嬴秦。由山东之犬丘到甘肃之犬丘，正是畎夷由我国东方移至西方所走的足迹。② 由此可见，陕西犬丘系商末周初甘肃犬丘出现之前的秦人居地，故秦人后改其为废丘。

2. 汧邑非秦都辩

20世纪80年代以来，在天水一带先后有甘谷毛家坪、天水董家坪秦文化遗址和礼县大堡子山秦公陵遗址等为代表的秦人早期文化遗址的发现，这为揭示秦人早期在天水一带的活动和历史，提供了最可靠的资料。毛家坪遗址和大堡子山西垂陵区的发现，以可信的事实证明商周之际中潏保西垂，非子居犬丘都在陇山之右，也使一些否认陇右犬丘和秦襄公建国不在犬丘的说法不攻自破。

关于秦人都城问题的研究，代表性的观点约有四种：一是王国维《秦都邑考》认为，秦国都城先后依次为西垂、犬丘、秦、汧渭之会、平阳、雍、泾阳、栎阳和咸阳九处。二是张天恩、王学理等先生认为秦都城有西犬丘（或称西垂）、秦、汧、汧渭之会、平阳、雍城、栎阳、咸阳八处。③ 三是徐卫民先生主张秦共有西垂（西犬丘）、秦邑、汧、汧渭之会、平阳、雍、泾阳、栎阳和咸阳九处。④ 四是李自智先生主张秦始都之城是非子受封立邑的秦，秦都城依次为秦、西犬丘、汧、汧渭之会、平阳、雍、泾阳、栎阳和咸阳九处。⑤ 不难看出，学者们对秦都城特别是早期都城的认识尚有差异，而对各都城地望等问题则争论更多，这里姑且置而不论。上述几说，除王国维外，其余三说均列汧邑为秦都。其实，将汧邑列入秦都，并认为是秦襄公所迁，是无法站住脚的。

---

① 雍际春：《邽丘、上邽县地望考辨》，《历史地理》第十九辑，上海人民出版社2003年版。

② 段连勤：《关于夷族的西迁和秦嬴起源地、族属问题》，《人文杂志》1982年增刊《先秦史论文集》。

③ 李自智：《秦九都八迁的路线问题》，《中国历史地理论丛》2002年第二辑。

④ 徐卫民：《秦都城研究》，陕西人民教育出版社2000年版。

⑤ 李自智：《秦九都八迁的路线问题》，《中国历史地理论丛》2002年第二辑。

第一，《史记》没有襄公徙都汧邑的任何记载。按《史记·秦本纪》，襄公二年（前 571 年）西戎围犬丘，虏世父，未见襄公因此而迁都汧邑的记载。检索《史记》各篇，均无襄公徙都汧邑一说。汧邑为秦都，也不见于先秦其他文献记载。

第二，《史记》对襄公居犬丘有明确的交代。我们知道，周孝王封非子为附庸并建秦邑后，大骆一支被一分为二，其长子成作为大骆适嗣仍居犬丘，非子则以秦邑为根据地。非子下传三代至秦仲时，西戎灭犬丘大骆之族。秦仲子庄公伐戎取胜，并收复犬丘，被周宣王封为西垂大夫，并将大骆一族及其居地犬丘一并"复予秦仲后"即庄公。于是，庄公离开秦，"居其故西犬丘"。秦人重新合二为一。庄公子襄公继立，自然是在西犬丘（即西垂），并建西畤以"祠上帝"。司马迁在《秦本纪》所载秦人行踪与居地时，每有变化，必书某人在某地，反之则只交代其世系演替。所以，庄公已迁都西犬丘，其子襄公顺延继位于西犬丘，也就无须专门注明，细观《史记》原文，其义甚明。

第三，《史记》对襄公在西垂建国有明确记载。犬丘与西垂本为一地，已早有定论。司马迁虽然没有在《秦本纪》明确注明襄公继位于西垂（或犬丘），却以互见笔法在别处两次明确作了说明。一是《秦始皇本纪》："襄公立，享国十二年。初为西畤。葬西垂。"二是《封禅书》："秦襄公攻戎救周，始列为诸侯。秦襄公既侯，居西垂，自以为主少昊之神，作西畤，祠白帝……"显然，襄公始国之都在西垂。

第四，再从襄公行止分析，未见迁都或居于汧的任何线索。按《史记》所载，襄公继位于西犬丘，即位当年，其妹缪嬴嫁丰王，二年，西戎围犬丘，其兄世父出击之被俘。七年，襄公救周并护送平王东迁，被封诸侯，并赐岐西之地，于是襄公开国并作西畤，祠白帝。十二年，襄公伐西戎至岐而卒。可知，在襄公在位 12 年间，仅三年至六年，八年至十一年两段未见明确行止，但后一段即八年至十一年间正是襄公忙于与东方诸国通使交往，立西畤、定礼制，确立秦诸侯国基本制度的开国事宜。而所谓襄公"徙都汧"的二年，襄公行止史有明文记载，而戎围犬丘，世父击之与所谓襄公徙都汧，应该是秦人应对西戎进攻这一事件的两个举措，但独不见迁都一事的蛛丝马迹。若果有襄公为避西戎进攻锋芒而徙都至汧一事，司马迁断不会只记世父击戎被俘而独缺襄公迁汧一事。襄公入关主要是两次：一次是七年救周伐戎，另一次是十二年伐戎至岐，也不存在二年迁都或另建都邑一事。

第五，汧渭之会是秦人入关择都营邑的首座都城。据《史记·六国年表》："秦襄公始封为诸侯，作西畤用事上帝，僭端见矣。……及文公踰陇，攘夷狄，尊陈宝，营岐雍之间……"这里司马迁特别强调的"及文公踰陇"，即是指文公即位于"西垂宫"两年后，始东猎择都，秦人开始迁居关中之义。既然襄公子文公时，秦人才举族"踰陇"并择都营邑，自然文公之父襄公就根本没有徙都汧邑之举。又文公即位于"西垂宫"，三年开始东猎，从陇右至关中须翻越陇山。关陇间交通线路虽有几条，但越陇山沿汧河东行的汧水道，是其中较为便捷的一条，文公经此路东进，首先要途径汧水岸边的汧邑，然后才能至汧渭之会。文公至汧渭之会后曾占卜择都并营邑之。如果文公之父襄公此前已经徙都汧邑，并在汧邑开国，在襄公徙都汧邑仅12年后，文公何须"东猎"，又何须弃开国之都而另营新邑？这与情理、逻辑均不相合。可见，在西垂和汧渭之会两座秦都之间，并不存在襄公迁都汧邑一事，所以，文公营邑之汧渭之会才是秦人入关修建的首座都城。

第六，西畤在西垂，可证襄公开国居西垂。如前所引，司马迁多次提到秦襄公既称侯建国，又作西畤祠白帝一事。且西畤与西垂互见，显在同一地区，即陇右之犬丘。秦人东迁后，文公作鄜畤，祭白帝；宣公作密畤，祭青帝；灵公作吴阳上畤，祭黄帝；作下畤，祭炎帝，是为秦四畤。后来汉高祖刘邦建黑帝祠，号北畤，秦四畤加上北畤，是为雍五畤。秦四畤分别祠白、青、黄、炎四帝，而西畤亦祠白帝，另外，秦献公还在栎阳建畦畤，仍祀白帝。由于秦人自以为主少昊之神，故先后有三畤祠白帝，但三畤分散三处。尽管如此，秦人也不可能在同一地建两祠而祭一帝，显然西畤与四畤不在同一地区。换言之，西畤在陇右之西垂，而四畤在关中雍城附近。况且，《封禅书》又明确记载以雍四畤上帝为尊，三年一郊，秦君拜于咸阳之旁，而"西畤、畦畤，祠如其故，上不亲往"。又云"雍五畤路车各一乘，驾被具；西畤、畦畤禺车各一乘，禺马四匹，驾被具"。可见，西畤与四畤明显不在同一地区。秦襄公开国，立西畤是其敬祀上帝以保佑其国的重要举措之一，断不会有徙都于汧而立畤于西垂、都城与西畤两相分离之举。以西畤可定西垂，亦可证襄公开国建畤不在汧邑，而在西垂。

第七，司马迁据《秦记》而撰秦史，不可能漏载秦之都城。据《秦本纪》，文公"十三年，初有史以纪事，民多化者"。这是秦国建立修史制度并编修国史《秦记》的开始。司马迁撰《史记》，有关秦人历史，特别是从襄公至秦亡569年间历史，材料多取自秦国史书《秦记》。对此，学术界已有定论。孙德谦《太史公书义法·详近》说："《秦记》一书，子长必亲睹之，故所作列传，不详于他国，而独详于秦。……迁岂有私于秦哉！据《秦记》为本，此所以传秦人特详乎！"王国维在论《六国年表》材料主要依据《秦记》时更明确地指出："《秦记》不载日月，此篇（笔者注，指《六国年表》）亦无日月。自秦襄公元年至秦二世三年，依《秦本纪》、《始皇本纪》及此篇，皆系五百六十九年，必出一本；别篇与此篇有异者，殆另有所本。故此篇除去与《左传》《战国策》及此书诸篇相同者，皆司马迁取诸《秦记》者也。"[①] 金建德在《〈秦记〉考证》一文中也认为《秦记》叙事始于秦襄公，止于秦亡。[②] 秦国设史官修《秦纪》始于秦文公十三年（前753年），但秦国有确切纪年的历史却始于秦侯，这要早于文公十三年达百余年。可见，在文公设官修史之前，秦人就已经有了比较完整的国史记载。上述史实说明，司马迁及其《史记》对秦国史事，特别是秦襄公以来的历史，因有《秦记》所本，资料相对更加翔实完备，漏载建都或徙都这样的大事是不可想象的。之所以《史记》一书未见襄公迁汧一事，实为《秦记》一书本无此事可载。如果再退一步讲，《秦记》一书是否存在漏记汧邑的可能呢？如前所论，秦设官修史始于文公十三年，《秦记》所叙事起自襄公元年，而秦国有确切纪年的历史早于文公修史百余年。《秦记》撰修时仅距襄公立国17年，距所谓"徙汧"的襄公二年也只有23年。像建都、迁都这样涉及国家兴衰安危的大事，在距事件发生仅20余年后就失载于国史，其可能性是不存在的。

第八，《帝王世纪》所记襄公徙汧，既是孤证，真实性也有问题。晋皇甫谧《帝王世纪》的史料价值，向为人们所怀疑。《帝王世纪》云："秦襄公二年徙都汧。"据李零先生考证，《太平御览》卷一五五有一段引自《帝王世纪》完整记述秦都邑的文字："秦非子始封于秦，故《秦本纪》称周孝王曰朕分之土邑秦，本陇西秦谷亭是也。……及襄公，始受

---

① 《国学月报·王静安纪念专号》载王国维弟子所记王氏语。
② 金建德：《〈秦记〉考证》，《司马迁所见书考》，上海人民出版社1963年版。

丰之地，列为诸侯。文公徙汧，故《秦本纪》曰公事（东）猎至汧，乃卜居之，今扶风郿县也。"文中"文公徙汧"和"公事（东）猎至汧"是指"文公徙汧渭之会"和"公东猎至汧渭之会。"① 又《史记·封禅书》秦文公择都句下《索隐》引皇甫谧云"文公徙都汧"。所以，李零和祝中熹先生都认为"襄公"乃"文公"之误。况且，皇甫氏上距司马迁已有数百年，其"秦襄公二年徙都汧"一语，既无出处，又不见于《秦纪》等先秦史籍及《史记》等书，所以，《帝王世纪》一条孤证的真实性、准确性值得怀疑。

据上可知，秦襄公二年徙都汧邑一事，既无确切记载，亦无史料根据，更不可能为秦国史书《秦记》和司马迁《史记》所漏载，汧邑原本就不是秦国都城。

3. 汧邑乃非子牧马据点

汧邑非秦都，已如上考，但我们并不否认汧邑是一座早自西周后期由秦人所建的城邑。前文所引自20世纪80年代以来陆续发现于边家庄墓地的秦文化遗存以及磨儿原春秋古城遗址，已充分证明了汧邑古城的真实存在。因此，我们的答案是汧邑虽非秦人都邑，但却是秦人所营城邑，它就是非子主马于汧渭之间时的驻地。这是一个《史记》确有记载，但又被人们忽略至今的疑案。

非子善养马，被周孝王召使主马于汧渭之间，因马大蕃息而得到周孝王的封赏。《秦本纪》："孝王曰：'昔伯益为舜主畜，畜多息，故有土，赐姓嬴。今其后世亦为朕息马，朕分土为附庸'。邑之秦，使复续嬴氏祀，号曰秦嬴。"周孝王既封赏了非子，让其营邑于秦，又给非子及秦人提出了新的任务，"今其后世亦为朕息马"。非子所邑之秦，就是秦人的首座都城秦邑，其地在今甘肃张家川县的瓦泉村。周孝王又命非子及后代世为周王室牧马，则自非子起很长一段时间，应有秦人在汧渭之间为周王室牧马。汧邑即是非子及其后代长期为周王室养马于汧渭之间而营建和居住的城址。

非子或秦人营建汧邑一事，司马迁虽未明确交代，但在《史记·秦本纪》中却有确切线索。我们知道，非子受封获姓后，始称秦嬴。秦文公东猎至汧渭之会时曾说："昔周邑我先秦嬴于此，后卒获为诸侯。"文

---

① 李零：《〈史记〉中所见秦早期都邑葬地》，《文史》第二十辑，中华书局1983年版。

公所说的秦嬴,就是非子。所谓"周邑我先秦嬴于此",也就是周王室安置非子于"汧渭之间"邑城养马。司马迁的互见笔法为我们隐约留下了非子养马"汧渭之间",并营邑于汧邑的珍贵史料,可惜很长时间被人们忽略或误读。

关于汧城遗址及其文化遗存,前引资料和主张汧邑为秦都的学者,已有充分的论证。汧邑古城所在位置,正在汧水与渭水之间,正合"汧渭之间"之史料记载。据考古材料证实,边家村墓地出土的青铜器组合"近似于西周器期墓葬的特点"。铜器纹饰"是西周晚期到春秋早期的流行纹饰"。不少墓葬"亦有西周墓的特点"。而且墓地从"春秋早期一直延续到中期,但其明显盛于早期,至中期就衰落了"。与该墓地相对应的磨儿原春秋古城,也是一处"曾有过较长时间的使用"的古城。[1] 非子牧马于汧渭之间,尚在西周孝王时期,非子及其后代相当长一段时间仍在此畜马,上述考古材料与非子牧马在时间上更为契合,汧邑为非子及其后代牧马驻地和所筑城邑,可以确信无疑。

二 非子邑秦与李崖遗址

《秦本纪》云:"非子居犬丘,好马及畜,善养息之。犬丘人言之周孝王,孝王召使主马汧渭之间,马大蕃息。孝王欲以为大骆适嗣。申侯之女为大骆妻,生子成为适。申侯乃言孝王曰:'昔我先骊山之女,为戎胥轩妻,生中潏,以亲故归周,保西垂,西垂以其故和睦。今我复与大骆妻,生适子成。申骆重婚,西戎皆服,所以为王。王其图之。'于是孝王曰:'昔伯益为舜主畜,畜多息,故有土,赐姓嬴。今其后世亦为朕息马,朕其分土为附庸。'邑之秦,使复续嬴氏祀,号曰秦嬴。亦不废申侯之女子为骆适者,以和西戎。"集解:"徐广曰:'今天水陇西县秦亭也。'"正义:"《括地志》云:'秦州清水县本名秦,嬴姓邑。'《十三州志》云秦亭,秦谷是也。周太史儋云'始周与秦合而别',故天子邑之秦。"

《秦本纪》的这段记载对于非子因养马有功而封为附庸,在秦建立新的城邑的来龙去脉做了清楚的交代。非子受封与附庸秦邑,是秦人发展史上的大事件和转折点。第一,秦人自中潏入居西垂以来历经八代约二

---

[1] 张天恩:《边家庄春秋墓地与汧邑地望》,《文博》1990年第5期。

百年的惨淡经营，至此不仅在陇右站稳脚跟，而且凭借自身善于养马的一技之长，获得周孝王垂青，并为周王室养马。这说明秦人从周初失姓亡国、备受打击压制的阴影中走出，第一次受到周王室的重视，并"复续嬴氏祀"，重新恢复了原有姓氏。周秦关系开始好转。第二，非子在为周王室养马于"汧渭之间"，是秦人西迁陇右之后的第一次入关，长期有一部分秦人在周畿内之地居住养马，在一定程度上说，养马之地也成为秦人了解和联系周人的重要据点，为秦人后来入关奠定了基础。所以，秦文公入关即说："昔周邑我先秦嬴于此，后卒获为诸侯。"第三，非子养马的最大收获是受封和赐姓，受封为"附庸"不仅是秦人地位改变和上升的起点，而且非子受封于秦并建立秦邑，使秦人在陇右有了一块犬丘之外的重要城邑和据点，由此，秦人在陇右便由一支而分为两支，大骆适子成居西犬丘，大骆庶子非子居秦邑。这两个据点，虽分属长江流域的嘉陵江上源西汉水和黄河流域渭水上游支流牛头河流域，但实际上两者相距并不遥远，直线距离只有100公里上下。在此后的发展中，秦人依托两个据点拓展地域，互为支撑，加快了秦人崛起的步伐。秦人在获得"附庸"和封地的同时，还复续嬴氏祀，并"号曰秦嬴"，秦人称"秦"由此而始，我们所说的真正意义上的秦人历史至此开端。

关于"附庸"，据《孟子·万章》云："天子之制，地方千里，公侯皆方百里，伯七十里，子、男五十里，凡四等。不能五十里，不达于天子，附于诸侯，曰附庸。"《礼记·王制》篇亦谓："王者之制禄爵，公、侯、伯、子、男，凡五等。……天子之田方千里，公侯田方百里，伯七十里，子男五十里。不能五十里者，不合于天子，附于诸侯，曰附庸。"杨伯峻指出，方千里、百里、七十里和五十里之地，分别为天子、公侯、伯、子男所辖土地，"土地不够五十里的国家，不能与天子发生关系，而附属于诸侯，叫做附庸"[1]。由此说来，非子为附庸，并不能直达于周天子，只能附于诸侯，也就是附于西犬丘的大骆适子成。可见，其时非子附庸秦邑，其地位是低于其兄成的。但是，非子获得新的封地，又主祀嬴氏之祀，则又是很高的一种政治待遇。而且非子别城秦邑，其子孙俱受到周室的重用，成为事实上的秦人主体，在此后秦人的发展中发挥了薪尽火传、扶大厦于既倾的关键作用。

---

[1] 杨伯峻：《孟子注译》（上），中华书局1960年版，第235—236页。

关于秦亭地望，文献记载大体一致又稍有差异。所谓一致，就是说历代注家都一致认为在天水、陇西等郡所辖的清水县。《汉书·地理志》齐召南注："按此陇西非郡名，言陇县之西有秦亭秦谷即是其地，陇县属天水郡。《后汉书·郡国志》曰：'陇，有大坂名陇坻，獂坻聚有秦亭。'注云秦之先起于此。"汉陇县曾为凉州刺史治所，治今甘肃省张家川回族自治县，历史上该县大部分地域属清水县，故史书所言秦亭在清水或陇县，所指其实是一个地方。按《水经注》记载，渭水支流东亭水（今称牛头河）流经清水城后始称清水，清水，"又西与秦水合，水出东北大陇山秦谷，二源双导，历三泉合成一水而历秦川，川有故秦亭，秦仲所封也，秦之为号始自是矣。秦水西迳降陇县故城南……西南注清水"。依牛头河水系流向及相互关系，秦亭当在该河支流秦水（今称后川河）上游。

所谓稍有差异是说关于秦亭地望的确切位置，现代学者的研究颇不一致，蒙文通认为秦邑即在今清水县。[1] 黄文弼认为秦在"今天水县"。[2] 陈秀云认为非子的始封地在汧水与渭水汇合处，陇西的"秦亭""秦谷"疑是后起的。[3] 黄灼耀以为非子所封秦邑在汧渭之会，它又称犬丘，亦为西犬丘。[4] 伍仕谦以为"故秦邑应在汧渭之会"。[5] 钱穆以为非子所以之秦，即《元和郡县志》所载之"秦城"，因非子邑秦在"汧渭之会"。[6] 受此启发，史党社也认为秦邑在"汧渭之间"的"汧渭之会"，但又持不肯定态度。[7] 祝中熹认为秦乃非子封地在宝鸡附近的汧渭之间，大约秦仲时，非子一族离开汧渭平原西迁陇上。[8] 韩伟认为秦亭当在清水县城西的后川河上，亦即今张川县境内。何清谷认为非子所封之秦，"在今甘肃秦安县郑川"。[9] 何光岳以为非子所封秦，"在今秦州陇城"。[10] 李零认为非

---

[1] 蒙文通：《秦为戎族考》，《禹贡》1936年第6卷第7期。
[2] 黄文弼：《嬴秦为东方民族考》，《史学杂志》1945年创刊号。
[3] 陈秀云：《秦族考》，《文理学报》1946年第1卷第1期。
[4] 黄灼耀：《论秦文化的渊源及其发展途径》，《学术研究》1980年第6期。
[5] 伍士谦：《读〈秦本纪〉札记》，《四川大学学报》1981年第2期。
[6] 钱穆：《史记地名考》，商务印书馆2004年版，第343页。
[7] 史党社：《秦人早期历史的几个地理问题——以钱穆说为中心》，秦始皇兵马俑博物馆《论丛》编委会编《秦文化论丛》第九辑，西北大学出版社2002年版。
[8] 祝中熹：《再论西垂地望》，《丝绸之路·文化》第七辑。
[9] 何清谷：《嬴秦族西迁考》，《考古与文物》1991年第5期。
[10] 何光岳：《嬴姓诸国的源流与分布》，《信阳师范学院学报》1984年第3期。

子所邑之秦，不在甘肃清水而在"汧渭之会"。① 何汉文认为"非子所封的秦谷，是今甘肃清水县东北的故秦城，即今白河镇"。② 王玉哲认为西犬丘、西垂和秦为一地之异名，"在今甘肃的天水、清水一带"。③ 杨东晨主张秦位于甘肃清水县东北。④ 徐卫民认为秦邑在今甘肃张川县的瓦泉一带。这里有一250米×150米的夯土层遗址，也有很多被盗的秦墓，内有黑木炭。并有鼎、壶、矛及车马器、建筑材料砖瓦等出土。⑤

以上诸说，概括起来是四种观点，即汧渭之会说、秦安郑川说、张川说和清水说。第一说汧渭之会说那是基于秦人早期活动不出关中地区而立论的，目前在天水地区大量秦早期遗址的发现已经证实秦人早在商末周初已在陇右，其观点也就失去了根基，可置而不辩。第二说秦安郑川说乃是因发掘者对天水放马滩木板地图亭形物解释不当所致。⑥ 第三说和第四说都是依据同样的材料得出的看法。而且在历史上秦亭所在的今张川县南部地区长期归清水县管辖，则清水、张川说实际也可以说是同一观点，只是新中国成立后张川设立民族自治县后，秦亭归属才有两县究属哪县的问题。严格按《水经注》记载的牛头河水系关系分析，秦亭当在该河支流秦水（今称后川河）上游，不少学者据此确定今张川县上磨乡瓦泉村即其地。而清水县东陇山西麓历史上就有秦亭、秦子铺，现仍有秦亭乡，故方志资料亦有秦亭在清水县东一说，故何汉文秦亭在今清水县白河（当为"沙"字之误）镇即由此而来。唯近年来五方联合考古队在清水县城北李崖遗址的发掘已经证实此地是陇右最早的早期秦文化大型遗址，其存在时间也与非子至秦仲四代在秦亭的文献记载相吻合，故认为"李崖遗址为非子封邑是可能的"。这样说来，郦道元《水经注》对秦亭所属水系的记述就有可能存在"说甲为乙"的问题，因为李崖遗址东侧的牛头河支流"清水"与下一条支流"秦水"两相为邻，方向一致，距离不远。所以，秦亭位置的最终确定，尚需李崖遗址的进一步考

---

① 李零：《〈史记〉中所见秦早期都邑葬地》，《文史》第二十辑，中华书局1983年版。
② 何汉文：《嬴秦人起源于东方和西迁情况初探》，《求索》1981年第4期。
③ 王玉哲：《秦人的族源及迁徙路线》，《历史研究》1991年第3期。
④ 杨东晨：《周代东夷嬴姓族的西迁和嬴姓国的业绩》，《秦陵秦俑研究动态》1992年《周秦专号》。
⑤ 徐卫民：《天水附近秦都城考论》，《天水师专学报》1999年第4期。
⑥ 雍际春：《天水放马滩木板地图研究》，甘肃人民出版社2002年版，第147页。

古发掘才能解决。但是，不论秦亭具体在今天的张川还是清水境内，一个不争的事实是它无疑就在关中以外的清、张二县则完全可以肯定。

秦邑之名最初单称为"秦"，自非子受封，经秦侯、公伯、秦仲至庄公收复犬丘前，它成为事实上的秦人都城，前后历五代五六十年。庄公伐戎获胜收复犬丘后，其都又迁回秦人最初的中心居邑犬丘。秦邑则作为仅次于犬丘的重要城邑和军事据点，一直在秦人经营陇右、统御西戎的过程中发挥着重要作用，故而一直存留，只是其地位不断下降。秦邑在秦汉文献中均以"秦亭"一名指称，当是秦汉时设有乡亭机构，原来的秦邑至此成为秦汉时的"亭"一级组织，故称"秦亭"。

三　秦之溯源

《史记·秦本纪》："秦之先为嬴姓。其后分封，以国为姓，有徐氏、郯氏……蜚廉氏、秦氏。"秦人为少昊苗裔、伯益之后，其先为嬴姓，后氏族繁衍、部族兴旺，加之迁移扩散，遂在东夷故地及周围地区出现许多嬴姓封国，他们多以国为氏，于是就有《史记》所举之嬴姓之十多国，此为嬴姓部分主要国家。关于嬴姓与秦氏的分衍关系，郑樵《通志·氏族略》曾有详细的分析：

> 嬴，姓也；秦，氏也。何谓以国为氏乎？徐、郯、莒、江、黄、国也，以国为氏者。终离楚邑，菟裘鲁邑，以邑为氏者。飞廉人名也，以名为氏者。何谓以国为姓乎？凡此十三氏，并赵为十四氏，其为氏则不同，而姓则同嬴也。由司马氏作纪、世家，为谱系之始，而昧于此义，致后世之言姓氏者无别焉。言秦者又有三。秦国之后，以国为氏。其有出于鲁国者，以邑为氏，盖鲁有秦邑故也。出于楚者，未知以邑字与？然兹三者所出姓殊，皆非同姓。彼十四姓虽不同秦而同嬴，是为同姓。古者婚姻之制，别姓不别氏，三秦可以通婚姻。十四姓不可以通婚姻。此道湮芜已久，谱牒之家，初无识别。

按郑氏分析，他将与秦国源流有直接关系的秦氏分为三个，但实际上楚国之秦并无确切信息。《急就篇》姓氏"秦妙房"颜师古注："秦本地名，后为国号，因以命氏。鲁有秦堇父、秦丕兹、秦商，皆秦姓也。"可见非子之秦和鲁国之秦同出一源，并没有什么区别。杨向奎说："嬴姓诸国本在山东，秦之独西，亦由迁徙而往也。《秦本纪》记其祖先有蜚廉者，而蜚廉实东方传说的人物。《孟子》有云：'周公相武王诛纣，伐奄三年讨其君，驱飞廉于海隅而戮之。'奄亦嬴姓，飞廉又为秦之祖先，是知秦、奄一族。而奄在曲阜，知实为东来。"① 傅斯年说："周人逐纣将飞廉于海隅而戮之。飞廉在民间故事中曰黄飞虎。黄飞虎之祀，在今山东与玄武之祀同样普遍。"② 可见，飞廉是山东一带受到民间尊崇和纪念的英雄。

不仅如此，飞廉在后来的记载中又变成了神鸟、神兽，《汉书·武帝纪》载："元封二年，作长安飞廉馆。"应劭注："飞廉，神禽，能致风气者也。"晋灼注又云："飞廉身似鹿，头如雀，有角而蛇尾，纹如豹文。"《淮南子·叔真训》云："骑飞廉而从困敦。"高诱注："飞廉，兽名，长毛，有翼。"《楚辞·离骚》则谓："后飞廉使奔属。"注云："飞廉，风伯也。"所以，何汉文说："帝王的宫殿、仙道的坐骑、天上的神祇，都托之于飞廉，可见对他都很崇拜的。"③ 这说明，飞廉作为嬴姓之裔和秦人之祖，确曾在其嬴姓故地活动，故而才有那么多的传说和记载留存于齐鲁之地。

1. 前"秦"后"秦"考

《史记·秦本纪》：中潏"在西戎，保西垂"。又云：周孝王时，大骆次子"非子居犬丘，好马及畜，善养息之。犬丘人言之周孝王，孝王召使主马于汧渭之间，马大蕃息。孝王欲以为大骆适嗣。……于是孝王曰：'昔伯益为舜主畜，畜多息，故有土，赐姓嬴。今其后世亦为朕息马，朕其分土为附庸。'邑之秦，使复续嬴氏祀，号曰秦嬴"。

"秦"与"秦亭"之名，不独见于今天水，在今河南省东北角黄河北岸的范县（原属山东）亦有"秦"和"秦亭"地名，而且文献记载这里是伯益封"秦"的所在。按出现时间而论，范县之"秦"显系早出。关于范县之"秦"，史料有以下记载：

《春秋》庄三十一年（前663年）："秋，筑台于秦。"杜预注："东平范县东北有秦亭。"

---

① 杨向奎：《夏民族起于东方考》，《禹贡》1968年第7卷6、7期合刊。
② 傅斯年：《周东封与殷遗民》，《民族与古代中国史》，上海古籍出版社2012年版。
③ 何汉文：《嬴秦人起源于东方和西迁情况初探》，《求索》1981年第4期。

《盐铁论·结和》篇："伯益之始封秦，地为七十里。"

梁崔灵恩《毛诗集注》："秦在夏商为诸侯，至周为附庸，则秦本建国，疑伯益即封于秦。"

宋邓名世《古今姓氏书辩证》卷六："周文王世子伯禽父受封为鲁侯，裔孙以公族为鲁大夫者，食邑于秦，以邑为氏。"

《通志·氏族略》："鲁又有秦氏，居民秦邑，今濮州范县北秦亭是其地。"

《春秋大事表》卷六："范县南二里有秦亭，为鲁地。庄（公）三十一年筑台于秦。"

从记载可知，范县之"秦"最初为伯益封地，夏商为诸侯，西周时属鲁国之地，并成为鲁国公族裔孙的食邑，该大夫后来也就以"秦"为氏。春秋时鲁国曾"筑台于秦"，为鲁国西部门户。其地后亦以"秦亭"相称。何汉文指出，秦亭在今山东范县南三里，在山东西部的黄河北岸（当时在南岸）；而嬴姓人的发祥地嬴，则是在山东中部的莱芜县，在黄河南岸，从秦邑与嬴邑的地理位置看，也可看出嬴秦人的祖先从山东中部逐步向西发展的痕迹。① 秦亭地望当在今范县东南的古范县城之南。

关于伯益封秦以及范县秦亭问题，已有不少学者做过一些研究，如李江浙、何光岳、杨东晨、何汉文、柳明瑞、史党社等学者的研究都肯定了它是伯益的封地。既然范县之"秦"为伯益封地，陇西之"秦"为非子封地，则这两"秦"均与秦人相关，且后来均以"秦亭"一名相称。这就涉及一个问题，这东、西二"秦"或二"秦亭"，虽然都与秦人有关，或者说是秦人留下的地名，但东秦亭约在夏禹之时即已存在，而西秦亭则出现于西周孝王时，两者在时间上前后相差千年以上；就空间而言，一个在东方鲁国"西门"，一个在西方边鄙，相距又是如此之远。这时空各异的东、西"秦亭"，其同名是一种偶然的巧合，还是有内在的必然联系？这是一个值得深究的问题，它或许就与嬴秦的起源和西迁之谜有关。

学术界对范县之秦是否为秦人起源地的研究，论者或说法模棱两可，或尖锐对立。从对立的观点而言，李江浙、何汉文等均持肯定观点，而史党社则否定之。持肯定观点的李江浙认为："在古史传说中，大费的封

---

① 何汉文：《嬴秦人起源于东方和西迁情况初探》，《求索》1981年第4期。

地不只一处。可是，直接与'秦''秦人''秦族'之联系在一起的，则独有'秦'。"所以，《秦本纪》所载周孝王封非子于秦，使复续嬴氏祀，号秦嬴，"也就是伯益本封于'秦'地，而其后裔非子所邑之'秦'只是'复续'伯益封号而袭用之罢了"。① 何汉文也指出："不但鲁国的秦氏和非子封秦的秦氏是同出一源，并且非子的封秦是根据鲁国的秦氏而来的。"② 与之相反，持否定观点的史党社则依据师酉簋、询簋和��羌钟三器铭文中分别记载的"秦夷""成秦人""率征秦，遝齐入长城，先会于平阴"指出，"秦夷"非指秦人，乃是秦地之夷；"成秦人"即是为周戍边的秦人，也就是后来的秦人，而��羌钟之"秦"则指范县之秦。认为"秦夷""乃早年（周孝王以前）从东方今范县一带迁到西方的东夷的后裔，原因或许与周公东征有关。其与后来的秦人同属东夷集团，但却不是秦人的祖先。他们到了西方，把其东方老家的地名秦也搬到了西方。西周中期周孝王时，非子被封于秦，以地为氏，这一支非子的后代称秦人，这就是我们今天常说的秦人"。他又说：天水一带的秦文化遗址，包括东夷西来的多支，"秦人也不是这一带自西周以来唯一的一支东夷后裔。秦人因袭了'秦夷'居地秦，并改族氏为秦。在这里，范县之秦自然也就不是秦人的起源地了（秦人的起源地可能是今山东费县）"。③

这两种对立的观点都有偏颇之处，但也都有可取之处，实际上都揭示了秦人早期真实信息的一个方面。持肯定说者将范县之秦与非子之秦直接联系，认为后者是前者的"复兴"，正如史党社所指出的，这是将不同支系的嬴姓族人等同起来。但其可取之处在于他们肯定前后两秦都与嬴姓始祖伯益有关。其实，这一点史党社也不否认，他主张的是非子封秦并以封地"秦"为氏，何以称"秦"，乃是非子之前范县之秦早已西迁并带来了原有"秦"这一地名，周孝王封非子至秦并以秦为氏，只是袭用了范县之秦带来的"秦"这一名称，在秦人来源上非子之秦与范县之秦并无关系。其可取之处在于清晰地辨明并揭示了非子之秦并非来自范县之秦。其实，我们要说，这两种观点的可取之处在于可以相互补充，

---

① 李江浙：《秦人起源范县考》，《民族研究》1988年第4期。
② 何汉文：《嬴秦人起源于东方和西迁情况初探》，《求索》1981年第4期。
③ 史党社：《秦人早期历史的相关问题》，秦始皇兵马俑博物馆《论丛》编委会编《秦文化论丛》第六辑，西北大学出版社1998年版。

也就是说，虽然非子以秦为氏并非范县一支秦人的"复兴"，但却袭用了范县之秦带来的"秦"这一名称，这又使两者有了一定的联系，即用伯益或其子孙封地之"秦"一名，命名同是伯益嬴姓后裔的非子一支。这就使范县之秦与非子之秦又有了联系或交集，即袭用旧名命名新族。之所以如此，或者说为什么要用"旧瓶装新酒"，就是因为他们均是伯益的后裔，都是嬴姓的一支，究本溯源都可追至始祖伯益那儿，他们同是嬴姓庞大家族中的两个支系。

范县之秦与非子之秦的联系，何清谷曾有新的揭示。据盟方鼎：

佳（唯）周公征伐东夷，丰白（伯）、专古（薄姑）咸戈。公归，荐于周庙。戊辰，禽（饮）秦禽。

他指出："这是说，周公征东夷时东夷的丰伯、薄姑等国君都被戕死。周公胜利归来，在周都的宗庙里向祖宗献俘。于戊辰这天，用秦地出产的清酒举行饮酒之礼。这里所谓'秦'无疑指河南范县之秦，秦酒亦东征中的掠获之物。这说明周公东征的兵锋确曾到过秦地。"[①] 所以，史党社所说范县之秦等东夷在周公东征时迁入天水一带的推测是成立的。如此，范县之秦西迁至陇右的时间即可确定。

我们解开了非子之秦与范县之秦同姓不同支、同名不同氏之谜，对于我们进一步认识秦人起源与西迁、嬴秦族人在夏商以来的踪迹和事迹都具有重要意义。

2. 秦之本义

"秦"字甲骨文作🈷，或作🈷；金文作🈷（《鄦子簋铭》）、🈷（《秦公敦铭》）、🈷（《史秦鬲铭》）、🈷（《师酉簋铭》）。

以上所录，除《师酉簋》的🈷外，其余均作上从两手持午（即"杵"字），下从秝之形。古剑等"秦"字也有写作🈷、🈷、🈷的，这是后起的简体、变体字。

《说文》："🈷，伯益之后所封国，地宜禾。从禾舂省。一曰：秦，禾名，🈷，籀文秦从秝。"黄灼耀指出，照字形看，🈷是舂的意思，最初当不是名词。依《韵会》所引《说文》原文是"从禾，舂省声"。秦、舂

---

① 何清谷：《嬴秦族西迁考》，《考古与文物》1991 年第 5 期。

一声之转。所以"秦"字的构成，是会意而兼形声。《师酉簋铭》中的𥠻，在两手持杵之下，一手持禾之上，加上了"臼"字，这是繁体字，把舂的意思表示得更完全了。①《释名》云："秦，津也。其地衍沃，有津润也。"王鸣盛《蛾术编》卷三五："秦地本因产善禾得名，故从禾从舂省。禾善，则舂之精也。"

秦字之义，商承祚认为"卜辞作𥠻；故知此为秦字，《说文解字》秦籀文作𥠻，《邾子簋铭》亦从秝，皆与此同"②。徐中舒认为"秦象抱杵舂禾之形"③。郭沫若指出："疑秦以束禾为其本义，字不从舂省也"④。李孝定《甲骨文字集释》卷七云："段氏注云'按此字不以舂禾会意为本义。以地名为本义者，通人所传如是也'。字在卜辞，亦多为地名。"林义光《文源》认为地名从禾从舂，理不可通。认为秦即获禾也，获禾可以入舂，故从二禾（或从又持禾）。进而论证认为获禾、所获之禾、获禾之器、获禾有声俱"谓之秦"，舂亦谓之秦，"秦从二禾，故有众义"。《古籀篇》卷八二说：唯从二禾，以取字形茂密也，秦为禾名，必当在秦主立国之前，此非为国名耳。何光岳认为秦即舂禾，"秦"字像二人持杵舂禾。"故舂禾的声音为舂。秦又与舂同音，至今闽南话、潮汕话，秦舂同音，读平声。"上古割禾只割禾穗，再把禾穗扎成把挑回家，晾于屋前禾架上，每天早上由二三女子手抱木杵，把禾穗放于高座木臼或石臼里，每次放二束或三束，木杵此起彼落舂禾脱粒并同时去壳。"秦之先祖大廉因发明杵臼舂禾脱粒除壳，比上古时在石板上用石杵滚压脱粒去壳要先进得多，故秦人即以此发明为部落氏族之名，后来发展成为国号。"⑤

秦及嬴秦族人早期活动在甲骨卜辞中也有记载：

戊戌卜，宾贞，乎取（祭）秦。（《后下》三七、八）
弜秦宗于匕（妣）庚。（《甲》五七一）
弜秦宗于伥（妣）庚古（故）。（《甲》七九七）
弜秦宗。（《佚》九五五）

---

① 黄灼耀：《秦人早期史迹初探》，《学术研究》1980年第6期。
② 商承祚：《殷墟文字类编》第七卷，1923年刻本。
③ 徐中舒：《耒耜考》，《中央研究院历史语言研究所集刊》第2本第1分册。
④ 郭沫若：《殷契粹编考释》第1576片释文，科学出版社1965年版。
⑤ 何光岳：《秦赵源流史》，江西教育出版社1994年版，第16页。

弜秦……于小乙。(《戬》四四八)

……未卜……有典于匕（妣）庚其奠秦宗。(《南坊》五五八)

……其酚曰于且（祖）丁秦右宗。(《宁》二九二)

……禾于烊秦既。(《京》三九三七)

    论者大多以此认为，一是卜辞"秦"字的出现，说明殷商时确有秦的存在。卜辞中有祖丁、小乙等商王，说明其时嬴秦族人确有在商朝做官的，且时间早于非子邑秦，则卜辞中的秦只能是伯益封秦的秦，即今河南范县的秦亭，而非周孝王时封非子的秦。二是卜辞出于殷墟，应是在商朝任职的嬴秦族人对家乡和祖宗遥祭的遗物。三是"秦宗""秦右宗"卜辞的出现，说明嬴秦族氏兴盛，"秦宗"意为"秦地之宗庙"，则嬴秦已建立了自己宗庙。可见秦是一个领有封土、列为诸侯的氏族。① 但是也有不同观点，史党社认为卜辞"秦右宗"实为"秦侑宗"，侑为祭名。而"弜秦宗"之"弜"是副词，"宗"为名词即宗庙，则"这个秦为动词，其义与祭祀有关"。故卜辞"秦"字并非指秦人。② 这一看法不乏新意，有助于人们进一步深化有关早期秦人起源的探索。

    尽管如此，秦之国、族名出现于夏初当无疑义。《潜夫论·三式》篇："伯翳日受封土。"《越绝书·吴内传》载："益与禹臣于舜，舜传之禹，荐益而封之百里。"《盐铁论·结和》篇云："伯翳之始封秦，地为七十里。"洪亮吉《四史发伏》卷一引梁代崔灵恩《毛氏集注》云："秦在夏商为诸侯，至周为附庸，则秦本建国，疑伯翳即封于秦。"《春秋》庄公三十一年（前663年）记载："秋，筑台于秦。"杜预注："东平范县有秦亭。"宋邓明世《古今姓氏书辨证》卷六载："周文王世子伯禽受封为鲁侯，裔孙以公侯为大夫者，食邑于秦，以邑为氏。"秦嘉谟《世本辑补》卷七："秦氏本自颛顼，后为国号，因以为氏。"《急就篇》卷一"秦妙房"下颜师古注曰："秦本地名，后为国号，因又命氏。鲁国有秦堇父、秦丕兹、皆秦姓也。"《通志·氏族略》："鲁又有秦氏，居民秦邑，

---

① 何清谷：《嬴秦族西迁考》，《考古与文物》1991年第5期；何汉文：《嬴秦人起源与东方与西迁情况初探》，《求索》1981年第4期。

② 史党社：《秦人早期历史的相关问题》，秦始皇兵马俑博物馆《论丛》编委会编《秦文化论丛》第九辑，西北大学出版社2002年版。

今濮州范县北秦亭是其地。"濮州古称帝丘。《山东通志》卷三云：帝丘，"古颛顼氏之墟"。秦亭恰在帝丘范围之内，即今河南范县。所以，鲁裔孙之封邑"秦"，为伯益封地之"秦"，夏商的秦诸侯国亦即此。杨东晨曾说，"由于伯益初封嬴地，又封费、封秦，故又称嬴秦、秦氏或秦人。……考察历史，伯益族兴起于帝尧时期，秦人、秦之称始于舜时期。以鲁地曲阜为中心，是秦之先的发祥地；以嬴、费为中心的地域，是伯益多年经营的发展地；以今河南为中心的'秦'地，是伯益族东移入居华夏的居地，以及受封后的邑地"①。这一见解无疑准确反映了夏朝建立前后伯益以及嬴秦族分布、发展与衍化的实际。

结合现有研究成果，立足文字释义，循名责实，"秦"之本义实有两项，即《说文》所列国名与禾名。就这两个义项分析，《说文》以国名为本义，禾名为第二义，实则当以禾名为本义，国名为第二义或者说是派生义。

就本义而言，秦作为禾名，大约就是北方地区古今广泛种植的谷类作物。《说文·禾部》云："禾，嘉谷也。"段注："嘉谷之连稿者曰禾，实曰粟，粟之人曰米，今俗云小米是也。"在甲骨文、金文和籀文中的"秦"，都从"秝"，"秝"像禾苗密植丛生状，而"秝"上之8，均像朝天生长的谷穗。所以，嘉禾也就是粟，即后来叫作"谷子"的作物。也就是说，谷子的初名就叫"秦"。据雒江生研究，"秦"这种作物由于密植丛生，不像一般谷子那样谷穗下垂，而是谷穗朝上，这种谷子就是现在在西北地区尚有小量种植的民间称作"草谷"的谷子。其"种植的方式与用途是，撒谷子下种，不间苗，也不除草，让其密植丛生，到了秋天成熟后，不摘掉谷穗，连同谷草一起收割回来，铡成草节喂养耕畜。或者晒干储存到冬季，耕畜吃不上青草的时候，再铡碎饲养耕畜过冬，由于这种谷子是专为饲草而种的，所以叫'草谷'。或者叫'毛谷'，'毛谷'也就是'草谷'，毛与草同义。又因为它的谷穗长得细长，有些像猫尾，而'猫'与'毛'谐音，所以也叫'猫尾谷'"②。因此，"秦"这种谷子再具体区分，实际是一种作为饲料的谷子。

《释名》又说："秦，津也。其地衍沃，有津润也。"有人据此以为最

---

① 杨东晨：《秦人秘史》，陕西人民教育出版社1991年版，第54页。
② 雒江生：《秦国名考》，《文史》第三十八辑，中华书局1994年版。

初的秦地范县一带土地肥沃又湿润,不宜旱粮作物种植,故"秦"当是该地为水稻种植的理想之地。① 其实不然,范县地处黄河下游平原河济之间,所谓"津润"并非卑湿,而是气候湿润、有河渠渡口可资灌溉,所以,那里是一个土壤肥沃、水旱作物并举之地,秦即谷子也是当地的一种重要作物。"榛"等字为秦的同源字,本义也是"丛生""众多"之义。何光岳指出,秦人以榛树为树神,榛树之子俗称山白果、山板栗、毛榛,也称小栗,可食,是古人重要的佐食之品,也用于祭祀祖先。② 榛树在古代中原、关中都有分布。如此说来,"秦"之本义为一种粮食作物——禾,当无疑义。

再说"秦"作为国名显为第二义或派生义。显而易见,秦地因适于种禾而有"秦"之命名。伯益之族既是一个懂得鸟兽之言亦即长于畜牧的部族,也是一个善于治水又懂农业的部族,伯益受封秦地,正可发挥其兴水利、种嘉禾的长处,于是,以适宜种禾而得名的秦也就成了封于此地的伯益部族的族称和国名。因此,秦为国名必为秦之第二义或派生义。由此也说明,持杵舂禾亦由善种禾进而掌握粮食加工而派生。因为加工粮食、掌握舂米技术,这都是农业部族与种植粮食相联系的生产活动与发明。善于种禾是前提,发明粮食加工技术则为粮食种植生产链和农业生活链不可缺少的环节。

非子受封秦邑缘何称"秦"?曾是一个长期争论的问题,如前所说,非子之前,已有东方秦地的秦人来到天水,故而非子受封就以以前之旧名"秦"名之,即袭用旧名以命新族,这无疑是对的。但是,与之相关的还有另一种原因,多为人所忽视,这就是天水地区同关东秦地一样,也是一个适宜于种禾之地。

如果说范县秦亭所在的河济之间平原沃野,有灌溉之利,非常适宜于粮食生产和农业种植的话,天水两河流域虽然地处山区,但是山河相间,川原广布,在上古时代,这里气候远比今天温润,而且森林茂密,植被良好,河流水量充沛,黄土深厚疏松而肥沃,为早期先民在河谷、台原地从事粮食种植和在丘陵山地进行畜牧养殖,都提供了便利的条件。因此,在先秦时代,天水地区与黄土高原其他地区一样,绝非现代这样

---

① 李江浙:《秦人起源范县说》,《民族研究》1988年第4期。
② 何光岳:《秦赵源流史》,江西教育出版社1994年版,第17页。

贫瘠荒凉，而是一个具有生物多样性和多元农业发展优势的区域，从而在早期中华文明生成中发挥了重要作用。以天水境内大地湾、西山坪、师赵村遗址为代表的新石器时代遗存所揭示的文明成就表明，从新石器时代早期至仰韶文化、马家窑文化、齐家文化时期，也就是距今8000—4000年，当地发展了堪称发达和稳定的农业，大地湾遗址发现了粟和油菜籽碳化籽粒，① 距今4650—4300年，西山坪遗址种植有粟、黍、水稻、小麦、燕麦、青稞、大豆和荞麦八种粮食作物，囊括了东亚、西亚两个农业起源中心的主要作物类型，不仅证实小麦和燕麦早在距今4650年前已传播到中国西北地区，也揭示了中国最早的农业多样化可能出现在新石器时代的甘肃天水地区。不仅如此，在西山坪遗址中还发现距今4600年左右的针叶林突然消失和栗树扩张，表明这是先民选择性砍伐针叶树，保留并栽培栗树的结果。② 这就充分说明，早在新石器时代，天水地区就产生了发达的原始农业经济，这里不仅是我国原始旱作农业的重要起源地，也是中国最早的农业多样化发展的基地和东、西亚农业文化的交流中心。虽然在距今四五千年前后，当地出现了由温暖向寒冷气候的变化过程，导致原始农业经济开始解体，③ 但是，此后当地代之而起的是农业与畜牧业并重的新的经济形态，说明其时这里仍然是最适宜于早期人类生产生活的区域。这就是秦人西迁天水前后当地的自然和经济发展背景。

由此可见，秦人由东部平原来到西北黄土高原，尽管地域空间和自然环境有所不同，但在具体的农业发展条件上，并无实质不同，多种粮食作物适宜生长的河谷原地为秦人原来就擅长的种禾提供了方便，而山地林区又为秦人发挥养马畜牧之长拥有了更为优越的条件。正是在这样的背景基础上，秦人来到天水，继续沿用东方秦人带来的地名秦并作为其族称、国名，也就名副其实、顺理成章了。

---

① 刘长江、孔昭宸、朗树德：《大地湾遗址农业植物遗存与人类生存的环境探讨》，《中原文物》2004年第4期。

② 李小强等：《甘肃西山坪遗址生物指标记录的中国最早的农业多样化》，《中国科学》D辑《地球科学》2007年第7期。

③ 水涛：《中国西北地区青铜时代考古论集》，科学出版社2001年版，第150页。

第三节 秦人的崛起——秦邑时期的秦人

非子被封为附庸，在秦另筑新城秦邑，开创了嬴秦历史的新阶段，不仅嬴秦由此称秦，开辟了秦人新的居地和城邑，而且非子之后也成为后来建立诸侯国并一统天下的秦人、秦族、秦朝的真正直系先祖。故而非子受封后就被称为"秦嬴"，"秦嬴生秦侯，秦侯立十年，卒。生公伯，公伯立三年，卒。生秦仲"。秦仲传子庄公，庄公伐戎获胜并迁往犬丘。由秦嬴至庄公，有五代秦人世居秦邑，这一时期就是秦人的"秦邑时期"。

一 秦仲伐戎

非子受封前后，随着秦人开始崛起和周与西戎关系的恶化，秦与西戎之间的矛盾与战争也不断出现。由此开始了秦与周人、西戎相互交织互动的历史进程，秦人作为周室的同盟者，肩负起保卫"西垂"对付西戎的历史重任。其时，"西周王畿分为相互连接的西都王畿和东都王畿两部分，西都王畿以宗周为中心，南抵汉水之阳，东与成周王畿相接，西达天水一带"①。则天水一带正是周王室直接控制的西部边陲。

非子营邑秦亭之后，其子、孙秦侯、公伯在位13年，但其事迹不显。秦仲继公伯而立后，在位23年，这是一位在秦人早期发展史上承前启后的重要人物。其即位不久，就出现了犬丘大骆之族被西戎所灭的重大危机。史称秦仲三年（前842年），"周厉王无道，诸侯或叛之。西戎反王室，灭犬丘大骆之族"②。大骆之族本为秦之大宗嫡嗣，自周孝王封大骆次子非子于秦另立门户建邑之后，大骆长子成作为大骆"适嗣"继续留在其故地犬丘发展。成及其子孙世系于史无证，比照秦邑非子一支世系，由非子至秦仲共历四代，犬丘成一支亦当传了四世。所谓"灭犬丘大骆之族"的记载表明，大骆适嗣成一支仅经历四代即被西戎所灭，而且是举族被灭。由此导致秦人西迁天水之后，其最为重要且长期作为根据地的中心居邑犬丘失陷，秦人自大骆之子成与非子分居犬丘、秦邑，

---

① 吕文郁：《周代王畿考述》，《人文杂志》1992年第2期。
② 《史记》卷五《秦本纪》，中华书局1982年版。

两座城邑互为奥援、并行发展数十年的历史宣告结束。

西戎灭犬丘大骆之族，是秦人发展史上遭受的一次重大打击，从此，秦邑非子一支秦人就成为反击西戎、振兴部族的唯一力量。面对西戎空前的威胁和攻势，一方面，西周大力支持秦人的发展，周宣王即位后，为了强化对西戎的防御和反击，赐"秦仲为大夫，诛西戎"；另一方面，秦仲也致力于壮大实力和进行反击西戎的准备。史称"秦仲始大，有车马礼乐侍御之好也"。①则秦仲在位23年间，秦人势力有了很大发展，建立起车马、礼乐等制度，部族力量明显增强，所以才有所谓"秦仲始大"之称。尽管如此，当时在秦戎对峙中，西戎仍然处于优势地位，故在反击西戎的战斗中，秦仲不仅没有取得伐戎的胜利，反而"西戎杀秦仲"。可见，秦人"犬丘大骆之族"被灭之仇未雪，又添秦仲被杀之新恨，接连遭遇灭族失主的惨痛失败，使秦人又一次陷入亡族灭种之虞的危险境地。这实际上正是秦戎关系中双方实力的真实反映，表明秦仲在位时尽管秦人实力有了明显的提升，但仍然在与西戎的较量中处于下风。

蒙文通曾说："骆适子成所袭犬丘，为中潏以来之旧土，而非子为新邦，子成非子，固二国并立。"又说："自西戎灭犬丘，而大骆之土为墟，至庄公破西戎并有犬丘地，而秦与犬丘二邦遂合为一。曰复予秦仲后大骆犬丘地，则犬丘既亡，秦仲之死，而秦亦灭。"②将秦仲之死等同于秦亦灭亡，此话并不准确，因为犬丘之失是灭族失地，而秦仲之死则只是伐戎失败首领被杀，其族及其子孙未受影响，两者不能相提并论。若秦邑一支秦人也像犬丘一样灭族失地，何来秦人再度兴起和秦仲子庄公伐戎取胜收复失地和晋封西垂大夫之事？

二　庄公晋封西垂大夫

秦人为保卫西周免受西戎威胁，在反击西戎遭受空前打击之后，又得到周室的有力支持，并在与西戎的交战中开始扭转接连失败的局面。史称秦仲：

> 有子五人，其长者曰庄公。周宣王乃召庄公昆弟五人，与兵七

---

① 《史记》卷五《秦本纪》注引《毛诗序》，中华书局1982年版。
② 蒙文通：《周秦少数民族研究》，《禹贡》1968年第6卷第7期。

千人，使伐西戎，破之。于是复予秦仲后，及其先大骆地犬丘并有之，为西垂大夫。

这段记载表明，秦仲死后，其子五人受周宣王之召并划拨军队七千人，再次受命反击西戎且取得胜利。于是，周宣王让在反击西戎的战斗中指挥有方的秦仲长子不其继承首领之位，是为庄公。这次伐戎是秦人在与西戎的对抗中第一次获得胜利，从而使秦族不仅在西戎包围和进攻的环境中开始摆脱被动，转危为安，而且也收复了被秦人视为圣地的犬丘城邑。"庄公并秦犬丘一举而复之，合两邦为一，秦之始强，自庄公始也。"① 庄公还被宣王封为西垂大夫，标志着秦人在西周的地位和作用进一步提高。

庄公在位44年，庄公连同其父秦仲在位时间共有67年，这是秦人建国前一个发展的关键时期。父子两人一面接连展开反击西戎的战斗，一面致力于部族发展，积累力量。林剑鸣指出，秦人在非子时，有二三万人，② 到庄公时，"秦起码有十万人之多"，③ 加上周宣王支持秦人七千军队，使秦在与西戎的对峙中，由处于下风而开始转向主动，庄公伐戎取胜即是具有重要转折意义的事件。

庄公伐戎获胜，也使被西戎占领数十年的犬丘故城重新回到秦人的怀抱，由于大骆之族已灭，庄公遂将部族主力由秦邑迁往犬丘。这标志着天水两河流域都归于秦人的势力范围，至此，秦邑时期结束，秦人开始了崛起建国的历史步伐。

三 不其簋与秦庄公

据前所述，秦邑时期是秦人为建国奠定基础的重要阶段，除了秦嬴非子，秦仲和庄公是两个关键人物。秦仲时，秦人"始大"，庄公伐戎取胜，"秦之始强，自庄公始也"。短短几十年间，秦人就实现了由附庸到大夫，由大夫到西垂大夫的地位上升。这一转折点就是由周王支援秦人

---

① 蒙文通：《周秦少数民族研究》，《禹贡》1968年第6卷第7期。
② 林剑鸣：《秦史稿》，上海人民出版社1979年版，第26页。
③ 杨东晨：《周代东夷嬴姓的西迁和嬴姓国的业绩》，《秦陵秦俑研究动态》1992年《周秦专号》。

军队七千,使庄公伐戎取胜而完成的。关于庄公伐戎,传世青铜器不其簋铭文有具体的记载。其铭文曰:

> 惟九月初吉戊申,伯氏曰:"不其,驭(朔)方严允广伐西俞,王命我羞追于西。余来归献擒,余命汝御追于䇞,汝以我车宕伐严允于高陶,汝多斩首执讯。戎大同从追汝,汝及戎大敦搏。汝休,弗以我车函(陷)于艰;汝多擒,折首执讯。"伯氏曰:"不其,汝小子,汝肇诲(敏)于戎工,锡汝弓一矢束、臣五家、田十田,用从乃事。"不其拜稽首,休,用作朕皇祖公伯孟姬䵼簋,用匄多福,眉寿无疆,永纯灵终,子子孙孙,其永宝用享。

对这件记载周宣王时秦庄公破西戎的铜器,李学勤认为不其就是庄公。《史记·十二诸侯年表》所载秦庄公名其。先秦时"不"字常用为无义助词,所以簋铭中的不其很可能便是文献中的秦庄公。该铭文大义是说猃狁侵扰西周西部,周王命伯氏和不其抗击,进追于西。不其随伯氏对猃狁作战取胜,伯氏回朝献俘,命不其率领兵车继续追击猃狁,搏战中多有斩获。西即西垂,也就是汉陇西郡西县,亦即今甘肃礼县一带。① 铭文中的"皇祖公伯",论者均以为是秦仲父、庄公祖父公伯。关于伯氏,王国维认为"作祖器而不及考者,其父尚在也……余疑不其为伯氏之子,伯氏又公伯之子……又,不其之祖妣称孟姬,则伯氏、不其皆周室异性之臣也"。李学勤以为伯氏是庄公的兄弟,王辉认为是庄公父秦仲,陈平则认为伯氏即是庄公之伯父,庄公父为秦仲,按伯仲而论秦仲应有兄长"秦伯"。② 其实,就铭文及伯氏对不其的命令口吻分析,王国维之伯氏与不其为周室异姓之臣的看法可能更接近实际。

关于不其簋的做器年代,李学勤论定为秦仲被杀前后的前820年左右,是最早的一件秦器;王辉推定在秦仲后期。③ 陈平赞同王辉之说,并进一步考订为前825年。这一年,即是周宣王三年,也就是秦仲二

---

① 李学勤:《秦国文物的新认识》,《文物》1980年第9期。
② 陈平:《关陇文化与嬴秦文明》,江苏教育出版社2005年版,第242页。
③ 王辉:《秦铜器铭文编年集释》(上编一),三秦出版社1990年版。

十年。①

不其簋所载伐猃狁战事,是当时一件很重要的事件,说明西戎其时给周王朝以极大的威胁,而秦人已成为西周在西部边疆抵御西戎的主力。宣王与兵七千和秦人致力于发展,终于取得在秦仲被杀之后的第一次伐戎的胜利,标志着秦人已经具有了与西戎抗衡的势力,从而为秦人建国奠定了基础。

---

① 陈平:《关陇文化与嬴秦文明》,江苏教育出版社2005年版,第242页。

第八章

秦的建国与东进关中

在秦人早期历史中,从襄公建国到文公入关,再到武公伐戎和德公迁雍,秦人经济社会和文化的发展空前加快。一方面,西周灭亡与襄公救周而获封诸侯、建立国家,不仅标志着秦人在政治上取得与东方诸国相称的地位,而且更主要的是平王东迁和赐秦人岐丰之地,使秦人可以名正言顺地东进关中开疆拓土。另一方面,秦人进入关中的近百年时间,是秦国立国之后的大发展时期,无论在政治、经济还是社会与文化发展上,都取得巨大进步,为秦国崛起和穆公称霸奠定了坚实基础。因此,这一时期就是秦早期文化的繁荣时期。

第一节 秦国的建立

秦庄公伐戎取胜,收复西犬丘获封西垂大夫并由秦邑迁入西犬丘,标志着秦人自非子起,历经五代秦人的不懈奋斗和起伏发展,在鼎力屏卫周王朝西部安全、与西戎殊死搏斗的过程中,开始强大起来。庄公在位四十四年,即位之初就取得了反击西戎的胜利,使秦人赢得一个较长时间的发展机会,并为建国奠定了基础。

一 西周灭亡与秦襄公救周

庄公有子三人,长子为世父,次子为襄公。世父是一个很有血性的男子汉,本来他是王位的当然继承人,但是,他并不在乎王位,而是一心想着反击西戎为其祖秦仲报仇。他说:"'戎杀我大父仲,我非杀戎王则不敢入邑.'遂将击戎,让其弟襄公。襄公为太子。"① 前777年,庄公卒,襄公继位。

襄公继位前后,秦与周、西戎的关系正在发生新的变化。一方面,西周王朝势力转衰,西戎与周的关系实际是一个关乎西周兴衰的重大问题,西周中期以来,周与西戎多次交战,周厉王无道,又内政腐败,西方的戎狄和东方的徐夷、淮夷相继反叛。至周宣王在位时,先后征伐诸戎,虽多次取得胜利,但战争消耗了大量国内有生力量,加重了人们负担,致使西周迅速从鼎盛的巅峰跌落下来,国力日渐削弱。宣王三十一年(前797年)"伐太原之戎"(即犬戎),无功而返。接着又伐条戎、奔戎,相继失利,由此国力一蹶不振。犬戎则乘机将势力向南发展到今陕北泾洛流域。犬戎南下对周王朝形成了致命的威胁,周王朝不得不更多地依靠秦人力量对付西戎。另一方面,秦人自非子邑秦以来,勉力发展,忠实追随周人并充当抵御西戎的先锋,不惜失地亡君,拼死反击西戎。这既是借以提升秦人在周王朝地位的重要一环,也是秦人在群戎包围的环境中拓展生存空间,谋求壮大发展的必然要求。也正是在与周人、西戎的周旋中,秦人力量得到壮大,生存环境不断得到改善,为崛起建国打下了初步基础。襄公继位之后,秦人终于迎来了建立国家的发展机遇。

襄公继位后,为了改善与西戎的关系,曾将其妹缪嬴嫁给戎之丰王为妻,这是首次见于文献记载的秦向西戎出嫁王族公主。据《史记会注考证》载:丰为"戎人之号。荐居丰岐,周称丰王"。可知,丰戎即是居于丰岐一带的西戎之一支。秦人出嫁公主与丰戎联姻,无疑对于分化西戎,改善与西戎分支的关系产生了积极作用。尽管如此,秦与西戎的对立依然存在。"襄公二年,戎围犬丘,世父击之,为戎人所虏。"世父为了伐戎,不入都邑西犬丘,则世父当居于秦邑,西戎围犬丘,世父从秦邑发兵以解犬丘之围。但事与愿违,世父反被戎人俘获。好在秦与丰戎已有联姻关系,加之秦人力量也不敢小觑,一年后世父被释放回归。

周宣王之后,周幽王于公元前782年继位。幽王昏庸而残暴,使本来国内矛盾尖锐、民族纷争不断、风雨飘摇的西周王朝更是雪上加霜。据《史记·周本纪》记载:

---

① 《史记》卷五《秦本纪》,中华书局1982年版。

> 幽王嬖爱褒姒。褒姒生子伯服,幽王欲废太子。太子母申侯女,而为后。后幽王得褒姒,爱之,欲废申后,并去太子宜臼,以褒姒为后,以伯服为太子。……
>
> 褒姒不好笑,幽王欲其笑万方,故不笑。幽王为烽燧大鼓,有寇至则举烽火。诸侯悉至,至而无寇,褒姒乃大笑。幽王说之,为数举烽火。其后不信,诸侯益亦不至。
>
> 幽王以虢石父为卿,用事,国人皆怨。石父为人佞巧善谀好利,王用之。又废申后,去太子也。申侯怒,与缯、西夷犬戎攻幽王。幽王举烽火征兵,兵莫至。遂杀幽王于骊山下,虏褒姒,尽取周赂而去。于是诸侯乃即申侯而共立故幽王太子宜臼,是为平王,以奉周祀。

由于幽王任用奸佞,宠信褒姒,加之地震等自然灾害频发,以致"土无所演,民乏财用"。特别是幽王宠信褒姒并立其子伯服为太子,废正妻申后及太子宜臼,不仅打破了西周沿用的昭穆制度,也使岌岌可危的周与西戎尤其是申戎的关系完全恶化。西周的昭穆制度是由周王隔代与两大戎族氏族集团轮流通婚,从而由两大氏族集团嫁与周王的女子所生的儿子轮流执政。按周制,"'康宫'中昭序有昭王、共王、孝王、夷王;穆序有穆王、懿王、厉王……穆序列之妃(后)皆为姜姓女子,属于炎帝族"①。而康王、懿王之妃可能是夷姜,而穆王、厉王、幽王之妃都是申姜。傅斯年指出:"姬之于姜,纵非一家之支派,如祝融之八姓者,亦必累世之姻戚,如满洲之于蒙古。"② 因此,以申侯之女为后,立宜臼为太子,乃是昭穆制度下的法定继承人,幽王废申后及宜臼太子位,不仅不合礼制,也使通过姻亲关系维系的周与姜戎申侯的利益平衡被打破。于是,幽王的废后和另立太子最终成为病入膏肓的周室走向灭亡、申侯联合诸戎征伐和灭周的导火索。

在西戎灭周活动中,秦襄公并没有像其他诸侯那样"不至",而是果

---

① 尹盛平:《周原文化与西周文明》,江苏教育出版社2005年版,第348—385页。
② 傅斯年:《大东小东说——兼论鲁、燕、齐初封在成周东南后乃东迁》,《民族与古代中国史》,辽宁教育出版社2002年版,第84页。

断出兵,"将兵救周,战甚力,有功"。周幽王被杀后,秦襄公亲率军队护送平王至洛邑,东周建立。秦襄公救周有力,深得平王认可,秦人通过解救周难,也为自己赢得跻身诸侯的发展机遇。史载:"平王封襄公为诸侯,赐之岐以西之地。曰:'戎无道,侵夺我岐、丰之地,秦能攻逐戎,即有其地。'与誓,封爵之。襄公于是始国。"

二　秦襄公始国

秦襄公受封始国在周平王元年,也就是秦襄公八年,即公元前770年。这一年,秦襄公在秦人古国基础上开始大举进行建立国家的各项工作。如果说秦人自中潏入居天水,拥有了自己安身立命的根据地,而非子获封附庸立邑秦亭进入了古国时代、初具国家雏形的话,那么,襄公进身诸侯则无疑是秦人真正进入国家阶段的开端。所以,秦人按照西周诸侯国封爵和礼仪制度进行全面的国家建设势所必然。可惜的是,由于史籍记载简略,我们已无法知晓其具体情况。但从有限的信息可以确知襄公建国至少有以下几个方面:

其一,营邑新都,修建宫殿。据《史记·封禅书》载:"秦襄公既侯,居西垂";又《秦本纪》:"文公元年,居西垂宫。"西垂亦即西犬丘,即秦人世居天水之中心居邑,也就是建国后的都城。而文公所居"西垂宫",不见于襄公及之前记载,显系新建的宫殿,当是襄公建国活动中营建新都的一个重要举措。西垂宫论者多以为就是"西垂的宫殿",这样理解不能说不对,但也不能将西垂与西垂宫混为一谈。从襄公居西垂,文公居西垂宫上下文关系以及王位关系分析,当是襄公创修西垂宫,作为立国邑都行动中的重要一环,以期建成与关东诸侯相媲美的都城与宫室。西垂宫作为一组建筑,设计与修建不可能一蹴而就,襄公立国仅四年就去世了,文公继位即居于"西垂宫",则该宫历时近四年才完工。同样,作为一组建筑,西垂宫需要一定的空间才能布局建设,这在原有秦人聚居中心西犬丘是不容易找到理想位置的。所以,西垂宫很可能是在西犬丘旁边或附近另选新址,作为立国之新都而计划建设的第一组建筑。上距襄公建国54年后的宪公即位后,"居西新邑",这个西新邑就是襄公建国时所选的诸侯国都所在,也就是西垂宫的所在地。"西新邑"按武公"居平阳封宫"、德公"居雍大郑宫"等类推,即是"西县的新邑"或"西垂的新邑"之义。因而,襄公建国,首先另选"新邑"作为诸侯国国都，该国都历时54年完工，宪公时才入居新都。而新都的第一组建筑就是作为国都核心的宫殿建筑——西垂宫，西垂宫早在文公即位时即已完工并入居。

其二，创设西畤。"畤"是秦汉时期帝王主祭祀天地及五帝的固定场所。《史记·封禅书》追溯置畤始自黄帝时代："自古雍州积高，神明之奥，故立畤郊上帝，诸神祠皆聚云。盖黄帝时尝用事，虽晚周亦郊焉。"但黄帝时代是否存在置畤之事，已无法确知，而秦汉时代置畤则是由秦襄公开创的。

秦襄公立国后，为了纪念历代先祖创业之功，便参照周礼祭祀天帝的方法，将远祖少昊作为庇护秦人的神灵而加以祭祀。史载秦襄公"自以为主少昊之神，作西畤，祠白帝"，并以"骝驹、黄牛、羝羊各三，祠上帝西畤"。也就是用黑鬣红色马、黄牛和羝羊三牲为供品祠西畤。西畤的设立，首开秦汉置畤祭祀天地五帝的先河，此后，秦人入关后直到汉代，不少帝王相继立畤，逐渐形成秦的四畤、汉的五畤等宗教祭祀系统。如秦文公在关中作"鄜畤"祭白帝；秦宣公作密畤，祭青帝；秦灵公作吴阳上畤、下畤，分祭黄帝和炎帝；秦献公作畦畤，祭白帝等。从秦襄公开始400余年间秦人共置六畤，分别祭白帝（有西、鄜、畦三畤祭白帝）、青帝、黄帝、炎帝四帝。汉代增置北畤，祭黑帝，从而形成五帝祭祀系统，构成当时皇家祭祀天帝神灵宗教活动的主体，影响波及当时社会的各个层面。

坐落于甘肃礼县县城西北的鸾亭山遗址，五方联合考古队2004年进行了发掘清理，在山的第3—4级台地上曾出土玉戈，采集到"长乐未央"瓦当和冥钱，在山的最高点有祭祀坑和汉代的建筑遗迹，山腰的两翼还有两个对称的夯土台，散落有瓦片，采集到乳状矮足鬲、素面泥质红陶鬲足、灰陶罐等。山顶有20立方米的夯土，散落有大量瓦片、陶片和骨头，这里当为祭坛。① 在祭祀坑和祭坛出土了10套组合完整的汉代玉器，玉器总数51件。器类有圭、璧、玉人三种，是汉代祭天用玉的空前发现。所以，鸾亭山山顶被认为是历史上西畤的一部分，② 至于秦所建

---

① 甘肃省文物考古研究所等编：《西汉水上游考古调查报告》，文物出版社2008年版，第133页。

② 梁云：《对鸾亭山祭祀遗址的初步认识》，《中国历史文物》2005年第5期。

西畤及其祭祀遗址，当就在其附近。

其三，与中原诸侯通使聘享之礼。史载襄公建国后，"与诸侯通使聘享之礼"。这是说秦人自襄公建国以后，开始向关东各诸侯国派遣使者加强相互联系并行"聘享之礼"，也就是由此而开始了与关东诸侯国之间平等的外交活动，以加强与各国之间的政治、经济、文化等方面的交往和联系。实际上，这是东方各诸侯国在政治上开始将秦国作为一个国家看待并与之发展关系的开端，就双方而言，此前东方各国已经是诸侯国，而秦国尚处于未受周天子封赏的古国阶段，在政治上并不对等，东方各国也不承认秦是一个国家。从秦国来说，它不仅地处西北边鄙，与东方各国距离遥远，而且势力弱小，西戎环伺，也无暇东顾。因此，只有当秦人跻身诸侯国，才真正具有了与东方各国平等交往的政治基础。即使如此，直到400余年后的秦孝公仍以"秦僻在雍州，不与中国诸侯之会盟，夷狄遇之"而烦恼。可见，秦与中原诸侯通使聘享之礼，这是一个转折点，标志着秦人具有了开始进入东方"大国俱乐部"的资格，并与之建立和发展国家关系。

其四，健全各项国家机构及其管理制度。国家草创，百废待兴，按照周礼和分封制度，进行国家机构和各项管理运行体系制度的构建，可谓量大面宽。尽管秦国国家机器是在原古国基础之上的健全和完善，但任务艰巨自不待言。虽然文献对此几无记载，但是，举凡官制、政令法度、礼乐、车马、宫室、宗教、丧葬等作为国家所必不可少的基本制度，无疑肇启于国家初立的襄公时期，则是毋庸置疑的。

秦襄公受封立国，还得到一项对于秦人未来发展至关重要的许诺，就是周平王"赐之岐以西之地。曰：'戎无道，侵夺我岐、丰之地，秦能攻逐戎，即有其地。'"虽然平王给秦人赏赐其地时，岐丰之地已被西戎占据，但是，这张"空头支票"却为秦人东进关中和开拓疆土提供了政治保障。同时，平王赏地之举，也将消灭或驱逐关中西戎势力的重任转嫁到秦人肩上。《史记·匈奴列传》云："周幽王用宠姬褒姒之故，与申侯有隙。申侯怒而与犬戎共攻周幽王于郦山之下，遂取周之焦获，而居于泾渭之间，侵暴中国。秦襄公救周，于是周平王去丰镐而东从雒邑。当是之时，秦襄公伐戎至岐，始列为诸侯。"秦建国仅八年时间，秦文公即带领秦人东进关中，迁都汧渭之会，当与平王赐地有密切的关系。所以，秦人获赐岐丰之地，可以说使其崛起发展在空间地域上得到了保障。

秦襄公在进行国家建设的同时，也在不断积聚力量，为讨伐西戎，占有岐丰之地准备着，襄公十二年（前766年），"伐戎而至岐，卒"。襄公这一伐戎行动取得巨大成功，秦人势力第一次进入陇山之东关中西部。但是襄公也在这一年去世，史书没有交代襄公之死是伐戎战死，或者受伤而死，抑或是老病而死。但有一点是确定的，即襄公去世，秦人放弃了岐西之地。故在文公十六年（前750年），遂有文公以兵伐戎，戎败走，"地至岐"之举。

秦襄公受封诸侯国，是秦人发展史上开天辟地的大事件，这是嬴秦族千余年来几经国兴国灭、沉浮离乱之后的真正建国；是嬴秦族几经流散迁徙、分化汇聚之后的真正复兴；也是嬴秦族不绝如缕、薪尽火传、致力发展进而开创自己民族文化——秦文化的真正起点。秦国的建立，是秦人由古国过渡到封国的转折点，秦国的建立，也开辟了秦国由封国向帝国发展的基础。

三　秦公簋及"十又二公"考

秦公簋是现存于中国历史博物馆的一件完整的秦国早期青铜器，因其现世较早且有铭文，并经多人考证介绍，故成为最为著名的秦人早期青铜器。近百年来，从王国维开始，先后有数十位学者对秦公簋进行过研究。但是，由于条件所限和传统观念的影响，秦公簋"十有二公"及作器者归属并未取得大家公认的意见，反而争论更加激烈。为此，有必要另辟蹊径加以重新审视探讨。

1. 秦公簋器主及"十有二公"的争论

该器20世纪初发现于"天水西南乡"，即今西汉水上游天水市与礼县接界处一带。秦公簋器高19.8厘米，口径18.5厘米，足径19.5厘米；鼓腹，最大直径为23厘米。盖及器身均饰以细密的蟠螭纹，足饰窃曲纹，双耳。

王国维认为秦公簋系秦人在西垂陵庙的祭器。簋除了有范刻文字外，又有秦汉间凿刻文字，所以，直到秦汉时，簋仍为"西县官物"而在使用。① 秦公簋原范铸文字分刻于器身和器盖，器身54字，器盖51字。铭文内容由器身至器盖连为一体，一气呵成，字形流畅，内容丰富。后刻

---

① 王国维：《观堂集林》卷十二《秦都邑考》，中华书局1959年版。

字为18字，以上合计123字。

器盖铭文为：

秦公曰：丕显朕皇祖受天命，鼎宅禹迹，十又二公，在帝之社。严龏夤天命，保业氒秦，虩事蛮夏。余虽小子，穆穆帅秉明德，剌剌桓桓，万民是敕。

器身铭文为：

咸畜胤士，蓝蓝文武，銈静丕延，虔敬朕祀，作嘉宗彝，以劭皇祖，其严御各，以受屯鲁多釐，眉寿无疆，畯竈在天，高弘有庆，竈有四方，宜。

器身外刻款为：

西元器一斗七升，奉敦。

器盖外刻款为：

西一斗七升大半升，盖。

铭文确是祭祀祖宗，歌颂祖宗功业并祈求先公神灵保佑秦国建立霸业的文字。诸家对器主的认定各持一端，关键是铭文"十又二公"一句的十二公，该从哪位秦公算起。不少学者将铜器形制、纹饰、字体、秦公起始时间与秦人早期历史结合起来进行深入研究，但结论仍然见仁见智。

无独有偶，早在宋代时出土的"盠和钟"（又称秦公钟），是一件与秦公簋铭文大致相近的铜器。盠和钟出土的时间地点不详，出土时间据宋人黄伯思《东观余论》卷上《秦盠和钟铭说》记载，是宋仁宗庆历年间叶清臣守长安时献于朝廷，后藏于内府。盠和钟的实物，虽在宋时已佚，但有宋人摹刻本行世。据宋人董逌《广川书跋》卷四载，在宋仁宗皇祐元年（1049年）曾让乐官摹绘其图，并临摹奇文以赐公卿，杨南仲又据之为图并刻石。① 欧阳修《集古录》卷一、赵明诚《金石录》、吕大临《考古图》、薛尚功《历代钟鼎彝器款识》第五卷均有著录。王国维《两周金石文韵读》、郭沫若《秦公钟（即盄和钟）韵读》、刘文炳《秦公簋与盄和钟两铭为韵文说》等文中，均有对铭文疑难字语的考释、韵读和断句。该钟铭文与秦公簋铭文基本一致，内容与秦公簋大半相同，当同为秦君在西垂祭祀宗庙时，所铸的同一套祭器和打击乐器。既然人们都以为盄和钟是与簋同时并由同一秦君所作的铜器，则钟也应为天水出土文物。该器铭文如下，可与秦公簋互相参照：

> 秦公曰：丕显朕皇祖受天命，奄有下国。十又二公，不坠在上，严龏夤天命，保业厥秦，虩事蛮夏。曰：余虽小子，穆穆帅秉明德，睿敷明刑，虔敬朕祀，以受多福。协和万民，虔夙夕剌剌趄趄，万生是敕。咸畜百辟胤士，蔼蔼文武，镇静不廷，柔燮百邦，于秦执事。作盄和钟，其名曰哲邦。其音钺钺，雝雝孔皇，以邵客孝享。以受屯鲁多釐，眉寿无疆，畯疐在位，高弘有庆，匍又四方，永宝宜。

由于两器内容风格基本一致，时代相同，且均有"十又二公"的铭文，因而，在宋人讨论盄和钟年代的基础上，现当代学者两相结合并掀起讨论热潮。兹将宋人与现当代学者关于两器时代的代表性观点分别列表如下（见表8-1、表8-2）。

表8-1　　　　　　　　宋人对盄和钟十二公及作器者主要观点

学者姓名	十二公起讫	作器者	备注	出处
杨南仲 A	非子至宣公	成公	不计静公或出子	吕大临《考古图》卷七引
B	襄公至桓公	景公	不计静公或出子	吕大临《考古图》卷七引
胡恢	秦侯至成公	穆公	计静公不计出子	黄伯思《东观余论》卷上引
欧阳修 A	秦仲至康公	共公	不计静公计出子	《集古录跋尾》卷一
B	襄公至桓公	景公	不计静公计出子	《集古录跋尾》卷一
赵明诚	襄公至桓公	景公	不计静公计出子	《金石录》卷十一

---

① 《石刻史料新编》第三辑三十八册，台北新文丰出版公司1986年版，第2页。

续表

学者姓名	十二公起讫	作器者	备 注	出 处
董逌	非子至宣公	成公	不计静公或出子	《广川书跋》卷四
薛尚功	襄公至桓公	景公	不计静公计出子	《历代钟鼎彝器款识法帖》卷六
黄伯思	非子至成公	成公	不计静公、出子十二公含作器者	《东观余论》卷上

表8-2　　现当代学者关于秦公簋十二公及作器者主要观点

学者姓名	十二公起讫	作器者	备 注	出 处
罗振玉	秦侯至成公	穆公	不计静公计出子	《贞松堂集古遗文》卷六
柯昌济	庄公至共公	桓公	计静公不计出子	《韡华阁集古录跋尾》丙篇
郭沫若A	秦仲至康公	共公	不计静公计出子	《殷周青铜器铭文研究》Ⅱ
B	庄公至共公	桓公	不计静公计出子	《殷周青铜器铭文研究》Ⅱ
C	襄公至桓公	景公	不计静公计出子	《两周金文辞大系考释》
于省吾	襄公至桓公	景公	不计静公计出子	《双剑誃吉金文选》卷上
容庚	庄公至共公	桓公	不计静公计出子	《秦公钟簋之时代》，《考古社刊》1937年6期
杨树达	襄公至桓公	景公	不计静公计出子	《积微居金文说》卷二
冯国瑞	襄公至桓公	景公	计静公不计出子	《天水出土秦器汇考》

上述宋代七人对盨和钟十二公及作器者提出的九种看法，实际上是四种观点。一是杨南仲第一种看法十二公为非子至宣公，作器者成公，有董逌、黄伯思赞同；二是杨南仲第二种看法十二公为襄公至桓公，作器者景公，又有欧阳修第二种看法、赵明诚、薛尚功与之一致；三是胡恢十二公为秦侯至成公，作器者穆公；四是欧阳修第一种看法认为十二公为秦仲至康公，作器者共公。这四种观点，除了胡恢在十二公中不计出子之外，大多不计静公计出子，或静公、出子两人计其中一个。

天水境内秦公簋发现后，王国维考订为德公迁雍之后器物。又有罗振玉等七人也提出九种看法，但这些看法基本都与宋人对盨和钟十二公及作器者的观点相同，如于省吾、杨树达、冯国瑞和郭沫若第三种看法与宋人杨南仲第二种看法一致；罗振玉、郭沫若第一种看法与宋人胡恢观点相同。只有柯常济、容庚和郭沫若第二种看法提出了宋人没有的新观点,认为十二公为秦仲至共公,作器者桓公,十二公中不计静公或不计出子。可见,盨和钟和秦公簋的发现虽然相差千年之久,由于铭文、器饰多相同,故为同时期器物,已成为大家的共识。

1978 年,陕西宝鸡太公庙村新发现的秦公编镈、编钟资料公布后,人们发现镈、钟铭文又与秦公簋、钟铭文较为接近,其第一段铭文为:

> 秦公曰:我先祖受天命,赏宅受国,烈烈昭文公、静公、宪公,不坠于上,昭合皇天,以虩事蛮方。

这一发现,特别是镈、钟铭文中明确列入的秦先公有文公、静公、宪公,[①] 这既为十二公计算提供了新的启示,又诱导人们将秦公编镈、编钟的作器年代与秦公簋当作同一时代、同一器主看待,则又使本来复杂的问题更加难解。于是,对十二公及秦公簋、钟作器者的讨论又出现更大的纷争,竟出现十三种看法(见表 8-3)。

表 8-3 太公庙村秦公镈、钟资料公布后学界对十二公及作器者主要观点

学者姓名	十二公起讫	作器者	备注	出处
孙常叙	襄公至共公	桓公	计静公及出子	《秦公及王姬钟、镈铭文考释》,《吉林师大学报》1978 年 4 期
李零	庄公至康公	共公	计静公及出子	《春秋秦器试探》,《考古》1979 年 6 期
伍仕谦	非子至德公	德公	计静公及出子包括作器者	《秦公钟考释》,《四川大学学报》1980 年 2 期
张天恩	文公至桓公	景公	计静公及出子	《对"秦公钟考释"中有关问题的一些看法》,《四川大学学报》1980 年 4 期
吴镇烽	文公至景公	哀公	计静公不计出子	《新出秦公钟铭考释与有关问题》,《考古与文物》1980 年创刊号

---

① 卢连成、杨满仓:《陕西宝鸡县太公庙村秦公镈、秦公钟》,《文物》1978 年第 11 期。

续表

学者姓名	十二公起讫	作器者	备 注	出 处
王辉	文公至桓公	景公	计静公及出子	《秦器铭文丛考》，《文博》1988年2期
陈昭容	文公至桓公	景公	计静公及出子	《秦公簋的时代问题》，《中央研究院历史语言研究所集刊》第64本，第4页
李学勤 A	非子至宣公	成公	计静公不计出子	《秦国文物的新认识》，《文物》1980年9期
B	秦侯至成公	穆公	计静公不计出子	《秦公簋年代的再推定》，《中国历史博物馆馆刊》1989年第13、14期合刊
陈平	庄公至共公	桓公	计静公不计出子	《关陇文化与嬴秦文明》，第416页
康世荣	中潏至庄公	襄公	世系连贯	《秦都邑西垂故址探源》，《秦西垂文化论集》
雍际春	中潏至庄公	襄公	世系连贯	《嬴秦故园：天水秦文化寻踪》，第100页
陈泽	中潏至庄公	襄公	世系连贯	《秦公簋铭文考释与器主及作器时代的推定》，《古代文明研究通讯》2002年第14期

这十三种看法新提出七种观点，分别以孙常叙、李零、伍仕谦、张天恩、吴镇烽、陈平、康世荣为代表，以作器者而论，依次对应的秦公为桓公、共公、德公、景公、哀公、穆公、桓公、襄公。之所以在太公庙村新发现的秦公编镈、编钟资料公布后，关于十二公以及秦公簋、钟作器者的争论更趋激烈，一方面是因为铭文中将不享国之静公明确列入先祖系列，故大家公认十二公中必有静公；另一方面，年幼即位的出子也应计入的看法本来此前就有多数人持此主张，有了静公计入的先例之后，出子亦应计入的看法便占了上风。受这两方面的新启示，上述十三种看法中的前十种中，就有六种既计静公也计出子，另四种只计静公不计出子。可见，由于在静公、出子是否计入十二公这一问题上，1978年之后有了新的变化，致使十二公及作器者的计算出现新的争论。

综合上述三个阶段关于秦公簋、钟十二公和作器者的讨论，共提出了十二种观点。其中，前十一种观点，都涉及静公、出子是否计入的问题。其中，十二公中静公、出子均计入的观点成为主流，故导致十二公和作器者的计算结果出现新的变化。如果以十二公起始统计，实际前十一种观点就只有六种，即非子至宣公、襄公至桓公、秦侯至成公、秦仲至康公、庄公至共公、文公至桓公（或景公）。如果按作器者而论，则有成公、景公、穆公、共公、桓公、德公、哀公七种。上述诸说，影响最大的为杨南仲首倡的十二公为襄公至桓公，作器者为景公说，先后有欧阳修、赵明诚、薛尚功、郭沫若、于省吾、杨树达、冯国瑞等学者持相同观点。1978年后，张天恩提出的十二公为文公至桓公，作器者为景公说影响最大，有王辉、陈昭容等与之观点一致。

以上第十二种观点为康世荣首先提出的十二公为中潏至庄公，作器者为襄公说，① 笔者和陈泽亦持相同观点。② 这一观点，是在甘肃礼县大堡子山秦公墓地及新出秦公鼎、簋等发现后，充分结合新出土文物及秦人早期历史发展而得出的全新结论，也是本书坚持并将进一步论证的观点。

2. 从铭文信息判断器主

以上论争说明，古今学者对作器年代及十二公的看法可谓聚讼纷纭，莫衷一是。何以至此，关键在于十有二公之始称公者为谁？1978年太公庙秦公钟出土后，面对新的资料对这一问题的讨论，观点不是趋于一致，反而纷争进一步加剧。这说明原有的讨论路径和方法存在欠缺，主要是一方面过分拘泥于秦公何时称公，另一方面则是人们囿于秦人落后传统观念的束缚，大大限制了人们解决问题的时空视野。正因为大家的讨论都有一个共同立论的前提，即史书中传统视秦人为戎狄，而戎狄又与野蛮落后画上等号。于是，都以为秦人在入关之前，不会有较为完备的礼义制度和铸鼎作簋的技术条件，从而明显低估了秦国早期的发展水平，也使对器主的判定走入秦人首领何时称公与如何计算秦公的圈子。从近年来天水地区新的考古发现和礼县秦公陵园文物的出土，一再展示出秦人在天水地区建国前后的社会文明，远比史书记载和传统认识要高。而

---

① 康世荣：《秦都邑西垂故址探源》，《礼县史志资料》1985年第6期（内部）。
② 雍际春：《嬴秦故园：天水秦文化寻踪》，甘肃人民出版社2000年版，第100页；陈泽：《秦公簋铭文考释与器主及作器时代的推定》，《古代文明研究通讯》2002年第14期。

大量秦人青铜器的出土，也不断使原有观点受到挑战。所以，对秦公簋年代与器主的认定，必须排除传统观念和固有模式的束缚，另辟蹊径，才能作出更为客观准确的结论。

为了在秦公簋器主年代上取得新的突破，不少学者都曾做过不懈的努力，李学勤、李零、张天恩、王辉、陈昭容、陈平等学者，除了从器型、纹饰、文字演变等角度进行探讨外，还将近年来在礼县西汉水流域秦文化的新发现和秦公墓地新出土文物相结合，特别是将视角转向对青铜器铭文的深度解读上，力图通过综合分析和多层面判断，以求得问题的正解。这些研究共同将秦公簋、盨和钟与太公庙秦武公钟、镈铭文进行综合比较分析，并对"受天命"、赏宅、受国与始国之君与作者归属进行了广泛深入的研究，多有创获。尤其是他们在探索器型、纹饰、文字演变基础上，开创的追寻铭文深层含义的这一思路和途径，为破解问题开辟了新途。可惜的是，诸位学者在具体研究中，又因种种原因都偏离了主旨，故其结论难免失之偏颇。

为了便于讨论，姑将秦公簋、盨和钟与太公庙秦武公钟三器开头铭文再征引如下：

> 秦公簋：秦公曰：丕显朕皇祖，受天命，鼏宅禹迹，十又二公，在帝之社。严恭夤天命，保业氒秦，虩事蛮夏。
>
> 盨和钟：丕显朕皇祖，受天命，奄有下国。十有二公，不坠在下，严龏寅天命，保业氒秦，虩事蛮夏。
>
> 太公庙秦武公钟：秦公曰：我先祖受天命，赏宅受国，烈烈昭文公、静公、宪公，不坠于上，昭合皇天，以虩事蛮方。

三铭格式极为接近，叙述模式也大体一致。前两铭为朕皇祖—受天命—鼏宅禹迹（奄有下国）—十又二公；后一铭为我先祖—受天命—赏宅受国—文、静、宪公。两者都是"先祖—受命—有土—先公"这一叙事结构。但是，前两器与后一器所述内容显然有别。就后一器铭而言，因有文、静、宪公明示，作器者无疑就是宪公之后的秦公——武公（其弟出子死后无谥，不计入），而其先祖则是两人并称，即被"赏宅"者和"受国"者，前者应为中潏，后者就是襄公。

在文公之前的各位秦公中，被论者列为"赏宅"者的有非子、庄公。

理由是非子受封附庸，并建立了秦邑；庄公被封为西垂大夫，重新拥有了西犬丘，这都属于"赏宅"。此论似乎很有道理和说服力，其实则大谬不然。首先，非子受封立邑，虽然是秦人早期历史的转折点，早期秦人由此分为两支发展，互为依托，并由非子一支最终担起复兴本族的历史使命。但非子受封绝非"赏宅"，而是嬴秦在西周时政治地位开始提高的标志。"赏宅"理应是在秦人居地以外，而秦邑就在中潏"归周"以来其所占有的地域范围之内，焉能称得上新的"赏宅"？充其量也只是嬴秦一支的一分为二或受封别氏。其次，庄公"赏宅"西犬丘，更是于理不通。西犬丘是嬴秦西迁后最早的中心居邑，庄公也仅仅是将被西戎占领之后的西犬丘再次收回而已，庄公获封西垂大夫也只是周天子对其伐戎取胜的奖赏和爵封，但并未"赏宅"。最后，被赏宅者只能是第一位来到天水一带的嬴秦首领中潏。既然非子、庄公都不是被"赏宅"者，那么，哪位秦公才是被"赏宅"者呢？这位秦公自然就是"归周"并"在西戎，保西垂"的中潏。中潏归周，这是嬴秦商末周初其弃商归周和开辟西垂根据地的历史起点，尽管期间充满着悲壮和艰辛，但是，秦人命运却由此改变。中潏的归周与西迁是一个互为因果的重大事件，虽然史籍没有交代其西迁也是周人的"赏宅"，但没有周人的认可同意，嬴秦焉能在周人势力圈内完成西迁？反之，正是嬴秦归了周，才有中潏的西迁，嬴秦从此有了一块属于自己的发展空间和领地，也就是周人对嬴秦事实上的"赏宅"。这从秦公簋铭文"鼏宅禹迹"一语已经道明。按《尚书·禹贡》篇记载，天水一带之嶓冢、朱圉等山，渭水、漾水等河都是名山名水，也都是大禹所至之地。而大禹所至之地也就是辅佐其平治水土的嬴秦始祖伯益足迹所至之地。所谓"鼏宅禹迹"，正是对中潏率领秦人来到了其先祖伯益当年曾经留下足迹的天水一带这一固有事实的记述。据此可知，太公庙秦公钟的作器者是秦武公，而受天命并被赏宅和受国者分别为中潏和襄公。

秦公簋和盨和钟开篇所称的"朕皇祖"显然也是中潏。如上所论，所谓"鼏宅禹迹"指的正是中潏率族西迁占有西垂之地一事。嬴秦也正是以此为起点而拥有了属于自己的一块根据地，并开始了世系连贯而逐步兴起壮大的进程。自中潏下传蜚廉、恶来革、女防、旁皋、太几、大骆、非子、秦侯、公伯、秦仲、庄公，正好十二代，铭文的"十有二公"即是嬴秦西迁以来的十二位君主。从铭文"余虽小子"句清楚地表明，作器者不在十二公之列,则庄公之子襄公乃是秦公簋的作器者。也就是说秦公簋等器就是襄公受封诸侯,在西垂开国立制、告慰先祖时所造礼器。

由此可知,秦公簋、盨和钟为襄公时礼器,而太公庙秦公钟、镈则是武公时礼器,两者在铸造时间上相差三代七八十年。但这两组礼器在用途上不仅一致,而且正好前后相接,完整保留了秦人早期两次重要的祭奠活动。襄公所铸秦公簋、盨和钟等礼器,为开国立制之用,显而易见,毋庸多言。太公庙秦武公钟、镈则是秦人为庆祝新都雍城竣工举行落成典礼时所铸。史载秦武公在位二十年,他即位于平阳,曾伐彭戏氏,铲除权臣三父等;又伐邽戎、冀戎和小虢,建立邽、冀、杜、郑四县。可见武公是一位内强王室、外拓疆土而很有作为的君主。而这一系列活动都是在他在位的前十一年内完成的,武公在位的后九年,其行止虽不见于记载,但营建新都雍城无疑是其最为重要的工作,而且是一项举全国之力的浩大工程。因为继武公而立的德公直接即位于新都,则显然雍城乃为武公修建完成。《史记·秦本纪》载:"德公元年,初居雍城大郑宫。以牺三百牢祠鄜畤。"德公继位后即"以牺三百牢祠鄜畤",而鄜畤位于雍城南郊。德公即位之初不见举行雍城及大郑宫落成典礼,而立即大规模郊祭鄜畤,正说明在其兄武公去世前新都已经建成并举行了落成大典。史称:"卜居雍。后子孙饮马于河。"则知秦人高度重视新都雍城,秦人此后长期以雍城为都并迅速强大的事实也说明了这一点。故新都雍城建成后,主持修建者武公立即举行了落成大典,只是由于典礼之后未及迁都,武公便去世了。由于营建新都雍城是一件堪与襄公开国相媲美的大事,故必有一番大规模建设和告祭等庆典活动,此举虽不见于史载,却被出土于太公庙的秦武公钟、镈以及铭文所证实。这正是太公庙秦武公钟、镈产生的历史背景和用途所在。

可见,以天水秦公簋、盨和钟和太公庙秦公钟、镈为代表的秦人礼器,是秦人分别在襄公建国和武公所修新都雍城建成后举行庆典的礼器,它们虽然用途一致,但时代不同,属于出自相隔三代不同秦公之手的两组礼器。这两组礼器所记内容各有侧重,前后衔接。前者以完整记述西迁天水的十二代秦人在建国前的活动为主,皇祖为中潏,作器者襄公,涉及秦公为中潏至庄公的十二代即"十二公"。后者所述先祖为襄公,作器者武公,铭文主要记述了襄公至宪公四代秦公。也就是说,后者所记内容重点在襄公至宪公一段。

于是，这两组内容相近、用途一致但年代不同的秦公器前后衔接，从告祭这一角度完整保留了秦人两次举行国家大典的珍贵史料。透过这两组秦公器，正好反映了自中潏至宪公世系连贯的十六代秦人西迁天水、受封建国和营建新都雍城这一早期阶段艰辛而辉煌的崛起历史。因而，两组秦公器无疑成为秦人早期崛起建国这一进程的历史见证。

3. 综合分析器主归属

天水秦公簋、盉和钟为秦襄公时器物，不仅在铭文中得到体现，而且还有不少旁证可资为据。综合分析，至少从以下四个方面得到印证。

（1）秦公簋与盉和钟显系同一器主

秦公簋出自天水西南乡，这是一个大致方位，论者多以为出自西汉水上游支流红河两岸即天水市西南与礼县交界一带。盉和钟出土地点、时间不详，宋仁宗时有人献于朝廷。虽两件铜器出土时间相隔千年，但铭文内容、风格、字体非常接近，显系同一器主、同一时代、同一场合、同一使用目的的铜器。而恰好在宋太宗时就曾发生过"秦襄公冢坏"的事件。据《资治通鉴前编》：宋"太宗时襄公冢坏，得铜鼎，状方而四足。铭曰：'大王迁洛，岐丰赐公；秦之幽宫，鼎藏于中'"。则盉和钟即出自太宗时的"秦襄公冢"。这跨越千年间的两件铜器与秦襄公、天水西南乡结合在一起，共同揭开了一个千古之谜——两件青铜器出自秦襄公墓，器主为秦襄公。有人以四方鼎不见于春秋以及鼎上铭文韵语俚俗等否认其真实性，① 实则不足为据。所谓"秦襄公冢坏"大致是其墓坍塌或发山洪冲毁墓葬。方鼎与盉和钟由此而现世并辗转流落人间，文献明确记载为"秦襄公"，当有其他可以辨明身份之器物同时出土，只是没有被一同献出并流传于世。至于四方鼎流行于商末周初而不见于春秋，则完全有可能是自中潏以来为秦人传世重器而随葬于襄公墓中。就其方鼎铭文而论，其与雍城秦公一号大墓石磬铭文颇为接近，故其真实性也毋庸置疑。所以，从现有材料综合分析，秦公簋与盉和钟显系同一器主、同一时代，出自同一地方的秦人早期铜器。

（2）秦公簋与太公庙秦公镈、钟并非同一时代

秦公簋与太公庙秦公镈、钟并非同一时代，除了前文所论，这里再

---

① 陈平：《关陇文化与嬴秦文明》，江苏教育出版社2005年版，第250页。

作补充。论者均从铜器形制、纹饰、字体立论，对秦公簋作器年代进行考订，其结论最早的作器者为文公，最晚者为哀公，早晚之间相差200年以上。又由于秦公簋与太公庙铜器铭文两者比较接近，更坚定了多数人坚持的景公前后说。实际上，簋与镈、钟这两者间差异较大，并不在同一时代，陈平已有翔实论辩，颇为有力，① 这里不再征引赘述。马承源指出，秦国铭文字形源于虢季子白盘，而一系列秦国铭文都是同一体系。陈泽以此立论，经统计分析，秦公簋晚出虢季子白盘四十多年，两铭互见字有25个，全同者23个，占99.12%，相异者仅2字，占0.80%。太公庙镈、钟时代按秦武公时计，则晚于秦公簋八十余年，两器互见字71个，相同者65字，占90.77%，相异者6字，占9.23%。两器虽字句多有雷同，但相异字明显增多，且相异字体秦公簋繁复而镈、钟简化，簋早而镈、钟晚甚明。这说明时代越近字相同者愈多，时代越远字相异者愈多。② 这一看法是客观而可信的。再者，簋铭与镈、钟铭文的相近，并非时代一致，而是每凡大典，铸鼎刻铭犹如现今公祭伏羲、黄帝等中华人文先祖之飨礼一样，告祭之文则有特定的铭文韵语和体例范本，相对稳定，即使有变也大同小异。若对此不加区别，就会出现对不同时代器铭误当同一时代的误读误判。

（3）对于"十又二公"的理解，不能拘泥于其首领何时称公

"十又二公"就是十二位秦君毫无疑问，问题在于最早的一位"公"是何人？以庄公、襄公为十二公起始者，即来自文献中二人均为最早称"公"者。但具体而论，二人又有不同，庄公作为襄公之父，其所称公属于儿子追封，而襄公称公则是周平王封其为诸侯的爵位，名正言顺。而论者以文公为起始，则是受太公庙镈、钟铭文追述的第一位先公为文公所致。其实，秦人在各诸侯国中，是一个尊崇周礼又不拘泥于周礼的国家，尚武功利、好大喜功、杂糅戎俗而少繁文缛礼限制，是古今人们对秦国制度与文化的共同评价。因此，秦人常常被东方各国以夷狄视之并加以诟病，故逾制僭越之事于秦犹如家常便饭。故襄公开国时就有此举，《史记·六国年表》就说：

---

① 陈平：《关陇文化与嬴秦文明》，江苏教育出版社2005年版，第398—400页。
② 陈泽：《秦公簋铭文考释与器主及做器时代的推定》，《古代文明研究通讯》2002年第14期。

> 太史公读《秦记》，至犬戎败幽王，周东徙洛邑，秦襄公封为诸侯，作西畤用事上帝，僭端见矣。《礼》曰："天子祭天地，诸侯祭其域内名山大川。"今秦杂戎狄之俗，先暴戾，后仁义，位在藩臣而胪与郊祀，君子惧焉。

《索隐》注云："以言秦是诸侯而陈天子郊祀，实僭也，犹季氏旅于泰山然。"可见秦人在依周礼进行开国大典时，就僭越礼制以天子之制进行郊祭而非按诸侯之礼祭域内名山大川，西畤的创建和祭祀白帝少昊，就是典型事例。就是这样一个心怀天下的秦襄公，在其部族历经千年沉浮流徙和无数磨难之后，开国创制之际，告慰列祖先宗，其先祖身份为何？是否为公？有什么区别？对于一个早有回归中土之心而有僭礼之实的开国者而言，这份基业正是从中潏西迁天水而肇其基的。所以，自中潏至庄公传承完整的十二位嬴秦首领，正是簋铭中所称颂的"十又二公"。

（4）秦公簋铭文载明作器者为秦襄公

陈泽对秦公簋铭文韵读考释揭示了铭文深意，发现铭文直接记载了三位秦人首领，也找到了"十又二公"的名号。兹征引如下：

> 盖铭第一章，记有"鼏宅禹迹，十又二公，在帝之社"的十又二公的第一公，作器秦公称为"朕皇祖"。第二章记有"恭夤天命，保业厥秦，虩事蛮夏"的器主父亲，作器秦公称之为"严"。第三章记有"帅秉明德，烈烈桓桓"的作器者，自称为秦公、朕、余、小子。
>
> 虽在盖铭三章中，隐去了他们的名号，但在器铭中，确有"其严御各"四字赫然在目，何谓"其严"？其为庄公名，严为襄公对庄公的尊称。
>
> 以"其"字为突破口，举一反三，既知器主父为庄公。那么作器者一定是襄公了。……又从庄公上溯十又二公，正是殷末"在西戎，保西垂"的中潏。这样就是铭文中记述的三个历史人物（笔者注：中潏、庄公、襄公）都有了名号。①

---

① 陈泽：《秦公簋铭文考释与器主及做器时代的推定》，《古代文明研究通讯》2002年第14期。

陈泽还进一步利用秦汉间在簋身所凿"西元器"加以训解，其义就是"西垂秦国开国始年之器"。所以，"这件秦公簋，就是襄公在宗庙祭祖时，所作的开国始年的祭器"其论甚当。

（5）秦人立国时早已具备铸鼎刻铭的实力和技术

论者或以为秦人在立国前后还没有实力和能力铸鼎刻铭，言下之意即秦人文化落后，实力有限，尚无能力和技术作器。实际上，在天水及礼县所发现的秦人墓葬和遗址遗物，早已证实这种看法大大低估了秦人实际的社会发展和文化科技实力。无论立国前后的秦人之青铜礼器出于西周士人、工匠之手还是秦人自己，一个不可否认的事实是早在公元前9世纪末的秦庄公，伐戎取胜后已经可以铸造不其簋，而公元前8世纪前期的襄公立国时就无力造器，岂非咄咄怪事！李学勤所考不其簋年代乃庄公初年之卓论早已为学界采信。我们既承认庄公时秦人已经拥有青铜器，又何以对其子襄公开国之时铸器有所怀疑呢？况且，"国之大事，在祀与戎"，襄公建国立邑乃秦国头等大事，岂有不大兴土木、隆重建设之理？尤其是用于祭祀之青铜重器更是不可缺少的一环。所谓"鼎宅禹迹"也正指明了秦人立国之地就是其始祖伯益佐禹随山刊木、平治水土而足迹所至的蟠冢山下、漾水河谷的西垂一带。

秦人自中潏入居西垂，至文公东迁关中，在天水地区经历了十四代三百多年，这是秦人历经打击、迁徙等种种磨难之后，开始由弱到强逐步兴起和建国的重要时期。从中潏开始，相继有蜚廉、恶来革、女防、旁皋、太几、大骆、非子、秦侯、公伯、秦仲、庄公，为十二代。之后，秦襄公位列诸侯，实现了十几代秦人不懈追求、建立国家的夙愿。秦人入居天水建国，既是秦人重新兴起、世系清楚的一个完整历史阶段，又是秦人终于如愿以偿正式建立国家，走向新的历史阶段的开端。秦襄公位居诸侯，在这继往开来之际，他们兴建都城，修筑西畤，隆重祭奠先祖，告慰列祖列宗，称颂祖宗业绩，而追称先祖为公，是再自然不过的事了。所以，所谓"十又二公"，即是自中潏至庄公十二位秦人首领，秦公簋器主应为秦襄公。

第二节　秦文公东猎与入关

襄公封侯建国仅四年，在他所创建国家初具雏形之时，这位承前启后、继往开来的第一代秦公，便于入关伐戎的征途中去世了。但他开创的秦国基业并未因他的去世而停顿，其后代子孙不仅完成了襄公未竟的事业，而且很快将秦国引入更为壮阔的发展征途，由此而开辟了东进关中的历史新阶段。

一　秦文公东猎

周平王东迁建立东周，襄公立国，这是一个互有因果联系的大事件。平王东迁，不仅意味着周人势力东移，而且原王畿之地已成为秦人将要驰骋空间，这为秦人崛起提供了极为有利的条件。公元前765年，襄公之子文公即位。史载："文公元年，居西垂宫。"则自襄公立国所建宫殿西垂宫以及新都大致完工。所以，秦文公即位后，便将发展的目光转向天水两河流域之外条件更为优越、空间更为广阔的关中西部。于是，"三年，文公以兵七百人东猎。四年，至汧渭之会"。

文公"东猎"，虽然记载简略，但它是一件值得深究的重要行动。首先，这次东猎历时较久。文献没有交代东猎始于文公三年何时，也没说明四年哪月到达汧渭之会，尽管如此，保守估计东猎历时在半年以上当无疑义。西垂至汧渭之会，若以今礼县至宝鸡直线距离计算，相距不足200公里，若以实际路程估算，也不会超过400公里。可以说，两地距离并非遥远。但就是这段路程，文公竟然历时半年以上才到达目的地，按直线距离平均计算，半年期间每天行军路程只有1公里有余，即使按实际路程平均计算，也仅2公里有余。行军如此之慢，历时又如此之久，其"东猎"就不是简单的狩猎或者赶路程，"东猎"必大有文章。

其次，文公"东猎"的结果是将都城由西垂迁到汧渭之会。这是典型的名不副实。可见文公"东猎"，其实只是行"东猎"之名，达迁都之实，采用的是"明修栈道，暗度陈仓"的一种策略。何以如此？一方面，秦人立国不久，实力终究有限，明目张胆宣示东迁都城，可能会引起东周王室和西戎诸部的警惕甚至反对。另一方面，在文公"东猎"实施的三年前，其父襄公曾"伐戎而至岐"，虽然这次伐戎因中途襄公去世而半途而废,秦人并没有实际控制岐西之地。但是,通过这次伐戎,既对西戎势力有所削弱,也使秦人对西戎诸部实力有了准确把握。文公即位之初,迅即实施"东猎",则必是文公在权衡秦与西戎实力并有把握占据优势、站稳脚跟基础上的大胆选择。文公东猎完成,选择立都于汧渭之会的事实也证实了这一点。

最后,文公东猎路线并非普通交通线。秦文公东猎历时半年以上,且以"东猎"为名,故其行军路线就不是按普通的出行而正道直行,其行止既要合乎"狩猎"的要求,又要按既定目标尽可能多地考察掌握关陇间山川地貌、森林草场、人口物产、戎族分布等信息,还要灵活调整行进路线,避免与戎族各部发生冲突,为东进关中、择定新都进而实现主力东移做好准备。所以,这样的行动绝非一般意义上的单纯出行,它实际是一次集狩猎、考察、摸底、周旋、探路、选址甚至包括占领、控制、经营一些城邑、关隘等多重活动于一体的一次军事行动和战略转移,事关秦人部族命运和国家前途。其具体行止更多地应该舍弃通途而探究新道,故跋山涉水、翻山越岭、迂回反复、辗转盘桓才是常态。

作为一次实质上的迁都行动,学界不少人对其行军路线进行探索和研究,提出文公东进是经行陇山道或渭河峡谷道(又称陈仓狭道)等不同看法,并详加论证。① 按地貌形势而论,天水两河流域分属长江、黄河两大流域,西垂所在西汉水属于长江流域,这里位居西秦岭山间谷地。西秦岭之北即是属于黄河流域的天水渭河流域,在甘陕之间,又有南北向六盘山(又称陇山)纵列其间,成为关陇间的天然屏障。在陇山与西秦岭交汇地带,有渭河峡谷横穿而过。这种山川地形,犹如一个倒"T"字形,东为关中,西为天水,南即礼县所在的西汉水谷地。这种格局决定了自古至今,从两河流域入陕,无非三个方向:一是从天水境内翻越陇山;二是大致沿渭河峡谷入陕;三是从西秦岭谷地东行或汇入渭河峡谷(凤阁岭),或经今凤县沿陈仓道北上越秦岭大散关至宝鸡。就路程而论,方向一距离最远,但历来为甘陕间交通的主干路线;方向二基本滨

---

① 张天恩:《古代关陇通道与秦人东进关中线路考略》,徐卫民、雍际春主编《早期秦文化研究》,三秦出版社2006年版;刘明科、辛怡华:《渭河峡谷的秦文化遗存与秦文公东猎汧渭之会路线蠡测》,秦始皇兵马俑博物馆《论丛》编委会编《秦文化论丛》第十二辑,三秦出版社2005年版。

渭而行，里程最短，但经行渭河峡谷，部分地段山峦叠嶂、山高谷深、水流湍急，不易通行；方向三似未曾纳入视野。

秦人本自中潏西迁而至天水，此后，非子养马汧渭之间，庄公击戎、襄公救周与伐戎，作为一个与周人保持密切关系的部族，经常出入甘陕之间，其间交通线路可谓了如指掌。文公东猎，系精心策划、有备而来。用兵既贵在神速，也贵在出其不意。就出行而论，方向一可谓坦途，但该道偏北更为接近居于泾渭之间的西戎居地，一旦经行此途，东迁意图即昭然若揭，故难以取得出奇之效。不少学者坚持文公东迁经由陇山道，一个很重要的原因是只有如此东迁，才能将所谓襄公都汧与文公迁都于汧渭之会有机结合而更具说服力。实际上，汧邑并非秦都，前章已有详考，不再赘述。相对于方向一，方向二、三道路险阻，也更具"东猎"的迷惑性，因此，文公经由方向二或三实施"东猎"的可能性更大。

方向二就是陈仓狭道，张天恩经实地考察和研究，提出的路线在渭北由东向西为陈仓→硖石→六川河→车辙→城隍庙，或自成仓大致沿渭南→太寅→甘峪→晁峪→坪头（或码头）→城隍庙，两相回合后再经赤沙→通洞→拓石（或至凤阁岭）→吴砦，出吴砦后，渭河谷道已经开阔，沿河岸已便于通行。① 刘明科等人的研究认为，渭河谷道大致一直沿渭河北岸而行，在此段渭河两岸自西向东有建河、关桃园、晁峪、甘峪、福临堡等均有春秋时期甚至更早的秦文化遗址发现。② 张天恩也指出在通洞、赤沙、六川河等地也有春秋战国时期的秦文化遗存发现。这些遗址似乎在昭示着渭河峡谷曾经是一条早在西周春秋时期就已通行的道路。

方向三即是自今礼县向东大致经成县、徽县、两当县至凤县，然后经陈仓道越秦岭至陈仓。该道在两当、凤县之间，也可沿红崖河北上经利桥、三岔至凤阁岭，与渭河峡谷道汇合。③ 这一方向在三道中位置最偏南，既远离泾渭间的戎狄，又更具隐蔽性，它与渭河峡谷道一样，利于出奇制胜。由此看来，文公经方向二或三东进关中都是可能的。

---

① 张天恩：《古代关陇通道与秦人东进关中线路考略》，徐卫民、雍际春主编《早期秦文化研究》，三秦出版社2006年版。

② 刘明科、辛怡华：《渭河峡谷的秦文化遗存与秦文公东猎汧渭之会路线蠡测》，秦始皇兵马俑博物馆《论丛》编委会编《秦文化论丛》第十二辑，三秦出版社2005年版。

③ 史念海：《河山集》第四集，陕西师范大学出版社1991年版，第252页。

二　建都汧渭之会

《秦本纪》载：文公四年（前762年），"至汧渭之会，曰：'昔周邑我先秦嬴于此，后卒获为诸侯。'乃卜居之，占曰吉，即营邑之"。《封禅书》又云："秦文公东猎汧渭之间，卜居之而吉。"此语说到两个地名，其一是周邑秦嬴于此，其二是文公卜居营邑于汧渭之会或汧渭之间。秦嬴即受到周孝王封赏而营邑于秦的非子，而"昔周邑我先秦嬴于此"一语，或认为非子受封于此，其实不然，这里文公所言是泛指，即周孝王曾让非子为周王室养马的汧渭之间，既为周王室养马，必有养马场所和驻牧设施与机构，而且长期存在，此即所谓"汧邑"，前文已有详考。

上文第二个问题，即文公所迁之都"汧渭之会"，是学术界存在争议的一个都邑。在古代文献中，一是眉县说。《括地志》："眉县故城在岐州眉县东北十五里。毛苌曰：眉，地名也。秦文公东猎汧渭之会，卜居之，乃营邑焉，即此城。"二是槐里说。《诗秦谱》孔颖达正义："至文公还居非子旧墟，在汧渭之间，即槐里是也。"此说仅此一见。三是汧县说。《水经·渭水注》："龙鱼水（汧水）迳汧县故城北，《史记》秦文公东猎汧田，因遂都其地是也。"《汧阳县志》《凤翔府志》及《大清一统志》均主此说。近代以来的学者既有认可眉县说者，亦有结合考古发现而提出新的看法，只是在具体判定上又有争论。陈秀云主张："文公所营的都邑，故城在今陕西眉县东北十五里。"[1] 林剑鸣认为其地在今陕西眉县附近。[2] 高次若认定在今宝鸡市汧水以西的陈仓；高次若后又与刘明科联合撰文提出城址当在陈仓上城。[3] 蒋五宝则认为在今宝鸡市汧水以东的魏家崖一带。[4] 徐卫民亦主此说。李零认为今宝鸡市东卧龙寺西北。[5] 刘宝爱认为在李家崖。[6] 焦南峰、田亚岐主张在凤翔县孙家南头村。[7] 杨东晨认

---

[1]　陈秀云：《秦族考》，《文理学报》1946年第1卷第1期。
[2]　林剑鸣：《秦史稿》，上海人民出版社1981年版，第38页。
[3]　高次若：《先秦都邑陈仓城及秦文公、宁公葬地刍议》，秦始皇兵马俑博物馆《论丛》编委会编《秦文化论丛》第三辑，西北大学出版社1994年版；高次若、刘明科：《再论汧渭之会及其相关问题》，《秦都咸阳与秦文化研究——秦文化学术研讨会论文集》，2001年。
[4]　蒋五宝：《"汧渭之会"遗址具体地点再探》，《宝鸡文理学院学报》1998年第2期。
[5]　李零：《〈史记〉中所见秦早期都邑葬地》，《文史》第二十辑，中华书局1983年版。
[6]　刘宝爱：《"汧渭之会"刍议》，《宝鸡文博》1997年。
[7]　焦南峰、田亚岐：《寻找"汧渭之会"的新线索》，《中国文物报》2004年3月5日。

为汧渭之会当在宝鸡戴家湾、卧龙寺、贾村原、石羊庙及凤翔县长青、陈村一带。① 王雷生主张汧渭之会就是秦汉时期的陈仓城,是在非子秦邑旧址上的重建。②

以上今人关于秦文公汧渭之会所建都城位置的争论,其地望大致可归纳为两大区域三小片区。两大区域即汧水以东区域和汧渭之间区域,三小片区即眉县附近、汧水东岸和汧渭之间区域。其中,汧水以东区域涉及两个小片区,即眉县和汧水东岸片。

在三小片中,眉县为独立一个遗址区,汧水东岸片南有魏家崖,北有孙家南头、长青、陈村两处,两者俱在汧水东岸边,南北相距约15公里。魏家崖位处渭河与汧水交汇处汧水东岸。孙家南头、长青、陈村三处也可看作一处,长青偏北,陈村偏东,两者距孙家南头都在3公里之内。这两小片俱在汧水以东,这似乎与《史记》所载不符。按前引《封禅书》云:"秦文公东猎汧渭之间,卜居之而吉。"说明秦文公东猎仅在汧渭之间,其所卜居之城应当不出关中渭河北岸、汧水之西的"汧渭之间"这一大的区域。文献又说文公"至汧渭之会",则其城当距汧、渭两水汇合处不会太远。所以,汧水以东两片区各点都应该排除,尽管孙家南头和魏家崖都距汧水很近,但都在汧渭之间之外。秦文公都汧渭之会是在秦人东猎刚刚入关而进行的,既然说在汧渭之间,那必然其东地域秦人尚未涉足,汧水以东地域仍在西戎诸部控制之下,这也为此后文公、宪公、武公等的伐戎及其涉及地域所证实。

排除了汧水以东两个小片区,文公所建都城就只有汧渭之间这一区域。"汧渭之间"与"汧渭之会"所指为何?关于"间",据《墨子·经上》:"有间,中也。"又云:"间,不及旁也。"孙诒让《闻诂》引陈云说:"有间,谓夹之者;间谓夹者也。"按此理解,所谓汧渭之间,就是指东西流向的渭河与由西北向东南流向的汧水之间的中间地带,也就是今宝鸡市渭河之北、汧水之西一带。至于"会",《说文》:"会,合也。"《释名》亦谓:"会,聚也。"而《方言》对"湘沅之会"就直接解释为"两水合处也"。由此可见,汧渭之间即是两河之间这一大的区域,而汧

---

① 杨东晨:《秦人秘史》,陕西人民教育出版社1991年版,第144页。
② 王雷生:《秦文公建都"汧渭之会"及其意义——兼考非子秦邑所在》,《人文杂志》2001年第6期。

渭之会则是两水汇合处，则汧渭之间包含汧渭之会，汧渭之会是汧渭之间一个相对小而具体的地方。这就可以肯定，文公之都必在汧、渭两水汇合处一带，超越或远离这一区域的地点，当与文公之都无涉。

现有研究关于"汧渭之会"涉及的地点就有戴家湾、卧龙寺、贾村原、李家原等多处。这几处，除了贾村原位于宝鸡市北外，其余四处俱在今宝鸡市区之内，且大致一字排开，由西向东依次为李家崖、戴家湾、卧龙寺，也都位于贾村原南缘的渭河北岸阶地。贾村原东起汧水西岸，西至金陵河，北达冯家山，南至宝鸡市区北缘，是一个相对独立的原面，其正南正是宝鸡市区渭北部分。故李家崖、戴家湾、卧龙寺诸点与贾村原南北相连，实为一个北原南台的整体。这一区域既在汧渭之间，亦处汧渭之会。

按《水经注》《元和郡县图志》等文献记载，今宝鸡戴家湾、斗鸡台一带就是古陈仓城，也就是文公所都之地。《水经·渭水注》：渭水"又东过陈仓县西，县有陈仓山，山上有陈宝鸡鸣祠"。

《元和郡县图志》卷二：

> 陈仓故城在今县东二十里，即秦文公所筑。魏略云太和中将军郝昭筑陈仓城。……按今城有上下二城相连，上城是秦文公筑，下城是郝昭筑。

《括地志》陈宝祠位于"岐州陈仓县东二十里故陈仓城中"。《春秋大事表》，"县东二十里有故陈仓城，为秦文公所筑，其孙武公增构徙都之。又有陈仓山，即文公获陈宝处，其地在汧水之南渭水之北，所云汧渭之间"。

再从考古发掘材料来看，今贾村原南北是秦文化遗址密集分布区，自新中国成立前在斗鸡台发现戴家沟东侧发现秦国春秋早期墓以来，先后在李家崖、034 和 086 工地、[①] 姜城堡、福临堡及西高泉（阳平站北）等地，都发掘出同一时期的秦墓。这些墓葬就其数量和年代之早而言，都超过了户县、陇县发现的秦墓。[②] 其中，以渭水南岸姜城堡墓葬年代最

[①] 韩伟：《略论陕西春秋战国秦墓》，《考古与文物》1981 年第 1 期。
[②] 陈平：《试论关中秦墓青铜容器的分期问题》，《考古与文物》1984 年第 3 期。

早,而以宝鸡市区及近郊包括贾村原、陵原及斗鸡台在内,邻近汧渭之会的地区密度最大。所以,王雷生认为鄜畤建于贾村原西端金陵河畔,陈宝祠位于斗鸡台、戴家湾以北的贾村原台地,它们都在古陈仓城亦即文公所营都城的周围,其城就是戴家湾一带。① 高次若、刘明科的研究也认为戴家湾一带就是文公建都处,也是古陈仓城所在地,文公之都与陈仓城为一城二名:

> 渭河基本呈东西向自西向东流经宝鸡,而汧河虽有许多支流,但均源于陇山大阪东麓,在山脚下汇合后是西北东南走向汇入渭河,使渭河和汧河之间从陇县到宝鸡成为一个约50度的夹角,这就是正史上所说的"汧渭之间"。这个夹角从陇县至汧阳是千河河谷。汧河北岸从汧阳至凤翔塬是崇山峻岭。汧渭之间有汧阳岭(亦称箭括岭,冯家山)和吴山相隔的陵源和贾村塬,这两个塬又有金陵河相隔,使"汧渭之间"形成汧河河谷、陵源和贾村塬三个富足的地理板块。而这三个板块中唯贾村塬及其南坡下的渭河以北二级台地是符"汧渭之会"的本意。所以我们通常说的汧渭之会当是这个地方。②

王雷生、高次若等人所持的汧渭之会即是古陈仓城,位置在戴家湾一带的观点,确实很具说服力,但李家崖、卧龙寺诸说也似有据。因为整个宝鸡周围川原文化积淀深厚,周秦文化遗址甚多,由于其面貌的相似性与模糊性之故,每个被认定为文公之都的地点,被完全排除是有困难的。而要最终确定汧渭之会都城位置,还有赖于今后新的考古发现。但是,我们可以肯定的一点就是秦文公所邑都城汧渭之会,虽不能肯定究在上述区域的哪个具体地点,但不会超出贾村原南北这一个片区,则是肯定的。

三 文公时期秦国的发展

文公在位长达五十年,他在位期间,不仅完成了秦人东进关中、立

---

① 王雷生:《秦文公建都汧渭之会及其意义》,《人文杂志》2001年第6期。
② 高次若、刘明科:《再论汧渭之会及其相关问题》,《秦都咸阳与秦文化研究——秦文化学术研讨会论文集》,2001年,待刊。

都汧渭之会，实现了秦国入主关中，进而逐鹿中原既定战略的第一步。而且文公还从多方面促进了秦国社会的发展和国力的显著增强。这主要表现在以下五个方面：

一是"初有史以纪事"，推动了国家文化事业的发展。秦人族出东夷，嬴姓本来是一个曾拥有先进文化的部族，但自夏初以来，在长达千年之久的时间里历经迁移流徙、战争动荡和压制排挤，特别是中潏西迁天水以来，其在远离中原、群戎包围的环境中，既势单力孤、地位卑下，又险象环生、命悬一线。于是，保族求生乃第一要务。为此，秦人致力于农耕畜牧以发展经济，拼死力战西戎以改善与周人关系，至非子之时才立稳脚跟，逐渐受到周王室重视而境遇开始改善。这期间，秦人实无力他顾，文化教育之荒废自在必然，充其量仅限于王族上层。正因为如此，直到文公十三年（前753年），才"初有史以纪事，民多化者"。史官的设立是秦国官制进一步趋于完备的表现。而史官的职责是记载国君的重要言论和国家大事，以备君主察往知来，并向君主解疑答难，建言献策；教化民众、普及教育也是史官的职责。现已失传的秦国国史《秦纪》就开始产生于秦文公时，史籍中称作史敦的史官，是秦国见于记载最早的一位史官，他曾对秦文公梦见黄蛇进行过解答。史官的设立和史书的出现，不仅表明秦国史学开始发展，而且是秦国重视文化、发展教育规范化、制度化的反映，也是国民文化普及达到一定程度的产物，所以才会有"民多化者"的现象。

二是伐戎地至岐。文公十六年（前750年），"文公以兵伐戎，戎败走。于是文公遂收周余民有之，地至岐，岐以东献之周"。文公伐戎大获全胜，这是继庄公在周室与兵支持下反击西戎取胜后，第一次以秦国力量独立反击西戎的获胜之战。这一胜利，暂时解除了入关后戎族对秦国的威胁，更为重要的是周平王口头许诺的岐丰之地由"空头支票"变为实实在在的疆土，秦人生存和发展空间大为拓展。秦国力量由此奠定了走向强大的基础，《国语·郑语》云："及平王之末，而秦、晋、齐、楚代兴，秦景（庄）襄于是乎取周土，晋文侯于是乎定天子，齐、庄、僖于是乎小白，楚蚡冒于是乎始启濮。"这里将刚刚建国的秦与晋、齐、楚并列，可见在襄公、文公之时，秦国快速强大而引起关东诸侯的重视和关注。

三是"收周余民有之"。文公伐戎取胜，不仅开拓了疆土，而且"收周余民有之"，大大增加了人口民众，这不仅扩大了其统治基础，也改变和优化了国民的构成。秦国国民在入关之前，其构成是以嬴秦族民西迁天水者为主形成的秦族，还有征服融合的当地土著即以氐羌为主的部分西戎民众。文公收周余民，不仅使秦国的人口猛增，更主要的是使秦国民构成又增加了"周余民"。正如臧知非所说："秦国就是在与戎人的征战中建立起来的。其国民有三大部分构成：一是秦本族人，二是周余民，三是被征服的西戎诸部。"① 杨东晨指出："依周制百里内五万人计算，周逸民归秦者最少也有三十万人，使秦的人口迅速发展壮大。"② 这是比较符合实际的。由于秦人此前在群戎包围的天水地区生存长达三百多年之久，无论生产生活还是民风习俗、文化发展，深受戎狄文化影响，以致东方诸国视秦人为戎狄。周余民乃西周王畿内久经周礼熏陶的民众，其在经济生活与文化发展上，远较秦人和西戎先进发达。周余民的加入，优化了秦国民结构，引领、带动和整体提升了秦国民素质，为秦文化发展注入了先进因子和新鲜活力，对秦文化兼收并蓄基础上的新发展，加快秦人崛起，都具有深远影响。

四是立三族之法。秦文公二十年（前746年），秦国开始建立法律制度，实行所谓"三族之罪"。三族是指犯罪之人的父母、兄弟、妻子或父族、母族和妻族。这是一种一人犯罪，祸及三族的残酷刑罚，说明秦国国家机器的空前加强。

秦人进入关中，随着人口增加，国民组成发生变化，社会事务趋于复杂，国家内部不同阶级之间的利益和矛盾冲突不断增多和加剧，秦人、西戎、周余民等不同部族与集团之间的关系也更趋复杂。特别是大量周余民的加入，也无法适应秦人原有的带有部族痕迹和戎狄习俗的政令法度。所以，修改旧的政令法度，强化法制律令，更多地按照周制进行组织管理和制度建设，是秦国适应入关面临的新问题，也是有效治理国家、协调和团结所有国民、健全国家机构与管理制度的必然要求。文公"法初有三族之罪"的推行，正是在这一背景下，使秦国政令、法度、管理走向规范化、制度化的开端和标志。

---

① 臧知非：《共同的历史道路不同的发展进程——秦国社会结构与秦文化散论》，秦始皇兵马俑博物馆《论丛》编委会编《秦文化论丛》第三辑，西北大学出版社1994年版。
② 杨东晨：《秦人秘史》，陕西人民教育出版社1991年版，第151页。

五是建畤立祠，广祭神灵。文公入关后，秦人开始了一个造神运动，主要有设鄜畤、祠陈宝、祭树神和牛神等。这成为其强化政权、神化统治的重要手段。文公十年（前756年）"初为鄜畤，用三牢"。《索隐》云："《封禅书》曰'秦文公梦黄蛇自天下属地，其口止于鄜衍。'史敦以为神，故立畤也。"这是继襄公立西畤于西垂祭白帝之后，秦人进入关中后设置的第一个畤。鄜畤所祭亦为白帝，则白帝少昊在秦人心目中具有崇高的地位。鄜畤的建立标志着秦人畤祭和天地五帝祭祀系统进一步发展。

文公"十九年，得陈宝"，于是建陈宝祠祭祀之。"陈宝"为何？据《封禅书》说："若石"，"于陈仓北阪祠之。其神或岁不至，或岁数来，来也常以夜，光辉若流星，从东南来集于祠城，则若雄鸡，其声殷云，野鸡夜雊。以一牢祠，命曰'陈宝'"。《汉书·郊祀志》亦谓："其神来，若雄雉，其声殷殷云，野鸡夜鸣。"颜师古注："言陈宝若来而有声，则野鸡皆鸣以应之也。"《索隐》引苏林语："质如石，似肺。"又引臣瓒语："陈仓县有宝夫人祠，岁与叶君神会，祭于此者也。"《正义》："《括地志》云：'宝鸡祠在岐州陈仓县东二十里故陈仓城中。'《晋太康地志》云：'秦文公时，陈仓人猎得兽，若彘，不知名，牵以献之。逢二童子，童子曰："此名为媦，常在地中，食死人脑。"即欲杀之，拍捶其首。媦亦语曰："二童子名陈宝，得雄者王，得雌者霸。"陈仓人乃逐二童子，化为雉，雉上陈仓北阪，为石，秦祠之。'"

上引诸说神乎其神，扑朔迷离，综合而论，所谓陈宝实为流星雨或陨石雨所降之陨石。《尚书·顾命》曰："越玉五重：陈宝、赤刀、大训、弘璧、琬、琰，在西序；大玉、夷玉、天球、河图，在东序。"王国维认为陈宝亦是玉名，秦人所得这块陨石，"其质在玉、石间"[①]。所言极是。陈宝神定期现身，且每至必有野鸡鸣叫呼应，这大概是陨石降落时，燃烧发光而有声，惊飞野鸡，发出"殷殷"之声，人们遂将两者杂糅合一，更显其神秘性，且与秦人的鸟图腾崇拜有机结合。至于怪兽与二童子之说，当属后人附会秦人称霸之说。

秦文公二十七年（前739年），"伐南山大梓，丰大特"。《集解》："徐广曰：'今武都故道有怒特祠，图大牛，上生树木，有牛从木中出，

---

① 王国维：《陈宝说》，《观堂集林》上，河北教育出版社2001年版，第36页。

后见于丰水之中。'"《正义》:"《括地志》云:'大梓树在岐州陈仓县南十里仓山上。《异录传》云:秦文公时,雍南山有大梓树,文公伐之,辄有大风雨,树生合不断。时有一人病,夜往山中,闻有鬼语树神曰:秦若使人被发,以朱丝绕树伐汝,汝得不困耶?树神无言。明日,病人语闻,公如其言伐树,断,中有一青牛出,走入丰水中。其后牛出丰水中,使骑击之,不胜。有骑坠地复上,发解,牛畏之,入不出,故置髦头。汉、魏、晋因之。武都郡立怒特祠,是大梓牛神也。'按:今俗画青牛障是。"怒特祠所祭为树神和牛神,树神所祭为大梓树,而牛神必为出入大梓树与丰水中的青牛。陈平以为大特就是秦岭山中的大野牛,实则所谓青牛当是在秦岭西段至今还能见到的一种珍稀大型牛科动物羚牛,其少见、珍稀和像牛又与普通黄牛有别的体貌特征,正好成为人们视为神物的最好对象。

秦文公入居关中,成为秦人崛起关中的起点,为了强化统治,除了采取一系列健全政权统治的政策和制度措施之外,他还利用天人感应和天降祥瑞之说,通过立鄜畤、祠陈宝、建怒特祠等措施,使其成为秦人受命于天的征兆,借以神化王权。上述诸神祠所祭计有天帝、祖先、鸡、石、牛、树等,是典型的多神崇拜,这大约与秦人长期生活于西戎环峙的陇右而深受西戎文化影响,仍残存原始的图腾崇拜和拜物教有关。这种带有原始宗教痕迹的多神崇拜,这正是秦人进入关中拓境广民之后,希图进一步强化统治和渴望崛起的具体体现。

第三节 宪公至武公时期秦国的发展

秦文公在位五十年,其在位期间,不仅实现了秦人东迁关中,而且采取了一系列强化国家统治和促进社会发展的措施,为秦国走向崛起打下了基础。文公四十八年(前 718 年),公子静公卒,前 716 年,文公卒,其孙宪公即位。此后,宪公之子出公、武公相继即位,进一步壮大了秦国力量,并为德公迁都雍城,开启秦人历史发展的新阶段做好了准备。

一 宪公徙居平阳

秦宪公《秦本纪》又称为秦宁公,1978 年,在陕西宝鸡县太公庙村所出秦武公钟、镈铭文有"我先祖受天命,赏宅受或(国)。……文公、静公、宪公不坠于上"之句,从而证实称"宪公"更为准确。宪公即位后,继承了文公致力推动秦国走向崛起的未竟事业,推动秦国进一步发展。这主要表现在两个方面:一是迁都平阳,二是反击西戎。

1. 迁都平阳

汧渭之会是秦人入关后的第一座都城,秦人依托这一据点,完成了立足关中、伐戎至岐和收周余民等一系列重大任务。随着秦人在关中实力的增长,汧渭之会位置相对狭小又远离伐戎前线的不足日益明显。为了更有利于发展,宪公在即位的第二年(前714年),便将都城迁往平阳。

关于平阳的地望,《集解》谓,"徐广曰:'郿之平阳亭'"。《正义》引《帝王世纪》云:"岐山县有阳平乡,乡内有平阳聚。"《正义》引《帝王世纪》:"岐山县有阳平乡,乡内有平阳聚。"《水经注·渭水》云:"汧水东南历慈山东南,迳郁夷县,迳平阳故城南。"《括地志》谓:"平阳故城在岐州岐山县西四十六里,秦宁(宪)公徙都之处。"岐山西也就是宝鸡东,今宝鸡即辖阳平镇。上述郿县、岐山县和郁夷县,所指为同一地方。杨东晨指出:"平阳城,秦时属雍县地,西汉属郁夷县,东汉属郿县,唐代属岐山县,故史有不同的记载,实为一地。"① 经过考古工作者长期的调查和发掘,已确定平阳故城遗址就在今宝鸡市杨家沟和阳平镇一带。

宪公、出子、武公三位君主均以平阳为都,历时约37年。平阳应该是一处建筑规模和地域空间比汧渭之会更为宏大的都城,但限于文献记载,我们已难究其详。不过,街市、宫殿、宗庙、社稷和祭祀等都城必备之设施,平阳城亦当有之。史载武公居"平阳封宫",《正义》云:"宫名,在岐州平阳城内。"该宫遗址在杨家沟太公庙村,它东北距古岐州城(今岐山县)约40华里,东距阳平镇七八里,古城遗址与文献记载完全相吻。② 平阳宫可能存续时间较长,战国时仍为离宫,至秦汉时亦存。曾出土秦始皇或二世时所造的"平阳封宫""平阳斤"等铭文的铜

---

① 杨东晨:《秦人秘史》,陕西人民教育出版社1991年版,第153页。
② 卢连成:《平阳、雍城地望确定与秦先公徙都迹略》,史念海主编《文史集林》,《人文杂志》丛刊1985年第4期。

器。《汉书·郊祀志》记载汉成帝时，"雍大雨，坏平阳宫垣"，即为明证。

宪公徙都平阳，这不仅使秦的都城位置向东移动，而且就进入了昔日周人兴起的周原核心地带。这里已接近原周王畿的中心，北依凤翔原，南临渭水，属渭水北岸第一台地。台地西起宝鸡虢镇，东至宁王村一带，东西长三十华里，南北宽二三华里。台地地形开阔，土地肥沃，有泉水河流之便，经济发达，人口稠密。秦人将新的政治、经济、文化、军事中心东移至此，无论对于秦人经营关中，有效治理国家，还是便于扩张，有利伐戎，地理位置都更为优越。

2. 宪公伐亳戎灭荡社

关中地区虽原为周人兴起和立国之地，但是，始终有戎狄环伺周王畿周边，后来诸戎甚至深入王畿之内，最后导致西周灭亡，占有岐丰之地。于是，在泾渭洛河流域中下游，多有戎狄分布。秦文公伐戎地至岐，虽然在关中站稳了脚跟，但是，岐以东地仍在西戎诸部的控制之下，故其时西戎诸部对秦人的威胁有如西周中后期。正因为如此，宪公将都城迁往接近伐戎前线的平阳。据《秦本纪》记载，宪公在即位的第二年（前714年），就"遣兵伐荡社"；"三年，与亳战，亳王奔戎，遂灭荡社"。据此可知，宪公这次伐戎的主要目标是西戎中叫作亳戎的一支。荡社又名汤杜，《集解》徐广曰："荡音汤。社，一作杜。"《索隐》云："西戎之君号曰亳王，盖成汤之胤。其邑曰荡社。徐广云一作汤杜，言汤邑在杜县之界，故曰汤杜也。"《正义》引《括地志》云："雍州三原县有汤陵。又有汤台，在始平县八里。"张守节按曰："其国盖在三原始平之界也。"杜县即今长安县，始平即今兴平县，则亳戎原居于长安县的汤杜，后迁往今三原与兴平交界处。亳戎战败后，又逃往三原之北。宪公四年（前712年），秦人再伐亳戎而灭之，于是，今兴平至长安一带遂为秦有，其疆界扩展至今西安一带。

由文公至宪公，前后六十余年间，秦人不仅完成了由陇右到关中的迁移，而且迅速将国土由汧渭之会一隅扩展至岐丰一带，这就为此后武公伐戎和德公建都雍城奠定了坚实基础。

二 武公的伐戎事业

秦宪公讨戎正酣之时，不幸于前704年病逝，国君之位本应由宪公长子武公继承,但是,当时把持朝政的大庶长弗忌、威垒、三父为了继续控制朝政,却废太子而拥立宪公年幼的三子出子为君,称出公。当时出子年仅5岁,朝中大权仍操纵在弗忌等权臣手中。史称出公二年(前702年),秦军击魏,在今陕西大荔一带俘芮伯。不久,秦室内乱,无暇东顾。

1. 安定王室,与周联姻

原太子武公是一位很有谋略的储君,他被弗忌等权臣废立后,一直在积蓄力量,寻找机会铲除权臣以安王室。一方面,武公接近民间了解民情,礼贤下士优待文武官员;另一方面,在接近民众和大臣的过程中,也对弗忌等权臣祸国殃民、残害忠良、为乱朝廷的罪恶有了更为清楚的认识和真切的感受。出公六年(前698年),不甘受人摆布的出公又被弗忌等人谋害,不露神色的武公终于被拥立为君。武公即位后,并没有马上采取行动废掉弗忌等权臣,而是在即位当年首先"伐彭戏氏,至于华山下"。其次又积极选贤任能,充实壮大统治力量,以巩固其政权。在此基础上,武公三年(前695年),一举铲除弗忌等权臣,诛其三族并昭告天下,秦室危机由此化解。武公铲除弗忌等不仅大快人心,而且是一次反击统治阶层中旧贵族势力的一个大胜利,这对于维护秦国统治特别是促进秦国发展具有重大意义。

与此同时,随着秦国在关中西部的不断崛起和相继夺回周王畿之地,秦人已成为反击西戎、屏卫东周西部安全的主要依靠力量。也因此,周王室对秦人更为倚重,武公时周与秦人的联姻就是具体体现。秦武公钟铭文有云:"公及王姬曰:余小子,余夙夕虔敬朕祀,以受多福。"杨东晨认为铭文中的公,即指武公,王姬,是周王室之女许与武公为妻。① 武公钟乃是武公伐戎获胜后在宗庙告祭上天与祖先的一套礼器。这一记载,一方面,显示秦人通过敬天法祖渴望得到先祖神灵护佑,以拓土强国的强烈愿望;另一方面,所谓"夙夕虔敬朕祀",也包含着联姻后的秦人对周人宗庙的尊崇祭祀,这既是东迁后周人对宗庙故地强烈眷顾的反映,也是周人通过联姻对秦人伐戎事业的一种嘉奖和对其继续尊奉周王室的肯定,秦人政治地位也由此进一步提高。

2. 伐邽冀戎,初立县制

武公在致力国家内政建设的同时,在前688年,挥师西进天水一带,

---

① 杨东晨:《秦人秘史》,陕西人民教育出版社1991年版,第157页。

"伐邽冀戎,初县之"。《集解》云:"《地理志》云陇西有上邽县。应劭曰:'即邽戎邑也。'冀县属天水郡。"上邽县即今甘肃天水市,冀县即今甘肃天水市西的甘谷县。秦武公初县邽、冀,这是文献明确记载的中国古代最早设县之始。天水一带本为秦人西迁后自中潏至襄公十三代秦人世居之地,但周围遍布西戎诸部,故以西犬丘、秦邑为中心的天水两河流域,犹如在西戎包围中的孤岛。秦人东迁后,除了西犬丘等城邑之外,天水一带又被西戎所占,邽戎、冀戎当是分布于天水一带的两个西戎分支,故才有武公伐邽冀戎之举。武公伐灭邽冀戎,标志着天水一带秦人故地再次失而复得。武公十一年(前687年),秦人又东进伐戎,至长安、华县等地,并设杜、郑二县。接着秦军又攻灭虢国。

武公先后所伐彭戏氏、邽冀戎以及杜、郑和虢国,在地域上西起天水,东至华山。关于彭戏,《正义》云:"戎号也。盖同州彭衙故城也。"彭衙即今陕西白水县。杜、郑二县据《汉书·地理志》记载,京兆有郑县、杜县。又据《正义》引《括地志》:"下杜故城在雍州长安县南九里,古杜伯国。"《元和郡县图志》:"京兆尹郑县,本秦旧县。"《大清一统志》云:"郑县故城在同州府华州北。华州即今华县。"至于虢国,史载有东虢、西虢、北虢、小虢等,其中,前三国乃周文王所封,小虢则是西羌别支。武公所伐虢国当为西虢,《集解》云:"西虢在雍州。"《正义》引《括地志》:"故虢城在岐州陈仓县东四十里。次西十余里又有城,亦名虢城。《舆地志》云此虢文王母弟虢叔所封,是曰西虢。"张守节按曰:"此虢灭时,陕州之虢犹谓小虢。又云,小虢,羌之别种。"《元和郡县图志》则谓武公所灭小虢,实乃虢叔受封的西虢,并置有虢县,其地即在今宝鸡市陈仓区所在地虢镇。出土于平阳的秦武公钟铭文,有"盗百蛮,具其折服"的记载,这批武公钟铸造于武公十二年(前686年),记述和颂扬的正是武公伐戎的业绩。①

三 由平阳到雍城——秦人早期历史的终结

秦武公在位二十年而卒,其弟德公即位。德公遂于即位元年(前677年),便将都城迁往雍城。秦国由此开启了走出关中,大国争霸的新的历

---

① 卢连成:《平阳、雍城地望确定与秦先公徙都迹略》,史念海主编《文史集林》,《人文杂志》1985年第4期。

史阶段。

秦人自中潏至襄公,十三代秦人在陇右历经三百多年完成了由流徙小族到兴起建国的悲壮历史。从文公东迁关中到德公建都雍城,秦人四代五公历时八十余年。这两段共四百余年的历史,构成了秦人历史的早期阶段。这一阶段又可按发展进程划分为三个段落,即扎根西垂—创建国家—东进关中。

秦人扎根西垂,是秦人由流动不居到定居陇右,由嬴姓子孙散居各处到会聚陇右、秦人族体形成,由附属各种力量到独立登上历史舞台。这是一段秦人为实现自我生存而奋斗的历史。商末周初,中潏将部族一分为二,率领、恶来革、子孙一部归周并西迁西垂,"在西戎,保西垂"。接着,在周初周公东征后,又有东方熊盈诸族一部分被征服者被西迁至今甘谷"朱圉"一带。他们共同作为秦人族体的前身,犹如一把楔子在群戎广布的陇右山区插了进来,自中潏至蜚廉、恶来革、女防、旁皋、太几、大骆七代,他们筚路蓝缕、辟榛斩莽,终于创开一片属于自己的天地并扎下根来。

从非子到襄公六代秦人,是其创建国家的历史阶段。非子养马有功被封为"附庸",营邑于秦并以秦为姓,主嬴氏祀,是这一历史阶段的起点。中经秦侯、公伯至秦仲为大夫,接着庄公伐戎取胜封西垂大夫,再至襄公救周伐戎,护送周平王东迁有功而晋爵诸侯建国。秦人不仅由原来失姓亡氏、沦为周人部族奴隶的卑微处境,通过为周养马、伐戎保边而得到周王室的重视和承认,其政治待遇也不断上升,进而位列诸侯。另外,秦人经过历时八代的苦心经营和致力发展,已经开始具备与西戎抗衡的实力,秦仲、庄公、世父、襄公诸位都曾有伐戎的经历,也在伐戎的过程中促进了自身发展,拓展了生存空间,日益为周王室所倚重,并成为周人抵御西戎的主要力量。诸侯国家的建立,终于实现了十多代秦人为之独立发展、崛起建国的历史夙愿,也为秦人回归中原、称霸诸侯奠定了基础。

东进关中是秦人走向中原的既定国策,也是其成就霸业必不可少的一环。秦人在陇右建国仅8年后,文公即以东猎为名迁都汧渭之会,内修政务,不断强化国家机器,外伐诸戎,改善生存环境,并随着伐戎取胜和地至岐,收周逸民而有之,在关中西部站稳了脚跟。再经宪公、武公不断扩大击戎战果,迁都于平阳,秦人已将国土推向关中东缘。至此,秦人势力已经东至黄河，西及天水，无论实力还是国土，都是一个可以同关东诸国相并列的新兴国家。

如果说秦人从扎根西垂到创建国家，是一个弱小部族在地处边远、群戎包围的条件下必经的发展过程的话，那么，从国家建立再到东进关中，则是秦人这个具有特殊发展经历和历史文化的古老部族，在背负回归理念、改变民族命运、渴望崛起强大、极欲入主中原等多重因素作用下的必然选择。所以，当他们东进关中，再经八十余年发展，国家实力明显上升，已具有与关东诸国并驾齐驱的实力的时候，秦人终于迎来了实现历史夙愿、参与中原逐鹿、建立一统霸业的机会。因此，德公迁都雍城后，其发展目标和追求，已与此前建成一个完全意义上的诸侯国家的目标大不相同了。这表明，秦国由此进入了一个超越关中、放眼中原、建立霸业的新的历史阶段，这也就意味着秦早期历史由此终结。

参考文献

古籍文献

《尚书》，文渊阁《四库全书》本。
《周易》，上海古籍出版社1991年版。
《诗经》，北京出版社2006年版。
《礼记》，上海古籍出版社1987年版。
（春秋）左丘明：《左传》，中华书局2007年版。
《国语》，上海古籍出版社1978年版。
（战国）荀况：《荀子》，辽宁教育出版社1997年版。
（汉）刘安：《淮南子》，北京燕山出版社1996年版。
（秦）吕不韦：《吕氏春秋》，北京图书馆出版社2006年版。
（汉）刘向编：《管子》，上海古籍出版社1989年版。
（汉）刘向：《战国策》，中华书局2006年版。
（汉）司马迁：《史记》，中华书局1982年版。
（汉）贾谊著、闫振益校注：《新书校注》，中华书局2000年版。
（汉）班固：《汉书》，中华书局1972年版。
（汉）孔安国、（唐）陆德明：《尚书注疏》，文渊阁《四库全书》本。
（汉）桓宽：《盐铁论》，上海人民出版社1974年版。
（汉）王符：《潜夫论》，三秦出版社1999年版。
（汉）史游：《急就篇》，粤东书局1873年刻本。
（晋）杜预：《春秋左传正义》，《四部备要》本。
（晋）杜预、（唐）孔颖达疏：《春秋左传注疏》，文渊阁《四库全书》本。

（晋）陈寿：《三国志》，中华书局1982年版。
（宋）范晔：《后汉书》，中华书局1980年版。
（梁）萧统编：《文选》，中华书局1977年版。
（唐）虞世南：《北堂书钞》，中国书店1989年版。
（宋）程公说：《春秋分记》，文渊阁《四库全书》本。
（宋）章定：《名贤氏族言行类稿》，文渊阁《四库全书》本。
（宋）萧常：《续后汉书音义》，文渊阁《四库全书》本。
（宋）邓名世：《古今姓氏书辨证》，文渊阁《四库全书》本。
（宋）程大昌：《雍录》，文渊阁《四库全书》本。
（宋）薛尚功：《历代钟鼎彝器款识法帖》，文渊阁《四库全书》本。
（宋）邢昺：《论语注疏》，文渊阁《四库全书》本。
（宋）赵顺孙：《论语纂疏》，文渊阁《四库全书》本。
（宋）司马光：《资治通鉴》，中华书局2009年版。
（宋）金履祥：《资治通鉴前编》，文渊阁《四库全书》本。
（宋）罗泌：《路史》，北京图书馆出版社2003年版。
（宋）朱熹：《诗集传》，文学古籍刊行社1955年版。
（宋）郑樵：《通志》，浙江古籍出版社2000年版。
（元）黄镇成：《尚书通考》，文渊阁《四库全书》本。
（元）詹道传：《论语纂笺》，文渊阁《四库全书》本。
（元）陈师凯：《书蔡氏传旁通》，文渊阁《四库全书》本。
（元）于钦：《齐乘校释》，中华书局2012年版。
（元）胡炳文：《论语通》，文渊阁《四库全书》本。
（明）陈士元：《论语类考》，文渊阁《四库全书》本。
（明）卓尔康：《春秋辨义》，文渊阁《四库全书》本。
（明）傅逊：《春秋左传属事》，文渊阁《四库全书》本。
（明）董说：《七国考》，中华书局1956年版。
（清）陈顾联：《兖州府志》，乾隆三十五年刻本。
（清）沈炳巽：《水经注集释订讹》，文渊阁《四库全书》本。
（清）孙楷：《秦会要》，上海古籍出版社2004年版。
（清）何焯：《义门读书记》，文渊阁《四库全书》本。
（清）陆宗楷：《论语注疏》，文渊阁《四库全书》本。
（清）顾栋高：《春秋大事表》，文渊阁《四库全书》本。

（清）孙星衍：《孙渊如诗文集》，《四部丛刊初编》本，上海商务印书馆 1922 年影印本。

（清）秦嘉谟：《世本辑补》，《世本八种》，商务印书馆 1957 年版。

（清）赵翼：《廿二史札记》，中华书局 1962 年版。

（清）马瑞辰：《毛诗传笺通释》，中华书局 2008 年版。

（清）王夫之：《诗广传》，中华书局 2009 年版。

（清）洪亮吉：《四史发伏》，北京出版社 1998 年版。

杨伯峻：《孟子注译》，中华书局 1960 年版。

袁珂：《山海经校注》，上海古籍出版社 1983 年版。

方诗铭等：《古本竹书纪年辑证》，上海古籍出版社 1981 年版。

冯浩菲：《郑氏诗谱订考》，上海古籍出版社 2009 年版。

黄怀信：《逸周书汇校集注》，上海古籍出版社 2007 年版。

何建章：《战国策注释》，中华书局 1990 年版。

李小龙译注：《墨子》，中华书局 1988 年版。

石磊译注：《商君书》，中华书局 2009 年版。

雒江生：《诗经通诂》，三秦出版社 1998 年版。

地理、方志

（汉）袁康、吴平辑录：《越绝书》，上海古籍出版社 1985 年版。

（北魏）郦道元：《水经注》，浙江古籍出版社 2001 年版。

（唐）李泰等著，贺次君辑校：《括地志辑佚》，中华书局 1980 年版。

（唐）李吉甫：《元和郡县志》，中华书局 1983 年版。

（宋）乐史：《太平寰宇记》，中华书局 2001 年版。

（宋）祝穆：《方舆胜览》，中华书局 2003 年版。

（宋）王存：《元丰九域志》，中华书局 1984 年版。

（元）刘应李：《大元混一方舆胜览》，四川人民出版社 2003 年版。

（明）李贤：《大明一统志》，三秦出版社 1990 年版。

《大清一统志》，文渊阁《四库全书》本。

（清）高士奇：《春秋地名考略》，文渊阁《四库全书》本。

（清）李敬修：《费县志》，光绪二十二年刻本。

（清）顾祖禹：《读史方舆纪要》，上海书店出版社 1998 年版。

（清）顾炎武：《肇域志》，上海古籍出版社2004年版。
（清）许容等：《甘肃通志》，（乾隆本），文渊阁《四库全书》本。
（清）升允、长庚、安维峻：《甘肃新通志》，《中国西北文献丛书》影印本，兰州古籍书店1990年版。
（清）费廷珍、胡釴：《直隶秦州新志》，清乾隆二十九年刻本。
（清）张鹏翮：《兖州府志》，康熙二十五年刻本。
（清）陈顾联：《兖州府志》，乾隆三十五年刻本。
（清）沈炳巽：《水经注集释订讹》，文渊阁《四库全书》本。
（清）高士奇：《春秋地名考略》，文渊阁《四库全书》本。
（清）阎若璩：《四书释地又续》，文渊阁《四库全书》本。
（清）岳浚等修：《山东通志》，1837年刻本。
杨守敬、熊会贞：《水经注疏》，上海古籍出版社1999年版。
姚展、任承允：《秦州直隶州新志》，兰州国民印刷局1939年铅印本。
礼县志编纂委员会编：《礼县志》，陕西人民出版社1999年版。

考古专著及论文集

商承祚：《殷墟文字类编》，1923年木刻本。
郭沫若：《金文丛考》，人民出版社1954年版。
陈梦家：《殷墟卜辞综述》，科学出版社1956年版。
李学勤：《殷代地理简论》，科学出版社1959年版。
郭沫若：《殷周青铜器铭文研究》，科学出版社1961年版。
郭沫若：《殷契粹编》，科学出版社1965年版。
郭沫若主编、胡厚宣总编辑：《甲骨文合集》，中华书局1979—1983年版。
睡虎地秦墓竹简整理小组：《睡虎地秦墓竹简》，文物出版社1978年版。
郭沫若：《郭沫若全集》第九卷《考古编》，科学出版社1982年版。
苏秉琦：《苏秉琦考古学论述选集》，文物出版社1984年版。
姚孝遂，肖丁：《小屯南地甲骨考释》，中华书局1985年版。
俞伟超：《先秦两汉考古学论文集》，文物出版社1985年版。
杨树达：《积微居甲文说》，上海古籍出版社1986年版。
丁山：《甲骨文所见氏族及其制度》，中华书局1988年版。

俞伟超主编：《考古类型学的理论与实践》，文物出版社1989年版。

王辉：《秦铜器铭文编年集释》，三秦出版社1990年版。

秦始皇兵马俑博物馆《论丛》编委会：《秦文化论丛》（第一至十二辑），分别由西北大学出版社、陕西人民出版社、三秦出版社于1993—2006年陆续出版。

苏秉琦：《华人·龙的传人·中国人——考古寻根记》，辽宁大学出版社1994年版。

王学理、尚志儒、呼林贵等：《秦物质文化史》，三秦出版社1994年版。

郑杰祥：《商代地理概论》，中州古籍出版社1994年版。

《陕西历史博物馆馆刊》（第一至十七辑），三秦出版社1994—2012年版。

陆思贤：《神话考古》，文物出版社1995年版。

于省吾主编：《甲骨文字诂林》，中华书局1996年版。

俞伟超：《考古学是什么》，中国社会科学出版社1996年版。

鱼台县地名委员会办公室：《鱼台县地名志》，山东地图出版社1996年版。

国家文物局主编：《中国文物精华大辞典·青铜篇》，上海辞书出版社、香港商务印书馆1995年版。

王辉、程学华：《秦文字集证》，台湾艺文印书馆1999年版。

苏秉琦：《中国文明起源新探》，生活·读书·新知三联书店1999年版。

中国文物研究所编：《出土文物研究》第五集，科学出版社1999年版。

张学海：《张学海考古论集》，学苑出版社1999年版。

中国社会科学院考古研究所：《师赵村与西山坪》，中国大百科全书出版社1999年版。

王辉：《秦出土文献编年》，台北新文丰出版公司2000年版。

秦始皇兵马俑博物馆编：《秦俑秦文化研究》，陕西人民出版社2000年版。

王学理、梁云：《秦文化》，文物出版社2001年版。

水涛：《中国西北地区青铜时代考古论集》，科学出版社2001年版。

邹衡：《夏商周考古学论文集》，科学出版社2001年版。

吴镇烽：《考古文选》，科学出版社2002年版。

马承源主编：《上海博物馆藏战国楚竹书（二）》，上海古籍出版社2002年版。

谢端琚：《甘青地区史前考古》，文物出版社2002年版。
李学勤、郭志坤：《中国古史寻证》，上海科技教育出版社2002年版。
刘军社：《先周文化研究》，三秦出版社2003年版。
中国大百科全书出版社编辑部、中国大百科全书总编辑委员会《考古学》编辑委员会：《中国大百科全书·考古学》，中国大百科全书出版社2004年版。
杨建华：《春秋战国时期中国北方文化带的形成》，文物出版社2004年版。
张忠培：《中国考古学——走近历史真实之道》，科学出版社2004年版。
李雪山：《商代分封制度研究》，中国社会科学出版社2004年版。
张行：《古生物与古环境》，敦煌文艺出版社2004年版。
礼县博物馆、礼县秦西垂文化研究会：《秦西垂陵区》，文物出版社2004年版。
礼县秦西垂文化研究会、礼县博物馆：《秦西垂文化论集》，文物出版社2005年版。
张星德：《红山文化研究》，中国社会科学出版社2005年版。
高西省：《西周青铜器研究》，陕西人民出版社2005年版。
江林昌：《中国上古文明考论》，上海教育出版社2005年版。
王辉：《商周金文》，文物出版社2006年版。
容庚：《金文编》，中华书局2007年版。
方辉：《海岱地区青铜时代考古》，山东大学出版社2007年版。
丁楠：《秦公簋铭文考释》，中国时代出版社2007年版。
李学勤：《文物中的古文明》，商务印书馆2008年版。
甘肃省文物考古研究所、中国国家博物馆、北京大学考古文博学院、陕西省考古研究院、西北大学文博学院：《西汉水上游考古调查报告》，文物出版社2008年版。
杨泽蒙、刘兆和：《远祖的倾诉——鄂尔多斯青铜器》，内蒙古大学出版社2008年版。
吴树平主编：《隋唐五代墓志汇编·陕西卷》第二册，天津古籍出版社2009年版。
孙亚冰、林欢：《商代地理与方国》，中国社会科学出版社2010年版。
国家文物局：《中国文物地图集·甘肃分册》（上、下册），测绘出版社

2011年版。

陈直:《读金日札》(上册),陕西省图书馆藏作者手写本《摹庐丛书》。

研究论著

周谷城:《中国通史》,开明书店1939年版。
刘节:《中国古代宗族移植史论》,正中书店1948年版。
吕振羽:《中国原始社会史》,耕耘出版社1949年版。
吴泽:《中国历史大系古代史》,棠棣出版社1953年版。
王国维:《观堂集林》,中华书局1959年版。
夏鼐:《考古学论文集》,科学出版社1961年版。
金建德:《〈秦记〉考证》,载《司马迁所见书考》,上海人民出版社1963年版。
孙作云:《诗经与周代社会研究》,中华书局1966年版。
王孝廉:《中国的神话与传说》,台湾联经出版事业公司1977年版。
范文澜:《中国通史》第一册,人民出版社1978年版。
陈直:《史记新证》,天津人民出版社1979年版。
陈直:《汉书新证》,天津人民出版社1979年版。
李白凤:《东夷杂考》,齐鲁书社1981年版。
林剑鸣:《秦史稿》,上海人民出版社1981年版。
马非百:《秦集史》(上、下册),中华书局1982年版。
田昌五:《古代社会断代新论》,人民出版社1982年版。
张舜徽:《郑学丛著》,齐鲁书社1984年版。
翦伯赞:《秦汉史》,北京大学出版社1984年版。
林惠祥:《中国民族史》,上海书店1985年版。
王献唐:《炎黄氏族文化考》,齐鲁书社1985年版。
李泽厚:《中国古代思想史论》,人民出版社1986年版。
王云度:《秦史编年》,陕西人民出版社1986年版。
蒋礼鸿:《商君书锥指》,中华书局1986年版。
丁山:《商周史料考证》,中华书局1988年版。
庞朴:《文化的民族性与时代性》,中国和平出版社1988年版。
杨建新:《中国西北少数民族史》,宁夏人民出版社1988年版。

卫聚贤:《古史研究》第三集,上海文艺出版社1990年影印版。

许苏民:《文化哲学》,上海人民出版社1990年版。

冯天瑜、何晓明、周积明:《中国文化史》,上海人民出版社1990年版。

史念海:《河山集》第四集,陕西师范大学出版社1991年版。

陈桥驿主编:《中国七大古都》,中国青年出版社1991年版。

杨东晨:《秦人秘史》,陕西人民教育出版社1991年版。

[日]祖父江孝男:《文化人类学事典》,乔继堂译,陕西人民出版社1992年版。

刘琦、张余、李维加编:《麦黍文化研究论文集》,甘肃人民出版社1993年版。

何光岳:《秦赵源流史》,江西教育出版社1994年版。

杨东晨:《古史论集》,陕西人民教育出版社1994年版。

徐卫民、呼林贵:《秦建筑文化》,陕西人民教育出版社1994年版。

徐卫民、贺润坤:《秦政治思想述略》,陕西人民教育出版社1995年版。

侯甬坚:《区域历史地理的空间发展过程》,陕西人民教育出版社1995年版。

《中国古代兵器》编纂委员会:《中国古代兵器》,陕西人民出版社1995年版。

杨东晨:《民族史论集》,香港国际文化艺术出版社1996年版。

何新:《诸神的起源》,光明日报出版社1996年版。

顾颉刚:《顾颉刚古史论文集》第三册,中华书局1996年版。

蔡万进:《秦国粮食经济研究》,内蒙古人民出版社1996年版。

田继周:《先秦民族史》,四川民族出版社1996年版。

李学勤主编:《中国古代文明与国家形成研究》,云南人民出版社1997年版。

樊志民:《秦农业历史研究》,三秦出版社1997年版。

高敏:《秦汉史探讨》,中州古籍出版社1998年版。

马世之:《中原古国历史与文化》,大象出版社1998年版。

缪文远:《战国制度通考》,巴蜀书社1998年版。

张洲:《周原环境与文化》,三秦出版社1998年版。

田静:《秦宫廷文化》,陕西人民教育出版社1998年版。

田静:《秦史研究论著目录》,陕西人民教育出版社1999年版。

张岱年：《张岱年哲学文选》（下册），中国广播电视出版社1999年版。
蒙文通：《古史甄微》第五卷，巴蜀书社1999年版。
徐良高：《中国民族文化源新探》，社会科学文献出版社1999年版。
宋杰：《先秦战略地理研究》，首都师范大学出版社1999年版。
［日］泷川资言：《史记会注考证》，北岳文艺出版社1999年版。
王玉哲：《中华远古史》，上海人民出版社2000年版。
王晖：《商周文化比较研究》，人民出版社2000年版。
周书灿：《西周王朝经营四土研究》，中州古籍出版社2000年版。
徐卫民：《秦都城研究》，陕西人民教育出版社2000年版。
余太山：《古族新考》，中华书局2000年版。
何光岳：《氐羌源流史》，江西教育出版社2000年版。
沈长云等：《赵国史稿》，中华书局2000年版。
王蘧常：《秦史》，上海古籍出版社2000年版。
扬之水：《诗经名物新证》，北京古籍出版社2000年版。
雍际春：《嬴秦故园——天水秦文化寻踪》，甘肃人民出版社2000年版。
翁独健主编：《中国民族关系史纲要》，中国社会科学出版社2001年版。
张卫星：《秦战争述略》，三秦出版社2001年版。
傅斯年：《民族与古代中国史》，河北教育出版社2002年版。
周予同：《中国历史文选》上册，上海古籍出版社2002年版。
吴永琪、杨绪敏、邱永生主编：《秦汉文化比较研究》，三秦出版社2002年版。
徐卫民：《秦公帝王陵》，中国青年出版社2002年版。
韩养民：《中国风俗文化导论》，陕西人民出版社2002年版。
马彪：《秦汉豪族社会研究》，中国书店2002年版。
雍际春：《天水放马滩木版地图研究》，甘肃人民出版社2002年版。
黄留珠：《秦汉历史文化论稿》，三秦出版社2002年版。
沈长云：《上古史探研》，中华书局2002年版。
李学勤：《中国古代文明十讲》，复旦大学出版社2003年版。
费孝通：《中华民族多元一体格局》，中央民族大学出版社2003年版。
杨宽：《杨宽上古史论文选集》，上海人民出版社2003年版。
杨师群：《东周秦汉社会转型研究》，上海古籍出版社2003年版。
雷依群、徐卫民主编：《秦都咸阳与秦文化研究》，陕西人民教育出版社

2003年版。
柳明瑞主编：《嬴姓溯源——兼论嬴秦祖根在东方》，中国文史出版社2003年版。
徐日辉：《秦早期发展史》，中国科学文化出版社2003年版。
刘诗中：《中国先秦铜矿》，江西人民出版社2003年版。
邵汉明：《中国文化研究二十年》，人民出版社2003年版。
徐旭生：《中国古史的传说时代》，广西师范大学出版社2003年版。
钱穆：《秦汉史》，生活·读书·新知三联书店2004年版。
钱穆：《古史地理论丛》，生活·读书·新知三联书店2004年版。
钱穆：《史记地名考》，商务印书馆2004年版。
祝中熹：《早期秦史》，敦煌文艺出版社2004年版。
徐杰令：《春秋邦交研究》，中国社会科学出版社2004年版。
张金光：《秦制研究》，上海古籍出版社2004年版。
王健：《西周政治地理结构研究》，中州古籍出版社2004年版。
王绍东：《秦朝兴亡的文化探讨》，内蒙古大学出版社2004年版。
王勇：《东周秦汉关中农业变迁研究》，岳麓书社2004年版。
周延良主编：《夏商周原始文化要论》，学苑出版社2004年版。
姚政：《先秦文化研究》，巴蜀书社2004年版。
陈炳应、卢冬等编：《古代民族》，敦煌文艺出版社2004年版。
中国秦汉史研究会编：《秦汉史论丛》第九辑，三秦出版社2004年版。
顾颉刚：《史林杂识初编》，中华书局2005年版。
吕思勉：《先秦史》，上海古籍出版社2005年版。
李济：《中国民族的形成》，江苏教育出版社2005年版。
丁山：《古代神话与民族》，商务印书馆2005年版。
徐卫民：《秦汉历史地理研究》，三秦出版社2005年版。
许顺湛：《五帝时代研究》，中州古籍出版社2005年版。
陈平：《关陇文化与嬴秦文明》，江苏教育出版社2005年版。
庞朴：《文化一隅》，中州古籍出版社2005年版。
秦永章：《甘宁青地区多民族格局形成史研究》，民族出版社2005年版。
陈泽：《西垂文化研究》，五洲文明出版社2005年版。
于俊德、于祖培：《先周历史文化新探》，甘肃人民出版社2005年版。
陈文德：《大秦七百年王道盛衰》，九州出版社2006年版。

徐卫民、雍际春主编：《早期秦文化研究》，三秦出版社2006年版。
［美］斯塔夫阿里诺斯著，吴象婴等译：《全球通史》（上、下册），北京大学出版社2006年版。
张海洋：《中国的多元文化与中国人的认同》，民族出版社2006年版。
史昌友：《灿烂的殷商文化》，中国社会科学出版社2006年版。
李零：《中国方术正考》，中华书局2006年版。
李零：《中国方术续考》，中华书局2006年版。
王子今：《秦汉社会史论考》，商务印书馆2006年版。
马长寿：《氐与羌》，广西师范大学出版社2006年版。
童书业著，童教英校订：《春秋左传研究》，中华书局2006年版。
严文明、李零主编：《中华文明史》第一卷，北京大学出版社2006年版。
汪荣祖：《史学九章》，生活·读书·新知三联书店2006年版。
张功：《秦汉逃亡犯罪研究》，湖北人民出版社2006年版。
王明珂：《华夏边缘：历史记忆与族群认同》，社会科学文献出版社2006年版。
马银琴：《两周诗史》，社会科学文献出版社2006年版。
逄振镐：《东夷文化研究》，齐鲁书社2007年版。
［英］摩利斯·柯特罗著，陈忠纯、仝卫敏、秦颂编译：《秦俑密码》，北京大学出版社2007年版。
白国红：《春秋晋国赵氏研究》，中华书局2007年版。
李学勤、孟世凯主编：《西周史与西周文明》，上海科学技术文献出版社2007年版。
李学勤：《东周与秦代文明》，上海人民出版社2007年版。
朱彦民：《商族的起源、迁徙与发展》，商务印书馆2007年版。
黄朴民：《秦汉统一战略研究》，中国人民大学出版社2007年版。
叶舒宪：《熊图腾：中华祖先神话探源》，上海锦绣文章出版社2007年版。
陈絜：《商周姓氏制度研究》，商务印书馆2007年版。
张淑一：《先秦姓氏制度考索》，福建人民出版社2008年版。
朱学渊：《秦始皇是说蒙古话的女真人》，华东师范大学出版社2008年版。
王明珂：《游牧者的抉择 面对汉帝国的北亚游牧部族》，广西师范大学出版社 2008 年版。
王明珂:《羌在汉藏之间》,中华书局 2008 年版。
王明珂:《英雄祖先与弟兄民族》,中华书局 2009 年版。
潘明娟:《周秦时期关中城市体系研究》,人民出版社 2009 年版。
李开元:《秦始皇的秘密》,中华书局 2009 年版。
刘满:《河陇历史地理研究》,甘肃文化出版社 2009 年版。
刘光华主编、祝中熹著:《甘肃通史》第一卷,甘肃人民出版社 2009 年版。
汪受宽:《西部大开发的历史反思》,兰州大学出版社 2009 年版。
雍际春:《陇右历史文化与地理研究》,中国社会科学出版社 2009 年版。
张忠培、严文明:《中国远古时代》,上海人民出版社 2010 年版。
王若斌:《寻找大秦帝国》,陕西人民出版社 2010 年版。
马建营:《秦西垂史地考证》,敦煌文艺出版社 2010 年版。
彭曦:《中华瑰宝石鼓文》,三秦出版社 2010 年版。
[法] 勒内·格鲁塞著,黎荔、冯京瑶、李丹丹译:《草原帝国》,国际文化出版公司 2010 年版。
杨东晨:《周公旦与西周礼制文明》,陕西人民出版社 2010 年版。
艾荫范:《北狄、东夷和华夏传统文明建构》,光明日报出版社 2011 年版。
田延峰:《中华帝制的精神源头——秦思想的发展源头》,人民出版社 2011 年版。
孙皓晖:《中国文明正源新论》,上海人民出版社 2012 年版。
孙皓晖:《中国原生文明启示录》,上海人民出版社 2012 年版。

后　　记

本书是2003年立项的国家社科基金项目"秦早期历史及其文化形态研究"的成果之一。项目从立项到完成和出版，时间超过了十年，而论及我对秦人历史的关注，还要追溯到上大学之初的1979年冬。

记得那是在大学第一学期学习中国古代史，翻看资料和历史地图时，偶然发现我的家乡清水县竟是秦人的兴起之地。出于家乡情节，我专门翻检史料，查阅资料，希冀能够找到线索和根据。但由于那时刚入大学，尚不具备基本的文献学基础和研究能力，故无从入手，久久求索而不得，只找到秦人首领非子所封之邑——秦亭可能在清水。而清水县东部的秦亭镇（当时为柳林公社，传为秦人发祥地而改今称）就有秦子铺村，这在明清以来的《清水县志》等地方志中都有记载。为了一探究竟，我和另一位同校同县的理科同学在第二年暑假骑自行车前往秦子铺做现场观察。我们一进入秦亭河谷，面对细小的河水、狭窄的地形、逼仄的河谷，令人难以将之与秦人立邑建都联系起来。及至进入依坡而建的亭子铺村，经探访有长者领我们到村中古庙，述说当地有关秦人的传说，并说有秦人上马石、拴马桩遗存为证。古庙院内确有残碑一通，石面粗糙，隐约能辨清有二十多字，约略记载的是北魏太和年间设有南和县等事，这完全与秦人建城立邑毫无关系。这是我平生第一次所做的不太成功的野外考察，我对秦人发祥清水的探究也就此搁置。但这一问题却仍时时在脑海中闪现，没想到时隔十多年后，我却开始了长期与秦人、秦文化研究相关的工作。

1987年，在天水市小陇山林区党川林场发现了一批秦汉墓，经甘肃省文物考古研究所考古发掘，竟然出土了木板地图和竹简日书，曾轰动学术界。尤其是被命名为放马滩地图的木板地图，将中国实物地图的历史由西汉上推至战国时期，在中外科技史和地图学史上都占有重要地位。在地图出土十年之后，我开始了对放马滩地图的系统研究，并于2002年出版《天水放马滩木板地图研究》一书。与此同时，恰逢天水市编写"天水历史文化丛书"，我主动申请承担了《嬴秦故园：天水秦文化寻踪》一书，并于2001年出版。这本小册子虽属通俗读物，但我仍然是以学术的严谨去对待和撰写的。这本书也反映了当时我对秦人早期历史初步梳理和对秦早期文化评价的一些基本观点。那时，也正是礼县大堡子山和圆顶山秦人早期墓葬遗址发掘和有关文物出土之际，而这两部书的内容，又都是以秦文化为对象的。所以，在前述基础上，立足地缘优势，我顺理成章地以秦人早期历史与文化为主题申报了国家社科基金项目并获准立项，这就是本书的缘起和由来。

史料的搜集与占有，是治史的第一步，秦早期历史的研究之所以长期处于薄弱状态，正是因为可资参考的传世文献资料稀少之故。所以，新材料和考古新发现对于秦人早期历史的研究，就显得尤为重要。好在项目刚立项的第二年，由甘肃省文物考古研究所、陕西省考古研究院、中国国家博物馆、北京大学考古文博学院、西北大学考古系共五家单位组建联合考古队，开始了对秦人早期活动地域西汉水流域、渭河上游及其支流进行较大规模的田野调查和考古发掘，为了能够利用考古新材料，我曾有意放慢节奏，等待新考古发现和材料的公布。再加之平时忙于公务，研究时断时续，以致项目多次延期。

与此同时，为了做好项目研究的资料准备工作，我广泛搜罗前人成果线索，在互联网和信息技术还不发达的那时，资料主要靠复印，而大部分原件只能在大城市或老牌大学才能找到。在资料的搜集过程中，我得到许多朋友和同行的无私帮助和支持，我和杨东晨老先生常有联系和交往，他一直以来关注项目的研究和进展，也及时给我提供和介绍了新资料，给予了很大的帮助和鼓励。当时在北京读博现已为湖北经济学院法学系的张功博士无偿为我复印了大量的期刊资料；西北大学历史学院徐卫民教授、秦始皇帝陵兵马俑博物馆（院）副馆长田静研究员和史党社博士代我搜集、购置和赠送了不少书籍和丛书资料；素不相识的吉林大学边疆考古研究中心滕铭予博士在我写信索求她的导师徐苹芳在台湾期刊发表的《考古学上所见秦帝国的形成与统一》一文时，也是慷慨复制相赠。《天水师范学院学报》编辑部刘郁华女士曾为我的多部书稿和文章进行录入工作，本书的不少生僻字都是由她一一制作。各位朋友同行的隆情厚谊，既令我感佩，也时时鞭策着我把项目做下去。在此，向他们表示深深的谢意！

秦人早期历史是秦史研究中至关重要的部分，秦人的来源与族属、秦人的西迁与兴起、秦与夏商周及与西戎的关系、秦文化的来源与形成等一系列问题，既是秦史研究本身必须辨明的问题，也是探究先秦史及中华古典文明与文化转型的关键所在。所以，将文献资料与考古新发现有机结合，在吸收前人研究成果的基础上，梳理秦人早期历史发展的基本线索，就上述问题展开讨论和分析，力求作出合理的判断和结论，提出自己的看法和观点，或有助于秦史研究的深化，本书即是基于这一考虑的探索之作。

本项目完成并结项后，考虑出版时，发现篇幅较大，加之对秦早期文化的部分论述尚需进一步修改，于是，为了突出重点，便将书稿一分为二，按秦人早期历史和早期文化单独出版，本书便是专论秦人早期历史的部分。由于学力所限，书中难免有不确不当之处，欢迎同行和读者批评指正！

雍际春
2016 年 6 月 16 日